"十四五"国家重点出版物出版规划项目

丛书主编　杨蕙馨　　制造业高质量发展与企业成长丛书

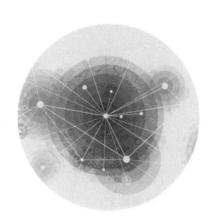

中国企业裂变式发展研究

——基于扎根理论方法的创新创业实践洞察

李志刚　著

Spinoff-Type Development of Chinese Enterprises:

Insights into Innovation and Entrepreneurship Practices Based on Grounded Theory

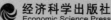

中国财经出版传媒集团

经济科学出版社

Economic Science Press

·北京·

图书在版编目（CIP）数据

中国企业裂变式发展研究：基于扎根理论方法的创新创业实践洞察/李志刚著 . -- 北京：经济科学出版社，2023.10

（制造业高质量发展与企业成长丛书）

ISBN 978 - 7 - 5218 - 5103 - 8

Ⅰ.①中…　Ⅱ.①李…　Ⅲ.①企业发展 - 研究 - 中国　Ⅳ.①F279.23

中国国家版本馆 CIP 数据核字（2023）第 170870 号

责任编辑：何　宁
责任校对：王肖楠
责任印制：张佳裕

中国企业裂变式发展研究

——基于扎根理论方法的创新创业实践洞察

李志刚　著

经济科学出版社出版、发行　新华书店经销

社址：北京市海淀区阜成路甲 28 号　邮编：100142

总编部电话：010 - 88191217　发行部电话：010 - 88191522

网址：www. esp. com. cn

电子邮箱：esp@ esp. com. cn

天猫网店：经济科学出版社旗舰店

网址：http://jjkxcbs. tmall. com

北京季蜂印刷有限公司印装

787 × 1092　16 开　27.5 印张　420000 字

2023 年 10 月第 1 版　2023 年 10 月第 1 次印刷

ISBN 978 - 7 - 5218 - 5103 - 8　定价：86.00 元

（图书出现印装问题，本社负责调换。电话：010 - 88191545）

（版权所有　侵权必究　打击盗版　举报热线：010 - 88191661

QQ：2242791300　营销中心电话：010 - 88191537

电子邮箱：dbts@ esp. com. cn）

　　本书受国家社会科学基金重点项目"中国企业裂变式发展重大问题研究"（批准号：21AZD120）的资助。

|总　序|

2017 年，党的十九大报告做出了中国经济已由高速增长阶段转向高质量发展阶段的重大判断，并再次明确指出要"加快建设制造强国"。同年，中央经济工作会议强调，"要推进中国制造向中国创造转变、中国速度向中国质量转变、制造大国向制造强国转变"。2018 年，中央经济工作会议在确定次年重点工作安排时，将"推动制造业高质量发展"列为首要任务，并强调"要推动先进制造业和现代服务业深度融合，坚定不移建设制造强国"。2019 年，《政府工作报告》进一步明确，围绕推动制造业高质量发展，强化工业基础和技术创新能力，促进先进制造业和现代服务业融合发展，加快建设制造强国。2020 年，《政府工作报告》再次明确要支持制造业高质量发展。《中华人民共和国国民经济和社会发展第十四个五年规划和 2035 年远景目标纲要》、2020 年召开的中央经济工作会议一致强调，以推动高质量发展为主题、促进制造业高质量发展、以高质量发展为"十四五"开好局。2022 年，党的二十大报告指出要推进新型工业化，加快建设制造强国。由此可见，新形势下推动制造业高质量发展是十分必要和紧迫的。

制造业是立国之本、兴国之器、强国之基，是一个国家综合实力和国际竞争力的直观体现。改革开放 40 多年来，中国制造业从小到大、从少到多、从内到外，已经建成了门类齐全、独立完整、实力雄厚的现代制造体系，产出规模跃居世界第一，开放水平逐渐提升，创新能力大幅增强，新业态新模式不断涌现，走过了发达国家几百年的工业化历程。然而，我们必须清醒地认识到，中国虽然是制造业大国，但还不是制造业强国，面临着包括产品同质化、产能过剩、在全球价值链上处于中低端位置等突出问题。与此同时，中国经济发展的外部环境也正发生深刻变化，在全球范围内单边主义、保护主义盛行以及新冠肺炎疫情、俄乌战争等因素的影响下，制造业的发展基础和演变逻辑已经出现了裂变。鉴于此，本丛书着力研究制造业高质量发展以及制造企业的成长问题，为制造业高质量发展以及制造企业成长贡献智慧。

杨蕙馨

2022 年 12 月于泉城济南

序　一

扎根裂变创业实践　推动管理前沿研究

听到"裂变"这个词，我首先想到的是细胞不断衍生，企业如果有同细胞一般的组织活性，将呈现出强大且持续的发展内驱力。但企业似乎又不能像细胞一样持续不断分裂，这与资源观的传统认知似乎不太一样。尽管业务剥离、公司分拆、裂变创业等方面的研究已然颇丰，但裂变式发展究竟是关注了怎样的实践，其中蕴含着哪些独特和有趣的规律，确实是我非常好奇且想进一步了解的领域。

当前，世界百年未有之大变局加速演进，新一轮科技革命和产业变革深入发展。这是一个颠覆传统、敞开胸怀、拥抱数智化浪潮的时代，一个加快转变发展方式、促进产业转型升级、实现价值跨越提升的时代，为创新创业创造带来了千载难逢的机遇。现阶段，国内很多大企业，如海尔、华为、阿里、三一重工等，通过裂变创业孵化出众多独角兽、专精特新等有特色、有发展潜力的新企业，从而成为某个领域的生态构建者。这些大企业在实现自身转型发展的同时，也通过裂变创业盘活了企业内外的各类资源，助力更多新企业将创意转化为实践。这种以大企业为孵化器，通过不断裂变、衍生形成新组织从而构建新生态的发展模式，正是当前我国企业裂变式发展的一个显著特征。

大企业如何通过裂变式发展实现技术升级、资源获取和生态拓展，大企业裂变的新企业如何实现高速成长，尤其是大企业与裂变孵化产生的新企业之间的竞合关系，已经成为创新创业管理和企业战略管理领域的重要理论和实践问题。由经济科学出版社出版，中国海洋大学管理学院副院长、中国海洋大学创新创业研究中心副主任李志刚教授撰写的《中国企业裂变式发展研究》一书，基于多年研究和深厚积累，通过实地调研和理论提炼，对上述问题进行了探索性回答。

本书在分析界定裂变式发展理论内涵的基础上，详细论证了海尔、蒙牛等企业通过裂变创业实现裂变式发展的具体过程，凝练出裂变创业和裂变式发展的新现象、新问题和新理论，对裂变创业和裂变式发展的深化和拓展提出了很多具有创新性的观点。总体而言，这本书至少在三个方面给我留下了深刻印象。

一是以中国企业发展现状为基础，深度挖掘裂变创业和裂变式发展的科学问题，扎根于中国企业的最新发展实践开展研究。本书不仅总结归纳裂变式发展的独特研究方法，而且提炼出裂变式发展的研究框架，通过聚焦科学问题汇集并评述经典问题，系统勾勒裂变创业和裂变式发展的重要学术问题。

二是研究视角独特，独辟蹊径地论证母体企业和裂变新创企业之间的共生共赢关系。大企业的赋能与背书是裂变创业企业获得资源、实现成长的重要手段，本书对大企业与裂变创业企业如何共同构建出新产业生态、实现价值共创共赢提供了解决方案，对促进大中小企业融通发展具有重要的理论和现实意义。

三是对裂变式发展的潜在风险提供了一种预警，指出母体企业与裂变创业企业也可能存在竞合关系。企业之间一定伴随价值创造的合作以及价值分配的竞争，这时，治理机制设计就成为成败关键。纵观全书，大有大的好，小有小的美，大企业与小企业之间围绕各自优势形成一种合作空间与竞争张力特别重要。

本书集合了李志刚教授从教20多年的智慧结晶，也是李志刚教授承担的国家社会科学基金重点项目的标志性成果。期待这本书的出版能够激发更多学者基于中国企业的裂变式发展进行前沿的理论探索，开展科学严谨的创新创业学术研究，更好地服务国家、服务政府的创新创业战略。

中国工程院院士

2023 年 9 月 5 日

序 二

关注裂变式发展　推动企业持续成长

近些年来，企业全球化竞争持续加剧，无论是大型集团化企业还是初创型小微企业，都不得不面临来自全球的全方位竞争。与此同时，国内正处于向新经济时代加速转型的关键时期，各种新技术、新模式、新场景、新业态与新观点在实践中不断涌现，企业发展面临更加复杂、多元和不确定的外部环境。

当前及未来的企业竞争，主要要超越单个企业和单一产业链条的比拼。特别是对大型集团化企业而言，管理层级不断增加，管理的困难度和复杂度不断提高，仅依靠传统的管理手段与控制模式，已经难以满足管理效率提升和管理成本降低的要求，更难以积极响应和主动应对快速变化的外部环境。因此，商业社会迫切需要注入更加有效和更加有针对性的新模式，以帮助企业摆脱原有路径依赖，破解长期发展桎梏。

在此背景下，如何激活内生动力、发挥独特优势，成为了当今大型企业集团寻求新发展路径时面临的迫切问题。以海尔、百度、阿里、腾讯等为代表的大型企业，通过"建设产业互联网""平台化转型""员工裂变创业"等多种方式，不断探索创新思维、组织架构、创业路径及商业模式的转型变革。这集中表现为释放并共享集团内部创新创业资源与潜能，培育和孵化出众多创业主体，而这些新主体，正陆续成为引领产业创新和生态建设的重要力量。

海尔集团历来将创新作为企业发展的重要驱动力量，不断基于自身发展特点，围绕主营业务打造特色平台。海尔的平台化基于对"人单合一"模式的探索而展开，自2005年9月20日首次提出"人单合一"以来，该模式经过多年积累逐步完善，已迭代升级为"人单合一2.0——共创共赢生态圈"。在"人单合一"模式的驱动下，海尔集团实现了平台化转型，从制造产品转变为孵化创客。通过组织结构去中心化、去中介化，海尔打造企业生态并联模式，搭建共创共赢生态圈，最终实现了用户价值。在机制上，海尔将决策权、用人权、薪酬权让渡给小微公司，并鼓励其自创业、自组织、自驱动，根据创造的用户价值决定薪金，使每一个员工都成为创业合伙人。以此为导向，海尔打造出白电转型、投资孵化、金融控股、地产产业和文化产业五大领域的创新聚焦平台，让创客在开放的平台上利用海尔的生态圈资源实现成长，推动了产业生态的构建与持续升级。

在这一过程中，海尔的商业模式主线始终是"人的价值第一"：员工从雇佣者、执行者转变为创业者、动态合伙人，许多内部员工离开原部门与岗位，将自己的创意在海尔平台上转化为具体的产品与服务；同时海尔不断吸引外部优秀创客加入，在海尔的平台上实现更高能级的价值创造与共赢增值。海尔智家（A＋H）、海尔生物、盈康生命、雷神公司、卡奥斯等上市公司及独角兽企业，正是其中的典型代表。这些优秀企业的创业者有一个共同的理论标签——裂变创业者，他们的创业历程既体现为各自企业的持续成长，也表现出海尔"生态雨林"的枝繁叶茂。海尔集团与众多裂变创业者一起真正实现价值共创、风险共担和利益共享。正是这群裂变创业者，让海尔"人单合一"模式落到实处，推动海尔集团实现生态化发展。

可以说，中国海洋大学李志刚教授带领科研团队开展的"中国企业裂变式发展研究"恰逢其时。他们通过深入实践的理论研究，剖析了裂变式发展的理论内涵、过程要素，并从创业者、企业组织、商业生态以及区域经济等不同视角揭示了裂变式发展背后的深层规律。无论是大型企业高管还是小微企业经营者，无论是正在裂变过程的创业者还是有意依托平台实现创意商业化的潜在创业者，都能从本书中找到值得学习、思考和交流的内容，收获新的洞察和思路。相信我们会从实践和理论两方面共同努力，携手挖掘中国企业裂变式发展的独特规律，在探索中国特色的制造业转型之路上，不断贡献新的力量！

海尔集团董事局主席、首席执行官

2023 年 9 月 15 日

目 录
CONTENTS

── **第一篇 研究缘起：背景、方法、框架** ──

第二篇 理论透镜：裂变创业文献回顾

第三篇　衔玉而生：新创企业视角的裂变式发展

第四篇 孵化培育：母体企业视角的裂变式发展

══ 第五篇　相得益彰：交互作用视角的裂变式发展 ══

第六篇　聚沙成塔：裂变式发展的商业生态效应

第七篇　研究展望：裂变式发展的未来话题探讨

第一篇

研究缘起：背景、方法、框架

本篇作为全书的开端，是读者进入本书体系的第一步，为了便于读者更好地把握本书的整体逻辑，本篇将向读者逐一介绍本书的研究背景、研究方法以及研究框架。

首先，从政策背景、企业背景以及理论背景视角出发，阐明中国企业裂变式发展的现实意义。

其次，基于裂变式发展的研究特质，选取扎根理论作为主要研究方法，并详述扎根理论中感性与理性思维的结合与跨越。

最后，阐述本书的研究框架，方便读者整体把握各篇章间的写作逻辑。

第 1 章
裂变式发展的研究背景
——实践触发与理论需要

本章导读▶

　　裂变式发展是大企业以裂变创业为主要手段，用以激发企业内生动力，落实创新驱动的高质量发展战略的新型发展模式，也是实现创造的重要途径。如今，在百年未有之大变局下，中国企业的角色正在发生着转变。在高质量发展背景下，中国企业裂变式发展被赋予了新的历史使命，成为有效发挥在位企业和新创企业各自优势、有力助推我国经济社会发展的重大战略议题。本章从政策、企业和理论三个视角切入，分别阐述中国企业裂变式发展的研究背景。

1.1　政 策 背 景

　　近年来，随着国际国内政治经济局势的深刻变化，党和国家领导人高度重视创新驱动的高质量发展，并强调作为微观市场主体，由企业牵头开展的创新创业活动在高质量发展中发挥着重要作用。早在 2016 年 6 月，李克强出席夏季达沃斯论坛期间，在调研天津光电集团时就曾指出，大企业要加快转变传统发展模式，健全有利于激发"双创"潜力的机制，把技术、人才等方面的优势更好发挥出来，以创业创新推动企业"裂变式"成长，增强发展的内生动力①。这是国家领导层首次提出裂变式发展的概念，并寄希望于大企业，鼓励其以"双创"为抓手，不断探索新的高质量发展模式。

　　裂变式发展是大企业以裂变创业为主要手段，用以激发企业内生动力，落

---

　　① 李克强在天津考察时强调以创业创新推动企业"裂变式"成长［N］．科技日报，2016 – 06 –
27（001）．

实创新驱动的高质量发展战略的新型发展模式，也是实现创造的重要途径，与习近平总书记提出的"创新创业创造"的重要论述高度契合。在 2019 年 3 月参加十三届全国人大二次会议福建代表团审议时，习近平总书记再次强调，"要营造有利于创新创业创造的良好发展环境。要向改革开放要动力，最大限度释放全社会创新创业创造动能"①。从"双创"到"三创"，创新侧重理念，创业重在实践，创造强调精神。创新创业创造又融为一体，创造是创新创业的灵魂和动力，创新创业是创造的归属和实践，创新创业创造都是新时代所需要的新面貌和新作为。通过裂变创业这一主要手段，裂变式发展能够帮助大企业克服惰性，有效释放创新创业动能和潜力，有机融合大企业和新创企业的各自优势，助力创新驱动的高质量发展，释放社会创新创业创造动能。

裂变式发展能够以大企业及龙头企业为主体，发挥技术、人才等各项优势，构建领军企业和中小企业协同创新的商业生态，与习近平总书记提出的"必须在推动发展的内生动力和活力上来一个根本性转变，塑造更多引领性发展"重要讲话精神高度一致②。2018 年 4 月在湖北省考察期间，习近平总书记指出"推动高质量发展是做好经济工作的根本要求"，要求"要注重创新驱动发展，紧紧扭住创新这个牛鼻子，强化创新体系和创新能力建设，塑造更多依靠创新驱动、更多发挥先发优势的引领型发展"③。在 2020 年 12 月举行的中央经济工作会议上，习近平总书记等党和国家领导人也提出，"要发挥企业在科技创新中的主体作用，支持领军企业组建创新联合体，带动中小企业创新活动"等八项 2021 年重点任务④。通过组织裂变和裂变企业生成，裂变式发展作为资源交互、信息流通的重要载体，能够实现大企业及新创企业充分协同，有效进行创新驱动与战略引领，实现产业发展新跨越，培育强劲经济增长新动能。

综上所述，近年来习近平总书记等党和国家领导人的重要讲话充分指出了创新创业对经济社会发展的重大推动作用，反复强调了高质量发展在第二个百年奋斗目标征程中的关键引领地位。裂变式发展蕴含着创新创业创造的巨大动

---

① 习近平、栗战书、汪洋、王沪宁、赵乐际分别参加全国人大会议一些代表团审议 [EB/OL]. http://cpc.people.com.cn/n1/2019/0311/c64094 - 30968112.html, 2019 - 03 - 11.

② 习近平论全面深化改革（2016 年）[EB/OL]. https://www.xuexi.cn/lgpage/detail/index.html?id=2298204497471025204&item_id=2298204497471025204, 2023 - 06 - 27.

③ 习近平：坚持新发展理念打好"三大攻坚战"奋力谱写新时代湖北发展新篇章 [EB/OL]. http://www.xinhuanet.com/politics/leaders/2018 - 04/28/c_1122761186.htm, 2018 - 04 - 28.

④ 中央经济工作会议在北京举行　习近平李克强作重要讲话　栗战书汪洋王沪宁赵乐际韩正出席会议 [EB/OL]. http://cpc.people.com.cn/n1/2020/1219/c64094 - 31971981.html, 2020 - 12 - 19.

能，有助于发挥传统行业、龙头企业沉淀下来的技术底蕴和规模优势，激活大企业的员工活力和创新潜能。通过培育、孵化内部创业者等形式，裂变式发展可以产生新组织，是新时代背景下加快新旧动能转换、实现经济高质量发展的有效路径，可以为解决中国企业普遍面临着的技术"卡脖子"问题探索新思路和新方法，有助于在企业和产业两个层面实现创新驱动的高质量发展。

1.2　企业背景

充分发挥企业的市场主体作用，通过创新发展实现企业价值和社会价值最大化，是践行新发展理念背景下政府和企业界都高度关注的重点议题。如今，在百年未有之大变局下，中国企业的角色正在发生着转变。如果说 100 年前的美国大型企业是组织管理革命的"领头羊"，那么，在当今新的时代背景下，中国企业正在积极寻求从"追随者"向"领跑者"的角色跃升。以海尔、蒙牛、小米、腾讯为代表的一批中国企业正通过独特的战略设计与组织创新，通过搭建一系列创新创业平台、赋能新组织裂变、发展产品生态链等方式，实现了企业创新驱动的高质量发展，引领着世界范围内的管理实践。可以说，在党和国家领导人高度重视、相关政策和指导意见持续发布的同时，中国企业"裂变式"发展的实践正在蓬勃开展、成绩斐然。

例如，海尔集团近年来不断推进战略变革、组织演化和文化创新，历经网络化和生态品牌等战略阶段，开始实施平台型和生态型组织演化。海尔集团采取"诚信生态、共享平台、人单合一、小微引爆""诚信生态、共赢进化、人单合一、链群合约"等文化创新，内部市场链、自主经营体、倒三角结构不断迭代演进，企业变创业平台，员工变创客，各类自创业、自组织、自驱动的小微企业不断涌现。作为全球创业者的加速器平台和孵化创业家及新物种的创业创新生态平台，海创汇依托海尔集团大企业产业资源及海创汇开放的生态资源，为中小企业加速赋能，让创业者加速成长、减少失败。据海尔集团和海创汇内部资料显示，目前已成功孵化 5 家独角兽企业和 22 家瞪羚企业，有效加速 341 个创业项目，新冠疫情期间 50% 的创业企业估值得到提升，80% 的创业项目实现业绩倍增。

再如，内蒙古蒙牛乳业（集团）股份有限公司（以下简称"蒙牛"）是一家典型的裂变企业，其成功创建和高速成长离不开母体企业内蒙古伊利实业集团股份有限公司（以下简称"伊利"）的培育和孵化。近年来，蒙牛又成功孵化和裂变出赛科星、田牧实业、正时生态、壹新实业、圣牧高科等一系列裂变企业，这些裂变企业主要围绕乳制品产业上游的奶牛养殖、原奶供应、饲料销售和牧草种植等互补业务展开，成功推动了乳制品加工企业上游产业链从小、散、乱，转化为规模化、专业化，不仅有力地助推了蒙牛公司的高质量发展，而且在优化产业价值链、提升产业整体发展质量和助推中小企业竞争力提升等方面都发挥了重要作用。海尔、蒙牛等企业反映了中国大企业在孵化裂变企业、寻求协同创新发展的重要探索。但裂变式发展绝不局限于传统行业或某些类型的企业，而是在更为广阔的领域发生和发展。

2019 年中国独角兽报告指出，在中国 2019 年独角兽企业中，有一半左右的独角兽企业与百度、腾讯、京东、阿里巴巴有关联，而估值前十的企业 100% 均有大型企业的创业投资。同时，浪潮集团、吉利集团、海底捞公司、双童吸管、芬尼科技公司等全国范围内的从制造到服务、从大企业到中小企业、从国有控股到民营经济等各类创新引领企业，都在裂变式发展方面努力探索，很多都已取得了较好成效。上述典型企业的裂变式发展实践表明，裂变式发展作为一种独特的企业发展模式，代表着一种极富潜力与价值的企业高质量发展路径。依托母体企业尤其是大企业的持续赋能，可以催生并裂变出大量具有高发展潜力、高创新水平的裂变企业。在表现形式上，这些裂变企业不再与母体企业恶性竞争、倒戈相向，而是以相互关联、高度嵌入、协同促进等方式实现抱团取暖、互利共赢。依托裂变式发展，大企业可以在既有产业基础上延链、强链、补链，以龙头带动全链，孵化裂变一批创新型中小企业，增强产业链抗风险能力，提高产业链整体韧性。通过裂变创业实现的裂变式发展是落实创新驱动发展、构筑大中小企业联合体、释放产业新动能、探索高质量发展的重要抓手。中国企业裂变式发展在高质量发展背景下被赋予了新的历史使命——"百年未有之大变局"背景下我国经济社会发展的重大战略议题。

1.3 理论背景

企业发展是实践界和理论界长期关注的焦点话题，也是事关我国社会主义市场经济发展、新形势下国家竞争优势构建以及人民福祉提升的重大战略命题。近年来，国家层面不断强调创新发展和高质量发展的重要意义，中国企业发展正在从规模化发展转型为高质量发展、从外延式发展转变为内涵式发展、从个体化发展升级为生态化发展。由于裂变式发展兼顾了母体企业优势和裂变企业优势，通过孵化、裂变新企业的方式最大化释放了母体企业的创新潜能，开拓了母体企业的创新发展空间，从而成为新时代中国企业实现高质量发展的有效路径。作为发展实践的未来趋势，中国企业裂变式发展实践方兴未艾，蓬勃涌现。大量创新引领的中国优秀企业，响应国家重大战略需求，结合自身企业实际，纷纷选择了裂变式发展模式，并取得了瞩目成绩。

中国企业裂变式发展体现为一种由母体企业通过赋能机制衍生裂变企业，并在多个组织之间寻求协同促进、共创共赢的生态化、高质量发展模式。当前理论界和实践界对裂变式发展存在众多理解，很多重要官方媒体和知名企业的宣传报道往往各执一词，甚至出现追蹭热点、概念含混不清等现象。特别是随着海尔、小米等中国企业新兴裂变创业实践的不断涌现，企业战略管理领域的专业化、多元化、一体化、国际化等企业发展理论，以及资源理论、能力理论、知识理论等以往企业成长理论，已经很难有效解释中国企业裂变式发展这一独特的新现象，理论研究已经远远滞后于实践发展，尤其无法对当前越来越多的企业所采取的裂变式发展模式提供有效的理论指导。目前，理论界对裂变式发展这种全新发展模式的系统研究还非常少，既不利于管理理论的构建和发展，也不利于启发更多中国企业有效地推行裂变式发展经验。针对实践界给予裂变式发展各种不同解读，现有文献却对这一新兴的企业创新发展实践缺乏理论解释和概念厘清的研究现状，亟须理论界基于实地调研深刻剖析裂变式发展的理论本质，界定裂变式发展的概念内涵，对纷繁复杂的中国企业裂变式发展实践开展类型化研究，并结合本土情境全面揭示中国企业裂变式发展的独特规律。

综上所述，本书拟从裂变创业的理论视角系统剖析中国企业裂变式发展实践。裂变创业现象由来已久、极其独特，运用裂变创业理论解释裂变式发展非常契合，有关裂变创业的内涵、外延及理论体系，读者可以参考本书第二篇。本书是作者团队面向实践，扎根实地，持续二十余年的研究积累。通过针对中国企业裂变式发展的前沿实践和独特现象开展系统深入的调查研究，在洞察实践与理论提炼的基础上，结合理论依据和科学方法，给出中国企业裂变式发展在机制设计、发展路径、评估方法、风险防范、政策供给等方面的切实解决方案，以期有效助推裂变式发展在响应和服务中国经济社会可持续高质量创新发展的需要中承担更多的责任、发挥更大的作用。

当然，裂变式发展能够发挥母体企业的资源与能力优势，释放母体企业的创新创业潜能，突破母体企业主导逻辑和核心刚性的束缚，拓展母体企业开放式、生态化发展的广阔空间，其本身也是动态的、发展的、演进的。伴随着信息社会向数字经济和智能社会的转型，协作共生、关联发展、生态演化等新事物，已经成为中国改革开放40多年后最重要的经济社会现象，必将大幅推进中国企业裂变式发展的创新进程，并赋予中国企业裂变式发展新的理论内涵，这就需要持续深入地开展扎根实地的系统调研和理论分析，不断提炼中国企业裂变式发展的机制机理和路径模式。构建中国企业裂变式发展的本土理论体系，动态复杂，任重道远，本书只是一个开端，是一个初步探索。

第 2 章
裂变式发展的研究方法
——扎根理论方法的运用

本章导读▶

　　扎根理论研究方法是一种基于归纳的定性分析技术，在社会学研究领域如教育、宗教等方面运用较多。该方法的特点是从现象中提炼理论，从而创建或丰富既有的理论体系。鉴于裂变式发展尚处于企业创新成长的前沿阶段，大多数研究具有探索性研究特质，因此适宜采用侧重"如何"问题的质性研究方法，本书大多数研究也是使用扎根理论进行探索，因此有必要对扎根理论的适用领域、研究过程、分析技术和疑难问题进行梳理，方便读者更浅显易懂地了解扎根理论中感性与理性思维的结合与跨越。

2.1　追本溯源——回顾扎根理论的创建历程

　　定性研究是一组各类研究方法的统称，如民族志法、自然探究法、片段分析法、个案研究法和生态样本记录分析法等都属于定性研究的范畴。扎根理论（grounded theory）被视为是定性研究方法中比较科学有效的一种方法，此理论最早由芝加哥大学施特劳斯（Anselm Strauss）和哥伦比亚大学格莱瑟（Barney Glaser）于 1967 年发展出来的一种质化研究方法（qualitative research）。施特劳斯获芝加哥大学博士学位，深受符号互动理论（symbolic interactionism）影响，把符号互动理论中的过程、行动和意义等元素引入扎根理论。格莱瑟获哥伦比亚大学博士学位，学习描述统计学（descriptive statistics），长期接受定量分析方法训练，把实证主义认识论和方法论引入扎根理论。这两位创始人通过对医务人员如何关怀临终病人这项实地观察研究，归纳出了一套研究策略，称为扎根理论研究方法，并于 1967 年共同出版了《扎根理论的发现》(*The Discovery of Grounded Theory*) 一书，一般认为该书标志着扎根理论方法的诞生。

在施特劳斯看来，社会科学研究要深入真实世界，需要在真实情境中解决问题，从而在问题的解决中获取知识，他反对通过抽象的逻辑推理建构理论，提倡建构与日常生活经验有密切联系的理论。格莱瑟则深受哥伦比亚大学量化研究的影响，将量化分析的方法融入扎根理论研究中，使得扎根理论的研究过程具有可追溯性，研究程序具有可重复性，研究结论具有可验证性。这在一定程度上克服了传统质性研究与量化研究之间的分歧，树立了质性研究与量化研究相结合的典范，并最终使得扎根理论成为完整的方法论体系。扎根理论能够界定和描述社会现象，识别现象的核心内涵、演变轨迹和作用机理 (Morse et al.，2009)。也就是说，扎根理论能够帮助人们认识和了解特殊情境和特殊事件中发生过什么，以及正在发生着什么。扎根理论能够揭示和阐明类似事件或类似现象的本质内涵。

毫无疑问，施特劳斯和格莱瑟两位创始者的广泛使用和大力传播推动了扎根理论的发展和变化。不过，尽管他们功不可没，该方法的独特研究策略和分析技巧并不都是他们的原创，其中的很多分析技术芝加哥学派社会学者早就在使用。他们研究社会现象的发展变化，通过开展实地调研从数据资料中提炼理论。然而，这些早期的社会学先驱学者很少进行方法论研究。换句话说，从现象到本质、从实践智慧到理论知识，这种研究思路早已有之，思想渊源悠久、研究实践丰富，只不过没有形成系统规范的理论体系，也没有对其命名为"扎根理论研究方法"。应该说，扎根理论两位创始人极具前瞻思维，旗帜鲜明地提出了该方法，尤其是其提出的"扎根"这个概念，可谓极为传神、精准凝练。多年来，扎根理论一直随着研究情境和应用范围的变化而发展演化，相关学者也在不断地探索和努力，使其运用过程进一步模式化、理论组成进一步体系化，发展成为在多学科领域广泛使用的研究方法。

2.2　创新发展——阐述扎根理论的传承发扬

扎根理论诞生至今已 50 余年，专家学者们已将扎根理论的部分策略视为质性研究的实践标准和常规法典，研究者们已经开始广泛使用资料译码和撰写备忘录等扎根理论研究策略，尽管他们运用这些研究策略的方式可能与扎根理论学者有所不同。当然，即便是扎根理论学者，在研究策略的采用及运用上也不尽相同。施特劳斯等（1994）发现，扎根理论方法已经成为一种通用的研究方法，一种通用的研究方法需要具备两个基本特征：一是适用于各种具体学科和具体领域的研究题目；二是可以提供一种思考资料和概念化资料的路径和方法。他们两位的观点表明，尽管可以运用扎根理论对不同学科领域的研究问题开展研究，但资料的处理和挖掘方式应该保持高度的一致性。通过实际研究实践发现，不能把扎根理论视为一种单一的研究方法，原因在于人们对扎根理论的遵循程度和掌握程度不同，这可能会导致对待资料的态度和处理资料的方式出现差异。扎根理论应该像是一把雨伞，能够同时覆盖和把控不同的潜在概念、资料重点、研究方向以及资料思考方式。

扎根理论现已发展出了众多流派和分支，如程序化扎根理论、建构扎根理论等，体现为理论的自然涌现论、互动涌现论和参与建构论等不同观点。不论是哪一种流派，基本都采用了连续比较、数据编码、撰写备忘录和理论抽样等方法，都强调了以下几个显著特点：（1）理论嵌于资料之中。只要研究者具有理论敏感性和现象洞察力，能够认真仔细、不畏艰难地剖析资料，理论就会呈现出来。其核心概念是"出现"或"涌现"。（2）在收集和分析资料的过程中，研究者应该保持一定的客观性，研究者避免"陷入过深"，要能抽身而出，否则将难以遵循客观性原则。换句话说，研究者既不要主观臆断，也不要与被研究对象走得太近，以免受其影响。（3）尽管人们普遍认为现实不止一个，但研究者仍然需要透过现象探查本质，通过挖掘实地资料，提炼映射现实的理论成果。

理论从无到有，从来不是一件简单的事，不仅需要高屋建瓴的格局，也需要细致入微的洞察和日积月累的等待，这也就是为什么我们提到质性研究者的特质时，通常离不开"探索""创新""耐心""乐观"这些词汇。人类活动由来已久、异彩纷呈，现实世界纷繁复杂、丰富多元。理论源于实践，先进的实践智慧蕴含着有价值的理论知识。如果没有简洁有效的理论借以洞察并诠释实践，那么既不利于人们系统深刻地理解社会现象，也不利于人们进行高效交流、广泛探讨，更谈不上跨界共振、知识溢出以及启发并指导实践。社会学领域需要生成理论，需要对先进的社会实践进行深入挖掘和科学提炼，从这一角度出发，做管理研究应走进实地，坐在办公室或图书馆面对数据搞管理研究，多少会显得脱离实际、枯燥乏味。面向实践、开展扎根实地的管理研究，才能更好地践行"知中国，服务中国"的爱国传统，做到研究中国问题、讲述中国故事、把论文写在祖国大地上，形成具有中国特色、中国风格、中国气派的管理学理论。

2.3 知识漏斗——推动扎根理论的惊险一跃

扎根研究的过程，类似于侦探破案，一名侦探拿到一个案件，会根据自己手头掌握的线索信息以及自己多年的破案经验，在对案件整体判断的基础上，思考并设计下一步行动计划，包括确立破案方向、收集线索信息等。尽管案件是具体的，目的是明确的，但破案的过程却可能充满不确定性和需要不断动态调整。侦探也许会多次碰壁，需要不断调整方向，需要不断补充线索资料，需要不断对这些线索进行指正、对比、链接、反思，从而基于问题驱动和过程导向不断趋近案件的真相。在这个过程中，既可能会高歌猛进，也可能会出师不利，既需要线索积累以寻求厚积薄发，也需要顿悟突破以达到茅塞顿开，因此是一个量变与质变相结合、理性与感性相伴随的过程。

著名管理思想家罗杰·马丁（Roger Martin）教授在《商业设计：通过设计思维构建公司持续竞争优势》一书中提到了知识漏斗模型，认为人们认识新事物的过程，或者创造新知识的过程，一般要历经混沌中探寻谜题、线索中得到启发和分析中形成程式三个阶段（见图2-1）。知识漏斗模型表明，人们理解事物的过程，其实就是抓住事物的独特之处，并将其提炼出来，然后建立起一套因果关系链条，进而揭示和解释事物所存谜题的过程。这也意味着，通过从发散到聚敛、从无序到有序、从量的积累到质的飞跃过程，知识会沿着锥体

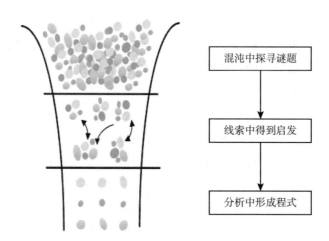

图2-1　知识漏斗模型及其三个阶段

不断向底端移动，从而获得发展和提升。扎根方法和知识漏斗模型有着相似的内涵，都是通过对现象观察，不断聚焦问题，在对大量资料的总结提炼中最终形成程式的过程，因此该理论模式为探究扎根方法的逻辑提供了很好的理论工具与分析视角，不但可以从整体上诠释扎根过程，还能从具体细微层面揭示扎根过程中所蕴含的两种不同思维以及这两种思维的跨越与整合。

1. 在混沌中探寻谜题——扎根方法中的初始思考

知识漏斗的第一个阶段是混沌中探寻谜题。不论是面对学术还是生活问题时，人们对于新奇的事物总是充满了好奇，就像我们的祖先也曾发出这样的疑问："为什么树上的苹果会落向地面？为什么苹果和树叶坠落的时间长短不一？"以这些令人费解的现象为起点，人们在好奇心和求知欲的驱使下潜心研究，一探究竟。在这个初始阶段，研究者并没有明确的研究方向和探索思路，他们唯一能做的是依靠个人的敏感观察到现象的发生、尽可能收集更多的证据，正如侦探破案时对初到案发现场时的"地毯式搜索"，以期能在现场展露出的蛛丝马迹中寻找细节之间千丝万缕的联系。

2. 在线索中得到启发——扎根方法中的提炼聚类

知识漏斗的第二个阶段是线索中得到启发。假以时日，通过与新现象或新事物的持续接触、反复比较和不断验证，人们总会发掘出其中蕴含的某些潜在规律，并由此逐渐获得启发然后形成经验法则。尽管这些法则比较零散，不成体系，但却可以引导人们探索各种可能的谜题答案。随着对新事物的认识不断加深，人们会逐步剔除非关键信息、缩小研究范围并集中精力专注于特定目标。就物体坠落这一现象而言，经过长期观察和反复思考，人们会多多少少形成一种共识：宇宙中存在某种神秘的力量，这种力量将物体吸向地面。人们用来解释物体为什么会掉落的经验法则是：自然界中存在某种未知力量，它使得物体坠向地面。

扎根理论中我们通常需要大量的原始资料帮助建构整个事件的全貌，虽然这些线索在后续研究过程中未必会一一体现，但细节化的描绘让研究者更能从中获取最有价值的讯息。从谜题的发现到线索的启发则对整个"破案"过程起到了质的推动，此时，研究者摆脱了初始的迷茫状态，在逐渐明晰的侦破方向的指引下迅速确定了有效证据，这些证据从现场浩如烟海般的痕迹中抽离出来，以全新的形式拼合重组，本过程甚至有可能完全脱离了破案者最初对案情发展趋势的想象。事实上，扎根理论研究者的基本素养之一也是不做任何预设，放手让事实证据还原理论原貌，只要研究者具有理论敏感性和现象洞察力，能够认真仔细、不畏艰难地剖析资料，理论就会呈现出来，其核心概念是"出现"或"涌现"。

3. 在分析中形成程式——扎根方法中的理论构建

知识漏斗的第三个阶段是分析中形成程式。虽然聚焦并得到启发已经将复杂的谜题进行了简化，但却还没有提出真正的解决方案。当人们对得到的启发和积累的经验进行仔细研究、反复试验和不断修订之后，松散、游离的启发就会被整合起来并进一步精简化、结构化和规范化，经验法则不断升级转换，最终成为专为解决某个难题而精心设计出来的固定模式。科学家牛顿就是在各种启发的指引下，经过不断地深入思考和实践探索，终于发现了能够精准测算在任何环境下物体降落速度的定律。人们对重力的理解变得具体和明确，谜题被破解，知识得以进步。与此类似，在扎根理论研究的后期，研究者通过对大量由线索引发的启迪进行理论关系建构，并通过不断补充资料、持续比对逐步接近饱和状态，由此，"破案"进入到尾声，整个案情犹如录影在破案者头脑中流畅地衔接推演出来。

跟随扎根理论过程的推进，每个阶段内部更多体现着理性思维，通过对积累的证据进行理性推演、持续地比对分析而实现"侦探破案"般的抽丝剥茧，在理性推演直至理论饱和基础上，各个阶段之间的跨越则离不开感性思维，阶段间的跨越是扎根理论研究中最让人兴奋的环节，也可以称为"顿悟的瞬间"，正是这些"顿悟的瞬间"让研究线索穿针引线，一脉相通，实现了从量变到质变的"惊险一跃"。这种从理性到感性的飞跃，一方面依靠大量原始线索的累积给了理论"浮现"（emerge）的可能，另一方面也依靠研究者的学术敏感和专业素养赋予灵光"乍现"的机会。借助知识模型我们可以观察到，当知识顺次历经知识漏斗各个阶段时，大量的现象和线索就此涌现。与此同时，研究者还要围绕知识漏斗进行持续的循环往复，不断地在谜题、启发和程式之间动态穿梭。罗杰·马丁教授认为，推动知识沿着知识漏斗移动的思维模式即为设计思维（design thinking）。设计思维既包含了分析思维可靠性的优点，又囊括了直觉思维有效性的优点，是第三种思维模式。质性研究者应该像设计师那样把探求谜底的奇思妙想与稳健可靠的技术原理相结合，在稳定与变革之间建立起微妙的平衡，以推动"破案式扎根"向纵深进行，完成理论发现的拨云见日。

第 **3** 章
裂变式发展的研究框架
——主要内容与逻辑关系

本章导读 ▶

　　裂变式发展是一种极富潜力、极具价值的企业高质量发展路径。中国企业裂变式发展呈现出自身创新潜力最大化、多元嵌入格局化、共创发展生态化等诸多独特之处。本章主要向读者介绍本书的主要内容与逻辑框架，便于读者整体把握全书的推进节奏及观点内容。本书探讨的主要问题即中国企业如何实现高质量裂变式发展，以研究缘起、理论透镜、衔玉而生、孵化哺育、相得益彰、聚沙成塔、研究展望七个部分，由上至下、由浅至深、由实践至理论，向读者全方位展现裂变式发展内涵类型、理论基础、机制设计、评估方法、发展路径、政策供给等前沿视角，便于读者深入理解裂变式发展。

3.1　总体问题与研究对象

　　为了响应创新驱动发展战略和高质量发展战略等国家重大战略需求，以海尔、蒙牛等为代表的众多中国企业正通过独特的战略设计与管理创新，创造着母体企业蜕变发展和裂变企业连续涌现的裂变式发展奇迹。正是得益于母体企业的培育和赋能，裂变企业通常具有高生存性和高成长性，而且通过科学的关系治理，裂变企业与母体企业更易实现协同发展、良性互动与价值共创，进而促进各自商业生态系统的演化。裂变式发展能够促进产业集群的形成与发展，提升集群内部创业创新能力，进而提高产业整体发展水平，并最终为中国经济发展贡献重要力量。相较于国外，当今中国企业的裂变式发展呈现出诸多独特之处，中国企业尝试通过调整发展战略促进自身创新潜力最大化，通过衍生裂变企业形成多元嵌入格局，借助协同共创实现生态化发展。本书基于新时代中国企业内外部环境发生根本性变化的大背景下，研究中国企业实现高质量裂变式发展所需关注的重大问题。对此问题的研究，实质要从理论与实践两个层面，深入探究裂变式发展的概念内涵与类型划分、母体企业的动力机制与赋能机制、裂变企业的生成机理与竞争优势、母体企业与裂变企业的价值共创与关系治理、裂变式发展的溢出效应与高质量保证等核心命题。

3.2　主要内容与逻辑框架

本书按照"解构内涵与类型—剖析裂变新创企业发展—挖掘母体企业孵育过程—识别互动与关系—评价溢出与影响"的分析逻辑，主要内容安排如下：

第一篇　研究缘起：背景、方法、框架。本篇介绍了裂变式发展的研究背景、研究方法以及研究框架，旨在便于读者更好地把握本书的整体逻辑，快速了解本书的体系架构。

第二篇　理论透镜：裂变创业文献回顾。本篇是本书的理论基础和重要前提。当前理论界和实践界对裂变式发展存在众多理解，很多重要官方媒体和知名企业的宣传报道往往各执一词，甚至出现追蹭热点、概念含混不清等现象，因此极有必要针对这一问题正本清源，通过对裂变创业理论的文献梳理，从学理上深入挖掘裂变式发展的概念内涵，赋予裂变式发展兼具理论性与现实性的阐释。

第三篇　衍玉而生：新创企业视角的裂变式发展。本篇聚焦研究裂变式发展的新生组织——裂变企业。通过实地调研和中国企业典型案例挖掘等形式，从创业者、创业机会、创业资源等维度提炼裂变创业的创业动机、创业过程、成功因素以及领导者特质。

第四篇　孵化培育：母体企业视角的裂变式发展。本篇聚焦研究裂变式发展的母体组织——母体企业。基于母体企业视角，分别从企业—企业、个体—

个体以及特殊类型裂变创业模式切入，从裂变企业培育过程与优势构建以及裂变企业生成路径和主要模式分类等方面展开探究，理解母体企业视角下裂变式发展过程、模式及路径。

第五篇 相得益彰：交互作用视角的裂变式发展。本篇聚焦研究裂变式发展的组织间关系——母体企业与裂变企业互动。裂变式发展衍生出大量裂变企业，这些裂变企业既要与母体企业产生持续交流互动，裂变企业自身之间也可能会产生诸多关联。第一，从母体孵化到独立运营过程视角出发，揭示商业模式如何实现跨组织间转移。第二，针对连次裂变创业初次失败与后续成功问题，探究其迭代成长的内在机理。第三，阐述业务互补促发裂变创业的生成机理。第四，探究裂变企业如何实现组织身份变革并获取合法性。

第六篇 聚沙成塔：裂变式发展的商业生态效应。本篇侧重研究裂变式发展的溢出效应。裂变式发展之所以值得深入研究和科学推广，不仅在于这种独特发展模式可以有效助推母体企业和裂变企业的协同创新和抱团发展，还在于通过裂变式发展可以产生广泛的溢出效应和社会价值。从"集群溢出效应""创新商业生态系统"两个方面考察裂变式发展的产业集群与创新商业生态系统效应。

第七篇 研究展望：裂变式发展的未来话题探讨。本篇主要就裂变式发展的一些前沿话题进行简要介绍，探讨由时代发展带来的裂变式发展研究的新视角和新动态，并对未来的深入研究和持续跟进提出一些观点和判断，包括女性力量、轻资产特征、产业集群演化、归国返乡等不同类型裂变创业，以期抛出砖去，引回玉来，激发理论研究者、管理实践者对于裂变式发展的兴趣，响应习近平总书记提出的"创新创业创造"号召，共同推进我国经济社会实现高质量发展。

本书逻辑框架如图3-1所示。

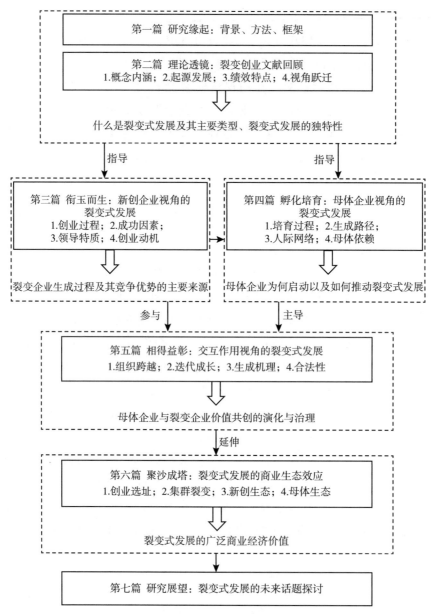

第一篇　研究缘起：背景、方法、框架

第二篇　理论透镜：裂变创业文献回顾
1.概念内涵；2.起源发展；3.绩效特点；4.视角跃迁

什么是裂变式发展及其主要类型、裂变式发展的独特性

指导　　　　　　　　　　　　指导

第三篇　衔玉而生：新创企业视角的
裂变式发展
1.创业过程；2.成功因素；
3.领导特质；4.创业动机

第四篇　孵化培育：母体企业视角的
裂变式发展
1.培育过程；2.生成路径；
3.人际网络；4.母体依赖

裂变企业生成过程及其竞争优势的主要来源　　母体企业为何启动以及如何推动裂变式发展

参与　　　　　　　　　　　主导

第五篇　相得益彰：交互作用视角的裂变式发展
1.组织跨越；2.迭代成长；3.生成机理；4.合法性

母体企业与裂变企业价值共创的演化与治理

延伸

第六篇　聚沙成塔：裂变式发展的商业生态效应
1.创业选址；2.集群裂变；3.新创生态；4.母体生态

裂变式发展的广泛商业经济价值

第七篇　研究展望：裂变式发展的未来话题探讨

图3-1　本书逻辑框架

3.3　扎根理论方法的过程

扎根理论研究方法的核心是资料收集与分析过程，该过程既包含理论演绎又包含理论归纳。扎根理论资料收集方法与其他定性研究没有显著区别，而其

资料分析则要求严格。施特劳斯（Strauss，1987）将扎根理论对资料的分析称为译码（coding），是指将所收集或转译的文字资料加以分解、指认现象、将现象概念化[1]，再以适当方式将概念重新抽象、提升和综合为范畴[2]以及核心范畴的操作化过程。该过程要忠实于资料，挖掘出资料的范畴，识别出范畴的性质和性质的维度。范畴间复杂交错的本质关系就是研究所得的理论，也就是说扎根理论研究之目的在于从理论层次上描述现象的本质和意义，从而建立一个适合于资料的理论。通过对多种文献资料的整理归纳，得出比较规范的扎根理论研究流程，如图3－2所示。

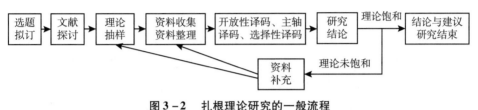

图3－2 扎根理论研究的一般流程

注：理论饱和是指研究所得的结论要有资料的充分支持，或者是要不断补充相应资料，直到穷尽为止。

一般观点认为，扎根理论方法既然是一种从现象归纳理论的技术，那么其对文献的依赖度就应该是非常低的，而且大量的文献成果说不定还会起到打乱研究者思路的负面作用。实际上，文献分析也是扎根理论方法一个不可或缺的组成部分，这主要体现在以下两个方面：一方面，基于文献回顾和分析，我们才能够识别出哪些研究命题可能会存在理论空白点，或者既有的理论是否真的无法有效解释现象，这是选择研究方向的前提；另一方面，任何社会现象都存在某种联系，不可能有完全孤立的现象或理论。因此，扎根理论方法最终提炼的结论需要与既有理论进行比较、互验，既有理论也可能丰富扎根理论成果，更何况扎根理论分析的一些概念和范畴还可能直接引自文献资料。

与此同时，扎根理论对资料的信息丰富度和理论目的性要求较高，这就使得案例或样本的选取显得非常重要。质性研究的抽样必须要以能深度、广泛和多层面反映研究现象的资料为样本，而不能像定量研究那样选取能代表人口并推论到人口母群体的样本。定量研究的样本注重代表性，倾向于样本的随机本

---

① 概念是附着于个别事情、事件或现象的概念性标签，概念化就是标签化的过程。

② 当一组概念都指代同一现象时，就由一个层次较高也较抽象的概念统合，这种概念称为范畴。

质和统计推论所需的数量要求，而质性研究则注重样本信息的丰富性和内涵深刻性，也就是通常所说的理论抽样。引导理论抽样的，是从资料分析中萌生出的问题，因此理论抽样和资料分析必须交互进行、相互启发。研究者不但可以对尚未收集的资料，也可以从已收集的资料中抽样，根据新的洞见重新译码。

一般来说，案例研究的数据收集有访谈、观察和企业文档三种方法，其中访谈是最重要的一种直接接触企业、获取第一手资料的手段。访谈具有及时辨明问题的特性和很强的灵活性。同时，访谈还具有启发性，研究者可以在访谈中发现实践中的新思想、新做法，甚至连被访谈者也没有意识到的思想火花，研究者都可以对其加以显性化、条理化、系统化，进而升华至理论层面。因此，访谈可能会增加研究者发掘理论空白点的机会，适合于对那些新现象和新事物的深入研究，这正好满足了扎根理论研究旨在议题新颖、亟待挖掘理论的要求。为了保证资料的真实、准确，在资料整理方面，需要通过多种数据的汇聚和相互验证来确认资料的有效性。接下来，资料的具体分析过程包括开放性、主轴和选择性译码三个主要阶段，这是扎根理论最具特色也最为关键的部分。读者可以参看后续章节。

按照扎根理论研究方法的要求，从资料中提炼出来的各个层级的概念和范畴，进一步构成相应的逻辑关系，从而呈现为某种理论形态。主轴译码和选择性译码的分析已经体现了结论的雏形，但"理论的扎根"还有待于运用所有资料来验证范畴和关系。理论扎根的过程是"保持资料与理论间来来回回的互动性，不断将来自现实世界的资料，转化成较高的抽象层次的范畴、维度与概念，并建构概念之间的关系、直到理论性饱和为止"。理论的生成，需要研究者运用典范模型工具将核心范畴与其他范畴尤其是主范畴加以联结，并用所有资料验证这些联结关系。就个案的扎根分析而言，如果研究者对围绕核心范畴构建的范畴体系关系不满意，或者觉得其中某个部分存在逻辑模糊性，就需要再次收集、补充有关资料，再次对三重译码分析的准确性加以检视，或者对范畴的关系加以调整。

笔者认为，为了使扎根理论研究的结论更具说服力也更丰满，应该针对某一新现象或新领域展开多重案例研究。具体研究思路可以参考以下建议：首先，对每一个围绕主题精选的案例都独立进行译码分析，并得出个案的研究结论，这一结论可能更具有特殊性；其次，在多个个案研究结论之间开展比较研究，从而实现"同中求异、异中求同"，更好地理解独特现象的理论内涵；最后，可以考虑对多个个案提炼出的范畴、主范畴和核心范畴进行归类、整合，也可以把它们作为一手资料,再次运用扎根分析的译码技术展开研究。

关于扎根理论精神的发扬,回溯中国特色社会主义事业的建设历程,也不难发现其中"实事求是"思想路线在实践中的体现。毛泽东在谈调查研究时总结道:"我的经验历来如此,凡是忧愁没有办法的时候,就去调查研究,一经调查研究,办法就出来了,问题就解决了。打仗也是这样,凡是没有办法的时候,就去调查研究,如果不去看呢? 就每天忧愁,就不知如何打法。调查研究就会有办法。"① 在《实践论》中他也谈到"去粗取精,去伪存真,由此及彼,由表及里",意思是将丰富的感性材料进行改造、加工和筛选,直到形成理论,这是一个区分的过程,更是一个提炼与升华的过程,扎根理论研究的思想与其极度契合,因此扎根理论学者在做研究的过程中也应该时时回想毛泽东同志的经验之谈。

总之,立足中国大地,做好本土研究,要意识到扎根理论并不是一成不变的范式,方法总归是为科研问题服务的。作为可以灵活运用的手段,不管是从知识漏斗模型、设计思维还是其他角度理解扎根理论,都需要认识到在实际研究中,只有那些对研究题目真正感兴趣、具备概念化能力、能够忍受耗时耗力的高强度过程,且能够接受未来的不确定性的人,才能做好扎根理论研究。扎根理论研究就是要探索未知、建构理论,因此研究者要秉持乐观态度,确信能够创造和掌控未来,享受侦探破案般的知识创造过程,面向实践、问题导向、过程驱动、聚焦问题、实事求是、探寻真理、体会乐趣。

---

① 毛泽东:打仗离不开调查研究 [EB/OL]. http://dangshi.people.com.cn/n1/2019/0902/c85037 - 31330385.html, 2019 - 09 - 02.

第二篇

理论透镜：裂变创业文献回顾

本篇从理论视角出发，针对裂变创业作出系统性解释，便于读者对裂变创业深入了解。

第一，将裂变创业比喻为蒲公英式创业，生动形象地阐释什么是裂变创业。

第二，在系统梳理裂变创业相关文献基础上，详细介绍裂变创业及其影响效应。

第三，系统剖析裂变新创企业的绩效特点并分析其影响因素。

第四，从视角跃迁与问题更迭出发，论述裂变创业到裂变式发展的演化过程。

第 **4** 章

蒲公英式的新组织衍生

——裂变创业实践与发展

本章导读▶

在阅读完第一篇的内容后，相信各位读者对裂变创业已经有了初步的认识，但还是心存些许疑惑，例如，裂变创业研究究竟从何而来，什么是裂变创业以及它有哪些具体的类型，相较于其他创业类型又有何独特之处，研究裂变创业会得到哪些启示，等等。接下来，本章将为大家一一揭开谜底，深入剖析裂变创业的来龙去脉，从而可以敞开心扉与裂变创业对话。

4.1 裂变创业研究的源起

20世纪五六十年代，麻省理工学院作为美国国防和航空领域的科研重镇，获得了联邦资金和军方采购的大力支持，加上其院长卡尔·泰勒·康普顿（Karl Taylor Compton）对教员创办企业的鼓励，该校实验室孵化出大批高技术公司。这些公司纷纷在128号公路附近落户、集聚，128号公路也因此迎来了二战后的空前繁荣。几乎在同一时期，美国西海岸硅谷地区的半导体产业获得了迅速发展。1957年，八位年轻科学家辞职离开肖克利实验室公司，创办了著名的仙童半导体公司，并在60年代获得了巨大成功。然而，出于对投资人的不满，八位创始人陆续辞职再次创办了多家半导体公司，其中最负盛名的便是1968年创立的英特尔公司和1969年成立的AMD公司，由此，美国半导体产业开启了发展的"高速路"。

学者们很快注意到这些独特的创业现象（Roberts et al.，1968）并开展了相关研究。先驱性学者、美国普渡大学库珀教授（Cooper，1971）发表《裂变企业与技术创业》（*Spin – Offs and Technical Entrepreneurship*）一文，将离职员工新创办的企业称为裂变企业（spin-offs）；并以硅谷地区 250 家裂变企业的访谈为基础，回答了"哪些组织更容易产生裂变企业的问题"，提出了一个有违传统认知的观点，即规模较小的企业更容易产生裂变企业。此外，库珀（1971）还按照孵化组织的差异，将这类新企业分为源自既有企业的裂变和源自非营利组织（大学、国家科研机构等）的裂变。不过，当时的裂变创业研究主要关注技术员工的离职创业，与当时的创业实践保持了一致。

4.2　裂变创业内涵与类型

实际上，裂变创业现象早已有之。例如，成立于 1903 年的福特汽车公司就是亨利·福特被排挤出他创立的第二家公司之后再次创建的。近年来，随着互联网和信息技术的快速发展，裂变创业活动呈现出日益活跃之势。资料显示，腾讯员工创办了 1372 家公司，阿里员工创办了 857 家公司，这两家企业裂变而生的企业数量几乎占据了中国互联网企业的半壁江山。

裂变意味着从既有组织中形成或诞生新企业的过程（Wallin，2012）。但迄今为止，裂变创业还没有出现一个被广泛接受的定义。在库珀（1971）的论文中，并没有对裂变创业进行明确定义，仅以一个比喻的方式，将技术员工离开其工作单位而创办新企业比作"从既有组织中的裂变"，其结果是，新产生的企业与原有组织在技术、市场或两者方面均有联系。后来，卡文（Garvin，1983）将 spin-off 定义为一种市场进入方式，指新成立的企业是由一个或多个曾于该企业所进入产业工作过的个体所建立，并且新企业建立的动机源自这些员工；卡文还认为，spin-off 也应包括大学和科研机构的工作者为将科研成果商业化而创建的新企业。除了 spin-off、spin-out 也被用于界定这类创业现象（Smilor，1986；Smilor et al.，1990；Agarwal et al.，2004，2016）。不过，spin-out 与 spin-off 似乎差别不大。有学者在引用库珀教授的经典文献时，直接将库珀教授观察的现象称作"spin-out"（Smilor et al.，1990），或是也将 spin-out 定义为既有企业前雇员开展的创业（Agarwal et al.，2004）。近年来，国内学者也不再明确区分"spin-off"与"spin-out"（马力，2012；苏晓华等，2013），而是将这类现象统称为裂变或者衍生。

随着时代的发展，特别是大学衍生企业和公司创业的兴起，裂变创业的内涵与研究重点发生了细微的变化。20 世纪 80 年代，美国颁布著名的《贝赫 –

多尔法案》，极大地激发了大学和学者科技成果转化的热情。作为科技成果转化的重要途径，大学衍生企业持续获得关注。笔者曾在 2019 年 11 月 24 日用"spin-off"或"spin-out"对 WOS 核心数据库进行题名检索，发现在被引量前 20 的文献中，仅有 1 篇文献专门针对源自既有企业的裂变创业，有 18 篇聚焦于大学衍生企业。裂变创业研究的重心转变可见一斑。如今，学者们普遍地将裂变创业按照母体组织（即创业者曾经工作的组织）性质区分为企业型裂变创业和大学或科研机构衍生型裂变创业。近年来，还有学者认为企业型裂变创业应进一步区分为公司主动追求机会的孵化型创业和员工自发离职进行的裂变创业（Bruneel et al.，2013）。同时，日本公司有组织的业务剥离也给裂变创业研究带来新的启示（冈本久吉，2014）。综上讨论，裂变创业可区分以下三种类型。

1. 员工离职创业

早期裂变创业研究关注技术人员离职创业，如今，市场、运营等非技术人员（特别是高管人员）同样可以依托于在既有组织中积累的知识、经验开展离职创业活动。特别是当雇员与既有企业存在巨大分歧时，离职创业的概率会大大提高（Klepper et al.，2005）。因此，这类裂变产生的新企业被宽泛地定义为"创业者离开当前公司创办一家属于自己的企业，且这一过程必须包含某些权益从已有组织向新企业的转移"（Lindholm，1997）。

2. 大学和科研机构衍生企业

相关统计表明，仅麻省理工学院就至少产生了 4000 家衍生企业（Carayannis et al.，1998），很多研究也表明硅谷与斯坦福大学、剑桥现象与剑桥大学都离不开大学衍生企业的作用。这类衍生企业被定义为商业化地使用大学培养的知识、技能或研究成果而创建的新企业（李志刚等，2012），该过程应包括技术的转移和人力资源的流动。大学衍生企业通常具有两个特征：（1）创建者为大学学生、教师和研究人员，他们离开大学创建或者创建时仍隶属于大学；（2）技术或者技术思想产生自大学内（Smilor et al.，1990）。

3. 公司主动孵化型裂变创业

大公司为了寻求快速响应、避免僵化，会开展公司创业活动。一部分大企业以孵化新企业的方式追逐商业机会，还有一部分寻求多元化发展的大型集团会有计划地剥离部分关联程度较低的业务。其中，日本的企业集团正是将子公司不断分离，独立经营而形成的（冈本久吉，2014）。这种裂变方式被定义为

"公司将部分业务单元剥离出去，被剥离的业务单元独立运营并与原公司保持一定的所有权关系"（Ito et al.，2010）。一般认为，这种类型的裂变创业是公司创业的一个子类别，但相关研究主体会有细微差别。公司创业的研究主体一般为大型企业本身（即母体企业），而裂变创业除了关注母体企业，还会关注其裂变产生的新企业的独特成长模式，在一定程度上有效地兼顾了大企业的资源优势和小企业的创新优势（李志刚等，2016）。

4.3 裂变创业的独特之处

无论是企业员工离职创业，还是大学和科研机构衍生创业，抑或是公司主动孵化型裂变创业，虽然呈现出不同的创业形式，但其本质内涵均在于由既有企业（即母体企业）产生新创企业。因此，母体企业成为创业的孵化器（Cooper，1984），这也是裂变创业区别于一般创业活动的显著特点。具体而言，母体企业为裂变创业活动带来的独特影响体现在以下四个方面。

1. 机会与分歧共存的创业动机

一般而言，追求机会的经济价值通常是创业者开展创业活动的重要动机。但对于裂变创业者（尤其是离职创业者）而言，其创业往往伴随离职的机会成本问题，因此，其离职诱因是创业动机的另一个重要来源。克莱普等（Klepper et al.，2010）提出了基于分歧与冲突的裂变创业理论，用以解释公司型裂变创业的创业动机。他们认为既有企业的良好绩效、员工与管理者分歧、高层领导变换、企业被并购、企业退出原产业等，都可能引发员工裂变创业行为。值得注意的是，机会与分歧存在着相互影响。一方面，机会识别会促使创业者寻求机会利用以获取经济收益，但这一行为与企业内部的战略部署、高管认知及组织惯例均可能存在不一致。特别是当高管团队忽视机会（如某种新技术）的价值或是将机会束之高阁时，便会与潜在的裂变创业者之间产生分歧（Klepper et al.，2005）。另一方面，员工与企业的分歧使得潜在创业者开始重新思考自身的职业规划，特别是在企业并购、重组、高层领导变更的条件下（Bruneel et al.，2013）。此时潜在创业者甚至面临"不得不创业"的局面，寻求可供开发的创业机会就成为事实上的必选项。

2. 跨组织的创业过程

作为市场进入的一种重要方式，裂变创业是从母体企业转移核心技术、员工或者其他资源从而创建新企业的过程，是资源跨组织转移的有效机制（Roberts et al.，1996）。裂变创业过程通常包括若干阶段，例如，有学者提出了一个包含员工学习、触发事件发生和新创企业发展三个阶段的公司裂变创业过程模型（Buenstorf，2009），如表 4－1 所示。第一阶段为员工学习。公司裂变创业者在母体组织获得各种有用的知识，个人技能不断提升，为裂变创业提供了可能。第二阶段为触发事件发生。公司遭遇诸如战略分歧、机会发现以及内部不良事件等触发事件，降低了创业者离开母体组织创建新企业的机会成本，促使创业项目形成。第三阶段为新创企业发展。裂变新创企业从母体公司转移和传承了各类资源，这些资源的整合程度和使用水平决定了新企业的绩效。

表 4－1　　　　　　　　　　　裂变创业过程的三个阶段

项目	员工学习	触发事件	新创企业发展
关键要素	积累技术知识与市场信息 学习组织惯例 提升个人技能	战略分歧 发现机会 内部不良事件	技术知识与市场信息转移 组织惯例的转移 个人技术的运用
活动结果	裂变创业可能性	裂变创业项目形成	裂变新创企业绩效

此外，还有研究将业务剥离的裂变过程划分为裂变的决策阶段、重组计划的制定阶段、重组计划的股东审批和商讨阶段、股份登记阶段以及裂变新创企业的形成阶段（程丽等，2019），或是围绕孵化、轻资产、商业模式传承等不同类型的裂变创业活动进行扎根理论分析，考察新企业的不同生成轨迹（李志刚等，2016，2017，2019）。虽然不同类型的裂变过程存在差异，但总体而言，都包括创业者在母体企业内的活动和独立后在新企业的活动两个阶段。这意味着，裂变创业的机会识别、评价与开发分别发生在两个组织中，体现为一种跨组织的创业活动，从而有别于纯粹发生在单一组织内的创业过程（如公司创业）。

3. 新创企业的存活率相对较高

相较于一般的新企业，裂变新创企业在初始资源、行业经验以及合法性等方面拥有独特优势，这些优势被学者们称为"银汤匙"（Chatterji，2009；Sahaym，2013），也有学者称这类新企业是"衔玉而生"（苏晓华等，2013）。这些优势也帮助裂变创业企业获得相对高的存活率。现有文献从资源基础论和组织印记理论对此提供了解释。

一方面，资源基础理论。一般认为，裂变产生的新企业诞生于已有组织，因此会通过继承的方式获得母体资源支持（Klepper et al.，2005），例如，牛根生离开伊利创建蒙牛时带走了一批原伊利员工（"牛一代"），其中的大部分都成长为蒙牛的中坚力量。此外，从母体企业继承的知识资源更为关键。例如，凭借母体企业成熟的商业模式减少初始的试错与调整（李志刚等，2017），与母体企业建立合作关系（Uzunca，2018），获取母体企业的管理惯例等（Campbell，2012）。有研究专门就"银汤匙"的来源进行了讨论，认为在母体企业积累的经营管理知识（而非技术知识）为裂变新创企业带来了初始的高绩效（Chatterji，2009）。

另一方面，组织印记理论。由于裂变创业诞生自母体组织，新生组织会带有鲜明的母体组织烙印，具有显著的遗传特性（Klepper et al.，2005）。借助于母体企业的身份、声望以及影响力，新企业在初期更容易获得合法性（Sahaym，2013）。还有研究将母体企业的供应商进行分类，一类是源自母体企业裂变产生的企业，另一类是普通企业。该研究指出，即便都是供应商，裂变产生的这类企业因为其独特的组织身份而能与母体企业产生更好的学习效应，因此也被形象地比喻为"亲儿子"（Uzunca，2018），这也有助于解释裂变新创企业初期的良好绩效。

但正如有机体不是任何母体的克隆物一样，裂变创业企业为了成功，需要将自己区别于母体组织。新企业必须仔细考虑它们从母体组织获得的信息以及如何利用这些信息。除了产品和市场的相关信息，裂变企业同样会从母体组织继承惯例、身份等（Ferriani et al.，2012）。这种组织烙印帮助新企业获得最初的优势。但随着时间的推移，这种来自母体组织的影响可能会产生惰性而难以改变，这就要求裂变产生的新企业寻找适宜自身的、有别于母体组织的身份与商业模式（Ferriani et al.，2012；夏清华等，2019）。

4. 彼此互利的溢出效应

由于母体企业的存在，裂变创业活动的溢出效应得到学者们的关注。很多研究希望探求裂变创业对于母体组织而言，是利大于弊还是弊大于利。一般观点认为，员工是重要的人力资本和知识载体，他们的离职将为母体企业带来巨大损失。而且相较于员工流失进入竞争对手的企业，离职员工创建的企业会更大程度上复制原有企业的模式和惯例，更彻底地运用原有企业的知识和技能，这可能会带来一个比现有企业更可怕的竞争对手（Campbell et al.，2012）。但也有学者认为这种不利影响被过分夸大了，裂变新创企业同样会引发知识的回流，并且能够刺激母体企业对内部管理和资源配置进行优化，从而产生积极作用。尤其是主动孵化型裂变创业能够培植母体企业需要的业务与能力，有助于形成与母体企业的互补而实现双赢。

4.4　裂变创业的研究启示

裂变意味着"出新"，却并不见得一定"推陈"，正如既有企业良好的基因常常得到裂变新创企业的传承而不断保留，却又在原有的基础上不断发展乃至超越，从进化论的观点来看，这正是既有组织独特的演进过程。现阶段的众多大企业面临组织变革、流程再造，希望进行多种形式的公司创业以实现在当今 VUCA① 时代的"唯变所适"。在一定程度上，裂变企业成为众多大企业实现组织转型、平台化战略以及创新生态构建的有力工具。无论是海尔、小米、芬尼克兹等制造业大亨，还是腾讯、阿里巴巴等互联网巨擘，无不在多次裂变新创企业的过程中逐步构建和完善了自身的商业生态系统。因此，裂变创业绝非单纯地产生新企业的过程，这一过程对于既有企业、产业集群乃至商业生态系统都会产生巨大影响。所以，我们必须重新审视裂变创业，并关注裂变创业的两类主体——在位的母体企业和裂变而来的新创企业，这将为公司创业、组织变革等研究领域带来新的贡献。

裂变创业的独特性集中体现在情境的独特性。裂变是母体企业和新创企业之间互动的过程，是资源、知识、网络以及身份的传递与连接，是独特背景下多主体追求机会与建立关联的复杂现象。近年来的许多研究对象不再拘泥于母体企业或新创企业本身，而是聚焦于这一独特情境下的主体关系以及由此引发的独特问题，例如，身份的传递和重塑（Sahaym，2013）、权利的交织（Sheep，2017）、知识的流动（Howard et al.，2019）等。因此，如何更系统地理解这一独特情境，如何理论化解构裂变创业的过程，如何建立裂变创业与其他研究领域的联系，或许是未来裂变创业研究的关键所在，这也是本书研究团队的未来任务。

---

① VUCA 是 volatility（易变性）、uncertainty（不确定性）、complexity（复杂性）、ambiguity（模糊性）的缩写。VUCA 这个术语源于军事用语并在 20 世纪 90 年代开始被普遍使用。随后被用于从营利性公司到教育事业的各种组织的战略新兴思想中。

第 5 章

裂变创业主要影响效应
—— 裂变创业价值与贡献

本章导读▶

第 4 章已经与裂变创业进行了初步对话，本章将展开深入剖析和系统阐释。首先，在进一步挖掘概念内涵和划分创业类型的基础上，重点从创业动机、创业绩效和创业过程等方面梳理裂变创业的研究成果；其次，着重论述裂变创业对母体组织与新创企业以及在技术创新、知识转移以及人力资源价值实现等方面的微观影响；最后，对裂变创业在网络环境、集群演化以及区域经济发展等方面的宏观效应进行分析。

5.1　裂变创业的基本理论梳理

裂变创业作为一种特殊的企业创业模式，母体组织与新创企业之间的嵌入关系是这类创业活动的基本特征。国外裂变创业现象出现较早，熊彼特（Schumpeter，1934）就将裂变创业诠释为一种"创造性破坏"行为。裂变创业在西方国家蓬勃发展，相关的研究成果也比较丰富。近年来，裂变创业已经成为推进科技创新和产业集群发展的关键动力，同时，也为社会经济发展增添了新的活力。其中，美国"硅谷"和"128 公路"就是裂变创业的代表性产物。

本章在深入研读裂变创业相关文献基础上，首先简要介绍了有关裂变创业内涵、类型、动机、绩效、过程等基本问题的现有研究成果，其次从微观和宏观两个层面具体论述裂变创业的影响效应，并对该领域未来研究进行了简要评述和展望。

1. 裂变创业的概念与类型

从组织间关系的角度而言，新创企业进入市场的方式主要有三种，其中，裂变创业属于从头创业的新创企业（Helfat et al.，2001）（见表 5 – 1）。当然，从表 5 – 1 的观点来看，裂变企业与母体企业在所有权上应该完全独立，不过后续大量研究倒没有要求必须遵从此项标准。裂变蕴含的基本属性是指新的个体从母体组织中衍生并脱离，新的个体既与母体有关联，又有自己的独特之处。裂变创业作为一种企业进入市场的特殊方式，既是新创企业在传承母体组织基因的基础上进行创新的重要途径，又是企业识别和开发利用新的商业机会以及跨组织转移创业资源的有效机制。

表 5 – 1　　　　　　　　基于企业间关系视角的企业市场进入的方式

企业市场进入类型	与既有企业的关系	母公司所有权
基于多元化的新创企业	同一企业	全部
基于母公司的新创企业 ●合资企业 ●母公司剥离企业	独立的新企业	—
	由多家企业创建	部分
	由既有企业创建	部分
从头开始的新创企业 ●裂变创业 ●无经验的新创企业	独立的新企业	—
	创建者有同产业工作经验	无
	创建者无同产业工作经验或与产业无关	无

裂变创业既具备创业活动的异质性与复杂性，又由于其裂变特征兼备广泛性与开放性，因而在管理实践中呈现出千姿百态的格局。由于裂变创业存在形式多样以及内涵丰富等特点，因此，学者们分别从不同的视角对其进行分类。例如，皮尔内等（Pirnay et al.，2003）基于组织间知识转移的特性，将裂变创业分为科研成果转移型、科学方法转移型和特定技能转移型三种类型；佩雷斯（Perez，2003）根据母体组织的属性，将裂变创业划分为公司裂变创业、大学裂变创业和其他组织裂变创业三大类；科斯特等（Coster et al.，2005）按照一般新创企业的划分思路，把裂变创业区分为机会型（外界出现有吸引力的创业机遇）和需要型（创业者失去在母体组织工作的兴趣）两大类。

学者们已把裂变创业视为具有独特研究价值的学术领域，并通过内涵与类型研究来总结裂变创业的基本属性，如强调新创企业和母体组织之间的嵌入关系，重视各类资源的跨组织流动等。但从现有研究成果不难看出，裂变创业是近些年才逐渐兴起并得到学界关注的创业现象，在年轻的创业学研究中启动较晚，因此，在裂变创业的内涵与类型方面还存在较多的争议和分歧。

例如，在概念界定上，尼古拉乌等（Nicolaou et al.，2003）认为，研发成果转移以及新企业创建是大学裂变创业的必要条件，但对于大学人力资源是否转移和大学是否持有新企业股权则不必严格要求。而有学者则对此持反对意见，他们认为不强调创业者必须从母体组织离职以及母体组织与新创企业必须产权独立这两个限定条件，就可能导致裂变创业与公司内部创业的概念混淆。由此可见，裂变创业研究者认同组织间嵌入关系和资源转移，但在嵌入程度和资源转移方式上还没有达成共识。在概念界定方面存在分歧难免会降低裂变创业类型划分的效度，而这个问题的解决还有赖于裂变创业实践与理论研究的不断碰撞与全面发展。

2. 裂变创业的动机与绩效

除了机会识别、资源利用、效益获取和价值实现等一般创业动机外，裂变创业还具有自己的特殊动机，并且这些特殊动机与新创企业母体组织的背景息息相关。例如，罗里等（Rory et al.，2008）认为，创业者个人特质和价值取向、大学资源禀赋和组织功能、大学体制结构和制度文化以及外部基础设施和产业环境，是影响大学裂变创业的主要因素。宾施托夫（Buenstorf，2009）研究发现，创业者在母体组织学到了技术、市场、流程和自我技能等方面的知识，这会引发和促进裂变创业。克莱珀等（2010）认为，在位企业的良好绩效、员工与管理者之间的意见分歧、高管变更、被并购、退出原产业等，都可能会导致员工实施裂变创业。

裂变新创企业会在一定程度上继承母体组织的资源或汲取母体组织的经验，这些创业优势通常会支持裂变新创企业在初期获取比其他类型新企业好的绩效。与一般新创企业绩效影响因素不同，影响裂变新创企业的初期绩效的因素带有更多的母体组织印记。裂变创业者的创业能力大部分是在母体组织培养起来的，裂变创业者的经历，如在母体组织中担任的职务、从事的工作、工作年限（Dahl et al.，2006）和积累的经验（Deniz et al.，2009）等，对新创企业的生存和发展具有重要的意义。另外，产业集群环境有利于孵化出裂变新创企业，集群内部的裂变新创企业更容易取得成功，因为这类新创企业拥有更多网络资源，如集群内部的沟通交流机制和网络连接关系等，这些网络资源对于裂变新创企业整合创业所需资源往往能起到关键的作用。

创业动机与绩效衡量涉及内、外部众多的因素，研究起来纷繁复杂。与一般创业理论中的动机研究和绩效研究相比，裂变创业的相关研究还比较薄弱，理论成果较少。而且，由于研究者选取的创业类型、研究时点和产业结构等千差万别，有关裂变创业动机及绩效的分析结论也存在较多分歧甚至相互矛盾。例如，虽然大部分学者认为裂变新创企业初期绩效较好，但不容忽视的是得出相反结论的实证研究也在不断出现。与此相关的话题，本书将在第 6 章的内容中对裂变创业绩效特点与驱动要素展开讨论。在此基础上，有必要辩证探讨裂变创业动机与绩效的相关研究，并与一般创业的研究成果进行有效结合和系统比较，也可以从人员离职流动、母体组织和新企业互动以及裂变新创企业中长期绩效评价等方面开展全新研究，系统识别和构建裂变创业动机及绩效因素的概念框架和衡量指标体系。

3. 裂变创业的过程与阶段

过程研究是创业研究的一个重要方面，对创业过程与阶段的细致刻画可以提升人们对创业行为的系统认知。国外学者从过程视角识别了裂变创业的主要阶段，并对各个阶段蕴含的关键要素及阶段间的转化进行了探讨。

鉴于大学裂变创业是裂变创业的重要组成部分，瓦奈尔斯特等（Vanaelst et al.，2006）对其进行了深入研究，并且得出了大学裂变创业过程要顺次经过研究成果商业化与机会筛选、创建酝酿期组织、新创组织展现生存能力、企业发展成熟四个阶段的研究结论（见图 5 - 1）。他们认为每个阶段都形成内部运行流程，自身构成循环往复和非线性调整系统，而阶段之间则存在结合点和门槛，是推动创业顺利进行的关键。大学裂变企业的发展过程就是不断克服风险、突破拐点并随创业者初始资源的积累和市场机会的变化而不断改变和修正商业模式的过程。

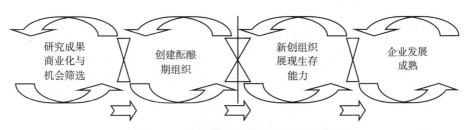

图 5 - 1　大学裂变创业过程四阶段模型

公司裂变创业是裂变创业的另一重要类型，宾施托夫（Buenstorf，2009）代表了这类裂变创业过程模型研究的最新进展。宾施托夫（2009）在总结前人研究成果的基础上，提出了一个包含员工学习、触发事件发生和新创企业发展三个阶段的公司裂变创业过程模型，并归纳总结了各个阶段的关键要素与活动结果（见表5-2）。第一阶段为员工学习。公司裂变创业者在母体组织获得各种有用的知识且个人的技能随之不断提升（关键要素），为裂变创业提供了可能（结果）。第二阶段是触发事件发生。公司遭遇诸如战略分歧、发现机会以及内部不良事件此类的触发事件（关键要素），从而改变了创业者离开母体组织创建新企业的机会成本，促使创业项目形成（结果）。第三阶段为新创企业发展。裂变新创企业从母体公司转移和传承了各类资源（关键要素），这些资源的整合程度和使用水平决定新企业的绩效水平（结果）。

表5-2 公司裂变创业过程的三个阶段及其要素与结果

项目	员工学习	触发事件	新创企业发展
活动结果 关键要素	裂变创业可能性 ● 积累技术知识与市场信息 ● 学习组织常规 ● 提升个人技能	裂变创业项目形成 ● 战略分歧 ● 发现机会 ● 内部不良事件	裂变新创企业绩效 ● 技术知识与市场信息转移 ● 组织常规的转移 ● 个人技能的运用

根据一般创业理论，创业过程通常包括创业动机、机会识别和新企业创建三个主要阶段，每个阶段都有自己的关键要素，从而构成创业过程的复杂性和多样性。与宾施托夫的观点不同，有学者从更丰富具体的创业过程角度，提出了公司裂变创业的七阶段模型，认为裂变创业过程主要包括意识到新的商业机会、产生开拓新业务的兴趣、遭遇在母体企业开展新业务的障碍、分析创建新企业的可能性、决定创建新企业、设立裂变新创企业、离职进入新企业等七个阶段（Soderling，1999）。

国外学者分别针对大学裂变创业和公司裂变创业这两种最典型的裂变创业类型，提出了覆盖创业前期、创业中期和创业后期的裂变创业过程模型，并从母体组织嵌入和资源转移的角度分析了该过程的独特之处。总体而言，国外现有研究以理论演绎为主，缺乏系统的实证探究和深入的案例分析。而且，与一般创业理论的相关研究相比，裂变创业过程的阶段划分还不够细致，关键要素的提炼也不很完善，后续相关研究有必要在与一般创业理论进行系统比较的基础上，进一步结合创业情境要素进行不断深化和完善。本书后续章节呈现的多项扎根研究和案例研究，也积极回应了以上不足，提出了一系列新的裂变过程模型。

5.2 裂变创业的微观影响效应

裂变创业活动的影响效应，在裂变创业内涵、类型、动机、绩效、过程与阶段等研究中被频繁提及。裂变创业能创造卓越的价值，因此引起各界的广泛关注。从微观层面分析，裂变创业会对裂变新创企业与母体组织、知识转移与技术创新以及人力资源价值实现等产生重要影响。

1. 裂变创业对裂变新创企业与母体组织的影响

裂变创业是裂变新创企业的创建基础，对裂变新创企业的影响自不待言，作用效果体现在裂变新创企业创立难度低、数量与质量高、成功率和绩效水平高等方面。产生以上结果的主要原因是：裂变新创企业比较重视与母体组织的关系，具有较好的创业基础和成长机制。裂变新创企业通常与母体组织属于同一产业、从事相关业务，但裂变新创企业一般不会争抢母体组织的顾客，而是垂直或水平地提供与母体组织相关的产品或服务。新企业不但会继承母体组织的相关资源，而且还会利用其与母体组织资源重叠和产业趋同的特点来建立一种识别有价值知识、摒弃不相干知识的选择机制。新企业凭借机制创新，可以更好地把母体组织和其他组织的知识引入其自身的知识体系，更有效地吸收、消化和创造新知识。

裂变企业通过与生俱来的嵌入关系与母体组织进行跨组织之间的竞合互动，在不同竞合关系的驱动下，裂变企业采取差异化的资源行动对母体组织产生影响，这种影响是一把"双刃剑"，既可能促进母体组织发展，也可能损害母体组织的利益。一方面，以员工离职为基本特征的裂变创业有助于母体组织剥离缺乏战略共识、拒不认同组织文化、技能不足或供给过剩的人力资源，还能激励母体组织进行管理创新以应对裂变导致的资源流失、组织动荡、竞争加剧或产业演变。那些能够产生业务互补、完善产业链或构建集群网络的裂变创业，尤其能为母体组织塑造良好的外部环境。另一方面，裂变创业可能会对母体组织产生消极影响，而且母体组织和裂变新创企业在产品和市场方面的重叠程度越高，消极影响就会越严重。此外，员工离职创业不但会减少母体组织的人力资本存量、提高产业竞争程度，还会打破母体组织的常规，甚至导致母体组织内部动荡。

以上分析主要针对公司裂变创业，大学裂变创业的情况有所不同，因为作为母体组织的大学是非营利组织，大学与新创企业之间的合作要多于竞争。大学裂变新创企业看似独立于大学之外，但在机构层面（大学与新创企业之间）和个人层面（大学与研究者之间）仍然保持着密切的联系。贝磊等（Bray et al.，2000）的一项研究表明，与把技术专利使用权转让给其他企业赚取使用权费相比，大学通过积极参与并鼓励研发者开展各种形式的裂变创业能够赚取更多的收入。而且，在大学支持下设立裂变新创企业，新企业会与大学研究室及研究团队保持互动合作，这不仅有利于新企业的生存和发展，也有利于大学研发机构获得经费支持。

2. 裂变创业对知识转移与技术创新的影响

母体组织与裂变新创企业之间存在紧密的知识联系，裂变创业能够创造有利于关键知识跨组织快速传递和种群式发展的条件。裂变创业者离职进行裂变创业，会把组织惯例等由大多数员工掌握的"硬知识"以及以隐性知识和能力资产等形式存在的、由个别员工掌握的"软知识"，从在位母体组织转移到裂变新创企业，从而实现关键知识的跨组织转移。裂变创业频繁发生或连续发生，会在母体组织和新创企业之间形成以员工流动为载体的知识转移渠道，推动知识在特定区域的持续扩散。

知识传承为技术创新奠定了坚实的基础，因为现有知识与外部知识的有机结合能推动知识创新与技术升级不断发生。知识的组合越是多样化，由此产生的新知识就越有价值，技术创新基础就越牢固。如果外部知识与组织原有知识紧密相关，那么知识交流将会变得更加顺畅，面临更小的阻力，由此产生的新知识就更有可能推动技术创新。裂变创业过程中的知识转移与继承，裂变新创企业的知识学习与积累，以及母体组织基于知识流失压力而激发的创新进取精神，能够驱动和支持母体组织和新创企业持续进行技术创新。

说到裂变创业对知识转移与技术创新的影响效应，需要特别强调大学裂变创业的重要价值。大学裂变新创企业能够推动大学角色及功能从"知识生产者"向"知识资本化基地"转变（Etzkowitz et al.，2000）。大学创造的新知识、新技术等研究成果，通过裂变创业能够更加有效、快速地从学术殿堂进入产业市场，实现知识资本化和财富升值化。为了支持裂变创业活动，许多大学设立了技术转移办公室（TTO），积极推动大学研究成果的商业化。技术转移办公室通过识别、开发、开展和保护知识产权许可交易，搭建起大学研发和产业市场之间沟通和转化的桥梁，孵化和催生出大量的科技型大学裂变新创企业。

在知识转移与技术创新方面的裂变创业研究还存在不足。首先，知识资源尤其是隐性知识资源的有效转移，一般需要以人力资源流动为载体。裂变创业中，以人力资源流动为基本特征的知识转移及技术创新，可能会带来诸如人力资源过度流动、技术及产品恶意模仿、区域信任和信用体系受损等问题，现有裂变创业研究尚未对这些问题进行深入探讨。其次，现有相关研究比较关注技术创新问题，但对管理创新、体制创新或商业模式创新等问题的关注明显不足。而这些方面的创新在裂变创业中比比皆是，而且与技术创新关系密切，但又有自身的发展规律，值得深入研究。最后，源自大学、独立的科研机构和企业这三类不同母体的科技型裂变创业，都是知识转移及技术创新的重要途径，但三者的异同研究还没有得到足够重视。

3. 裂变创业对人力资源价值实现的影响

裂变创业一般会与员工离职流动同时发生，创业者通过裂变创业能够逃避不断恶化的工作条件，展示自己独特的机会洞察能力和资源整合能力，从而促进人力资源的优化配置和价值实现。一方面，裂变创业有利于缓解母体组织内部的人力资本贬值问题，为那些具备一定能力但因被解雇或者母体破产而失去工作的个人提供了实现自身价值的机会；另一方面，在员工的创意不能被母体组织采纳或者被外部其他企业接受时（Garvin，1983），裂变创业就成了员工商业化开发创意的唯一途径。

现有相关研究普遍认为，裂变创业者运用其在母体组织工作时掌握的技术知识以及关于市场和客户需求的知识来识别创业机会，通过裂变创业不断提高自身的知识水平和学习能力，通过引入新产品、新过程、新模式以及新的竞争方式来创造财富，引领创业精神在区域内发展，为资源配置进一步优化开辟了新路径。不过，裂变创业者从母体组织转移与继承资源是否具有合法性，价值如何衡量，有无补偿机制，资源配置是否最优或高效，其他自我价值实现方式与裂变创业方式能否结合，母体组织协调与控制问题如何解决等命题目前还缺乏系统研究，今后有必要加大这些命题的研究力度。

5.3　裂变创业的宏观影响效应

裂变新创企业的成长过程也是新企业与其他经济主体频繁交换资源的过程，裂变创业已经成为打造产业网络和建设创业型经济的重要途径。现有研究关注裂变创业对经济社会发展的宏观影响效应，主要聚焦于新创企业外部网络环境、产业集群演化以及区域经济发展三个方面。

1. 裂变创业对裂变新创企业外部网络环境的影响

裂变新创企业易于获取源于母体组织的资源优势，从而能够大幅度改善自身的外部网络环境，不断提升自身的网络能力。沃尔特等（Walter et al.，2006）把裂变新创企业的网络能力（network capabilities）定义为裂变企业开创、维持和使用与不同外部合作伙伴之间人际关系的能力。裂变新创企业可以在创业过程中不断发展和利用网络能力，从而能够比较方便地与供应商、顾客、投资者、金融机构、大学和科研机构、政府部门和其他中介机构建立业务关系，有效整合开辟新市场、推出新产品或新服务、采用新流程或新技术所必需的知识（Omerzel and Antoncic，2008）。而且，如果多个裂变创业者曾在同一母体组织供职，那么他们就能通过相互交往和联系来构建自己的区域社会网络，并且通过这个网络来获取成功创建和经营新企业所必需的关键资源（Sorenson，2003）。

裂变创业过程同时也是裂变新创企业基于资源转移优势重新建构外部网络环境的过程。国外学者针对裂变新创企业的网络关系建设问题进行了初步探讨，价值网络和资源整合是现有理论强调的重点，但缺乏对母体组织资源转移与裂变新创企业技术、市场以及人力资源网络构建之间连接机制的深入研究，关于裂变新创企业外部网络环境独特属性的系统研究有待加强。

2. 裂变创业对产业集群演化的影响

在产业集群研究领域，国外学者深入分析了意大利塑料产业集群（Patrucco，2005）、美国汽车及轮胎产业集群（Klepper，2007）的发展演化规律，研究结果表明裂变创业是激发、哺育并促使产业集群形成及发展的重要力量。

一方面，裂变新创企业的不断涌现为产业集群形成奠定了基础。基于演化经济学的产业集聚理论认为产业集群发端于核心企业的裂变活动，一旦某地区由于自然资源可获或历史偶然等原因出现了首创企业，该企业就可能会基于各种原因裂变衍生出新企业。裂变新创企业的平均绩效一般会高于其他企业，因为裂变新创企业转移并继承了母体组织的组织常规，以及嵌在组织常规中的知识和能力（Boschma et al.，2007）。这些绩效水平较高的裂变新创企业，迟早会成长为能产生其他裂变新创企业的新的母体组织（Klepper，2001）。随着裂变新创企业大量创建并不断向母体组织演变，具有累积效应和乘数效应的裂变创业活动有效推动了企业数量攀升和产业规模扩大。

另一方面，裂变新创企业的不断集聚为产业集群形成创造了条件。根据一般创业理论，创业者乐于与家庭和朋友保持近距离接触，并且喜欢在比较熟悉的家乡创业（Figueiredo et al.，2002），以便利用自己的社会网络去识别创业机会和组织创业资源。裂变创业者具有同样的价值取向，裂变新创企业倾向于在本地创设，区域内会出现裂变新创企业蓬勃发展且长期在本地稳健运营的局面。裂变新创企业在本地不断集聚，即使本地经营环境出现某些恶化也不会驱动企业轻易迁徙。裂变创业具有的"粘连"效应和路径依赖效应，为区域产业集群的最终形成创造了条件。

国外学者针对具有裂变创业特征的产业集群发展问题进行了多项研究，在裂变创业影响产业集群发展方面达成了广泛的共识。可惜的是，缺乏对裂变创业与产业集群发展的互动机制及其微观机理的细致研究，裂变创业产业集群与一般产业集群的演化路径及升级对策的比较分析也值得关注。

3. 裂变创业对区域经济发展的影响

裂变创业具有知识溢出效应，能够提高本地劳动力储备水平，吸引优秀企业不断向本地聚集，激发区域经济活力并最终提升区域产业环境质量。帕特鲁科（Patrucco，2005）主持的意大利塑料产业集群案例研究表明，裂变创业提高了创业者活力，推动了知识在区域内快速扩散，本地创新体系和知识平台得以不断完善。克莱珀（Klepper，2007）针对美国底特律市汽车产业集群的案例研究发现，底特律地区汽车产业的裂变创业活动增加了大量就业机会，众多高水平专业人才和外来投资企业不断涌入该地区。

本纳沃恩等（Benneworth et al.，2005）研究认为，以知识转移和技术商业化为主要特点的大学裂变创业可以有效促进区域经济发展。大学裂变创业可以建构起政府、大学、裂变新创企业以及其他企业之间的紧密联系，大学创造的知识、技术和科研成果借此得以转移和传承。大学裂变创业不但对大学和裂变新创企业有深远影响，而且还会创造大量的其他价值，促进各类创业及创新活动的广泛开展。大学裂变创业对经济发展的推动机制如图 5 - 2 所示。

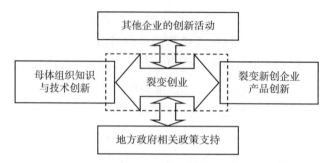

图 5 - 2   大学裂变创业推动区域经济发展的机制

国外关于裂变创业影响区域经济发展的研究成果，以积极效应居多，对消极影响的研究比较少。笔者对国内裂变创业活动的初步观测发现，裂变创业的经济影响效应难免存在消极之处。例如，裂变创业引起复制模仿和过度竞争，使得技术及产品创新动力下降；裂变创业伴以人员快速流动，导致人际关系和信任体系恶化。因此，关于裂变创业经济影响效应的研究应该进一步全面化和系统化，不但要关注如何更好地发挥其积极价值，还要识别出其消极效应并提出解决应对之道。

5.4　裂变创业及影响研究展望

裂变创业研究在国外方兴未艾，有价值的研究成果不断出现，极大丰富了企业创业理论。遗憾的是，裂变创业的理论研究还远远滞后于实践发展，裂变创业的内涵、类型、动机、绩效、过程及影响效应等命题都有待深入探讨。而且，国外的裂变创业理论研究，在区域上主要集中于少数发达国家及地区，在类别上特别强调高科技裂变创业，针对发展中国家和经济落后地区的研究明显不足，非主流类型的裂变创业研究亟待加强。

为此，我们认为裂变创业及其影响效应的未来研究可以优先考虑以下五个方向：

第一，加强新兴经济体及其他区域研究力度，拓展研究范围。在我国高科技产业（如华为裂变出港湾科技）和传统产业（如伊利裂变出蒙牛）均已出现裂变创业实例。随着中国、印度等新兴经济体的快速发展，裂变创业在该类区域将会更加普遍，也可能会演变为开辟新经济发展模式的重要途径。深入研究这些国家和地区的裂变创业活动，可以有效地丰富和发展裂变创业的基础理论。

第二，开展不同类型和不同区域裂变创业活动的比较研究。比较研究可以实现同中求异、异中求同，有利于研究者更好地厘清现象背后的本质规律。由于现有裂变创业理论缺乏比较分析的成果，因此可以尝试进行大学裂变新创企业与公司裂变新创企业、主动型裂变创业与被动型裂变创业、东西方裂变创业及不同产业裂变创业（如制造业与服务业）的比较研究，系统把握裂变创业的本质规律。

第三，结合一般创业理论研究，在借鉴、比较、融入中深化。近年来，国内外一般创业研究飞速发展，创新性研究成果层出不穷。裂变创业是一般创业的重要组成部分，裂变创业研究可以借鉴一般创业研究的既有成果和方法，在与一般创业理论的比对中识别自身独特规律，不断融入和推动一般创业理论发展。

第四，提炼裂变创业的影响效应维度，构建影响效应体系。将裂变创业影响效应划分为微观和宏观两个层次，这只是本书的初步探索。实际上，裂变创业影响效应非常复杂，还有很多维度值得关注，如员工离职与人力资源流动、母体企业与新企业竞争、组织学习与产业升级、创业文化与就业能力等。随着裂变创业理论不断发展，我们相信会出现层次更细致、维度更广泛的裂变创业影响效应体系。

第五，探讨支持、引导和管控裂变创业活动的政策与措施。裂变创业既有利于知识转移、人才流动、技术产业化、区域经济发展及产业集群形成，也可能会导致过度竞争、研发惰性及区域信用体系滑坡等问题。未来研究可以结合不同国家或地区在体制文化、产业特性和经济模式等方面的异同，深入开展支持、引导和管控裂变创业活动良性、适度发展的政策研究，力求提出具有操作性的对策措施。

第 6 章
裂变新创企业创业特征
——绩效特点及驱动因素

本章导读▶

　　从创业特征的角度，探寻裂变新创企业自身的发展规律，不难发现裂变为新创企业带来独特的绩效表现，与一般新创企业不同的绩效特点是裂变创业鲜明的创业特征。本章在梳理裂变新创企业绩效相关研究成果的基础之上，凝练了裂变新创企业的绩效特点，归纳了不同体系的裂变新创企业绩效测量指标，分析了裂变新创企业绩效的影响因素，并在本章最后对前述研究进行总结，提出裂变创业绩效研究的未来方向。

6.1　裂变新创企业绩效特点剖析

　　在创业研究领域，裂变创业作为一种特殊的新企业创建方式（Agarwal et al.，2004），是识别与开发创业机会、实现创业资源跨组织转移的一种有效途径。相较于一般新创企业，裂变企业具有自己特殊的组织属性和发展规律。有研究表明，母体企业优秀的业绩表现、员工与管理层意见不合、管理层人员更替、实施并购或者退出现有市场等都是引发裂变创业的重要原因（Klepper et al.，2010）。同时，裂变企业的创业者通常已经积累了丰富的相关行业从业经验，大多是离职后进行的独立创业。从形式上看，裂变创业是把母体企业的部分人力资源转移到裂变企业，但实质上是以人力资源为载体的多种资源（知识、诀窍等）的整体流动。裂变企业虽然脱离了母体企业成为独立的经营实体，但仍然与母体企业存在着一定程度的复杂嵌入关系（Buenstorf et al.，2009）。

由于裂变新创企业往往与母体企业保持着与生俱来的复杂嵌入关系，因此，裂变新创企业的绩效特点通常不同于其他一般非裂变企业。学者们从不同角度探讨了裂变企业的绩效特点、绩效衡量指标和绩效影响因素等相关问题，提出了很多值得深思的观点与结论。但总体来看，现有研究成果比较零散，缺乏系统的梳理与整合，现有的分析结论大多隐含在概念辨析、类型划分、过程识别等其他命题之中。因此，本章围绕裂变新创企业绩效，针对裂变企业绩效特点、测量指标及其影响因素等相关研究主题进行提炼，将与裂变创业绩效相关的研究构建整合性的分析与梳理。

第一，与一般新创企业相比，裂变新创企业的绩效表现出一定程度的卓越性。由于裂变新创企业继承了母体企业的相关资源，因此往往具有较好的发展基础和绩效表现（Klepper，2007）。与一般新创企业、多元化新业务进入企业相比，裂变新创企业表现出较高的存活率和较强的适应能力（Agarwal et al.，2004）。裂变创业者在母体企业供职时积累的经验和掌握的知识可直接应用于裂变创业，因此，与非裂变创业者相比，在知识、技术、信息、组织管理和商业模式等方面具有一定的创业启动优势，这种创业启动优势能够帮助他们克服在创业过程中可能遇到的困难或障碍（Wenting，2008），因而有助于裂变新创企业顺利创建并获得较好的绩效。作为裂变新创企业的典型代表，大学裂变企业一般都具有一定的科技优势，依托专利和技术不但可以提高自身的融资能力，而且还能降低创业风险，最终提高自己的存活率（Pinch et al.，2009）。现实中，大学裂变企业不但上市概率高于一般新创企业，而且能够创造更多的就业就会（Shane，2004）。

第二，相对于母体企业而言，裂变新创企业的绩效具有一定的传承性。虽然我们不能简单地根据母体企业的绩效表现来直接推测裂变新创企业的绩效状况，但从生物进化论角度看，如果母体企业转移给裂变新创企业的是优良的资源或技术基因，那么，裂变新创企业的创建及发展就具备了较好的基础（Klepper et al.，2005）。有研究表明，母体企业的成功有助于裂变新创企业取得成功，绩效卓越的母体企业更可能衍生出更多、更优秀的裂变企业（Buenstorf et al.，2009）。依靠在优秀母体企业工作期间积累的先进知识，裂变创业者以一般创业者不具备的方式为新企业提供能力支持。只要裂变创业者能够把自己在母体企业供职期间累积的经验以及相关知识和技能成功地应用到裂变创业过程中，那么就能提高裂变企业的存活能力和绩效水平（Agarwal et al.，2004）。不过，也有学者认为，裂变新创企业的学习效率与其和母体企业的资源关联程度有关，关联程度太低往往不利于知识固化，而关联程度太高则可能会阻碍新知识的引入（Harry et al.，2004）。谢勒（Sherer et al.，2006）的研究进一步表明，母体企业和裂变企业之间的绩效传承关系取决于更加广泛的产业情境因素，如在美国激光产业中，母体企业绩效与裂变企业绩效之间并不存在显著的正向关系，而汽车及半导体产业则正好相反（Klepper，2007）。

第三，从过程的角度看，裂变新创企业的绩效呈现出一定的阶段性变化特点，在不同的发展阶段表现出不同的成长速度及创新水平。有研究表明，大学裂变企业的收入增长和现金流方面的表现在初创时期明显较差，但到发展后期则可能会有所改变，这可能与大学裂变企业在技术商业化过程中的市场开拓和资金需求的特殊性不无关系（Pinch et al.，2009）。奥蒂奥等（Autio et al.，2000）研究认为，得益于与母体企业的资源关联，裂变新创企业一般会拥有比较高的初期成长速度，从而能够取得比较优异的销售业绩和利润水平；但资源关联这一启动优势往往会使新创企业的创新动力不足，因此裂变企业在初创阶段的创新水平可能会比较低。裂变企业在初创时期呈现出速度快和创新差的绩效特点，其成长速度和创新水平在企业发展的中后期与非裂变企业日渐趋同。与奥蒂奥等（2000）得出的裂变企业中后期成长速度趋同的研究结论不同，达尔斯特兰德（Dahlstrand，1997）研究认为，在经过10年发展之后，裂变企业的成长速度会明显快于非裂变企业。总的来说，关于裂变企业生命周期各阶段绩效表现的研究还比较匮乏，今后有必要选择典型案例或通过样本统计进行系统研究和深度挖掘。

第四，从影响效应层面看，裂变新创企业的绩效具有辐射波及性。裂变企业作为具有母体企业基因特征的新创企业，其创建及发展过程蕴含着丰富的进化特质，构成了产业创新及其多样化的重要来源（Klepper et al.，2005）。演化经济学认为，一旦某地区由于自然资源可获或历史偶然等原因出现了首创企业，该企业就有可能基于各种原因裂变出新企业（Boschma et al.，2010），而这个新企业则有可能发展为裂变出其他创业企业的新母体企业（Klepper，2001），进而不断驱动知识的外溢扩散和共同知识库建立（Patrucco，2005），最终促进产业集群的逐步建立和发展。成功的裂变新创企业不但自身获得了卓越绩效，还有可能会起到示范带动或激励作用，裂变创业者可能会引导或帮助母体企业内的早期同事开展离职创业活动（Lindholm，1994）。如果多个裂变创业者曾在同一母体企业供职，那么他们就可能会通过相互交往和长期联系来构建自己的区域社会网络，并通过该网络来获取创建和经营新企业所需的关键资源（Sorenson，2003）。

6.2　裂变新创企业绩效衡量指标

在绩效衡量指标方面，裂变创业企业与其他一般创业企业的研究成果具有很多相似性，但两者的绩效衡量指标都尚存众多争议，没有取得一致性的研究结论。为了更好地归纳、比较与分析裂变企业的绩效衡量指标，本节首先对一般创业企业的绩效衡量指标进行回顾，然后再详细论述裂变企业绩效衡量指标的研究进展。

奎因等（Quinn et al.，1983）指出，创业企业绩效衡量指标不应局限于传统的财务指标（如利润率、销售额等），而应该更多地使用如何实现成长、如何获取资源、如何实现扩张或如何开发人力资源等非财务衡量指标。而后，墨菲等（Murphy et al.，1996）回顾了1987～1993年间的创业理论文献，发现学者们提出的创业企业绩效衡量指标大致包括效益、成长、利润、流动性、成败、市场份额、平衡和利益相关者等八个方面。在此基础上，克里斯曼等（Chrisman et al.，1998）明确提出，创业企业不同于成熟的大型企业，创业企业的绩效应该从生存和成长两个维度加以考察。鉴于资源获取能力对创业企业的生存和成长非常关键，而外部融资水平又是资源获取能力的重要组成部分（Shane et al.，2002），因此很多学者支持把获取风险投资和首次公开募股（IPO）能力作为测度创业企业绩效的主要指标（Garavaglia et al.，2008）。总体来看，创业企业绩效衡量指标的研究伴随创业研究的逐渐加强而不断发展，但遗憾的是，学者们虽然同意创业企业的绩效衡量指标不同于一般企业，但目前还没有达成广泛一致的研究结论。

近年来，随着裂变创业活动不断涌现，裂变企业的绩效衡量问题开始受到学者们的极大关注。与一般创业企业绩效衡量指标研究类似，很多学者认为投资回报率（ROI）、净资产收益率（ROE）等财务指标并不是衡量裂变企业绩效的理想指标，因为很多裂变企业尚处于新产品开发或市场推广阶段，利润获取远远滞后于市场拓展，因此很难通过利润或销售收入来考察其成长潜力（Lee et al.，2001）。比如，罗伯茨等（Roberts et al.，1996）研究认为，裂变企业的绩效衡量指标涵盖顾客问题解决水平、正现金流数量、风险可控性、收入增长速度以及社会资本构建等方面。有研究者进一步将其概括为新创企业生存率、产业知识创新等方面（Agarwal et al.，2004）。接着，沃尔特（2006

从网络资本提升的角度进行了探讨，认为诸如机会识别、风险承担、资源整合、顾客关系等指标应该作为裂变企业的关键绩效衡量指标。德约科维奇等（Djokovic et al.，2008）研究指出，裂变企业的绩效衡量指标是涵盖生存比率、盈利能力和成长速度等在内的整合体系。

有学者运用结构化决策模型对大学裂变企业的绩效衡量指标进行了识别，认为大学裂变企业的首要绩效测量指标是竞争优势，另外两个次要指标是产品创新水平和价值创新程度（Coster et al.，2005）。进而，有研究认为大学裂变企业的绩效变量包括销售收入、员工表现、利润水平、顾客需求、竞争优势、长期生存六个方面，并深入分析了创业导向和网络能力对这些绩效衡量指标的影响作用和调节机制（Walter et al.，2006）。托马斯等（Thomas et al.，2008）研究认为大学裂变企业的绩效可以从生存概率、就业支持、销售收入和资金筹集等方面来测度。

总之，学者们基于各自不同的研究视角和研究目的，对裂变企业的绩效衡量指标进行了深入研究。本书遵循裂变企业绩效影响因素的三层次分析原则，将裂变企业的绩效衡量指标归结为微观、中观和宏观三个层面（见表6-1）。

表6-1　　　　　　　　　　裂变企业绩效衡量指标的体系构成

分类标准	衡量对象	具体指标	代表性学者（年份）
微观层面	企业自身	销售收入、市场份额、成长速度、风险控制、利润水平、机会把握、员工表现、现金管理、竞争优势、生存比率、持续发展	帕克等（Park et al.，1998）、阿加瓦尔等（Agarwal et al.，2004）、科斯特等（Coster et al.，2005）、沃尔特等（Walter et al.，2006）、托马斯等（Thomas et al.，2008）
中观层面	产业发展	产品创新、知识创新、价值创新、需求满足、关系维系、利益共享	罗伯茨等（Roberts et al.，1996）、阿加瓦尔等（Agarwal et al.，2004）、科斯特等（Coster et al.，2005）、沃尔特等（Walter et al.，2006）
宏观层面	社会效应	就业支持、技术商业化、资源运用、网络关系、社会资本、创业精神	罗伯茨等（Roberts et al.，1996）、托马斯等（Thomas et al.，2008）

6.3　裂变新创企业绩效影响因素

本部分首先简要介绍大学裂变企业的绩效影响因素，由于大学裂变创业一般具备较高的科技含量，其绩效影响因素也具有特殊性，因此有学者专门对这类裂变企业的绩效影响因素进行了研究。本部分将在现有研究成果的基础上进一步从微观、中观和宏观层次，分层递进对裂变新创企业绩效的影响因素进行详细论述。

在大学裂变企业绩效影响因素的研究中，德约科维奇等（2008）的研究成果颇具代表性。基于对斯坦福大学、麻省理工学院等美国知名高校的大学裂变企业实例及其相关研究成果的归纳分析，德约科维奇等（2008）提出了涵盖微观、中观和宏观三个层面的大学裂变企业绩效影响因素理论框架，认为创始人、创业团队、大学和产业组织是大学裂变企业绩效的微观影响因素，科技孵化器、大学技术转移办公室（TTO）是大学裂变企业绩效的中观影响因素，而政府和产业支持则是大学裂变企业绩效的宏观影响因素。

德约科维奇等（2008）的研究为后续分析裂变企业绩效的影响因素提供了很好的研究框架。不过，他们的研究还存在以下三点不足。首先，在分析大学裂变企业绩效微观影响因素时，德约科维奇等（2008）只考虑了科研型创业者或代理创业者的作用，而忽视了裂变创业者特质与能力对裂变创业绩效的影响。此外，他们将大学和产业组织要素划入微观影响因素的做法也不甚合适。其次，他们在分析大学裂变企业绩效的中观影响因素时，只关注了大学对新创企业创建的单向支持和影响，而没有考虑大学与裂变企业相互关联的重要作用。最后，他们只从科技特点的角度分析了政府政策和产业环境对大学裂变企业绩效的宏观影响，没有分析一般创业企业研究都会论及的网络环境等影响因素。

大学裂变企业只是裂变新创企业的一种重要类型，本节对文献成果进行梳理、归纳、总结出一般裂变新创企业绩效影响因素。具体来说，学者们分别从裂变企业创业者个人特质、能力和创业经历（Agarwal et al.，2004；Klepper et al.，2005），裂变企业的创业类型、管理能力和创业导向水平（Coster et al.，2005；Walter et al.，2006），母体企业转移给裂变企业的资源，尤其是技术资源和知识资源（Helfat et al.，2002；Garavaglia，2008），裂变企业与母体企业之间的竞争和合作关系（Pennings et al.，2007；Buenstorf et al.，2009），裂变企业的外部网络及资源整合能力（Walter et al.，2006；Garavaglia，2008），以及政府政策和法律体系（Kroll et al.，2008；Klepper et al.，2009）等角度深入考察了各种影响裂变企业绩效的不同因素。本节在遵循德约科维奇等（2008）分析大学裂变企业绩效影响因素的三层次框架的基础上，对以上学者的相关研究结论进行分析归纳，从微观、中观和宏观三个层次论述了一般裂变新创企业绩效的影响因素（见表6－2）。

表6－2 裂变新创企业绩效影响因素

所属层次	具体因素	影响效应简述	代表性学者（年份）
微观层面	创业者	裂变创业者的个人特质、能力和经历会影响裂变企业的创立、成长绩效，是裂变企业据以提升绩效的重要因素	阿加瓦尔等（Agarwa et al.，2004）、克莱珀等（Klepper et al.，2005）、达尔等（Dahl et al.，2006）、宾施托夫等（Buenstorf et al.，2009）、丹尼斯等（Deniz et al.，2009）
	新创企业	裂变企业的创业类型、管理能力和创业导向作为裂变创业的内部驱动因素，在推动裂变企业成长和发展方面发挥着关键的作用	郎纳（Ragnar，1999）、科斯特等（Coster et al.，2005）、沃尔特等（Walter et al.，2006）、维特等（Witt et al.，2008）、宾施托夫（Buenstorf，2009）
中观层面	资源转移	母体企业向裂变企业转移技术、知识和其他资源，后者可通过传承和创新来不断提高自身的绩效	罗伯茨等（Roberts et al.，1996）、赫尔法等（Helfat et al.，2002）、加拉瓦利亚（Garavaglia，2008）
	竞争、合作	裂变企业在脱离母体企业以后，往往与后者仍保持着既竞争又合作的复杂、互动关系，但总体而言，这种竞合关系有利于前者提升自身的绩效	达尔斯特兰德（Dahlstrand，1997）、彭宁斯等（Pennings et al.，2007）、宾施托夫等（Buenstorf et al.，2009）、麦肯德里克等（McKendrick et al.，2009）
宏观层面	网络关系	裂变企业与同行业其他企业和相关机构之间建立的网络关系，通过方便裂变企业获取资源的形式持续影响裂变新创企业的发展绩效	菲格雷多等（Figueiredo et al.，2002）、沃尔特等（Walter et al.，2006）、奥梅泽尔等（Omerzel et al.，2008）、加拉瓦利亚（Garavaglia，2008）
	政法体系	鼓励和管制裂变创业的政策和法律、法规（如融资途径、知识产权、人员流动及产业发展等方面）会影响裂变企业发展绩效	戈德法布等（Goldfarb et al.，2003）、德格罗夫等（Degroof et al.，2004）、克罗尔等（Kroll et al.，2008）、克莱珀等（Klepper et al.，2009）

1. 裂变新创企业绩效的微观影响因素

影响裂变新创企业绩效的微观因素主要包括创业者个人因素和裂变新创企业自身因素两个方面，前者包括创业者个人特质、能力和经历，而后者则包括创业动机、管理能力和创业导向水平等。下面详细论述这两方面的影响因素。

（1）创业者个人因素。

裂变创业者独特的个人特质、能力和经历是提升裂变新创企业绩效的重要因素（Agarwal et al.，2004）。首先，裂变创业者的个人特质。一方面，裂变创业者的创新意识会影响创业机会的识别和创立新企业的意愿；另一方面，裂变创业者的自我效能感，会影响其目标设定、成就导向和努力程度，从而影响新企业绩效的提升（Buenstorf et al.，2009）。其次，裂变创业者的个人能力。维特（1998）认为，裂变创业者的个人能力主要由其掌握的关键技能和隐性知识构成；裂变创业者把商业模式和企业战略信息传达给员工并有效协调员工完成的能力，是影响裂变企业绩效的重要因素。最后，裂变创业者的经历。裂变创业者曾经在母体企业供职的经历，尤其是在营销、技术等重要职能部门的工作经历（Dahl et al.，2006）、在母体企业工作时积累的经验以及掌握的知识和技能（Deniz et al.，2009），都会影响裂变新创企业的成功和发展（Klepper et al.，2005）。

（2）裂变新创企业自身的因素。

裂变创业形式多种多样，针对不同类型的裂变创业企业，其绩效影响要素具有差异化。学者们从不同视角对裂变创业形式进行了分类，根据母体企业和裂变企业的竞合关系，把裂变创业分为竞争型、互补型和发散型（Ragnar，1999）；按照创业动力，把裂变创业区分为机会拉动型和需要推动型（Coster et al.，2005）；按照裂变创业的自主程度，把裂变创业分为主动型和被动型（Buenstorf，2009）。不同类型的裂变创业企业在先天资源禀赋及资源整合方面存在着巨大的差异，比如互补型裂变更有利于新创企业与母体企业建立协调的互动关系，因而能够比竞争型裂变企业更容易创建有利于自身发展的外部环境（Ragnar，1999）；在主动型和机会拉动型裂变创业中，裂变创业者往往拥有比较丰富的异质性资源，能够更加有效地吸附优质资源，因而能够取得比被动型和需要推动型裂变创业更好的初始绩效（Witt et al.，2008）。除了裂变企业类型外，裂变企业的管理能力也会对企业绩效产生影响。研究表明，管理能力能够通过影响裂变企业的响应能力和资源配置能力对裂变新创企业绩效产生影响（Eisenhardt et al.，1996）。具体来说，裂变企业通过传承母体企业的管理能力，能够提升自己的初始绩效；如果能够在传承的基础上不断响应以更新和发展自己的管理能力，那么，就有可能持续提升自身绩效水平。其中，资源配置能力对裂变企业绩效的影响更为深远，在裂变创业过程中发挥着向上承接资源获取、向下连接资源运用的重要作用（Eisenhardt et al.，1996）。裂变企业的创业导向同样会对裂变新创企业绩效产生影响。沃尔特等（2006）认为，裂变企业的创业导向体现为追求市场机会的自主性、争取竞争优势的积极性、开拓新事业的创新性以及展开裂变创业活动的魄力与自信等。高创业导向能够促使裂变企业及时发现潜在的市场需求，通过实现顾客价值最大化，不断提升自己的品牌声誉和形象（Walter et al.，2006）。

2. 裂变新创企业绩效的中观影响因素

影响裂变新创企业绩效的中观因素主要表现在资源跨组织转移与竞合关系两个方面，其中，资源跨组织转移包含了知识要素与技术要素的跨组织转移，而竞合关系包括了竞争与合作关系的动态变化以及竞合战略的适应性调整，下面对这两大影响因素分别进行具体阐述。

（1）资源跨组织转移。

裂变新创企业以人力资源流动作为载体，在创业过程中不断从母体企业转移相关资源，其中，知识和技术是构成裂变企业竞争优势及优良绩效的两种相互关联的重要资源。一方面，裂变创业者会有意无意地利用在母体企业学到的知识和积累的经验，因此，裂变新创企业越是能够有效地学习母体企业，那么就越能快速形成自己的知识和经验，因此，基于知识传承的裂变新创企业绩效表现明显好于非裂变企业（Garavaglia，2008）。另一方面，知识转移与传承以及学习与积累，有利于裂变新创企业开展技术创新，构成自己的技术创新优势，从而攻克技术方面的进入壁垒，并且降低研发成本和失败风险（Helfat et al.，2002）。尤其值得关注的是，技术跨组织转移活动不但会发生在裂变企业的初创时期，并且还会长期持续下去（Roberts et al.，1996）；在传承母体企业知识的同时，裂变新创企业还会传承母体企业的组织惯例和组织文化。

（2）竞合关系。

由于裂变新创企业与母体企业存在与生俱来的复杂嵌入关系，导致裂变新创企业与母体企业之间的互动呈现既合作又竞争的态势。随着裂变新创企业的发展，这种竞合关系的动态变化，也将会对裂变新创企业绩效产生重要影响。研究表明，在裂变新创企业与母体企业构建的价值网络中，两大主体的竞合关系是价值创造的关键，同时也是影响企业绩效表现的关键要素。一方面，裂变创业者通常为了避开母体企业的竞争锋芒，更多是向垂直或水平业务领域提供互补产品与服务（Buenstorf et al.，2009）。换句话说，裂变创业者通常会把新企业定位在与母体企业开展分包协作上（Dahlstrand，1997）。通过产生互补效应、完善产业链或构建集群网络的裂变创业企业能够大幅度改善母体企业的外部经营环境，从而与母体企业建立良性互动关系，最终有利于裂变新创企业获取更优的绩效表现。另一方面，在裂变创业中关键员工离职创业往往会将新企业置于在母体企业工作时熟悉的产品与市场，这样有利于创业者发挥自身经验积累与创业优势。但当新创企业与母体企业在市场方面的重叠程度越高，对母体企业的竞争威胁和负面影响就越严重（Pennings et al.，2007），招致母体企业报复的可能性也相应提高。除了裂变初期的定位选择会影响竞合关系外，在裂变新创企业发展的不同阶段，由于面临差异化的资源情境与发展瓶颈，竞合战略的适应性调整也会对企业绩效产生影响。研究表明，裂变新创企业的竞合战略通过驱动"内向型资源拼凑—外向型资源编排—生态型资源协奏"的资源行动过程，实现裂变价值捕获，从而影响裂变新创企业绩效表现。

3. 裂变新创企业绩效的宏观影响因素

从现有文献看，影响裂变新创企业绩效的宏观因素主要包括网络关系和政法体系两个方面，网络关系包括网络能力和集群环境，政法体系包括积极推动和消极制约两种情况。下面对这两方面的影响因素分别进行深入分析。

（1）网络关系。

裂变新创企业的外部网络关系是影响其成长绩效的重要因素，这种网络关系可以从网络能力和集群环境两个维度来探讨。一方面，裂变新创企业的网络能力是指新企业开创、维系和使用与不同外部合作伙伴之间人际关系的能力。网络能力不但可以支持裂变创业者识别机会、动员资源开发机会，还可以帮助裂变创业者吸引高素质的创业合作伙伴、丰富创业资金的融通渠道，并引导裂变新创企业逐渐形成高效的交流途径和治理结构，维系网络关系的长期稳定（Das et al.，2000）。最新的研究表明，网络能力可以帮助裂变新创企业有效建立和动态管理与利益相关者的关系，并通过这些关系获得开辟新市场、生产新产品或提供新服务、采用新流程或新技术等所需的知识（Omerzel et al.，2008）。相关的实证研究也显示，裂变新创企业的网络能力越强，其长期市场表现就越好（Walter et al.，2006）。另一方面，裂变创业者倾向于与家庭和朋友保持近距离接触，喜欢在自己比较熟悉的家乡开展创业活动（Figueiredo et al.，2002），以便充分利用自己的社会网络去识别创业机会并组织创业资源。裂变新创企业表现出的"粘连"效应和路径依赖特征，往往对某些产业集群的形成及发展产生重要影响（Garavaglia，2008）。同样，裂变新创企业作为这些产业集群的重要组成部分，能够在集群支持和推动下获取较好的绩效。集群内部的裂变新创企业往往比集群外部的裂变新创企业更容易取得成功，部分原因就在于集群内部的裂变新创企业拥有更多的网络资源，如集群内部的沟通交流机制、当地网络关系等，所有这些对于裂变新创企业整合创业所需的资源具有十分重要的意义，赋予它们一定的启动优势（Garavaglia，2008）。

（2）政法体系。

不言而喻，政府的相关政策和国家的有关法律当然也会对裂变新创企业的绩效产生影响（Degroof et al.，2004），这种影响在发展中国家和转型经济国家尤为明显，因为在这两类国家，裂变新创企业很多是依靠国家经费支持、以财政拨款或技术研发资助等形式创建的，还有一些裂变新创企业是基于国家高科技战略和宏观政策支持才获取市场机会并成功发展的（Kroll et al.，2008）。政策和法律体系有可能对裂变新创企业的绩效产生正面和负面两种不同的影响。一方面，当政府积极鼓励某产业快速发展或出现技术突破时，该产业的吸引力一般也会相应提高，继而可能会裂变出大量中小企业，政策措施也会进一步促进和支持这些新创企业不断发展（Bozeman，2000）。当然，政策优惠不一定能确保新企业竞争力持续提升，政策有可能只是一个触发点。鼓励性政法体系能够促进裂变新创企业蓬勃发展，但有可能会产生保护弱势企业以及制约自由竞争的问题，在推动本地企业构建国际竞争力方面具有一定的消极影响。另一方面，产业限制性政策及法律会阻碍裂变新创企业的创建和发展（Goldfarb et al.，2003），如离职者竞业禁止条款、知识产权或专利技术保护措施、鼓励企业并购重组以追求集团化发展等政策措施，都会起到保护母体企业、阻碍资源转移、限制产业内裂变创业活动以及制约裂变新创企业绩效提升的作用（Klepper et al.，2009）。

6.4 裂变新创企业绩效研究前瞻

本章在简要回顾了裂变企业绩效特点的基础上，提出了涵盖企业、产业和社会三个层次的绩效衡量指标，并重点从微观、中观和宏观三个层面提炼了裂变企业的绩效影响因素。尽管学者们在裂变企业绩效特点、衡量指标及影响因素等方面开展了许多探索性研究，丰富与发展了裂变创业特征的理论体系，但该领域的研究还存在许多局限和不足，未来研究还可以进一步提升和拓展。

第一，有必要持续加强裂变企业绩效影响因素的实证研究。现有裂变企业绩效影响因素研究多局限于单一案例的短期比较，少有长时间的纵深研究或跨案例比较。未来研究可在现有理论基础上，加强对案例的实地调研和长期跟踪，加强对一手数据的统计分析和案例探究，不断识别新的理论空白点从而推动理论持续发展。实证研究可以考虑对不同类型裂变企业（如大学裂变企业与一般裂变企业、东西方裂变企业以及不同产业裂变企业）进行跨案例、跨区域的比较研究，在异中求同、同中求异中，不断积累和提升裂变企业绩效影响因素的理论丰裕度。

第二，有必要不断推动裂变企业绩效衡量指标的探索性研究。从现有研究成果来看，裂变企业的绩效衡量指标研究尚有诸多不足，例如，没有系统区分生存性衡量指标与成长性衡量指标的异同，没有仔细识别裂变企业与一般创业企业绩效衡量指标的异同，没有实现微观、中观、宏观指标的融合与连接等。未来研究可以结合企业绩效指标尤其是创业企业绩效指标的研究方法及结论，根据裂变企业的特性与特点，不断推动裂变企业的绩效衡量指标体系研究，建立多维度、多层次且联结机制和逻辑关系明晰的裂变企业绩效衡量指标理论模型。

第三，有必要逐渐实现裂变企业绩效影响因素与绩效衡量指标的整合研究。学者们针对裂变企业绩效影响因素和绩效衡量指标进行了单独研究，并得出了很多有启发意义的结论，但缺乏将两者加以整合的系统分析和深入挖掘，使得有内在联系的两个主题之间出现割裂。未来研究有必要在各个影响因素与各个绩效指标之间建立联系，具体测量出某个影响因素对某个绩效指标的作用方式、作用程度，建立因素之间、指标之间以及因素和指标之间的作用机制计量模型。该模型的构建是个复杂的工程，需要大量实地资料支持，需要在研究方法和基础理论方面不断创新。

第四，有必要进一步关注提升裂变企业绩效的对策研究。研究裂变企业绩效问题的最终目的是为提升裂变企业的绩效提供理论指导，但裂变企业绩效提升对策的现有研究显得非常薄弱。裂变创业者如何兼顾前期工作经验量的积累和质的提升（Hsu，2007），如何组建多元互补并承诺一致的创业团队，如何在传承母体企业优秀基因的同时摒弃糟粕文化进而构建新企业竞争优势，如何在协调与母体企业关系的前提下创建全新网络，如何在保护知识产权的同时提高从母体企业转移资源的合法性，如何在追求自身绩效发展的同时兼顾与外部环境的协同演进，以上问题都需要在未来研究中不断深化，从而为提出涵盖多个层面的可操作的裂变企业绩效提升对策奠定理论基础。

第 **7** 章

裂变创业到裂变式发展
——视角跃迁与问题更迭

本章导读 ▶

　　作为一种特殊的创业实践，裂变创业已经被战略、组织、创新等众多研究领域列为研究对象或研究背景。事实上，这种以员工离职为起点，表现为组织衍生的创业形式被更多学者和企业家认为是"有根创业"，可以有效发挥母体企业和新创企业的各自优势，实现两类企业的独立发展和交互发展，本章基于"前因—过程—结果"框架，重点从新创企业和母体企业两个视角阐述裂变式发展。

7.1　裂变创业研究出现视角跃迁

　　裂变创业是典型的实践驱动型研究，起源于美国学者对"128 公路"以及"半导体产业"发展的洞察（Cooper，1971）。然而，裂变创业却并没有因此真正进入主流研究领域，之后的近 30 年里，仅有加文与库珀教授各自一篇文章刊发于顶级学术刊物（Garvin，1983；Cooper，1985），均讨论裂变创业这种现象的特殊情境与特有问题，并没有就具体问题予以解读与诠释。直到 21 世纪以来，随着多位学者开始进行开创性研究，裂变创业才逐步建立起完整的研究框架与研究范式。近年来，由于对大企业角色与地位的重新审视，国内对大企业关联创业与裂变创业的研究予以越来越多的重视，组织演化与生态系统演变的研究逐渐走入学术视野。

　　21 世纪初，克莱珀（2001）发文对员工离职创业进行了系统的总结和展望。菲利普（Phillips，2002）运用典型的硅谷裂变创业现象，对母公司与其子公司之间的资源和惯例的转移行为进行了讨论，该文献也是最早发表于管理学顶级期刊 *Administrative Science Quarterly* 的裂变创业文献。而阿加瓦尔（2004）等则从员工流动的角度对裂变企业绩效进行了讨论，通过引入知识基础理论，开辟了裂变创业研究的新方向。紧接着，克莱珀与其学生斯立普（Sleeper）的工作成果刊发于顶级期刊 *Management Science*，该研究的最大特点在于成功观察到美国多个行业的裂变创业现象，并就裂变创业资源转移、遗传特性以及地理集聚等重要属性给予了诠释与讨论（Klepper et al.，2005），为学界理解裂变创业作出了重要推动。随着这些奠基成果的出现，围绕这些主题的研究开始逐步细化，并最终加速了相关研究成果的积累。

目前来看，裂变创业研究主要可以划分为新创企业视角与母体企业视角两类。新创企业视角以裂变新创企业的产生和成长为研究主线，通过结合裂变创业的独特情境，从"个体与组织交互的创业触发""母体组织内的创业团队构建""有根创业的战略决策""资源继承与特殊关系的绩效影响"四个主题对裂变新创企业整个创业过程进行了系统探究，形成了较为完整的研究框架，也贡献了一系列丰富的成果。母体企业视角下的裂变创业注重于裂变新创企业对母体企业的影响，强调母体企业如何利用裂变新创企业实现可持续发展，因此相关研究涉及"裂变创业活动对母体企业绩效的利弊讨论"和"在位企业对裂变创业活动的有效管理"两大主题。但目前来看，这一视角下的研究并没有形成像新创企业视角那样较为完整的研究框架，相关文献仅仅初步涉及"在位企业如何通过管理裂变创业以实现战略目的"这一核心问题。

新创企业视角下的研究本质上将裂变创业企业视作一种特殊的新企业类型，试图揭示这类特殊新创企业的创立和发展过程。相关研究主题包括裂变发生的前因、新企业的战略决策、创业团队构建以及新企业绩效等。正是基于这种基础逻辑，该视角下的裂变创业研究立足于解构这种新企业在创立和发展中的独到之处，并基于这种独特性针对传统创业理论作出了延伸。母体企业视角下的裂变创业研究本质上将裂变创业视为一种战略手段，强调在位企业利用裂变创业的方式实现自身战略目标，并试图揭示实现这一战略目标的具体过程和内在机理，相关研究包括裂变创业对于母体企业的利弊讨论以及母体企业如何管理裂变创业等。因此，这一视角主要针对公司创业相关理论作出独特的理论拓展。

当今时代的中国管理实践突出表现出数字化特征，无论是母体企业的数字化转型还是新创企业的数字创业，均给裂变创业现象赋予了新的时代标签，也为裂变创业研究提供了新的独特问题。首先，数字资源替代传统实物资源，开始成为裂变创业过程中母体企业与新创企业的重要流动介质。这就意味着，母体企业摆脱了单纯"输血"的角色，而更多为新创企业提供数字服务和赋能。其次，数字化技术改善了交易成本，使得组织边界逐步模糊甚至被打开，最终孕育出跨边界组织的裂变创业形式。这种形式打破了员工脱离组织情境重新创建独立组织的固有方式，使得员工可以在既有组织边界进行拓展，实现一种松散的"中间体"状态（张玉利等，2022）。这就为组织间治理方式的研究提出了新的挑战。最后，数字经济衍生出新型的商业模式，改变了旧有商业秩序，使得裂变新创企业与母体企业间形成了一种全新的生态发展关系。这种生态摒弃了过去链式上下游，转而寻求建立一种网状的协同共生，使得母体企业和裂变新创企业成为相互助力的利益联合体，这一特别的发展模式为裂变产生的生态效应提供了新的洞见。

与数字化情境相适应的，是中国近年来的裂变创业实践呈现出与国外迥然不同的鲜明特色。其一是在动力和主体方面。国外典型裂变创业实践呈现为母体企业员工因不满、分歧、机会等个人原因裂变创建新企业，其主要目的在于追求个人利益最大化，而当今中国实践则表现为母体企业为了发展需要而主动进行战略部署，其主要目的在于实现母体企业的创新发展和创新潜力最大化，进而前者的实施主体主要为个人，后者则是母体企业。其二是在组织间关系方面。国外裂变实践所产生的新创企业与母体企业之间，体现更多的是竞争对抗关系或上下游松散业务联系，而中国当下的企业实践则表现为组织间深度嵌入、身份认同、协同促进以及生态化发展关系，最终实现的是多主体之间的共创共享。其三是在社会溢出方面，国外裂变式发展更多体现于经济价值，包括提升企业绩效、扩张企业资源等，而国内裂变式发展更加注重多样化社会价值，强调裂变式发展带动区域经济发展、拉动就业机会提升以及促进"双创"事业蓬勃开展等多层面溢出效应。

如前所述，裂变创业研究属于典型的实践驱动，正因如此，这些新型实践特征也为未来研究在不同视角下提供了方向。裂变创业研究的两大视角各自关注于企业自身的成长，尤其是关注新创企业的生成与发展，例如，轻资产型裂变新创企业以及商业模式传承型裂变新创企业生成模式等（李志刚等，2017，2019）。而如果从这一组织微观视角进一步跃迁至产业中观视角，甚至是社会宏观视角，聚焦于两类企业之间的关联与交互，尤其是产生的溢出效应，将会涌现新的研究问题，从而更具综合价值。事实上，近年来的企业实践已经开始促发新的研究视角出现，以海尔、蒙牛等企业为代表的"海尔系"创业与"蒙牛系"创业已经超脱出单一企业发展的形式，更多呈现出"协同发展"与"生态发展"的特征，其基本表现形式在于多主体构成的商业生态系统成为全新的战略单元（李志刚等，2019，2020）。正因如此，充分发挥并有效释放大企业和新企业创新创业能力的"裂变式发展"正在攀升为新的研究方向，从裂变创业向裂变式发展跃迁的理论框架如图 7 - 1 所示。

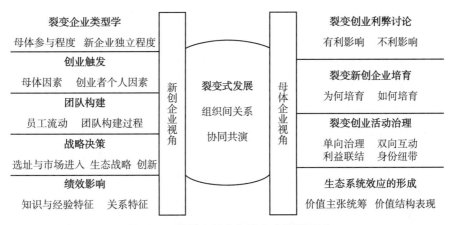

图 7 - 1　从裂变创业向裂变式发展跃迁

7.2　裂变创业跃迁至裂变式发展

不同于裂变创业强调的"一城得失""独立发展"，"裂变式发展"强调以既有企业为孵化器，以衍生企业为新主体，最终实现多主体之间的"协同共生"。正因如此，"裂变式发展"以既有裂变创业理论、企业成长理论以及生态系统理论为基础，形成了值得进一步探究的全新领域。围绕"前因—过程—结果"分析框架，裂变式发展包括了以下四个具体问题。

一是"裂变式发展是什么"。揭示这一问题需要对裂变式发展的概念进行明确。"裂变式发展"最早可见于李克强同志在天津调研期间所发表的重要讲话，后在各类媒体端被用以描述产业扩散与多元化发展等现象。而从学术角度明确这一定义，则需要就实践现象进一步澄清，明确"裂变式发展"的概念边界，并结合相关理论对概念进行准确界定。同时，裂变式发展是近年来中国情境下的独特实践，需要就情境的特殊性予以诠释，特别是对中国情境特殊性与裂变式发展之间的关联进行探究。此外，裂变式发展包罗众多的分支实践现象，以发展方向、方式以及承载主体等为代表。因此，系列问题的探究需要结合具体实践与既有理论，对"裂变式发展"进行整体层面的类型划分，以期对裂变式发展有更为清晰的认识。本书认为，"裂变式发展"是一种以裂变创业为主要载体的协同化、网络化、生态化高质量发展模式。

二是"裂变式发展为何发生"。回答这一问题需要对裂变式发展发生的缘由进行解读。不同于裂变创业的动机研究，裂变式发展的发生一方面是母体企业的战略设计，即实现企业的战略规划；另一方面是新企业创业者的个人考量，即实现员工自身的发展。正因如此，裂变式发展的发生是母体企业与员工双方的动机进行博弈的结果，探究这一过程需要将母体企业与员工视作整体来分析，并就这种博弈中的不同情况进行区别讨论。此外，排除竞争性选择即"为何选择裂变式发展而不是别的发展模式"同样需要予以关注，这就要求我们将裂变式发展的优势进行全方位解读，包括母体企业优势、新企业优势以及两类企业的协同优势等。

三是"裂变式发展如何发生"。解释这一问题需要对裂变式发展的发生过程进行刻画。裂变式发展表现为既有企业产生新企业并实现企业间协同的过程，因此，针对裂变式发展的发生过程可以借助于裂变创业的不同视角拆解看待。首先是在位企业视角，需要就母体企业如何促进裂变企业产生进行剖析。其次是新企业视角，需要就裂变新创企业如何在母体赋能背景下创建并获得竞争优势进行探究。最后是协同视角，需要就两类企业之间如何进行价值共创与价值分配进行解读。进一步地，综合三个部分的研究将对裂变式发展的整体过程形成完整认识，包括母体企业和裂变企业的治理关系及其演化过程等。

四是"裂变式发展会产生什么价值"。裂变式发展关联母体企业和裂变企业，两类企业在人员、资金、知识、信息、理念、价值、创新等方面广泛嵌入。裂变式发展是一种网络化、协同化、生态化发展，借助组织进化和组织繁衍产生溢出效应。一方面，裂变式发展形成的企业群体产生地理集聚效应，并最终实现区域经济的发展，那么这一经济效应的中间机制与具体效果则需要相关研究进行深入解读；另一方面，裂变式发展带来企业之间的知识流动，同时带动高校和科研院所等机构形成全新的区域创新生态系统，那么这一创新效应的形成路径与效果评价同样需要进行细致的探究。而这两类宏观层面的研究将有助于形成切实的政策建议，最终落实于区域整体发展，促进裂变式发展与区域发展实现进一步的融合。

裂变式发展是裂变创业研究的进一步拓展，是从中观到宏观角度对特殊裂变创业实践进行的深刻诠释,这一研究延续了裂变创业研究由实践进行驱动的传统,并在前沿实践与本土实践中形成了独特的研究问题。因此,在"百年未有之大变局"下,针对裂变式发展的重大问题进行研究,是树立"研究中国问题、讲好中国故事"学术理想、践行"知中国、服务中国"研究理念的具体表现,也有效助推了裂变式发展在响应和服务中国经济社会可持续高质量创新发展中承担更多的责任、发挥更大的效能,从而推动了国内研究与国际研究进一步接轨,最终从实践中挖掘了领先经验,于学理中贡献了中国智慧。

7.3 新创企业视角的裂变式发展

在新的裂变创业情境下,裂变新创企业相较于以往正呈现着不同特征,一方面,抛开员工离职创业和母体企业主动发起两种类型,更多样形式的裂变创业活动正在逐渐呈现,海尔集团的海创汇模式让在位企业内部资源与外部创业者进行了特殊的聚集,小米生态链也是类似做法,这些模式让机会、资源与团队之间在不同的空间或维度实现结合,在打破组织独立边界的同时也使得新创企业的创生与发展呈现出不同的轨迹;另一方面,裂变新创企业正在成为生态系统的重要参与者和引领者,例如海尔集团正在形成的"衣联网""食联网""血联网"等正标志着裂变新创企业开始扮演不同的角色。正因如此,新创企业视角下的裂变创业研究已经形成了稳定的研究框架,可以进一步考虑从以下两个方面开展裂变式发展研究:

第一,裂变新创企业的类型学研究。既有裂变创业研究广泛遵从布鲁尼等(Bruneel et al.,2013)的划分方式,从发起主体和诱发事件两个维度来区分不同的裂变创业类型。这种方式为解读裂变新创企业与母体企业之间的关系提供了重要的支持,也为厘清不同类型的裂变新创企业的绩效表现提供了重要参考。但正如已有实践现象所显示,单纯的雇员和组织已经不能涵盖裂变创业的发起者,既有组织甚至在一定程度上单纯作为资源提供方,而外部的人员则可能成为这些资源的开发者和利用者,传统的内部员工从组织内转移资源进行创业的固定模式正在被打破和替代。特别地,除了创业发起者的区别,当前裂变创业发生过程中的组织边界限制同样越来越小,新组织无论是"海尔孵化小微"还是"小米生态企业",都很难被称作完全独立的组织单元。它们与母体组织之间依靠松散的联系连接,却又在一定程度上独立运营,处于一种特殊的组织中间体状态(张玉利等,2022)。因此,从组织的参与程度以及新组织独立程度两方面有可能建立全新的裂变创业分类，这将为理解新情境下的裂变新创企业与母体企业关系建立坚实的理论前提。而在分类的基础上，进一步探究不同类型裂变新创企业的创生路径，将为理解新兴的裂变创业现象提供新创企业视角下的重要启发。

第二，裂变新创企业的生态战略研究。裂变新创企业在诞生伊始，便有一个先天的生态系统作为其依靠，因此，相较于其他新创企业，裂变新创企业的生态系统战略与其他战略决策一样，首先面对典型的二元悖论问题。按照传统的观点，裂变新创企业因为禀赋的不足，往往会依附于既有生态系统，因此，裂变新创企业作为生态参与者如何制定其战略便成为首要问题。事实上，近年来的生态战略研究已经摆脱"核心企业"的研究范式，开始更多考虑参与者战略（陈威如等，2021；王节祥等，2021）。然而，由于源自母体企业的高度资源转移和身份认同，裂变新创企业需要面对更为严峻的"依赖悖论"。因此，裂变新创企业如何处理与核心企业以及母体企业关系，特别是如何割断"母体脐带"来寻求在生态系统中的新平衡等，是未来需要重点解读的关键问题。除此以外，海尔公司的"食联网"等实践显示，这些裂变新创企业正借助于平台力量搭建全新的生态系统。这些新兴的实践现象意味着裂变新创企业的生态战略绝非仅限于依托既有生态系统发展，其背后的逻辑是裂变新创企业可以借助于母体企业的优势资源实现一种"杠杆化"的资源利用方式，既有研究已经初步涉及裂变新创企业如何与母体企业共建商业生态系统（杜鑫等，2022），但当下涉及的情境还远远不够，探索不同类型的裂变新创企业如何编排资源，如何制定探索式的生态战略，将为理解生态系统的构建和演进提供更为丰富的洞见。

7.4　母体企业视角的裂变式发展

因为参与方式的转变，在位企业由过去被动的接受者逐步转变为裂变创业的发起者或参与者，特别是中国本土涌现出的大量此类企业实践正受到世界的关注。无论是海尔的"创客""小微"还是小米、韩都衣舍采取的"生态链"战略都展示了裂变创业的新业态，呈现出在位企业主动支持裂变创业活动并以多种形式管理裂变创业活动的局面，引发了实践界的巨大反响。而在理论界，布劳德等（Browder et al.）于 2019 年在 *Journal of Business Venturing* 发表文献，专门讨论创客运动带给创业研究的启示，提出创客运动将进一步加深有关创业团队和公司创业的理解。这些细致的讨论将在位企业发起的"创客活动"引入理论层面，尝试在实践与理论之间实现对话，也预示着在位企业视角下的裂变创业研究正成为一股新兴的研究趋势，未来至少可以从以下两个方面具体展开。

第一，建立在位企业视角下裂变创业研究的完整框架。如前所述，在位企业视角下的裂变创业研究目前文献较为匮乏，虽然在整体方向上逐渐一致，但相关研究内容相对零散。具体来看，这类研究内在逻辑在于强调在位企业利用裂变创业的方式实现自身战略目标，因此，仿照新创企业视角下的过程性研究框架，这类研究应该至少包括两个方面的内容：裂变新创企业培育和裂变创业活动治理。就新企业培育研究而言，其核心问题在于"在位企业为何以及如何培育裂变新创企业"。在位企业主动参与情境下，裂变创业的发生缘由以及中间机制与单纯的新企业创建存在较大区别。以往在位企业往往以特设背景的形式出现，或是单纯地作为新企业资源池，而在新情境下需要对在位企业所扮演的角色以及整个过程中的行为要素进行细致探讨。国内有关海尔"创客""小微"的研究已经开始触及这些方面，但似乎远远不够。而就裂变创业活动治理而言，其核心问题在于"在位企业如何进行跨组织治理来实现自身战略目标"。新情境下的跨组织治理活动更多涉及组织间关系、组织交互等内容，特别是当下的实践体现出企业之间一方面通过利益联结进行价值共创，另一方面通过身份纽带进行价值认同。因此，围绕跨组织治理的内涵、维度以及具体模式都需要未来进行细致讨论。

第二，生态系统效应的形成机理。在多种战略目标中，构建生态圈、建立生态优势是众多在位企业参与推行裂变创业最重要的方向之一。当今的众多实践已经表明，裂变创业的溢出效应已经不是单纯在地理方面实现产业的集聚，而是以共生的方式，形成了不同企业之间的协同与互补，从而逐渐形成了生态系统效应。然而到目前为止，仅有少数研究涉及这一问题，我们对于这种生态系统效应的形成机理知之甚少。更值得注意的是，当下针对生态系统效应的研究正在由实践叙述向理论构建转向，如何针对生态系统效应挖掘内在机理，进而开展学理化研究是下一步的重点和难点所在。按照生态系统理论的观点，生态系统包含活动、主体、位置以及连接等（Adner，2017），这也是生态系统结构层面的本质特征。然而，抛开结构的客观存在，生态系统的生成是围绕某一核心价值主张商业化而不断建立起来的结构体，其内核在于价值主张的形成以及价值主张发挥引领作用。因此，以价值主张为内在统筹，以价值结构为外在表现的生态效应形成过程亟须从裂变创业视角进一步展开剖析。其中，裂变创业一方面产生了新的参与主体和新的活动内容；另一方面不断与母体企业以及其他企业构建新的连接关系。特别是相较于一般的创业形式，裂变创业因为继承自母体企业的价值主张以及先天的嵌入关系而更容易围绕特定目标形成互补性（李志刚等，2020）。但相关逻辑停留于理论推演，具体的过程阐释以及过程背后的深层逻辑还需要通过案例研究、扎根理论研究等方法予以深度诠释。这也是本书第六篇重点探讨的话题。

7.5　两类视角融合的裂变式发展

其实无论从新创企业视角还是在位企业视角，裂变创业关注的永恒主题是两类企业之间的关联与交互，这也是裂变创业情境的核心。纵观裂变创业研究的脉络，过往研究更多涉及两类企业之间的简单交互，包括资源上的传递、人员上的流动以及母体企业的干预等。同时，各自视角下的研究往往从各企业自身出发，将目标企业与其他各参与者建立典型的主客关系，关注于企业实现自身的成长或竞争优势。而在当今实践下，两类企业间正从简单的交互逐步过渡到一种更为复杂的生态交互，即这种关系不再局限于"一对一"的"母子关系"，更多开始涉及"一对多"的关系，并不断强调生态系统的作用。特别是，母体企业与裂变新创企业之间逐步发展为一种协同共生的价值集合体，本书作者团队初步将这一模式定义为广泛意义上的"裂变式发展"，而这一发展模式单从任一视角开展研究似乎都无法真正探究其逻辑内核。正因如此，裂变创业研究可能需要从更为宏观的角度，融合两类视角进一步揭示裂变式发展模式蕴含的组织间关联以及协同共演的机制。

第一，新时期裂变创业带来的组织间关系研究。裂变新创企业与母体企业之间的关系一直是过往研究的重点，也是裂变创业区别于其他创业类型的核心要义。但既有研究往往立足于单一企业（无论是新企业还是在位企业），探究该企业在特定关系下的战略行为，抑或是从某一特定关系入手，考察对该企业的绩效影响。这些研究以焦点企业的自身成长与绩效为核心，以组织间关系为独特情境，本质上是对特殊情境下的创业行为进行了进一步诠释。但这类研究尚未触及企业之间的具体关联以及这种关联的实质性内涵。因此，未来研究或许可以跳出当前以单一组织为研究对象的框架，从两类组织之间的关联入手，讨论组织关系背后的深层逻辑以及这种关系所带来的具体结果。当前理论所涉及的典型的组织间关系包括资源依赖、竞合互动等，对于裂变创业所反映出的组织间传承、嵌入等特征似乎还难以给予有效诠释。特别是，当下的实践情境越发体现为母体企业与裂变新创企业之间的互利共生。因此，从新的研究单元出发，有可能为理解组织间关系以及组织之间的互动过程提供全新的理论解释。

第二，在位企业与裂变新创企业的协同共演机制。目前来看，裂变创业相关文献多以裂变创业行为发生为研究终点。这一节点控制有利于把握裂变创业的研究边界，但如今的新兴实践表现出两类企业之间的协同，本质在于形成利益共同体之后的价值共创与价值共享。正因如此，需要将关注的时间节点延后、延伸，进一步关注裂变新创企业创建之后与母体企业的协同共演规律。具体而言，这一研究需要秉持生态的观念，以母体企业与多个裂变新创企业构成的利益共同体为切入点，通过探究多主体的互动过程，实现对企业间协同共演机制的系统挖掘。

第三篇

衔玉而生：新创企业视角的裂变式发展

本篇从新创企业视角出发，跟踪并深入分析蒙牛等本土经典案例的裂变创业过程及快速成长实践背后的理性规律，为深入理解裂变式发展理论建立基础。

一方面，从裂变新创公司视角出发，以蒙牛为案例研究其裂变创业过程背后的规律，并跟踪蒙牛公司的发展历程，探索支撑其高速成长的成功因素。

另一方面，从创业者和企业家的个人层面出发，研究裂变新创企业的创业者和企业家的成功特质，并结合家庭视角探究其裂变创业的动机与独特模式。

本篇遵循从宏观到微观的内容安排，循序渐进逐层深入，便于读者更好地在新企业视角下理解本土企业的裂变式发展规律。

第 **8** 章

蒙牛裂变创业故事
——新创企业的创业过程

本章导读▶

　　裂变创业活动对经济发展具有很大的推动作用。在裂变创业概念界定的基础上，运用扎根理论方法的分析技术，深入探究和挖掘蒙牛裂变创业的概念框架和成功要素，解释了成长型创业者裂变创业前后的成长原因和结果，强调了关联度与资源度、裂变创业者及其团队、战略设计和选择、制度和文化为主的组合机制对裂变创业成功率的重要意义，对解读裂变创业的三类关键维度有重要启发作用。

8.1　研究背景

　　改革开放以来，随着我国市场经济的持续发展和企业间竞争的日趋激烈，创业领域出现了一种与日俱增的现象：很多具有大中型企业工作经历的从业者，基于各自特定的原因离开原企业转而自己创办企业；尤其是在金融危机、新冠疫情等重大事件发生，以及"大众创业、万众创新"等重大政策出台之后，主动或被动选择离职转而自己创办企业的创业者更是不胜枚举。这种依托于从业者离职的创业活动具有显著的裂变特征，但理论上仍然存在某种程度的关注不足，对裂变过程内在规律的挖掘并不充分。尤其是，我国社会具有明显的"差序格局"这一显著区别于西方社会的特征，由此可能会对裂变创业过程产生某些异于西方情境下的某些特征和一般规律，对其中的典型案例展开研究，无论是对丰富既有理论还是剖析典型实践，都有积极价值。因此，本章运用定性研究方法——扎根理论方法，以"蒙牛"为案例展开研究，挖掘、提炼其中的基本规律，期望能够从中提炼和挖掘出有价值的结论。

8.2 蒙牛案例的选定与资料获取

1. 案例企业选定

根据扎根理论注重目标企业的信息丰富度而非样本数量大小的原则，本章挑选了课题研究中的蒙牛作为研究个案。蒙牛是一家典型的裂变创业企业，基于在伊利的工作经历，蒙牛的创业团队积累了丰富的经验、整合了优质的资源，从而为裂变新创企业的成功创建和创新发展奠定了坚实的基础。在团队离职、裂变，实施模仿型创业中，这些"厚积"优势是非常有效的战略资源；同时，在运用模仿、追随战略中持续学习、创新，快速打破了追随发展的态势，改变了企业的生存环境。

2. 资料收集与整理

本章收集的个案企业资料主要来自：（1）笔者开展国家社会科学基金资助课题研究时对蒙牛相关人员的深入访谈调研及参与观察记录；（2）关于蒙牛的论文、评论、企业公告及言论等，企业内部资料如报纸、画册等；（3）内蒙古自治区乳业发展状况的调研报告，以及各级政府的政策文件。在资料收集过程中，笔者紧密围绕"裂变创业"这一主题，广泛联系与研究问题相关的人士，面对面与他们进行深层沟通，对资料整理中发现的有意思议题、有疑问议题的及时追问（笔者采取再次约见、电话和邮件互动等做法），最终收集到了大量有价值的、内涵丰富的信息。同时，本章也非常重视局外人士观点、现场观察和亲身体验。再有，实地访谈中也尽量确保调研对象覆盖公司各业务部门、各管理层级，并不断比较和验证各途径获取的资料。在对资料进行整理、整合、质证以确保其真实准确反映个案状况的基础上，将最后待分析的资料正式命名为"裂变创业个案资料"。

8.3 蒙牛裂变创业过程译码分析

为分析便利起见，本章将"蒙牛"命名为个案 A，并以英文标识 A 嵌于资料中便于后续分析。数据处理过程循序渐进，历经贴标签、初步概念化、概念化和范畴化等归纳阶段，所以在前期编码阶段用 a、aa 标注，后续编码阶段用 A、AA 指代，以便对不同层级的概念加以区分。

1. 开放性译码

经过概念化和范畴化，抽象出来 88 个概念和 53 个范畴，于是，概念和范畴都逐次暂时替代了资料内容，从而我们对资料的精练和缩编也在逐渐深入，我们分析和研究复杂庞大的资料数据的任务转而简化为考察这些概念，尤其是这些范畴间的各种关系和联结。表 8-1 是贴标签（定义现象）、初步概念化、概念化和范畴化的一个举例。

表 8-1　　　　　　　"裂变创业个案资料"的开放性译码分析举例

裂变创业个案资料（片段）	开放性译码			
	贴标签	初步概念化	概念化	范畴化
父亲养牛送奶 38 年，子承父业（a_6）。母亲给了教育，她嘱咐的两句话，一句是"要想知道，打个颠倒"；另一句是"吃亏是福，占便宜是祸"（a_7）……公司从小到大、从无到有的整个过程都经历过（a_{10}）。1998 年底被母体企业免去生产经营副总裁（a_{11}）。在做蒙牛之前，种草、养牛、干乳业已经做了 21 年（a_{12}）。1999 年又重新从零开始做乳业，回过头来想过去经历的那些事情，可借鉴经验，总结教训，这就是熟能生巧、厚积薄发（a_{13}）	a_6 子承父业 a_7 养母的教育 …… a_{10} 熟悉企业管理 a_{11} 高起点创业 a_{12} 行业经验丰富 a_{13} 熟能生巧和厚积薄发	aa_2 养父影响职业（a_6、a_8） aa_3 养母影响观念（a_3、a_7） aa_4 观念与能力互动（a_4、a_5）	A_2 家庭促动职业和观念形成（aa_2、aa_3） A_3 早期观念验证和能力提升（aa_4）	AA_1 家庭独特影响（A_1、A_2） AA_2 观念和能力雏形（A_3） AA_3 深谙企业成长及管理（A_5、A_7）

2. 主轴译码

以主范畴"团队裂变创业"为例，分别从因果条件、现象、脉络、中介条件、行动/互动策略和结果六个方面展开探讨，每一方面的细致分析都将增加我们对范畴关系的认知，如表 8-2 所示。

表 8 - 2 　　　　　　　　　　主范畴团队裂变创业 （AAA2） 的典范模型

因果条件	现象	脉络	中介条件	行动（互动）策略	结果
免职，创业机会把握	追随者自发集聚	得益"母企业"，依赖型创业	默契合作	厚积薄发，规范创业团队，强势团队整合	裂变创业

因果条件：主范畴团队裂变创业的因果条件为免职和创业机会把握。如果没有创业者以及部分追随者的被免职，就不会发生团队裂变问题。被免职团队的离职是战略分歧引发的权力斗争，而不是能力绩效的原因，这为接下来的产业机会把握创造了人力资源条件。也就是没有强有力的离职团队以及合适的产业机会，可能不会出现团队裂变创业现象。

现象：主范畴团队裂变创业的现象为追随者自发集聚。在裂变创业过程中，团队的组成来源于追随者的自发集聚。自发集聚现象，以母体企业离职者/免职者为主，说明了创业者在产业内，至少是在母体企业的影响范围和程度。创业者以往的绩效、行为、威望和魅力是吸引、吸附追随者的主要因素，这也为创业者在新组织中提纯、强化团队管理奠定了基础。

脉络：主范畴团队裂变创业的脉络为得益"母企业"和依赖型创业。在团队裂变创业中，团队构建主要得益于母企业人力转移。不仅在人员经验方面，在产业类型方面新企业也与母企业极为相似。基于对母企业的模仿、学习，以及人力资本的转移和能力发挥，团队裂变创业取得了惊人成效。

中介条件：主范畴团队裂变创业的中介条件为默契合作。团队成员中，创业者与追随者的默契不单纯由于合作历史的长久、相互了解的充分，而且还与追随者对创业者的依赖有关。依赖主要体现在追随者的职业发展和事业成功，离不开创业者的领导和组织。同时，多层面、多内容的长期默契，推动了企业发展，企业发展反之强化了围绕创业者的默契氛围，从而形成了良性循环。

行动（互动）策略：主范畴团队裂变创业的行动（互动）策略为厚积薄发、规范创业团队和强势团队整合。厚积是实施裂变创业的前期准备活动，薄发是实施裂变创业的具体行为选择。在优势发挥的同时，又融合有优势的构建：对创业团队的规范和整合。

结果：主范畴团队裂变创业的结果为裂变创业。裂变创业的发生以母体免职为导火线，以创业者个体价值实现愿望为基础，以追随者支持和鼓励为支撑。同时，裂变创业与母体企业的关联度很高，包括人力、产品、市场和技术等，这种关联很有利于新创企业实现和获取快速成长的创业绩效。

3. 选择性译码

在以上开放性和主轴译码分析的基础上，经过对主范畴的继续考察，我们发现主范畴间至少存在以下两个方面重要关系：一方面，"厚积薄发优势""示范/关注赢人心""团队裂变创业"，是"成长型创业者"在母体企业成长的原因，也是创业者成长的结果；而"构建执行力""植入文化基因""胜在战略设计""逆思维整合资源"是"成长型创业者"在新创企业继续成长所采取的策略，也有力支持了创业者的继续成长，如图 8-1 所示。

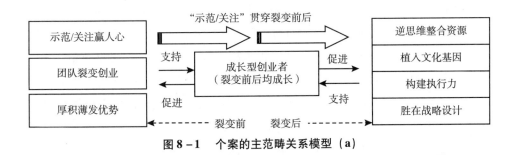

图 8-1　个案的主范畴关系模型（a）

另一方面，"成长型创业者""团队裂变创业""植入文化基因""示范/关注赢人心"共同促进了"构建执行力"。同时，"成长型创业者"是"团队裂变创业""植入文化基因""示范/关注赢人心"的条件；"成长型创业者"和"示范/关注赢人心"是"团队裂变创业"的条件；而"植入文化基因"和"示范/关注赢人心"是一对互相增强的因子，如图 8-2 所示。

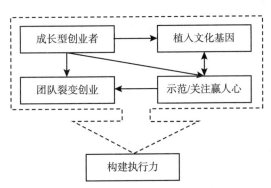

图 8-2　个案的主范畴关系模型（b）

　　经过对蒙牛个案主范畴的分析，我们发觉可以用"基于厚积薄发和模仿创新的裂变成长"这一核心范畴统合整个个案的资料。

　　首先，"厚积薄发"，说明创业者在母体企业积累了丰富的资源和能力，这些积累在很大程度上推动了裂变创业的发生。母体企业不但培育、培养了创业者的产业知识、管理技能和思想觉悟，还培养了具有丰富、多样、高层管理经验和能力的追随者团队。同时，战略分歧导致的创业者被动免职成为裂变创业发生的引线，但创业绩效则在较大程度上依赖于基于人力的"厚积薄发"。可见，在蒙牛个案中，母体企业既为裂变创业提供了资源积累，也为裂变行为具体发生提供了契机，是推动创业的重要力量。但是，产业市场的巨大发展空间、创业团队的构建和关系资源的转移也是支撑裂变创业不可或缺的因素，这些具有"子体拉动"效应的力量有效促进了裂变创业行为的发生。值得注意的是，在蒙牛案例中，"母体推动"中的"厚积薄发"是"子体拉动"的必要条件。

　　其次，"模仿创新"，说明了裂变创业前后的关联度。一方面，蒙牛的成功创建得益于对母体企业的有效模仿，在创业初期尽最大可能发挥母体企业的作用、借鉴母体企业的经验，无疑可以显著提升新创企业的生存概率。与此同时，由于在规模、实力等方面与母体企业存在较大差距，初创企业也要注意差异化发展，在模仿中避免与母体企业正面对抗。蒙牛通过向母体企业示好，大张旗鼓地宣传向母体企业致敬、向母体企业学习，从而在与母体企业尽可能友好相处的情况下，将母体企业的报复和反击降到最低限度，从而为自身实力的快速提升创造了机会。另一方面，蒙牛的核心创业团队在母体企业（伊利）历经多年生产经营实践，深谙企业成长过程及相应的管理技能，战略战术经验非常丰富，资源支配和吸附的能力极强，核心创业者的团队整合能力以及团队默契度很高，所有这些因素都有力促进和支撑了企业的有效创新。

　　最后，"厚积薄发"是实现裂变创业成长的前提基础，"模仿创新"是实现裂变创业成长的具体过程，裂变创业是实现快速成长的关键因素。蒙牛的快速成长得益于创业团队的深厚积累，核心创业者及其追随团队的"厚积"，是蒙牛创建后实现快速成长的重要前提。裂变创业为蒙牛承载了深厚积累的创业团队（战略资源）开辟了事业空间，有利于创业团队充分发挥自身的战略资源和核心能力优势。模仿创新策略既有利于创业者"厚积薄发"资源的最大化利用，也有利于以差异化创新实现速度突破，更有利于巩固裂变创业成果。最终，这种关联度高、母体推动性大的"基于厚积薄发和模仿创新的裂变成长"，创造了高成长的奇迹。

8.4　裂变创业的框架与成功要素

1. 裂变创业的研究框架

裂变创业中存在母体企业这一先决条件，致使裂变创业者可能会从母体企业获取经验、能力和关系资源，能够依托母体企业更好地发现产业机会并组建团队，等等。于是，母体企业应该成为分析裂变创业行为的重要组成部分，与其他因素的互相依赖和互相作用将贯穿创业过程的始终。

创业者的离职创业行为，涵盖着一系列战略/策略活动，而不能简单理解为人力资源的转移。裂变创业企业的成长，是管理、决策、关联、团队优化、经验运用的结果，而最为突出的应该是新创企业与母体企业的关联程度表现为：资源、能力、产业的相似程度和转移、复制程度，这些关联因素又会对新企业的战略选择产生影响。于是，资源关联及其导致的战略选取情况是新创企业成长的重要影响因素，是值得深入研究的内容。

同时，在裂变创业企业创建及成长的过程中，创业者会不断趋向成熟，逐渐从创业者向企业家过渡；而追随创业者的裂变创业团队，也将紧随企业的动态演变，在与创业者的互相依赖中持续优化和提升。伴随创业者向企业家过渡和创业团队的成熟，新创企业不再简单模仿和重复母体企业的经营行为，而是开展更具有创新性的价值创造活动。它们确立了适合自己成长的战略目标，按照自己的经营机制和模式（往往是一种能够有效克服母体企业弊端的机制和模式），进行资源整合和生产与运营，并且试图建立在自己创业历程中积累或沉淀的企业文化，使企业踏上健康的成长道路。

因此，裂变创业涵盖了裂变、创业和成长三个方面较为广泛的内容，根据本章个案扎根理论分析的结果，提出反映裂变创业状况的概念框架，如图 8 – 3 所示。

2. 裂变创业的成功要素

裂变创业的成功关键因素与一般创业存在区别，表现为：

第一，关联度和资源度。裂变创业与一般创业的主要区别点应该在企业间的关联上，具体而言，就是新创企业与母体企业的关联。这种关联在较大程度上体现为资源的优质性、同质性、相似性以及继承性和转移性，当然也涵盖两个企业的产业关联性。一般来说，新创企业实施了与母体企业极具关联的裂变创业行为，而且母体企业的资源较具有优质性和异质性，那么新创企业的成长绩效会相对好一些。

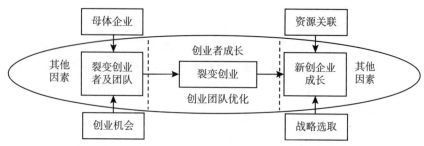

图 8 - 3　裂变创业的概念框架

第二，裂变创业者及其团队。裂变创业者及其团队是裂变创业企业成长的重要保障，创业者是裂变行为的主要发起者和承载者，也是新创企业运营的领导者，没有创业者的参与，裂变创业是无法发生的。因此，创业者在母体的经验、知识、业绩、威望、魅力、能力和个性特质等因素，会直接影响其能否从母体企业吸附战略性的资源（包括追随者团队、客户关系等）。成功的创业者会组建源自母体企业的更优秀的团队，在与母体企业相近的产业竞争，这是路径依赖效应的完美体现。路径依赖是指具有正反馈机制的体系一旦被系统所采纳，便会沿着一定的路径发展演进，很难为其他潜在的甚至更优的体系所替代。

第三，战略选择和设计。战略选择和设计是裂变创业企业成长的重要支撑，裂变创业企业毕竟是新创企业，而且极有可能与母体企业在同一领域内竞争，那么处于劣势的创业者就更要依赖有效的战略选择和设计。对各类资源加以审视，会发现新创企业的无形资源（如经验、技能、管理、能力等方面）优势要远远大于有形资源（资金、设备等），因此，裂变创业企业可以选择资源外取战略，以自己具备的核心（无形）资源杠杆撬动有形资源，迅速补足资源的差距。同时，要实施不要轻易挑战和触怒母体企业的柔道战略，减少母体企业报复和遏制的概率和力度。

第四，制度和文化为主的组合机制。以制度和文化为主的组合机制是裂变创业企业成长的持续动力，如果创业者要实现裂变创业企业不断成长这一目标，就应该在创建新企业之前实施更优秀的制度和文化建设机制。之所以在这里强调提前建设，目的是保证创业团队是基于文化共识组建的，是基于制度认同聚集的，从而确保新企业强有力的凝聚力和执行力。在企业初创期就植入优秀的制度和文化基因，并根据环境变动而创新调整，这是驱动企业持续成长的动力。

3. 裂变创业的关键维度

裂变创业是一种特殊的创业行为，母体企业和新创企业之间的关系及其与其他因素的关系成为有价值的研究议题。本章认为，裂变创业企业主要有以下三个关键维度：

第一，裂变创业企业在一定程度上依赖于与母体的关联。裂变创业行为一般都具有母体依赖性，至少在企业新创时期会有这种倾向，对母体企业的依赖会影响新创企业的成长战略选择。

第二，裂变创业企业成长在一定时间段内得益于母体资源的推动。裂变创业必然意味着人力资源从母体企业向新创企业的转移，围绕着创业者及其团队这一核心资源还包括关系网络、客户联系、知识资本等其他大量的有形和无形资源。

第三，裂变创业企业往往经由优秀的创业团队驱动。裂变创业企业的团队组建往往与一般创业不同，核心创业者裂变创建新企业时，一般会从母体企业带出，或者转移出，又或者跟随出一支创业团队，此团队具有同业经验丰富、业务结构合理和合作历史较长等特点。

8.5　本章小结

关于裂变创业问题的进一步研究，还可以考虑以下四个方面。

一是运用其他定性研究方法或定量研究方法展开研究，从而与本章扎根理论研究得出的观点进行比较与对话，进一步丰富、完善和深化该领域的理论成果。

二是扩大研究对象的选取范围，从传统产业、高科技产业和国际领域寻找有价值的典型个案，例如，裂变创业失败的企业等，进一步增加我们对该现象的深入理解，帮助我们发现更多的裂变创业实践背后的一般规律。

三是实现研究结论与创业理论、成长理论的有效联结，从而提升理论的系统性、完整性和动态性。以裂变创业及其研究发现为线索，与既有成熟理论进行对话，不断提升既有理论的解释力度并持续拓展其理论边界。

四是考察裂变创业中的伦理道德或法律约束等议题。关于此类问题的探索，有利于将裂变创业的理论研究发现与其实践需求有针对性的紧密结合，实现理论与实践的密切互动与共同提升。

第 9 章

蒙牛裂变快速成长
——新创企业的成功因素

本章导读 ▶

　　挖掘裂变新创企业成长的差异化路径与模式，探究作用于其成长的关键因素，对研究中国企业差异化的成长路径及模式等问题十分有益。既有企业成长相关研究在视角选择上存在不足，过于关注成熟企业的成长发展而对基于成熟企业裂变而来的新创企业的成长过程缺乏足够关注，需要从个案中挖掘独特规律。因此，本章利用与实践资料深入互动的扎根理论质性研究方法，以裂变自伊利公司的蒙牛公司为案例，挖掘出"蒙牛"的"厚积裂变、模仿超越型快速成长"模式，及其在"模仿追随"和"自我超越"两个不同发展阶段的成长影响因素，这对补充目前对于快速成长企业研究方面的不足，具有积极的探索和启发意义。

9.1　研究背景

　　近年来，很多原本快速成长的互联网企业在市场需求下降明显前提下，面临越来越多的困难与挑战，而很多实体企业开始了探索中的复苏过程。尽管将其定论为"重新进入快速成长轨道"为时尚早，但为了在"逆势"中找到快速成长的有力手段，过去那些曾经快速成长的企业，在其成长过程中所表现出来的快速、持续以及价值效应等优势与经验，仍然蕴含着值得当今企业深入学习、借鉴和实践的诸多关键要素及其相互间的重要作用关系。因此，本章以我们熟知的、火遍大江南北的、具有显著裂变创业特征属性的"蒙牛"公司为案例，在大量实地访谈调研与资料数据收集整理基础上，利用与实践资料深入互动的扎根理论质性研究方法，挖掘提炼裂变自伊利公司的蒙牛的快速成长模式及影响因素。

9.2 企业成长模式及其影响因素

企业成长研究分为因素研究和过程研究（Ardishvili et al.，1998）。前者解释企业为什么成长，目的是搜寻成长的动因；后者关心的则是成长过程中的一系列变化，力图挖掘成长的独特模式或规律。企业成长模式的选择必然依赖影响因素的状况和特征，影响因素会在不同成长模式中有所变异。因此，企业成长影响因素和成长模式相互关联、相互影响。到目前为止，关于企业成长模式有代表性的观点有：（1）基于企业规模和事业结构关系的"两维空间"企业成长模式，主要分析规模、专业化和多元化之间的密切关系（杨杜等，1996）。（2）企业规模扩张成长战略、复制成长战略和选择性成长战略（Georg et al.，2001），关注企业突破专业化的规模极限，在复制策略中参与国际市场的过程。（3）基于经营结构发展、组织结构变更、空间结构拓展和技术结构升级的成长模式。经营结构发展成长模式可分为专业化规模成长、多角化成长以及产业链纵向成长；组织结构变更成长模式可分为分散化成长模式和集团化成长模式；空间结构拓展成长模式指企业经营地域在国内、国际的延伸；技术结构升级成长模式指沿企业技术发展轨迹获取成长绩效的过程。

企业成长影响因素研究的结论比较丰富，有代表性的观点有：（1）从资源角度出发研究企业成长，强调内部管理能力对企业成长的影响（Penrose et al.，1959）。（2）分析企业家特质、企业战略与企业成长的关系，认为企业家型中小企业表现出更强烈的成长欲望和成长绩效（McCleand et al.，1959）。（3）以威廉·桑德伯格（William R. Sandberg）为代表的一批学者研究企业家、企业战略、产业结构、组织结构等因素与中小企业成长绩效之间的关系，得出企业战略和产业结构直接影响中小企业成长的结论。（4）回顾成长影响因素的有关理论并验证（Storey et al.，1994），得出企业家、企业特质和企业战略是影响成长的关键要素，而且只有这三方面要素有效整合和匹配，才能真正促进企业快速成长。

任何企业都要应对竞争持续升级的动态复杂环境，企业成长障碍的增多更凸显了模式研究和影响因素识别的重要性和迫切性。目前，企业成长模式和影响因素研究的主要方法可分为规范研究和实证研究两种。规范研究意指研究者借助理论思维和理论演绎得出一些具有普遍指导效应的理论；实证研究则是研究者基于规范研究的结论、自己的经验和观测等来建立假设，然后展开研究验证该假设。

虽然这两种研究方法取得了许多研究成果，但成长模式和影响因素的研究还存在着一些不足之处，主要体现在：一方面，规范研究因注重成果的通用性，而难以兼顾特殊性。世界各地的政治经济文化各有不同，企业成长过程也是千姿百态，这可能导致通用理论运用的局限性而很难以纵深指导具体实践活动；另一方面，尽管实证研究可以在一定程度上弥补规范研究的不足，但其关注理论验证，在发展或创新理论上又举步维艰。也就是说，两种研究方法所探讨的企业成长理论可能不完整或不全面，尤其值得注意的是，这两种方法可能难以深入挖掘和系统整合那些具体模式和因素之间及其内部的各种关系，以至于某些结论缺乏实用性、科学性和说服力。

因此，尽管国内外对企业成长模式及其影响因素的研究由来已久，并且成果颇多，但是鉴于该领域研究方法上存在的不足，以及我国最新出现的快速成长企业个案现象，应该用新的研究方法研究新的企业问题。因此，扎根理论研究方法成了我们研究快速成长企业的重要工具。

9.3　蒙牛快速成长资料译码分析

1. 资料收集

本章收集的个案企业资料主要来自：（1）笔者曾与清华大学暑期调研组一起，于2004年深入蒙牛开展实地调研，整理了包括个案访谈、参与观察等在内的大量资料。（2）笔者曾于2005年参与一项关于西部地区资源型企业成长问题的国家课题研究，与课题组成员共同深入访谈调研，获得了大量有价值的一手资料。（3）关于蒙牛的论文、评论、企业公告及新闻报道，以及乳业发展状况调研报告、各级政府发布的政策文件等。在对以上资料进行整理、整合、质证以确保资料真实准确反映企业状况的基础上，将最后待分析的资料正式命名为"蒙牛资料记录"。

2. 译码过程

（1）开放性译码。

概念和范畴的命名有多重来源：有的来自文献资料，有的来自访谈记录，有的是笔者研讨的结果。同时，概念和范畴的得出也并不是一劳永逸的，为了找到最能反映资料本质的概念和范畴，我们在资料和概念、范畴间不断循环往复考察。通过对"蒙牛资料记录"的开放性译码分析，最终从资料中抽象出 118 个概念和 12 个范畴（见表 9 – 1）。由于概念数量庞大且有交叠，而范畴是对概念的重新分类整合，于是范畴就成为后续分析的重点。挖掘出的 12 个范畴（$A_1 \sim A_{12}$）分别为时机、成长、追随、自知、移情、柔道、独行、融合、架构、造势、学习和文化。时机是指公司创立和成长过程中对内外部机会的洞察和把握；成长是指公司对快速成长的热衷和获取；追随是指公司紧紧与优势企业绑缚借力发展；自知是指公司知己知彼、审时度势量力运营；移情是指公司正确定位与所有利益相关者尤其是竞争对手和顾客的关系；柔道是指公司灵活果断以巧制胜；独行是指公司敢为人先强力创新；融合是指公司与地域和产业结为一体；架构是指公司组织设计和资源管理的匹配互动；造势是指公司有效利用势能宣传和提升企业形象；学习是指公司全员全方位学习补足短板；文化是指德治为先、统一思想共造百年老店。

表 9 – 1　　　　　　　　"蒙牛资料记录"的开放性译码分析举例*

蒙牛资料记录	开放性译码			
	概念化	范畴化	范畴的性质	性质的维度
企业准备成立时，市场正处于蒸蒸日上的态势（a_1）……其他企业生产能力远远不能满足市场需求的增长（a_3）。正是行业的快速发展创造了本企业发展空间，也导致了竞争对手无暇顾及（a_4）。这是企业得以生存并能够快速成长的一个必要条件（a_5）。企业创建之初就明确提出向伊利学习、做第二品牌的战略（a_6）……最初没有资金建工厂，就派骨干奔赴黑龙江、包头等地进行委托加工运营（a_{20}）。成立了"蒙牛"商学院，创立学习节，通过塑造学习型组织自主开发人才（a_{21}）。我（受访者）在伊利工作过，在乳业内伊利的广告是最美的，如草原的牛奶会说话等，我们一直很佩服伊利（a_{22}）。蒙牛引进了利乐枕包装，并做到全球销量第一（a_{23}）。	a_1 产业环境 a_2 a_3 供给能力 a_4 产业时机 a_5 快速成长 a_6 跟随战略 …… a_{20} 自知 a_{21} 学习精进 a_{22} 尊重对手 a_{23} 敢为人先 …… （计 118 个概念）	1. 以概念 a_1、a_3、a_4……范畴化为：时机（A_1）； 2. 以概念 a_5……范畴化为：成长（A_2）； 3. 以概念 a_6……范畴化为：追随（A_3）； …… （计 12 个范畴）	1. 时机的性质：有利时机、不利时机 2. 成长的性质：成长速度、成长范围 3. 追随的性质：追随的时间、追随的方式……	有利时机的面向：有利/不利；不利时机的面向：有利/不利……成长速度的面向：快/慢；成长范围的面向：国内/国外……追随的时间的面向：短暂/持续/长期；追随的时间的面向；复制/模仿/创新……

注：*资料的开放性译码和主轴译码涉及大量的分析表格，为了说明研究过程和节省空间，本书只截取了部分表格，以为例证。

（2）主轴译码。

我们在主轴译码阶段通过典范模型共得到三个主范畴，分别为"厚积薄发成长"（AA$_1$）、"柔道运势发展"（AA$_2$）和"动态学习完善"（AA$_3$）。其中主范畴"厚积薄发成长"是由成长、时机、自知、移情 4 个范畴，以及厚积薄发、经验、快速成长、资源吸附、资源集聚、尊重对手、社会责任、速度制胜、整合、感恩、资源外取、快速扩张、创新 13 个概念，通过典范模型而构成。主范畴"柔道运势发展"是由独行、柔道、造势、追随 4 个范畴，以及攀附、捆绑、迂回、借势、跟随、模仿、立异、首创 8 个概念，通过典范模型而构成。主范畴"动态学习完善"是由融合、架构、学习、文化 4 个范畴，以及讲习、培训、外派、借鉴、认同、组织设计、架构调整、人力管理、价值观、理念 10 个概念，通过典范模型而构成。关于典范模型分析过程举例如图 9－1 所示。

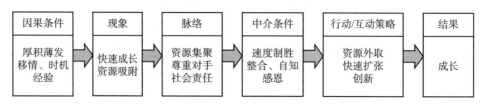

图 9－1　主范畴"厚积薄发成长"的典范模型

典范模型建构起了范畴和概念间的紧密关系，通过典范模型我们对主范畴有了更加全面、准确的了解，这其实也展示了与企业资料的持续互动。"厚积薄发成长"体现在企业创建初期虽无工厂、无市场、无资金，但却拥有丰富的行业经验，集聚了大批乳业精英，吸附了大量利益相关者，加之企业采取资源外取和快速扩张等策略来拓展生存空间，最终促成了高成长。"柔道运势发展"体现在企业灵活处理与竞争者及利益相关者关系，善于借助与竞争者、"热点"事件捆绑，通过借力来实现快速发展。"动态学习完善"体现在全方位学习贯彻精神，注重学习的实效，激发整个组织的创造力，动态调整、提升组织的管理架构和文化认同。蒙牛创业时虽处劣势但却厚积薄发，展示了行业经验，吸附了优势资源，利用了战略机遇，在追随中把握了产业脉搏，采取了模仿创新策略，注重了架构、文化完善，营造了声势形象，最终在竞争互动中实现了超速成长。

（3）选择性译码。

通过对时机、成长、追随、自知、移情、柔道、独行、融合、架构、造势、学习和文化这 12 个范畴的继续考察，尤其是对"厚积薄发成长""柔道运势发展""动态学习完善"这 3 个主范畴及相应副范畴的深入分析，同时结合原始资料记录进行互动比较、提问，发觉可以用"厚积薄发、柔道运势、学习型高成长"（AA）这一核心范畴来统合其他所有范畴。蒙牛充分展现了这一概念的内涵，即利用自身多年的资源、能力积累，快速打破追随发展的态势，改变企业生存环境，力求主导产业走势。围绕该核心范畴的故事线可以概括为：企业创建后采取追随战略，与业内优秀企业捆绑，厚积薄发；灵活处理与竞争者及利益相关者关系，善于借助与竞争者、"热点"事件捆绑，善借时机助势，吸附整合资源，来实现快速发展；持续学习创新，最后改变追随者"内蒙牛"态势，积极打造自己"中国牛""世界牛"的企业地位。

9.4　蒙牛快速成长的模式与因素

根据扎根理论研究方法，围绕核心范畴、主副范畴以及所有范畴和概念而构建的立体网络关系，就是研究的结论。在完成主轴译码和选择性译码以后，收集到的数据资料基本上已经被归纳提炼为理论雏形，但为了实现理论的严谨乃至饱和，仍然需要进一步思考和提问，并在众多概念和范畴之间交互验证，将其与数据资料不断进行比较、质证，直到形成逻辑自洽的理论发现为止。

根据前述扎根理论的三重译码分析结论，蒙牛体现出一种"厚积裂变、模仿超越型快速成长"模式。其中，"厚积裂变"是实现"模仿超越"的前提基础，而"模仿超越"是实现"快速成长"的具体过程。首先，蒙牛的快速成长得益于创业团队的深厚积累。蒙牛的核心创业团队在母体企业（伊利）历经多年生产经营实践，深谙企业成长过程及相应的管理技能，战略战术经验非常丰富，资源支配和吸附的能力极强。而且，核心创业者具有极强的团队整合能力，在与其他团队成员长期合作过程中，形成了高度默契。核心创业者及其追随团队的"厚积"，是蒙牛创建后实现快速成长的一个前提条件。其次，蒙牛的快速成长得益于裂变创业。裂变指的是创业者从母体企业离职创建新企业，这是一种基于人力资本及其附属资源分离的创业行为。裂变创业为蒙牛承载了深厚积累的创业团队（战略资源）开辟了事业空间，有利于创业团队充分发挥自身的战略资源和核心能力优势，而这种具有价值性、稀缺性、难以模仿性和难以替代性的异质资源和能力，具有很强的路径依赖效应。最后，蒙牛的快速成长得益于模仿追随战略。蒙牛采取的是模仿创新战略，创业初期的产品和工艺与母体企业伊利都极其类似，从而可以最大化利用在母体企业积累的经验优势。与此同时，蒙牛还非常注意差异化错位，尽可能维系与母体企业的良好关系，以低姿态赢得母体企业的理解，减缓母体企业的"报复"，并积极与母体企业形成紧密联系的命运共同体，借助母体企业的影响和背书，实现自身的快速发展。

"厚积裂变、模仿超越型快速成长"模式，是新创企业实现快速成长的有效路径，该模式对应的成长过程可以分为"模仿追随"和"自我超越"两个阶段，每个阶段的成长影响因素又会有很大的不同。对研究得出的范畴加以分析，识别出影响蒙牛快速成长的因素，并从内部、外部两个维度与成长阶段相匹配，如表 9 – 2 所示。

表 9 – 2　　　　　　　　　　　影响蒙牛快速成长的因素

维度	模仿追随阶段	自我超越阶段
内部	经验、关系、资源吸附、企业家精神、柔道、速度、资源外取、追随战略	管理、借势、公司治理、文化、学习、创新、战略
外部	产业、集群、地域资源、时机、融合、关系网络	竞争合作、技术创新、消费需求、地域资源

在模仿追随阶段蒙牛快速成长的影响因素。创业者团队紧密围绕在颇具企业家精神的核心创业者周围，而核心创业者的资源吸附能力来自其在运营同类企业时的威望、资历和人格魅力。例如，核心创业者在母体企业的优秀业绩记录，向下属"散财"实现共富的行为等，都有效催动了其快速整合强势创业团队的步伐。创建之初，企业依托"厚积型"的裂变资源，把握适时的进入时机，发挥独特的地区资源优势，为快速成长奠定了坚实基础。基于创业者自知资金实力较差而人力资本较高这一准确判断，企业采取了追随模仿优势企业的战略。蒙牛善用柔道战略与竞争对手捆绑、借力，主打内蒙古地区品牌，主张产业整体发展和社会利益共升来避免过度竞争，体现了向竞争者以及国内外顶级企业（如海尔）学习的精神。同时，蒙牛在竞争中感知到只有"速度"（迅速壮大）才能在夹缝中求取"生存、制胜"，对快速成长的热衷促使企业

实施目标导向的逆向思维策略来整合资源。

在自我超越阶段蒙牛快速成长的影响因素，实现了模仿追随阶段的快速成长目标，蒙牛进入了维系成长速度的自我超越阶段。在自我超越阶段，企业有效利用造势、借势和乘势功能，拓宽了资源吸附路径，解除了快速成长的资源缺失障碍。例如，成功利用外资来整合国际资本，借以提升企业的资本市场形象和管理水平。同时，注重企业内部自我学习、自我培训、自主创新和自我超越，通过建立行之有效的学习型组织提高企业核心竞争力。在企业学习和文化建设活动中，创业者及其团队发挥了重要的示范带动作用，最终实现了员工学习和企业文化的制度化，从而极大提高了企业的执行力。通过对这些成长因素的成功管理和整合，蒙牛实现了由"模仿追随"到"自我超越"的成功转型，生动演绎了"厚积裂变、模仿超越型快速成长"模式。

9.5 本章小结

企业成长是一种非常特殊的社会现象，尽管纷繁复杂、困难重重，但仍值得深入研究。国内外就企业成长问题开展了大量研究，也识别出了一些成长模式和影响因素，这些既有理论是我们进一步研究企业快速成长问题的有益指导。不过，既有研究在方法选择和关注对象两方面还有较大提升空间。

一方面，企业快速成长模式及影响因素的研究更加贴近实践，需要从实践中挖掘出其中的关键要素，并逐步提炼出这些要素之间的关系，因而要求我们不断完善研究方法，而扎根理论便是一种行之有效的研究方法。扎根理论在社会学领域运用较广，也较成熟，但在企业管理领域的研究成果比较少见。通过运用扎根理论，以研究方法上的创新和完善，可以在企业成长研究中有所创新或突破。另一方面，关于快速成长的研究对象，既有研究更加关注成熟公司本身的成长过程，而对裂变自成熟公司的新创企业及其成长过程缺乏足够的关注。其实，实践中裂变自成熟公司的新创企业同样表现出了极高、极快的成长性，比如裂变自伊利的蒙牛、裂变自海尔的雷神等，这些依托成熟公司裂变出来的新创企业，同样表现出极快的成长速度，理应成为企业快速成长的研究对象。

因此，本章运用扎根理论研究方法，以蒙牛为典型个案，挖掘提炼出蒙牛的快速成长模式和影响因素。"厚积裂变、模仿超越型快速成长"模式及其不同阶段的影响因素，是在完全忠实、"扎根"以及与案例数据资料持续互动基础上归纳与提炼而来，并且进一步深入探索了成长模式和影响因素之间的关系，从而有效补充了以往研究中存在的"割裂"之感。而且，扎根理论方法同样可以运用在其他快速成长企业的研究之中，在针对多重、多元化企业案例进行研究的基础上，最终可不断丰富、完善和建构出具有更高普适性的企业快速成长一般模式及其影响因素的有关理论。

第10章
裂变新创企业的企业家
—— 新创企业的领导特质

本章导读 ▶

　　裂变创业作为一种独特的企业创业模式，其过程与创业企业家的关系极为密切，从某种程度来看，裂变新创企业的企业家及其团队，是新创企业得以顺利落地、生存和发展的最为关键的要素。本章依然选择"蒙牛"这一裂变创业典型个案，针对裂变新创企业的企业家展开研究，运用扎根理论方法从案例资料中归纳提炼出裂变新创企业的企业家所表现出的显著特征和具备的关键要素，具体表现在路径依赖、团队互赖和资源关联三个方面。本章研究丰富了企业家成长研究的理论体系，补充既有研究侧重关注"白手起家型"企业家，而对裂变创业企业家的关注不足，具有积极的补充和完善价值。

10.1　研究背景

　　不同于个人创业，裂变创业企业是新企业创建的一种特殊形式，在这种独特的企业创业活动中，创业者是行为的主要发起者和承载者，也是新创企业运营的领导者，没有创业者的参与，裂变创业是无由发生的。裂变创业企业的创建和成长过程，同时也是创业者不断成长并向企业家角色逐渐过渡的过程。裂变创业中的企业家成长具有哪些规律，是否与一般意义的企业家成长有所不同？对这些问题的考察和研究，是一项非常有价值的活动，也是本章的初衷。借鉴西方的理论成果，开展针对我国裂变创业企业的理论扎根式的研究，深入比较各种创业活动和成长现象的异同，挖掘、提炼其中的基本规律，从多个维度探索有别于其他国家的研究结论，这对丰富创业理论成果、指导我国企业创业和成长实践均具有重要意义。本章依旧使用扎根理论研究方法，展开裂变创业型企业的企业家成长问题的案例研究，期望能够从中提炼和挖掘出有价值的结论。

10.2　蒙牛案例的选择与资料收集

1. 案例选择

根据扎根理论注重目标企业的信息丰富度而非样本数量大小的原则，本书挑选了课题研究中的蒙牛作为研究个案。蒙牛的创建是一种典型的裂变，它从母体企业（伊利）获得了给养。伊利是蒙牛的孵化器，蒙牛凭借资源吸附战略有效地突破了企业创业初期的众多约束。蒙牛的核心创业者及其追随者团队具有在母体企业的长期职业经历，积累了丰富的产业知识、管理经验、人际网络和合作关系，在团队离职、裂变，实施模仿型创业中，这些"厚积"优势是非常有效的战略资源，这些要素也正是裂变创业企业的显著特征。

2. 资料收集

本章收集的个案企业资料主要来自：（1）笔者 2004 年与清华大学暑期调研组合作，实地访谈蒙牛相关人员，整理了包括访谈和参与观察在内的资料记录。（2）笔者 2005 年开展国家社会科学基金资助课题研究时对蒙牛相关人员的深入访谈调研及参与观察记录。（3）关于蒙牛的论文、评论、企业公告及言论等，企业内部资料如报纸、画册等。（4）内蒙古自治区乳业发展状况的调研报告，以及各级政府的政策文件。实地访谈中也尽量确保调研对象覆盖公司各业务部门、各管理层级，并不断比较和验证各途径获取的资料。在对资料进行整理、整合、质证以确保其真实准确反映个案状况的基础上，将分析的资料正式命名为"裂变创业企业的企业家成长资料"。

10.3 蒙牛创业者资料的译码过程

1. 开放性译码

概念和范畴命名有多重来源，包括文献资料、访谈记录、研讨结果等。同时，概念和范畴的得出并非一劳永逸，为找到最能反映资料本质的概念和范畴，我们在资料和概念、范畴间持续互动比对。通过对"裂变新创企业的企业家资料记录"的开放性译码，最终从资料中抽象出 105 个概念和 24 个范畴（见表 10-1）。由于概念数量庞大且有交叠，而范畴是对概念的重新分类整合，于是范畴就成为后续分析的重点。挖掘出的 24 个范畴（以 $AA_1 \sim AA_{24}$ 列出）分别为特殊家庭影响，观念和能力雏形，免职，深谙企业成长及管理，学习反思中成长，依赖型创业，裂变创业，强势团队整合，规范创业团队，厚积薄发，创业机会把握，得益"母企业"，换位思维，示范带动，默契合作，人心管理，核心创业者责任心、事业心和产业心，外向借鉴的管理和文化，团队学习，基于学习力、创造力、文化力和分配机制构建核心竞争力，逆向思维和目标倒推，小胜凭智、大胜靠德，文化构建，思想渊源。

2. 主轴译码

主轴译码阶段通过典范模型共得到两个主范畴，分别为"创业者成长过程"（AAA_1）和"成长驱动因素"（AAA_2）。其中主范畴"创业者成长过程"是由范畴特殊家庭影响；深谙企业成长及管理；厚积薄发；得益"母企业"；观念和能力雏形；换位思维；逆向思维和目标倒推；小胜凭智；大胜靠德；免职；裂变创业；团队学习；文化构建；依赖型创业；默契合作；示范带动；核心创业者责任心、事业心和产业心；思想渊源；创业机会把握；基于学习力、创造力、文化力和分配机制构建核心竞争力；学习反思中成长，透过典范模型而构成。典范模型分析如表 10-2 所示。

表 10－1　　"裂变创业企业的企业家资料"的开放性译码分析举例*

裂变创业企业的企业家资料	开放性译码			
	贴标签	初步概念化	概念化	范畴化
在母亲的影响下，牛根生在童年时期就形成了"财聚人散，财散人聚"的观念（a_3）。妈妈给他一两毛钱，他分给伙伴们花，结果大家都乐意听他指挥，这时候，他第一次体会到了"人聚"的力量（a_4）。从此他就这样，自己吃亏，号令群小，领导才能逐步显现（a_5）。父亲养牛送奶38年，他是子承父业（a_6）。母亲给了教育，她嘱咐的两句话，一句是"要想知道，打个颠倒"；另一句是"吃亏是福，占便宜是祸"（a_7）……公司从小到大、从无到有的整个过程都经历过（a_{10}）。1998年底被内蒙古伊利集团免去生产经营副总裁（a_{11}）。在做蒙牛之前，种草、养牛、干乳业已经做了21年（a_{12}）。1999年又重新从零开始做乳业，回过头来想过去经历的那些事情：那些曾经犯过的错误能否不再犯？这就是熟能生巧、厚积薄发（a_{13}）	a_3 养母影响下"财聚人散、财散人聚"观念形成 a_4 体验"人聚"的感觉 a_5 领导才能显现 a_6 子承父业 a_7 养母的教育 …… a_{10} 历经企业成长全过程 a_{11} 被从高层免职 a_{12} 多年行业经验 a_{13} 从头再来中的熟能生巧和厚积薄发	aa_2 养父对职业的影响（a_6、a_8） aa_3 养母对"财聚人散、财散人聚"观念的影响（a_3、a_7） aa_4 在体验"人聚"观念中领导能力提升（a_4、a_5） aa_5 历经企业成长和各层级管理过程（a_9、a_{10}） aa_6 经营战略分歧引发免职（a_{11}、a_{16}、a_{17}） aa_7 体会人生跌宕起伏（a_{18}、a_{19}、a_{23}） aa_8 学习新知中反思过去走向理性成熟（a_{20}、a_{21}、a_{23}） aa_9 多年行业经验和优良业绩（a_{12}、a_{14}）	A_2 家庭与职业和观念的形成（aa_2、aa_3） A_3 早期验证观念和提升能力（aa_4） A_4 分歧和威望引发免职（aa_6） A_5 历经企业成长中体会沉浮（aa_5、aa_7） A_6 学习和反思中成熟（aa_8） A_7 行业经验和业绩（aa_9） …… （计105个概念）	AA_1 特殊家庭影响（A_1、A_2） AA_2 观念和能力雏形（A_3） AA_3 免职（A_4） AA_4 深谙企业成长及管理（A_5、A_7） AA_5 学习反思中成长（A_5、A_6） …… （计24个范畴）

注：*资料的开放性译码和主轴译码涉及大量的分析表格，为了说明研究过程和节省空间，本书只截取了部分表格，以为例证。

表 10－2　　　　主范畴"创业者成长过程"的典范模型

因果条件	特殊家庭影响、深谙企业成长及管理、厚积薄发、得益"母企业"	现象	依赖型创业、默契合作、示范带动
脉络	观念和能力雏形、换位思维、逆向思维和目标倒推、小胜凭智、大胜靠德	中介条件	核心创业者责任心、事业心和产业心、思想渊源、创业机会把握
行动（互动）策略	免职、裂变创业、团队学习、文化构建	结果	基于学习力、创造力、文化力和分配机制构建核心竞争力、学习反思中成长

　　创业者成长的起点始于"财聚人散、人散财聚"价值观，这种价值观积极而又深远地影响着创业者，创业者在遵循和实施该观念的过程中获得效益，从而强化了对其的信服和依赖。创业者思想的成熟和提升、完善和善用则有赖于在组织发展中的不断学习和体会感悟。创业者复杂丰富、积极正向的思想，是其凡事逆向思维、换位思维的结果，也离不开与企业组织内部及外部成员的交流和沟通。创业者在母体企业任较高职位时因战略分歧而被免职，经过几次尝试后发现自己的价值只是存在于原来从事的产业，最终催生了极大依赖于原产业、原地域的"依赖型创业"。创业者在母体企业从低层到高层、从生产到营销的长期、全面的工作经历，为产业经验积累和管理能力提升奠定了很好的基础。创业者为突破成长空间实现战略抱负，采取了创建新企业的方式，并依托个人影响力最大限度地整合了母体企业资源。母体企业的经验积累和网络搭建是创业者厚积薄发的基础，企业创建和资源整合是创业者开拓自己成长路径的延续，而新组织的文化提升和团队学习则推动了创业者的成长步伐。最终，创业者的成长促进和推动了创业团队的成长，并实现了基于核心能力的企业高成长。

　　"成长驱动因素"由范畴特殊家庭影响；观念和能力雏形；换位思维；得益"母企业"；小胜凭智；大胜靠德；核心创业者责任心；事业心和产业心；免职；创业机会把握；裂变创业；强势团队整合；规范创业团队；团队学习；文化构建；依赖型创业；默契合作；厚积薄发；外向借鉴的管理和文化；深谙企业成长及管理；学习反思中成长；基于学习力、创造力、文化力和分配机制构建核心竞争力；思想渊源，透过典范模型而构成。典范模型分析如表 10 – 3所示。

表 10 – 3　　　　　　　　主范畴"成长驱动因素"的典范模型

因果条件	特殊家庭影响、观念和能力雏形、换位思维、得益"母企业"	现象	依赖型创业、默契合作、厚积薄发
脉络	小胜凭智、大胜靠德、核心创业者责任心、事业心和产业心	中介条件	外向借鉴的管理和文化、深谙企业成长及管理
行动（互动）策略	免职、创业机会把握、裂变创业、强势团队整合、规范创业团队、团队学习、文化构建	结果	学习反思中成长，基于学习力、创造力、文化力和分配机制构建核心竞争力，思想渊源

家庭的观念影响和母体企业的深厚积累是影响创业者成长的重要因素，创业者具有高度关注相关者的利益需求和任何事情都要"与自己较劲"精髓的观念，体现在创业者在母体企业以及后来的独立创业活动过程中，并得到逐渐加强；创业者在母体企业工作的长期性、全面性、优秀性，既是其在母体企业成长的呈现，又为在新创企业的持续奠定了基础。创业者把握产业增长机会实施具有依赖特征的裂变创业，使得前期"厚积"的资源和关系得以延续，加之创业者极强的资源吸附能力吸引了优秀的追随者加入——这些团队成员在母体企业的合作经历促进了后期的默契、有效整合和集体学习，于是机会、依赖、厚积、默契和学习等因素更进一步支持和驱动了创业者的成长。

我们通过典范模型分析识别出了"创业者成长过程"和"成长驱动因素"这两个主范畴，典范模型建构起了范畴/概念间的紧密关系，使我们对主范畴以及相应的副范畴有了更加全面、更加准确的了解，这也展示了研究者与个案资料的持续互动。

3. 选择性译码

选择性译码是指选择核心范畴，把它系统地和其他范畴予以联系，验证其间的关系，并把概念化尚未发展完备的范畴补充整齐的过程。该过程的主要任务包括识别出能够统领其他所有范畴的"核心范畴"；用所有资料及由此开发出来的范畴、关系等扼要说明全部现象，即开发故事线；通过典范模型将核心范畴与其他范畴联结，用所有资料验证这些联结关系；继续开发范畴使其具有更细微、更完备的特征。选择性译码中的资料统合与主轴译码差别不大，只不过所处理的分析层次更为抽象。

通过对24个范畴的继续考察，尤其是对两个主范畴及相应副范畴关系的深入分析，同时结合原始资料记录进行互动比较、提问，发觉可以用"基于裂变的企业家成长"（AAA）这一核心范畴来统合其他所有范畴。蒙牛充分展现了这一核心范畴的内涵，即企业家在母体企业的成长空间受到局限，通过裂变创业开拓了继续成长的路线。围绕该核心范畴的故事线可以概括为：企业家在母体企业的成长和厚积是裂变成长的基础，裂变是突破母体企业成长束缚以实现继续成长而采取的措施，厚积裂变是创业者吸附战略资源、创建全新事业从而不断成长的战略主线。

10.4　裂变创业企业家的成长特征

通过三重译码分析，收集到的数据资料基本被抽象为了理论观点，但为了确保研究的严谨、理论的扎根、结论的科学，还要从整体上对全部资料、所有概念，以及概念之间的因果关系进行分析和验证，借助这种不断提问、动态比较的分析策略，实现理论逻辑的可靠性和系统性。为此，我们多次审视资料和分析过程，修订其中的不足，并引入相关的企业家成长理论成果参与分析。

有学者认为可以从企业家机会、企业家动机、企业家能力三个维度入手，沿着这三个维度展开企业家成长的独立和交互研究。这三个维度几乎包含了心理学、社会学、行为学、经济学等众多学科领域，内容比较全面，但三者间的关系和相互影响很难识别。还有的学者认为企业家成长是一个复杂的创业过程，受到社会环境、产业环境和个体环境的制约，社会环境分析表明企业家成长受政治、经济、法律与文化环境影响，产业分析表明创业者可以依托有效战略选择在竞争中成长，个体环境分析认为企业家的社会网络、人力资本与社会资本禀赋等会影响创业者的成长速度。企业家成长的三重环境影响观点，分析了成长的驱动因素，但显得不够深入。

研究企业家成长的目的是把握企业家成长的规律以及驱动成长的因素，从而探讨有利于企业家快速成长而又能促进社会进步的机制和模式。"基于裂变的企业家成长"是企业家成长中比较特殊的一种，是历经了两个成长阶段的螺旋上升式成长。如果这种裂变是法律和道德所允许的，那么它的意义就是积极的。

1. 裂变创业企业家的成长具有"路径依赖"特征

在经济学领域，"路径依赖"首先被用来描述技术变迁过程中的自我积累、自我强化性质，即指新技术的采用往往具有收益递增性质。所谓路径依赖是具有正反馈机制的体系一旦在外部偶然性事件的影响下被系统所采纳，便会沿着一定的路径发展演进，很难为其他潜在的甚至更优的体系所替代。实施裂变创业的创业者，不但在母体企业的成长具有路径依赖效应，而且在裂变后创建新企业的过程中，也极大地依赖于前期的经验、技能和知识。一方面，创业者实施裂变创业，依赖于母体企业某种形式的支持，这种支持可能表现为资源积累、能力培养，或者是信息提供等；另一方面，创业者在新创企业的战略、策略行为，受到以往经验的影响，这种影响一般表现为：创业者过去实施的成功的战略战术，会激发创业者继续实施并形成此类偏好的情绪，而成功的历史往往能增加创业者的信心，以及新创企业运营的绩效。

2. 裂变创业企业家的成长具有"团队互赖"特征

资源互赖理论乃源自开放系统的观点，即是组织属于一种开放系统，其结构、功能与命运受到环境极大的限制，任何组织都不是孤立的，它需要从环境中引入大部分其所需的能量与资源。

裂变创业者一般会从母体企业吸纳部分优秀的合作者，因为同质性高、合作历史长的裂变创业团队，能够创造更好的企业绩效，而从母体企业吸纳具有这种特性的人力资本，需要核心创业者的魅力和能力。只有追随者极大依赖于裂变创业者，他们才会离职参与创业行为，也只有这样，创业者才能够吸引、吸附那些真正有竞争力的、源自母体企业的优秀人才。因此，裂变创业企业家组建的团队具有相互依赖性：追随者基于创业者的核心作用而凝聚，创业者基于追随者的支持而成长；创业者和其他团队成员之间的依赖状况，会通过团队的稳定性、执行力和默契程度等影响创业绩效。

3. 裂变创业企业家的成长融合着资源和关联

资源是任何企业创建和成长的基础，裂变创业必然意味着人力资源从母体企业向新创企业的转移，而且，围绕着创业者及其团队这一核心资源还包括关系网络、客户联系、知识资本等其他大量的有形和无形资源。那么，裂变创业转移和复制的这些资源的数量和质量，以及这些资源的后续开发和利用，势必影响着裂变创业企业家的成长。而新创企业能否马上实现构建优势资源以支持创业者成长，依赖于母体企业资源的异质性和系统性以及创业者转移战略资源的能力和整合互补资源的速度。同时，裂变创业企业家的成长关联体现在：创业者在母体企业的经验、知识、业绩、威望、魅力、能力和个性特质等因素，会直接影响其能否从母体企业吸附战略性的资源（包括追随者团队、客户关系等），也就是前期的成长会关联到资源吸附。而且，创业者在母体企业的成功，会促进其构建基于母体企业追随者的创业团队，而这种强势团队又会放大资源吸附的效应，引发关联度的进一步提升，以及提高与母体企业在同产业竞争的可能性。

10.5　本章小结

　　企业创业和成长是普遍存在的实践现象，但由于各自间差异化的动机、行业领域、客户群体、内外部环境及发展路径等因素，研究起来纷繁复杂，难以得到普适性较强的一般结论。然而，企业家的培育和成长对经济发展至关重要，但专门研究企业家成长的理论却比较少却是共识观点。

　　作为其他研究"副产品"的企业家成长研究，远未达到构建理论体系的程度。企业家成长问题的研究有待于不断完善研究方法，扎根理论便是一种行之有效的研究方法。扎根理论在社会学领域运用较广，也较成熟，但在企业管理领域的研究成果比较少见。通过运用扎根理论，以研究方法上的创新和完善，以及研究视角上的突破，可以在裂变创业企业家的成长研究中有所发现。同时，由于成熟企业发展及新企业创业实践所表现出的"高失败率"特征，近年来从"失败"角度探究企业发展、创业过程及创业者、企业家成长的研究越来越多，但总结失败教训的目的仍然是"追寻成功"，因此依托于母体企业、成功率相比"白手起家"创业者较高的裂变创业者与企业家，得到越来越多的重视和关注，对他们的决策、行为和成长展开研究，其发现和结论对众多潜在创业者来说，具备更有效、更现实的借鉴意义。

　　因此从这个角度来看，本章基于扎根理论分析得出的"基于裂变的企业家成长"这一核心范畴以及围绕其的有关研究发现，在理论上是研究者在完全忠实和"扎根"于资料的前提下归纳而来的规律总结，在实践中可以作为裂变创业者更加客观认识自己、理解自己的决策、行为及成长过程的重要参考。而且，扎根理论方法同样可以运用在其他情境下的企业家成长研究之中，在针对多重、多元化企业家案例进行研究基础上，最终可不断丰富、完善和建构出具有更高普适性的裂变创业企业家成长一般模式及其影响因素的有关理论。

第 11 章
家庭触发裂变创业模式
——新创企业的家庭动机

本章导读▶

本章从家庭嵌入视角和裂变创业动机出发，运用扎根理论研究方法，根据问题导向和理论抽样原则，选取6位裂变创业者作为研究样本，得出了"基于创造财富改善家庭""基于增值资产递升家庭""基于缩短距离凝聚家庭""基于均衡时间回归家庭""基于对接文化传承家庭""基于冲破禁锢创新家庭"6个主范畴，在此基础上凝练出"家庭触发型裂变创业"这一核心范畴，构建了家庭触发型裂变创业的模式分类模型，提出了财富主导、角色转换和观念交互3种典型的家庭触发型裂变创业模式，并具体阐述了其作用机理。研究结果拓展并深化了裂变创业动机的类型和视角，推进并丰富了创业动机的知识体系。

11.1　研究背景

创业动机作为裂变创业的起点（赵飞红等，2017），是将创业认知和意向转换成行为的关键要素（Carsrud et al.，2011），是理解创业过程的核心（Kuratko et al.，1997）。与识别和开发机会、整合与利用资源、创造并获取价值等动机相比，裂变创业动机具有特殊性，源于裂变新创企业与母体企业存在复杂的嵌入关系（李志刚等，2011），母体企业鼓励创新、员工与母体企业产生分歧都会引发裂变创业行为（Klepper，2010）。除基础设施、法治环境、政府管制、个人特质外，家庭禀赋也是影响创业动机和决策的要素（陈刚，2015）。家庭禀赋是个人发展能力的拓展，家庭成员个人决策是基于家庭禀赋作出的最优选择（石智雷等，2012）。从家庭嵌入视角探讨家庭系统的资源、角色、规范、态度和价值观如何作用于创业活动，是创业研究拓展边界、扩大分析范围的有益探索（Aldrich et al.，2003）。

裂变创业日益活跃，裂变创业动机非常独特，家庭嵌入视角的创业研究亟须拓展。在针对裂变创业者的实地调研中，多位创业者反复提及家庭对其离职创业的重要影响，这引起了研究者的极大兴趣。鉴于现有研究鲜有谈及家庭因素如何触发裂变创业，反观创业实践又涌现了大量有价值的鲜活素材这一情况，因此本章由此出发，试图对这一问题展开探索研究。

11.2   创业动机及家庭对创业影响

1. 创业动机研究

起初，创业动机借用函数形式表示，即动机是效价、期望和手段三者的乘积。后来，创业动机被认为是生物、认知和社会规范的核心，与创业意向一样包含能量、方向和持久的激励（Ryan et al.，2000），具有目标导向和自我效能感两个衡量指标（Baum et al.，2004）。创业动机既是个体实际创业行为产生的起点和推力，也是个体克服创业困境并保持创新热情的心理保障（林嵩等，2014），还是个体因素和环境因素共同作用的结果（Suzuki et al.，2002）。

创业动机的结构模型主要有三类研究发现。第一，二维简单动机模型，描述了由于所处需求层次不同，创业者受到不同程度激励而产生由低到高、从基本生存到自我实现、从经济性到社会性的创业动机。第二，三维复杂模型，将创业动机研究边界扩大至包括创业企业发展生命周期和创业者生命周期在内的范畴，更加全面描述了创业动机的复杂性和层次性（窦大海等，2011）。第三，四因素结构模型，包含外部报酬、独立自主、内部报酬、家庭保障四方面创业动机（Kuratko et al.，1997），经过不断完善和验证，业已得到理论界广泛认可。

2. 家庭视角的创业动机研究

基于血缘关系和姻缘关系建立起来的家庭系统，会直接影响潜在创业者的创业动机（刘小元等，2015）。家庭嵌入视角的创业动机，可以归结为家庭角色、家庭资源和家庭价值观三个方面。从家庭角色来看，父母角色模型理论认为，与没有相关背景相比，父母拥有商业背景的个体更有可能选择创业（Marques et al.，2012），这主要表现为父母的榜样和经验通过正向作用影响子女创业认知（Auken，2006），鼓励子女将动机转化为行动（Krueger，2007）。然而，也有研究发现，扮演子女角色的个体需要分配更多时间用于照料老人，这会导致用于创业时间减少，从而降低了个体创业倾向（Mcmanus，2002）。

从家庭资源来说，资源代际流动是推动子女创业的重要力量（李雪莲，2015）。由家人构成的"家族网络"在很大程度上可以弥补市场资源的不足，成为创业所需资源的重要来源（张环宙，2018）。例如，父母资助住房有助于子女开始财富积累，从而缓解了子女经济负担，使更多财富投入创业活动，增加了创业意愿（朱晨等，2018）。从家庭价值观来讲，家庭氛围和家庭文化会直接影响家庭成员的职业选择和相互支持（杨婵，2017）。

一方面，如果家庭氛围表现为勇于打破现状、乐于拥抱不确定性，那么就可能会潜移默化地传输创新创业价值观（Carr et al.，2007）；另一方面，友好、平等、和睦的家庭关系，一般会为个体创业提供有益的精神支持，提升其创业意愿（刘小元等，2015）。

3. 既有研究评述

现有研究表明，家庭是促使创业者作出创业抉择的重要驱动力，体现在家庭的角色、资源和价值观方面，同时，裂变创业动机具有多重性和复杂性，涵盖维系生存、抓住机会、利用资源和实现价值方面。但是，既有研究缺乏从家庭嵌入视角的深入挖掘，既与家庭影响创业动机的理论无法弥合，也难以有效解释实践中广泛涌现的家庭触发型裂变创业现象。因此，鉴于质性归纳式研究有助于人们对问题涌现过程的理解和诠释（王圣慧等，2018），考虑到家庭触发型裂变创业尚缺乏理论基础，因此本章选择扎根理论方法对这一研究不足进行探索式研究。

11.3　问题导向的理论抽样与展开

1. 理论抽样

本章基于问题导向、过程驱动与理论抽样原则，先后选取 6 位分布于不同行业，创业时的家庭情形及其驱动作用各不相同的家庭触发型裂变创业者。

具体来说，基于财富创造这一显著动机，首先选取 A 创业者作为第一个理论建构样本。A 创业者的裂变创业目的是为家庭创造财富，解决家庭物质需求，提升相对一般的家庭经济条件。进而借助逻辑关联进行推理：如果家庭经济条件非常优越，则其裂变创业的财富考虑又会如何？由此确定第二个样本 B 创业者。

　　B 创业者裂变创业动机是担心家族财富无法持续，并考虑提升接班能力。综合 A、B 两个样本后产生新的思考：是否存在创造财富和延续财富之外的非财富裂变创业驱动因素？由此找到第三个样本 C 创业者。

　　C 创业者选择离职创业的原因是实现家庭同城团聚、结束异地状态，并可以承担低于先前工作报酬的创业初期收益。进而产生新疑问：对于同城家庭而言，空间问题既已解决，时间需求是否成为影响裂变创业的另一动因？由此确定第四个样本 D 创业者，其为协调更多时间照顾家人而裂变创业。

　　梳理前四个样本产生了新的疑惑：除经济和时空需求之外，是否还有其他家庭因素触发裂变创业行为？于是找到第五个样本 E 创业者。E 创业者因受家庭创业文化影响而裂变创业。这又促发了新的疑问：具有创业传统的家庭会鼓励裂变创业，那么反对创业、寻求稳定的家庭又如何影响裂变创业？由此确定第六个样本 F 创业者。

　　F 创业者家族历代都没有创业者，家庭观念是就业求稳而非创业求变，但他却想另辟蹊径、逆势前行。至此，六个样本为本章理论抽样中产生的问题提供了最佳解决方案，使得有关家庭触发裂变创业的信息足够支撑相关概念，概念间的互动关系也可以被充分阐释，因此可认为达到理论饱和。

　　值得一提的是，上述样本间并不是割裂的，A 样本也可能涉及家庭团聚和家庭观念，但最突出特征和主线是财富创造；F 样本也可能涉及财富获取，但更显著的是观念突破。理论抽样过程如图 11 - 1 所示，研究样本情况如表 11 - 1 所示。

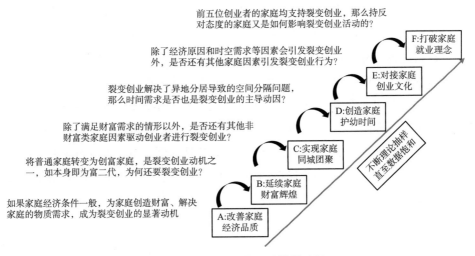

图 11 - 1　问题导向理论抽样过程

表 11 -1 研究样本一览

创业者*	公司业务	创业时家庭概况
A	母婴电商，主要从事母婴用品的线上销售	已婚，妻子从事电商行业，家境普通
B	建筑材料，主要从事绿色环保类建材经销	已婚，父母为企业家，完成财富积累
C	咨询服务，主要从事管理咨询、企业培训	已婚，妻子从事法律行业，两地分居
D	信息开发，主要从事技术开发、文化传媒	已婚，家人无暇照顾孩子，二孩家庭
E	教育培训，主要从事中小学社区教育辅导	未婚，父母退休，兄妹中存在创业者
F	广告设计，主要从事媒体代理和公司布展	未婚，父母务农，支持就业而非创业

注：基于保护创业者隐私原则，以 A、B、C、D、E、F 表示创业者。

2. 资料收集

笔者注重资料收集、整理及分析的动态性、持续性与问题导向性，以实现资料收集与分析的持续交互。资料收集与整理围绕"家庭触发型裂变创业"这一主轴展开，运用的资料主要从两方面进行收集：一是通过半结构化访谈与裂变创业者进行交流，结合邮件、微信、短信和电话等辅助途径，以此来取得一手资料；二是按照"一切皆为数据"的扎根理论原则，通过互联网等途径对与样本公司相关的多方面内容进行收集，以此来获取二手资料，如创业者或管理者的演讲视频、媒体报道和网络宣传等。为避免创业者粉饰心理带来的资料偏差，对来自不同数据源的资料进行了三角检定，以确保资料的可靠性，力求提升研究信度。

资料收集具有动态性和持续性的特点。一方面，理论抽样不是一次完成的，而是如同侦探破案一样，不断寻找新线索、不断调整新方向；另一方面，在对资料进行反复对比、持续提炼的过程中，如有回答不充分或概念不清晰的情况出现，会采取回顾考察，或补充新数据等方式再次收集资料，确保提炼的范畴质量，夯实理论构建的基础。此外，因访谈内容涉及家庭，隐私性较高，为了打消被访者的顾虑，调研时明确表明数据只用于学术研究，而且会做匿名化处理，加之笔者与受访对象比较熟悉，甚至是师生关系，具有较好的信任基础，进而确保收集到的资料具有较高的可信度和可靠性。本章资料收集途径如表 11 -2 所示。

表 11 - 2　　　　　　　　　　　资料收集途径

创业者	调研对象	资料来源	主要内容	简要描述
A	创业者及其家庭成员	深度访谈及公开资料	家庭成员、职业职位、文化氛围、创业动机、创业经历	共 2 次，1 小时/次；电话、短信、微信交流 6 次以上；公司网站、媒体采访、演讲视频
B				共 3 次，1 小时/次；电话、短信、微信交流 7 次以上；公司网站
C				共 2 次，2 小时/次；电话、短信、微信交流 4 次以上；公司网站、媒体采访
D				共 2 次，2 小时/次；电话、短信、微信交流 7 次以上；公司网站、研究论文
E				共 2 次，1 小时/次；电话、短信、微信交流 5 次以上；公司网站、媒体采访，研究论文
F				共 2 次，1.5 小时/次；电话、短信、微信交流 4 次以上；公司网站、媒体采访

11.4　家庭视角六家样本资料译码

1. 开放性译码

开放性译码示例如表 11 - 3 所示。

表 11 - 3　　　　　　　　　　　开放性译码示例

资料记录	开放性译码		
	贴标签	概念化	范畴化
工作薪水不多，尝试了换工作，然而换了工作之后，工资还是没有明显提高。（a_2）	a_2 就业工资过低 a_7 配偶收入波动 a_{12} 创业收益预期 c_{18} 寻求增加收入 d_{20} 提升家族地位 ……	将 a_1，a_7，c_{18}……概念化为：x_1 就业收入 将 a_{12}，d_{20}……概念化为：x_2 预期需求	将 x_1，x_2……范畴化为：y_1 弥补差距
因为换工作原因，妻子也跟着辗转奔波，所以一直以来工作和收入不稳定。（a_7）			
打工不如创业，创业会对经济状况改变更快些，整个家里就往创业方向努力。（a_{12}）			

资料记录	开放性译码		
	贴标签	概念化	范畴化
体制内的工作虽然稳定，收入还可以，但是长时间来看，收入增幅并不大，所以想尝试创业，让收入能够再上一个台阶。（c_{18}）	a_2 就业工资过低 a_7 配偶收入波动 a_{12} 创业收益预期 c_{18} 寻求增加收入 d_{20} 提升家族地位 ……	将 a_1，a_7，c_{18}……概念化为：x_1 就业收入 将 a_{12}，d_{20} ……概念化为：x_2 预期需求	将 x_1，x_2……范畴化为：y_1 弥补差距
想改变家庭生活质量，想让父母以及将来的妻子、孩子，甚至包括整个家族，都能因为自己创业而使生活质量有一定提升。（d_{20}）			

通过开放性译码，形成资料初步提炼的阶段性成果，借此得出的范畴也并非各自独立、静态分布，而是彼此链接、动态连续，其关联性与内在逻辑会在后续不断的资料补充与对比分析中逐渐呈现。历经开放性译码，从庞杂的访谈资料中共提炼出了108个概念，并进一步抽象出24个范畴。范畴的释义、性质和维度如表11-4所示。

表 11 -4　　　　　　　　　　范畴释义一览

序号	范畴	内涵释义	性质与维度
1	弥补差距	母体企业薪酬与实际需求对比	薪酬水平：不满/满意 实际需求：基本/体面
2	改善家境	家庭收入和生活消费支出情况	家庭收入：温饱/富裕 消费支出：降低/增长
3	沉淀经验	家庭成员行业经验与关联程度	行业经验：不足/丰富 关联程度：松散/紧密
4	提升品质	创业的收入提升原有生活品质	创业收入：温饱/富裕 生活品质：低质/高质
5	规划接班	协商一致为代际传承设计路线	传承态势：积极/消极 代际观念：共融/冲突
6	营造空间	为接班人创造自由发挥的空间	范围领域：宽广/狭窄 时间期限：短暂/持续
7	培育潜能	培养专业技能和领导创新思维	能力层次：全面/局部 借助途径：实践/理论

续表

序号	范畴	内涵释义	性质与维度
8	优化生态	产业链条及商业生态系统完善	完善方向：互补/竞争 优化结果：分立/融合
9	产生距离	母体企业地点与家庭分属异地	工作地点：本地/异地 家庭距离：近程/远程
10	凸显隔阂	空间距离影响家庭成员间关系	空间距离：间隔/密切 成员关系：淡化/强化
11	权衡利弊	配偶工作现状和子女升学情况	工作现状：波动/稳定 升学情况：不变/变化
12	贴近家庭	家庭团聚的需求影响创业选址	团聚观念：淡薄/强烈 观念影响：轻微/深刻
13	协调时间	工作家庭冲突会影响时间分配	冲突影响：微弱/显著 时间分配：均衡/失衡
14	升级角色	婚育情况与角色状态发生变化	孕育情况：未育/已育 角色状态：稳定/升级
15	养育子女	长辈身体状态与子女养育需求	长辈状态：年轻/年迈 子女状况：年幼/独立
16	重塑身份	工作与家庭关系加以均衡协调	工作角色：减弱/突出 家庭角色：减弱/突出
17	判断前景	所处行业目前状态和发展前景	行业状态：波折/平稳 发展前景：黯淡/光明
18	深化认知	家庭传递的经验影响创业认知	成员传递：封闭/密切 创业认知：模糊/清晰
19	获取认可	家庭对创业所持的思想与态度	成员思想：传统/开放 成员态度：反对/认可
20	拼凑资源	家庭原有经济实力与支持程度	经济实力：薄弱/雄厚 支持程度：轻微/全力
21	干预职业	父母所持就业观念的干预程度	父辈观念：传统/自主 干预程度：放纵/强制
22	交锋观念	就业观念与个体创业观念冲突	传统观念：继承/新创 个体观念：刻板/灵活

序号	范畴	内涵释义	性质与维度
23	落实变化	个体谋求创业行动而脱离就业	谋求情况：放弃/坚持 脱离情况：犹豫/坚决
24	实现价值	创业角色带来成就感实现情况	个体成就：出色/一般 实现情况：未了/达成

2. 主轴译码

基于"因果条件—现象—行动策略—结果"这一分析工具，反复对比样本资料，尤其是概念和范畴的实质内涵，识别出各个范畴之间的逻辑关系，并借助以下 6 个主范畴概括此类逻辑关系，分别为"基于创造财富改善家庭""基于增值资产递升家庭""基于缩短距离凝聚家庭""基于均衡时间回归家庭""基于对接文化传承家庭""基于冲破禁锢创新家庭"。主范畴译码过程如表 11 - 5 所示。

表 11 - 5　　　　　　　　　主轴译码过程：主范畴提炼

逻辑主线				主范畴
因果条件	现象	行动策略	结果	
弥补差距	改善家境	沉淀经验	提升品质	基于创造财富改善家庭
规划接班	营造空间	培育潜能	优化生态	基于增值资产递升家庭
产生距离	凸显隔阂	权衡利弊	贴近家庭	基于缩短距离凝聚家庭
协调时间	升级角色	养育子女	重塑身份	基于均衡时间回归家庭
判断前景	深化认知	获取认可	拼凑资源	基于对接文化传承家庭
干预职业	交锋观念	落实变化	实现价值	基于冲破禁锢创新家庭

（1）基于创造财富改善家庭。

通过在母体企业工作获取劳动报酬，以此维系家庭的日常生活与运转。随着时间演进和成员增加，家庭物质需求有了相应变化，解决温饱与追求质量的实际需求产生了差距。同时，现实生活中物价水平不断上涨，潜在创业者现有工资收入越发滞后于逐渐增长的家庭消费支出。如果配偶的收入也比较少，家庭就会面临更加窘迫的经济困境，需要采取措施增强家庭创造财富的能力，以此改善家庭成员生活。此时,拥有家庭商业传统的家庭成员,可以汲取长辈的创业经验或行业经验,通过工作历练提升自己的综合素养。假以时日,创业者抓住商业机会,在自我提升和家庭支持的助力下,脱离母体企业进行裂变创业,最终提升了家庭的经济品质。

(2)基于增值资产递升家庭。

潜在创业者身处富二代家庭,完成高等教育和专业学习之后,开始对商业领域感兴趣,对代际接班有意愿。为了延续家族事业和家庭财富,经沟通并达成共识,设计接班人的培养路径。先安排其到知名企业就业,以在不受父辈影响的情境下积累经验、提升能力。然后,待时机成熟时鼓励其裂变创业,而不是回到家族企业任职。借此,创业者可以在不受约束的、能够自由发挥的空间里激发潜能、展现才华,以成功创业赢得地位和声誉,为后续全面传承和接管家族事业奠定坚实基础。创业者为了成功发展,除了争取父辈创业投资之外,可以考虑从家族企业的上下游产业链切入,以与家族企业优势互补、业务协同的形式设立企业。如此,既可以利用家族企业的巨大价值,又可以避免家族企业的过多影响,还能通过协同发展不断优化家族企业的商业生态。

(3)基于缩短距离凝聚家庭。

创业者在母体企业工作可充分满足家庭经济需求,配偶工作稳定且收入丰厚,没有提升经济品质压力,无须应对经济风险。但是,创业者为高质量就业而在与家庭并非同一城市的母体企业工作,受异地分离影响无法承担抚养子女、孝敬父母等众多责任,导致与家人出现情意沟通困境和间隔。鉴于配偶现有工作颇具价值,子女习惯随配偶生活、学习,在综合考虑子女教育和家庭团聚等诸多因素后,创业者贯彻家庭首位原则,放弃原有工作、返回家人身边,解决距离带来的生活不便和角色缺失难题。如果家庭所在城市缺乏有吸引力的职位,或者创业者洞察到极具潜力的商业机会,就可能主动脱离母体企业而裂变创业。

(4)基于均衡时间回归家庭。

现代社会的工作节奏越来越快、工作压力越来越大,潜在创业者将大量时间和主要精力投入到高强度的工作之中,分配在家庭领域的时间势必受到挤占。母体企业工作与家庭成员相聚的时间冲突,导致创业者缺少对子女的陪伴和抚育,家庭成员之间亲密度日渐下降。特别是当潜在创业者的家庭出现生育二孩等显著变化时,家庭成员的角色发生质的转换和升级,工作与家庭的冲突会越发激烈。此时,创业者父母年事已高,已经无力分担隔代看护的任务,如果配偶也是工作繁忙、事业升腾，无暇协调更多时间照顾家庭，那么潜在创业者就可能会裂变创业，以便灵活、自由地安排时间用于家庭所需。继而，创业者回归家庭，重塑身份和角色，积极承担起抚养孩童和赡养父母的重任。

（5）基于对接文化传承家庭。

创业者所在母体企业整体行业波动明显，企业发展不确定性较大，受行业大环境和母体企业经营水平影响，个人职业生涯遭遇瓶颈。在与家庭成员就职业发展问题进行频繁交流，尤其是在家庭成员成功创业和榜样示范的影响下，潜在创业者逐渐深化对离职创业风险和前景的认知。基于先前工作经验，创业者主动积极学习家庭成员创业经验，并与其深入探讨创业意愿和创业想法，最终获得家庭成员充分认可，自身创业信心和创业意愿逐渐增强。在家庭成员精神鼓励、智力支持，尤其是基于信任关系而给予慷慨解囊的创业资金支持共同作用下，潜在创业者最终脱离母体企业并创建新企业，将认知转化为实践。

（6）基于冲破禁锢创新家庭。

父母遵循就业求稳的理念，反对不确定性和风险较大的创业，为子女设计就业岗位、规划人生路线，干预职业选择和发展。尽管潜在创业者初期听从家人安排，但其想要冲破禁锢、打破传统、开辟一片新天地的意识却深埋心底。随着科学技术高速发展，创新创业精神深入人心，以及自身资源与能力积累和提升，潜在创业者的自主择业观念与家庭传统就业观急速碰撞和交锋，开始逐渐排斥和反感按部就班的稳定现状。最终，创业者打破传统惯性思维，冲破家庭的禁锢范围，大胆求索、勇辟新路，离开母体企业并创建新企业，实现了自我价值和社会价值，改变了家庭一直秉持的"学而优则仕或追求铁饭碗"等传统理念。

3. 选择性译码

通过持续对比和反复验证 24 个范畴，尤其是"基于创造财富改善家庭""基于增值资产递升家庭""基于缩短距离凝聚家庭""基于均衡时间回归家庭""基于对接文化传承家庭""基于冲破禁锢创新家庭"6 个主范畴，最终凝练出"家庭触发型裂变创业"这一核心范畴，以此统合所有的资料、概念、范畴和主范畴。经验资料的逐级提炼以及核心范畴的得出过程如图 11 - 2 所示。

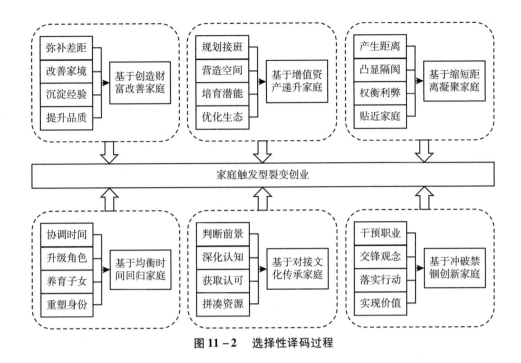

图 11 - 2　选择性译码过程

家庭驱动裂变创业存在多种情形，主要体现为以下六条主线：（1）母体企业所发薪酬难以满足家庭生活品质提升速度；（2）家族企业需要借助新事业开发维系家庭财富持续积累；（3）长期两地分居引发系列问题产生回归家庭需要；（4）子女增多导致孩童陪护需要投入更多时间和精力；（5）职业方向取舍之际家庭创业氛围鼓励独立发展；（6）另辟蹊径打破家族就业求稳观念和思维定式。以上每种情境都会触发和引致裂变创业行为，其内在机理有诸多不同之处。

11.5　家庭触发裂变创业典型模式

进一步梳理主范畴间的连接关系，笔者发现可根据裂变创业者先前工作情境，即母体前置条件、引发裂变创业行为的家庭动因主线、支持裂变创业活动的其他融合交互因素以及生成裂变新创企业的反馈结果，并结合马斯洛需求层次理论、工作—家庭冲突理论和社会支持理论等视角，将家庭触发型裂变创业划分为财富主导、角色转换和观念交互三种典型模式，如图 11 - 3 所示。

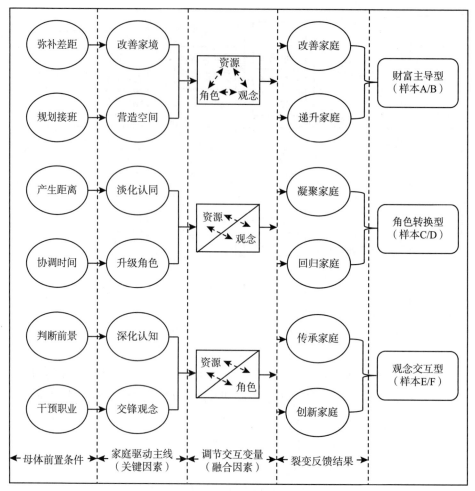

图 11 - 3　家庭触发型裂变创业的模式分类

1. 财富主导模式

财富主导模式是从马斯洛需求层次理论出发形成的一种家庭触发型裂变创业模式。需求层次理论将人的需求划分为五个层次，此种创业动机的产生主要来源于升级自身及家庭的需求层次。财富主导裂变创业模式下，母体前置条件包括弥补差距和规划接班。对于前者，非优越家庭背景的创业者，在内外部环境高度不确定性下，物价水平与家庭需求同向增长，但来自母体企业的收入未能满足其生理、安全及家庭生活品质等需求，创业者及家庭的现实需求和自身财富能力出现差距。对于后者，对优越家庭背景的创业者来说，财富不再是迫切需求，在母体企业工作更多是积累经验，开拓商业思维，积累商业实战经验，提升身为家族企业未来接班人的资质，为接班家族企业奠定基础。

如果家庭经济状况与实际需求相差甚远，不足以维系正常生活，则对创业者而言，家庭因素往往起到刺激作用，激发其急切改善自身及家庭生活状况的想法，选择创业更有希望实现，此时创业作为创造财富的路径选择之一，在家庭需求尚未得到满足的推动下萌生。反之，若家庭收入可达生活富足状态，创业者并未止步于现有经济水平，其家庭环境带来创业者无限的发展空间，驱动其选择裂变创业，不限于母体企业框架，而是更希望在新环境中发挥和提升能力。

在裂变创业想法出现过程中，创业者的家庭角色、家庭资源及创业观念都发挥了关键作用。创业者履行承担的家庭角色责任，意味着需承担经济责任，同时凭借家庭角色的领袖作用利用家庭可支配资源以形成创业脚本，获得强有力的物质支持与精神鼓舞，加速其裂变创业想法产生与成熟，最后选择创建新企业，实现家庭经济品质的改善或资产的累积。综上所述，财富发挥主导作用，与家庭观念和资源交叉融合，协同作用于裂变创业动机，创业者倾向于脱离母体，创建新企业，实现家庭收入的快速改善与家族未来的兴旺繁盛。

例如，创业者 A，入不敷出的经济现状凸显家庭经济需求，使其产生创业以缩小需求差距的倾向。已婚状态下的创业者 A 家庭角色主要为丈夫角色，家庭经济责任重大，此时，配偶拥有专业知识和行业实践经验加速创业计划成形，并且，在与拥有创业经历的岳父母交流中，其开创性思想、意志、作风和品质等优秀创业精神辐射内化创业者，创业者从观察家庭榜样成员与鼓舞性互动中得到替代经验，坚定并落实创业想法，最终创建新企业实现改善家庭。而创业者 B，家庭经济条件优越，主要扮演代际接班的家庭角色，背负家族兴衰的重任。创业者 B 在母体企业内自由发挥自身的能力和才干，使其遇到创业机会时能够有效把握。同时，家庭可提供充裕的资金、人脉、信息资源，加上创业者从小接受先进教育，商业头脑敏锐，因此创业者洞察家族企业现状，选择与家族企业优势互补、业务协同的形式设立企业，优化家庭经济生态，增进家庭财富积累，实现家族企业的持续壮大、经久不衰。

2. 角色转换模式

角色转换模式是基于工作—家庭冲突理论的一种家庭触发型裂变创业模式。工作—家庭冲突理论认为员工承担着诸如雇员和家庭成员等多种不同角色，但个体拥有的资源有限（如时间、精力等），参与不同的角色会消耗这些资源，造成工作—家庭冲突，进而容易产生离职倾向（张伶等，2006）。当个体感知到某一领域的角色负荷时，会在不同角色间重新分配自己的资源，实现跨领域资源转移（金家飞等，2014）。角色转换模式下创业者选择裂变创业的最主要的出发点是解决工作—家庭冲突，利用创业这一路径有效平衡自身工作角色和家庭角色之间的时间和空间跨度，从而兼顾自身职业发展及家庭和睦顺利。在角色转换主导的裂变创业模式下，母体前置条件包括家庭成员之间产生物理距离和协调时间困难。无论是创业者在母体企业的繁重工作带来了空间距离的冲突，还是时间失衡的冲突，都使得创业者在职业生涯和家庭角色的矛盾旋涡中无法脱身前行，家庭正常角色逐渐走向失控状态。

由此，创业者需要重新审视自身的家庭角色，采取行动强化并适应角色的转换。无论是迫于母体企业工作距离无法满足现有正常家庭角色，导致家庭角色淡化及家庭责任及义务的缺失；还是家庭成员数量改变带来的质的变化，导致家庭角色升级与护幼时间矛盾突出，都促使创业者回归家庭，承担家庭角色的各项职责，进而使得创业者创造空间或时间条件，帮助其实现家庭回归。此时，进行创业活动成为创业者的良好选择，创业成功带来的收益及便利，有益于解决家庭角色和职业角色的冲突与矛盾。

在裂变创业想法诞生过程中，创业者所在家庭拥有的资源以及家庭对于创业活动的观念都发挥了意义非凡的调节交互作用。由于创业者扮演家庭角色使其拥有家庭资源禀赋，资金、信息、时间等有形与无形资源内嵌于家庭成员所在的社会网络，可加快创业想法的产生与发展。同时，家庭成员赞成创业的观念成为创业者坚定想法的强心剂，最终创业者选取开展创业活动，达到凝聚家庭或回归家庭的目的。综上所述，角色发挥主导作用，与家庭观念和资源交叉融合，协同作用于裂变创业动机，创业者倾向于脱离母体，创建新企业，实现家庭回归与时间领会，强化家庭角色，适应角色升级。

例如，创业者 C，异地工作加大创业者与家庭空间上的距离，致使其家庭角色逐渐淡化，得益于其家庭成员工作稳定且收入可观，为创业者减轻了经济负担，提高了风险承担能力，激发了其创业热情；创业使创业者从异地回顾家庭，可以增强创业者为后代子女树立榜样，言传身教强化精神教育力量，在受到家族关注的同时传递给整个家族成员积极努力、学习精进、渴求进步的奋斗精神，因此创业者在凝聚家庭的需求中派生出创业决策。而创业者 D 则面对家庭新生命的诞生，角色升级带来的压力及时间冲突使其走上创业道路。其家庭成员在工作中积累了广泛人脉关系，其蕴含的高效信息机制为创业者降低收集信息成本，便于更为便捷地整合和分析创业信息。经过频繁比对，颇具创业警觉和机会洞察力的创业者最终从众多创业信息中识别出裂变创业商机并明晰创业方向，创建新企业，实现家庭角色归位。

3. 观念交互模式

观念交互模式是基于社会支持理论的一种家庭触发型裂变创业模式。社会支持理论是以个体或群体为中心，由人际交往与社会互动关系的资源节点为研究对象的社会科学理论。学者们对社会支持进行了简化分类，认为其可主要分为两种类型，即情感性支持与工具性支持，前者指尊重、爱与共鸣，后者指提供可供利用的时间、资源、器物和服务等（Finfgeld-Coneet，2005）。创业者与家人之间的关系嵌入最深，家人是很多创业者面对困难时首先考虑获取帮助的来源，观念交互裂变创业模式的主要特征即创业者家庭带来的情感支持和观念传递。在观念交互的裂变创业模式下，母体前置条件包括判断前景和干预职业。前者是由于母体企业发展不稳定，创业者职业生涯遭遇瓶颈，停滞不前，传统就业观发生动摇，创业者对就业持怀疑态度。后者是由于父母干预创业者职业规划，规定创业者所从事工作，创业者对家庭安排就业的传统观念持反感态度。

无论是职业遭遇发展瓶颈还是家庭干涉，都会使得创业者产生重新规划职业生涯的想法。创业者的个人特质指引并影响着创业活动的进行，而个人特质的重要组成部分就是创业者的认知。创业认知来源于其家庭的成长经历及个人的社会经历。一方面，家庭成员中拥有先前创业的经历，并将过程中的经验积极分享，那么创业者对于创业活动有了良好的认知和把握，相比而言，其选择进行创业的倾向性更强；另一方面，在社会意识形态发生鲜明变化的背景下，传统稳定即为最好的家庭观念会引发创业者的反抗，由此自主择业观与传统就业观发生激烈碰撞与正面交锋，结合创业者自身反叛、激进，以及勇于应对竞争、敢于实现自身价值的个性特征，使得创业者勇于改变现有状况，选择迎合风险，踏上创业之路。

在裂变创业想法诞生过程中，创业者自身的家庭角色，所在家庭拥有的资源都发挥了调节交互作用。传统就业观念与创业新潮思想产生交汇时，家庭所持的态度影响了家庭是否愿意主动为创业者提供资源支持，一般而言，获取家庭资源协助的创业者开展创业活动更为顺利。另外，无论创业者处于已婚或未婚状态下，对于家庭的经济贡献必不可少，鞭策着创业者创造家庭经济收入，尽可能利用可调动的家庭资源创造收益。综上所述，观念发挥主导作用，与家庭角色和资源交叉融合，协同作用于裂变创业动机，创业者倾向于脱离母体，创建新企业，实现家庭观念深化或创新。

例如，创业者 E，在就业观因现实打击而发生动摇时，家庭成员传递精神力量，鼓舞其自主创业，深化创业者认知。同时，作为未婚状态下的创业者，期望通过创业为父母及未来婚姻家庭提供经济保障，积极履行家庭角色责任，加上拥有创业经验和商业智慧的家庭成员主动传授创业经验，可以内化为创业者借鉴和参考的实践经验，并在未来企业运营过程中参股，包括资金与知识等形式，帮助创业者想法落地，最终传承家庭优良的创业文化并将其继续发扬光大。而创业者 F 则截然相反，其家庭干涉职业规划，并秉持着打击创业的态度，创业者 F 难以获取家庭工具性支持，受时代先进观念与家庭打击教育的影响，创业者表现出顺应时代变革潮流、对待家庭观念则反其道而行之的特质，为证明自主择业的重要性与传统就业观的落后性，主动融通资金、打破约束，积极进取、行为果敢，通过创业获取收益，证明了个体价值，改变了家庭在就业观念上的传统思想。

11.6　本章小结

1. 主要研究结论

本章从家庭嵌入视角出发，借助扎根理论的规范研究过程，围绕家庭触发型裂变创业的影响因素及其作用机理进行深入研究，从样本资料中提炼出了"基于创造财富改善家庭""基于增值资产递升家庭""基于缩短距离凝聚家庭""基于均衡时间回归家庭""基于对接文化传承家庭""基于冲破禁锢创新家庭"6 个主范畴，最终提炼出"家庭触发型裂变创业"这一核心概念，并将其划分为财富主导、角色转换和观念交互 3 种不同模式，进而通过援引马斯洛需求层次理论、工作—家庭冲突理论和社会支持理论作为主导解释逻辑，对不同模式的内在机理进行了阐释。

理论价值方面，首先，对裂变创业动机进行类型化研究。类型化是沿着某个理论维度或变量，探讨研究现象在该维度上的分类与差异。本章关注家庭维度的裂变创业动机，探讨了家庭触发型裂变创业模式及其作用机理，构建比裂变创业动机一般模型更为丰富的理论解释，提升裂变创业动机的理论充裕度。

其次，将创业者与家庭双边视角融入裂变创业研究中。基于扎根实地的归纳研究，提出财富主导、角色转换和观念交互 3 种裂变创业模式，揭示家庭视角裂变创业动机的独特性和差异性。最后，诠释了包括母体前置条件、家庭动因主线、"资源—角色—观念"交互作用、裂变新创企业创建反馈等在内的家庭触发型裂变创业生成机理，推进了新创企业尤其是裂变新创企业生成机理的理论发展。

实践价值方面，从创业者层面看，加深了个体对家庭和裂变创业关系的认识，为解释和预测裂变创业活动提供富有价值的决策借鉴，为个体职业选择提供理论依据。启发创业者在投身创业时，发展新思考方向，充分发挥家庭的积极作用，了解裂变创业模式不同要求，以便更好地开展裂变创业，在兼顾家庭角色的同时，适时调动、糅合家庭情感与工具性资源，为新创事业提供支持。从家庭层面看，家庭触发型裂变创业有机融合了家庭和创业，为创业实践提供了新思路和启发。资源贫瘠的家庭可考虑通过增强角色、价值观作用，为家庭成员进行裂变创业提供支持，进而实现经济品质提升；面临工作—家庭冲突的家庭，可通过支持家庭成员裂变创业缓解角色冲突，实现工作—家庭关系平衡；当家庭成员拥有创业激情、具备创业能力时，家庭系统要适时改变观念，发扬奋发拼搏的家族精神。

2. 未来研究展望

家庭触发型裂变创业在裂变创业研究中具有一定的新意，从家庭视角推进裂变创业动机研究，可为现实生活中家庭领域和创业领域的交互研究提供新的思路。一方面，在研究中发现不同的家庭因素主导下生成的不同裂变创业动机模式存在差异，后续学者们的研究可以进一步深化、细化、类型化、延展化，探究不同地域、不同领域、不同阶段家庭触发型裂变创业的动机差异、生成路径、绩效影响等议题，提出更多的维度以丰富和完善现有研究结果；也可以采用量化研究等其他研究方式对已有研究成果进行实证分析，以验证既有研究成果，提升其推广性与普适性。

另一方面，在分析过程中发现，裂变创业也对家庭存在反向作用，除了家庭中的角色、资源与价值观会影响裂变创业之外，裂变创业如何反向影响这三个因素及其微观情境也值得关注。因此后续研究可以收集裂变创业持续影响家庭的相关素材，系统探究反向作用发生的条件、形式和路径等，完善裂变创业和家庭嵌入交互作用的理论体系。

第四篇

孵化培育：母体企业视角的裂变式发展

正是裂变创业"衔玉而生"的特性，造就了裂变新创企业与母体企业之间千丝万缕的联系。母体企业在裂变新创企业生成过程中扮演着怎样的角色？又是如何赋予了裂变新创企业"衔玉而生"的优势？

　　基于上述问题，本篇基于母体企业视角，尝试对裂变新创企业与母体企业之间的互动关系进行探究。

　　首先，本篇从企业—企业维度，探究了裂变新创企业与母体企业间的协奏如何影响裂变创业的过程、路径与模式等问题。以海尔集团孵化雷神公司等小微企业为例，研究母体企业如何主动孵化出裂变新创企业的过程。

　　其次，本篇从个体—个体维度，探究了裂变创业者与母体企业同事关系会如何影响裂变创业的模式与过程等问题。

　　最后，本篇还以一类特殊的继承型裂变创业模式为切入点，探究了裂变新创企业与母体企业过度耦合可能带来的负面效应。

第 **12** 章

海尔集团孵化雷神公司

—— 培育过程与优势构建

本章导读▶

　　与既有企业内部开展的公司创业活动不同，裂变创业是创业者脱离母体企业后，依托于新创企业展开的一系列创业活动。根据母体企业支持与嵌入程度的不同，裂变创业也呈现出了异质性的创业模式。其中，孵化型裂变创业是母体企业与新创企业之间耦合程度较高的一类特殊型裂变创业。此类裂变创业往往不仅能在一定程度上与母体企业的战略发展相契合，还能大大提升裂变新创企业的创业成功率，并对创业企业后期的高速成长具有较大的催化作用。与一般性公司创业和一般性裂变创业相比，孵化型裂变创业放大了母体企业的孵化效应，拓展了新创企业的创新空间，有利于母体企业与新创企业的双赢发展。基于理论抽样，本章以海尔集团孵化的青岛雷神公司有限公司（以下简称"雷神公司"）为典型案例，对母体企业孵化型的裂变创业企业的培育过程与创业优势构建路径进行探究。2014 年海尔集团开启了互联网思维下的"三化改革"，即企业平台化、员工创客化和用户个性化。在这一背景下，创业团队开启了雷神公司的创业活动。经过两年多的海尔内部孵化，雷神公司于 2015 年初正式脱离母体企业，成为海尔集团实施网络化战略和推行创客运动之后创建的第一家小微创业公司。2015 年 11 月便取得了双十一游戏笔记本全网销冠的成就。2022 年 12 月 23 日，雷神公司成功在北交所挂牌上市，后以 128.85 亿元品牌价值入选由世界品牌实验室发布的《中国 500 最具价值品牌》榜单，成为海尔集团迄今为止最为成功的孵化创业样板企业，更是孵化型裂变创业的典型代表。

　　基于此，本篇遵循扎根理论的三阶段分析方法，对雷神公司的孵化型裂变创业的培育过程与优势形成路径探索性挖掘，并提炼出了母体企业孵化、研发团队组建、商业模式形成、裂变动机产生和新创企业生成五个主范畴。以此为基础，构建出涵盖以上五个要素的孵化型裂变创业理论模型，并从母体企业作用、新创业务影响、创业驱动因素等方面进一步识别了孵化型裂变创业的主要特征，以期为具有此类实践的母体企业和裂变新创企业提供一定程度的理论借鉴。

12.1 研究背景

自20世纪70年代以来，公司创业开始受到学者们的广泛关注。公司创业关注大公司和成熟企业的变革与创新问题，是企业在运营过程中所表现出的为鼓励创新和承担可预期风险所采取的行动（Zahra et al.，2009）。近年来，随着全球竞争加剧和环境不确定性增强，公司创业逐渐成为学术研究的热点话题，人们普遍认为公司创业是企业提高各个层次经营表现的合法路径（蒋春燕等，2013）。

与公司创业不同，新企业创建活动是创业领域的另一个重要研究命题。尽管新创企业可以提供就业机会、加速技术创新并推动经济社会发展，但与既有企业相比，却经常面临资源供给不足、商业模式不成熟等新进入缺陷（王迎军等，2011）。有别于白手起家式创业，以员工离职为基本特征的裂变创业是一种独特的新企业创建方式，是识别和开发创业机会、跨组织转移创业资源的有效途径（李志刚等，2012）。裂变创业具有一定的创业启动优势，相对容易克服创业初期可能遇到的新进入障碍（Wenting，2008）。

当前，我国的创业实践非常活跃，创业热潮持续涌现。然而，无论是大公司还是小企业，都会在创业过程中遭遇纷繁复杂的挑战和难题。一方面，如何激发员工的创新与创业热情、如何培育员工的创新与创业能力、如何支持员工的创新与创业行为、如何管理不断创新且日益多元的内部业务，这是众多试图通过转型升级和内部创业实现可持续发展的大型企业所面临的共同挑战；另一方面，如何打破创业资源不足、商业模式不定、合法性欠缺、生存及成长绩效差等创业魔咒，这是广大新企业创建者无法回避的发展难题。如何一并有效解决以上问题？如果能够搭建衔接机制，有效整合公司创业和裂变创业，推动公司内部创业活动外化延伸，那么就可以放大母体企业的孵化效应，拓展新创企业的发展空间，实现母体企业与新创企业的双赢发展。换言之，公司创业是现有企业内部的创业活动，裂变创业是脱离母体企业的创业行为，孵化型裂变创业则充分体现了二者的有机融合，这种全新的创业模式既可以实现母体企业的持续发展，又能够推动新创企业的成功生成。

尽管学者们围绕公司创业和裂变创业得出了很多颇具价值的理论成果，但两个领域基本都是独立开展研究，缺乏针对母体企业通过孵化机制支持裂变新创企业创建及成长的系统考察和深入研究。在实践中，虽然转移母体企业资源、断绝与母体企业关系、与母体企业同质竞争的裂变创业活动比较普遍，但基于母体企业孵化，从公司创业跨越到裂变创业的成功实践已经出现，这为理论研究提供了鲜活的案例素材。本章以此为基础展开探索性研究，深入剖析孵化型裂变创业的关键要素及其作用关系等问题。

12.2　公司创业的研究进展与评述

1. 公司创业相关研究

公司创业是企业为了获得创新成果以持续提升竞争力而得到组织允诺、授权和资源保证之后所实施的一系列创业活动（任荣伟等，2011）。与独立创业不同，公司创业是依托公司资源支持，在现有组织内部创建新业务或新团队的创新活动（张玉利，2012），创新、主动进取和风险承担是此类活动的主要特征（Finkle，2012）。在历经早期兴奋和效度争议两个阶段之后，公司创业研究业已演进到分类澄清阶段，研究重点也随之从构念层面过渡到维度层次（包括创新、战略更新和公司风险投资三个维度），通过公司创业这一复杂的、动态的组织过程，企业可将冗余资源加以重新部署，从而适应环境变化并推动企业持续发展（戴维奇，2015）。进而，学者们构建了涵盖资源（如资源异质性、个人禀赋组合等）、能力（如排除障碍的能力）、情境（如基于不同国家）、组织学习等关键要素的公司创业理论模型，并对人员、资源、机会和环境等在模型中的多样化呈现进行了深入探讨（董保宝，2012）。为了促进内部创业蓬勃开展，企业可以形成共享平台型的商业生态系统，通过跨界搜索、网络嵌入、信息交流等环节，实现不同主体的交互与合作、能力互补与资源整合，加速技术和服务的开发、应用、升级和推广（屠羽等，2018）。

为了促进公司内部创业，企业需要培养和发展内部创业环境，为创业者提供技术和资源支持，创建有利于创业的内部制度（吴建祖等，2015）。大型企业日常运营及其公司创业的过程，同时也是内部员工培养和潜在创业者孵化的过程。潜在创业者的创业能力一旦孵化完成，就很有可能在外部环境和个性特质（这两个因素会影响创业意愿和创业动机）的匹配和支持下转化为真正的创业者，其创业过程由"大型企业创业孵化——潜在创业者能力培养——创业者离职创建新企业"三个步骤组成（李小康等，2013）。作为一种全新且有效的公司创业机制，孵化型裂变创业统筹融合了大公司的资源优势和新创企业的激励优势，能够放大母体企业的孵化效应，拓宽新创企业的发展空间（李志刚等，2016），从而使母体企业转型为平台企业，在构建共享经济和打造商业生态系统的过程中，实现母体企业与新创企业的双赢发展。

2. 既有研究评述

现有研究主要围绕公司创业的机制与模型、裂变创业的过程与要素等分别开展了大量卓有成效的研究，这为后续整合研究和比较分析奠定了坚实的基础。然而，与单纯的公司创业相比，由公司创业延伸、转变为裂变创业，更有利于激发创业活力、更有利于带动区域就业、更有利于产生外部效应。公司创业和裂变创业之间的链接机制和嵌入逻辑、公司创业演变为裂变创业的新企业生成机理等问题，尚未得到系统深入的研究，而实践中已经出现了此类典型案例，因此有必要运用扎根理论研究方法进行探索性归纳提炼，以探索公司创业与裂变创业之间的链接机制和演化路径，拓展公司创业和裂变创业的研究视角。

12.3　青岛雷神公司案例资料收集

1. 案例选取

质化研究的抽样必须要以能深度、广泛和多层面反映研究现象的资料为样本，而不能像量化研究那样选取能代表人口并推论到人口母群体的样本。根据这一原则，本章在案例选取时特别重视案例样本的理论贡献度和信息丰富性，进而确定以海尔集团孵化雷神公司为典型案例。雷神公司是一家基于海尔集团内部孵化，通过裂变创业而创建的专注于专业游戏装备的互联网公司，其经营范围覆盖游戏笔记本及其配套产品，该公司的创建过程体现了从公司创业演变到裂变创业的具体路径。

海尔集团于 2012 年进入网络化战略阶段，全面打造网络化、无边界组织；

于 2013 年推行创客运动，鼓励员工借助企业平台在内部创建小微企业；于 2014 年开启互联网思维下的"三化改革"，即企业平台化、员工创客化和用户个性化。正是在这种背景下，雷神公司经过两年多的内部孵化，于 2015 年初正式脱离母体企业，成为海尔集团实施网络化战略和推行创客运动之后创建的第一家小微创业公司，也是海尔集团目前最成功的创新样板，业已成为国内游戏笔记本行业的领导品牌。雷神公司的创建过程如图 12 - 1 所示。

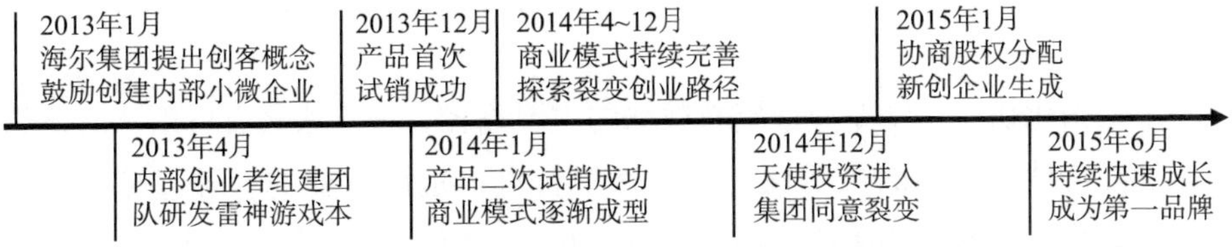

2013年1月 海尔集团提出创客概念 鼓励创建内部小微企业	2013年12月 产品首次 试销成功	2014年4~12月 商业模式持续完善 探索裂变创业路径		2015年1月 协商股权分配 新创企业生成
2013年4月 内部创业者组建团 队研发雷神游戏本	2014年1月 产品二次试销成功 商业模式逐渐成型	2014年12月 天使投资进入 集团同意裂变	2015年6月 持续快速成长 成为第一品牌	

图 12 - 1　雷神公司创建过程

雷神公司创业团队来自海尔集团笔记本电脑事业部高管层，拥有丰富的企业管理尤其是笔记本电脑经营管理经验；新公司实体化、独立化运营之前，雷神公司系列产品已在海尔集团内部研创成功，并连续在京东、天猫等电子商务平台创造了销售奇迹。海尔集团孵化了该公司的产品、团队和商业模式，并以股东形式继续为其提供资金和平台支持，双方实现了协同发展、良性互动和价值共享。

2. 资料收集与交叉验证

本章的资料收集分为两个阶段：（1）通过互联网等间接渠道，围绕海尔集团的战略转型、管理创新尤其是内部创业、创客小微等方面，以及雷神公司的商业模式、成功经验尤其是创业过程、创新做法等方面，广泛收集期刊论文、新闻报道等形式的二手资料；（2）针对以上内容，尤其是基于二手数据初步分析衍生出来的新问题（如母体企业对新创公司的孵化和影响、新创公司创建的动机和条件等），通过半结构化访谈、内部文档收集、实地观察及电话或邮件等方式获取一手资料。同时，通过交互验证的方式，对两种渠道收集的数据进行比对、检验，并通过再次访谈、电话确认等方式进行持续补充和更正，最终形成了用于译码分析的经验数据。资料收集的基本情况如表 12 - 1 所示。

表 12 - 1　　　　　　　　　　　　　资料收集情况

数据类型	数据来源	数据形式与内容
一手数据	创业者及其高管等创业团队半结构化访谈（3 小时） 母体企业战略部及研发部领导半结构化访谈（2 小时） 参与式体验观察，电话、短信、微信、邮件沟通	访谈录音文字稿，参与观察记录内部文档，电话回访、短信、微信、邮件往来等信息记录
二手数据	公开资料	创业者演讲及受访、企业网站、新闻报道、研究论文、宣传资料

半结构化访谈是本章获取资料数据的主要途径，该方法具有可以及时辨明问题的独特性、很强的灵活性和启发性等特点，是最重要的一种直接接触企业、获取第一手资料的手段。研究者可以在访谈中发现实践中的新思想、新做法，可以将被访谈者也没有意识到的信息显性化、条理化、系统化，进而升华至理论层面。在访谈前，本章先初步分析了从公开渠道获取的资料信息，深入研读了与研究主题紧密相关的理论文献，设计了半结构化的访谈提纲，以确保访谈能够有计划、高质量地进行。在访谈中，所有问题尽可能保持开放，以收集更多、更具体的真实信息，并获取一些意想不到却对研究者极具启发的新信息。在访谈后，将整理出的资料再请受访者进行确认，进一步确保了资料的信度。

12.4　海尔母体孵化视角资料译码

1. 开放性译码

本章的开放性译码分两个阶段。（1）对整理后的案例资料进行逐句概念化，即选取或创造一个最能反映某句话本质内涵的概念来指代这句话。概念的来源主要包括学术文献、被访谈者用语以及研究者研讨创造，基本要求是能够精确揭示话语、事件或现象所要表达的真实含义，而不是简单地提出一个关键词或摘要。（2）对得出的概念进行归类，即合并同类项，用一个新提炼的范畴统领这些概念。范畴也是概念，只不过比一般的概念层次更高一些，抽象的程度更深一些。之所以这样操作，是因为在逐句概念化时，难免会出现概念雷同、相似，指向或反映类似事件等问题，因此要对其进一步归纳和精练。概念化和范畴化举例如表 12 - 2 所示。

表 12 – 2   开放性译码举例

案例资料	概念化	范畴化
为了推动企业可持续发展，海尔集团每 7 年进行一次战略调整，并于 2012 年全面进入网络化战略阶段	战略更替	母体转型
网络化战略意在快速响应市场变化，它要求组织架构相匹配，因此海尔集团从 2013 年开始提出创客和小微概念	组织变革	
从 2008 年开始，国内笔记本电脑恶性竞争，整个电脑销量下滑，海尔集团也一直在找突破口，如开拓国际市场	主动探索	寻求机会
在推出网络化战略之后，海尔集团就开始思考，笔记本电脑业务如何适应新战略，能为网络化战略做点什么	响应变革	
笔记本电脑是最接近互联网的，它本身就是互联网的一个终端，我们应该能做些什么来契合集团的网络化战略	创新潜力	

通过开放性译码，本章共得到 135 个概念、30 个范畴。在表 12 – 3 中，由"条件/原因、行动/互动策略、结果"所引领的三列概念，均为本章从案例资料中归纳提炼所得的范畴。范畴的命名尽量使用动名词结构，以提醒研究者摆脱静态思维，进入动态分析过程，推动后续的归纳提炼。

表 12 – 3   主轴译码过程及其结果

支持范畴：由案例资料归纳提炼出的范畴			主范畴：由支持范畴归纳提炼出的新范畴	该主范畴所属创业范围
典范模型分析：识别范畴之间的逻辑关系			为五项逻辑关系分别命名	
条件/原因	行动/互动策略	结果		
母体转型 实力雄厚	搭建平台 塑造文化	全程支持 打造优势	母体企业孵化	
寻求机会 鼓励创新	兴趣驱动 释放空间	能力互补 合作默契	研发团队组建	公司创业
用户思维 识别痛点	打破边界 整合资源	用户交互 供应协同	商业模式形成	
创新成功 经验丰富	母体推动 创业激励	信心增强 意愿形成	裂变动机产生	裂变创业
母体筛选 风投介入	团队离职 产权确立	裂变创业 迭代创新	新创企业生成	

开放性译码得出的概念和范畴都逐次暂时替代了大量的资料内容，研究者对资料的缩编、精练和理解也在逐渐深入，分析和研究复杂庞大的资料数据的任务简化为考察这些概念，尤其是这些范畴之间的各种关系和联结。扎根理论研究的持续推进和深入开展，离不开对资料的概念化和范畴化。也就是说，通过概念化和范畴化对资料进行归纳提炼，理论分析就从数据和资料层面跃迁到概念和范畴高度，通过统合分析尤其是基于概念和范畴之间逻辑关系的推演、假设、提问、验证等，研究者对实践现象的理解和把握就会越来越全面、越来越清晰。

2. 主轴译码

本章借鉴扎根理论方法主轴译码技术的典范模型分析思路，按照"条件/原因→行动/互动策略→结果"三个维度，在循环比对案例资料的基础上，识别出了范畴之间的逻辑关系，归纳提炼出了反映这些逻辑关系的五个新范畴，即母体企业孵化、研发团队组建、商业模式形成、裂变动机产生和新创企业生成。新范畴是概括程度和抽象层次更高的范畴，称为主范畴；以前的多个范畴起到逻辑支持作用，称为支持范畴或副范畴。可以发现，前三个主范畴属于公司创业范围，后两个主范畴属于裂变创业范围（见表12-3）。

通过诠释五个主范畴的本质内涵，以揭示其提炼过程。

（1）母体企业孵化。

母体企业寻求向互联网战略方向转型以动态响应顾客需求，加之其拥有雄厚的制造、研发、营销及资源整合能力，构建了鼓励创新、支持探索的制度机制和文化氛围，搭建了支持创业创新的优势平台，从而能够快速、高效地为内部创业者提供覆盖全过程的各类有形及无形资源支持，可以协助创新创业型员工冲破资源瓶颈，自由开展专兼皆可、进退自如的创新活动，进而提升了创业起点，降低了创业风险。

（2）研发团队组建。

母体企业鼓励员工解放思想、创新发展。由于传统笔记本电脑面临恶性竞争、市场下滑的困境，该业务管理层积极响应母体企业政策，主动寻求市场突破机会。出于兴趣驱动和市场敏感性，领导者提出了研发游戏笔记本的思路，抽调乐于探索、爱好网游的在职员工，组建经验丰富、职能互补的研发团队，给予其一定的创新操作空间，赋予其充分的权力权限，研发团队全身心投入到新项目的开发活动之中。

（3）商业模式形成。

秉承市场导向和用户思维，研发团队依托互联网社区平台，搜寻出用户对现有游戏笔记本的抱怨和不满并将其归类，识别出没能得到及时有效解决的顾客痛点，从中挑选出本公司有意尝试切入的突破口。运用以我为主、打破边界和资源整合等策略，通过与用户进行零距离的在线交互，同时通过邀请供应商及其他合作伙伴共同参与、一起商讨的方式，进一步明确和形成了极具针对性的用户潜在问题解决方案。

（4）裂变动机产生。

研发团队推出了多款屡获成功的新产品，商业模式运行日趋规范和成熟。潜在创业者先后担任母体企业基层、中层、高层及领导者职位，接受了母体企业各个层次的经营管理培训，逐渐成为经验丰富、能力综合的领导人才。为破除大企业病，母体企业支持内部创业团队积极探索有效的发展模式。结果，独立创业的风险逐步降低，创业实现人生价值和社会价值的激励作用日益凸显，创业者的创业自信和创业意愿逐渐形成。

（5）新创企业生成。

通过母体企业筛选以及风险投资基金介入，孵化项目脱离母体企业独立运营。原有经营活动、关系网络、商业模式与创业者及其研发团队一并转移到新企业，母体企业、创业团队和风险投资以现金入股的方式协商确立了各自在新创企业的产权构成。母体企业继续提供财务、物流、人力、采购等外包服务支持，投资基金发挥资源整合和开放创新作用，创业团队通过与用户的持续交互不断进行产品迭代创新和商业模式调整。

3. 选择性译码

选择性译码是提炼核心范畴，将其系统地与其他范畴建立联系，验证其间逻辑关系，并把概念化尚未发展完备的范畴补充齐整的过程。选择性译码中的资料整合与主轴译码差别不大，只不过所处理的分析层次更为抽象。通过对案例资料、众多概念、多个范畴尤其是主范畴的不断分析、思考、比对，发现可以用"孵化型裂变创业"这个核心范畴来统合所有的案例资料。选择性译码的过程如图 12-2 所示。

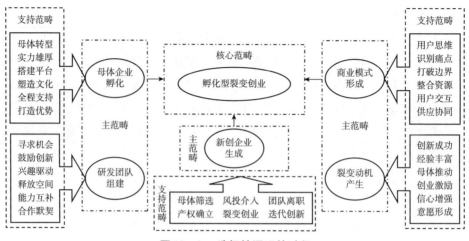

图 12 – 2　选择性译码的过程

　　孵化型裂变创业核心范畴表明，与以往比较常见的员工离职创业后与母体企业断绝关系甚至反目成仇的裂变创业活动相比，孵化型裂变创业是一种得益于母体企业主动培养、关系友好、互惠互利的创业行为。母体企业是否拥有内部创业的机制和氛围，是否能够有效支持新项目的孵化和外化，对孵化型裂变创业的发生和发展起着至关重要的作用。孵化型裂变新创企业从母体企业传承的不仅仅是人力资源、管理经验、专业技能和关系网络，更重要的是，在母体企业孵化成功的商业模式也一并转移到新企业。

12.5　孵化型裂变创业的理论模型

1. 理论模型构建

　　通过对母体企业孵化、研发团队组建、商业模式形成、裂变动机产生和新创企业生成这五个主范畴的进一步分析，在厘清这些主范畴之间逻辑关系的基础上，本章构建了理论模型如图 12 – 3 所示。

　　由图 12 – 3 可知：（1）母体企业在整个孵化型裂变创业过程中发挥着异常重要的平台推动作用，这种作用主要体现在它对潜在裂变创业者及其研发团队和商业模式的孵化，以及对裂变创业离职动机的激发上，没有母体企业的孵化和支持，孵化型裂变创业活动便无法发生和发展；（2）为了响应母体企业战略转型的号召、抓住母体企业内部孵化的契机、打破现有业务过度竞争的局

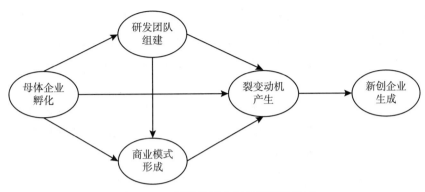

图 12 - 3　孵化型裂变创业的理论模型

面，潜在裂变创业者从母体企业内部抽调员工组建了旨在识别新机会和研发新产品的项目创新团队，没有高质量研发团队的组建，后续商业模式创新就难以开展；（3）项目研发团队经验丰富、资源充沛，在母体企业创业平台的支持下，通过用户交互、供应商参与等跨界整合方式，形成了技术上可行、战略上可取且能满足顾客价值、抓住市场机遇的商业模式，为裂变创业动机的产生及新企业的成功创建奠定了坚实的基础；（4）为有效激励内部创业团队、放大商业模式创新价值，母体企业支持探索新项目的合作发展模式，母体企业支持、研发团队具备、商业模式成型共同构成了离职创业的外在条件，并与先前经验积累、离职创业回报等内在动力共同激发了创业者的独立创业动机；（5）经过持续摸索，在风险投资介入并要求孵化项目独立运营的触发驱动下，公司内部创业者离职创业，内部创业演化为裂变创业，在母体企业、创业团队和风险投资的共同作用下，孵化型裂变新创企业呈现出优势传承、风险可控、快速成长和影响外溢等特点。

2. 主要特征识别

与单纯的公司创业和一般的裂变创业相比，孵化型裂变创业整合兼顾了前两者的优势所在，有效推动了母体企业和新创企业的合作双赢，放大了内部创业的价值效应。

（1）孵化型裂变创业与单纯的公司创业比较。

在公司创业活动中，企业可以整合内外部资源，开发新产品或新市场，进入新的业务领域，从而实现可持续发展（戴维奇，2012）。一般来说，这些新创业务会以部门、事业部或者分、子公司的形式继续保留在母体企业内部。尽管母体企业可以统筹融合探索能力和开发能力（张玉利等，2009），并以双元能力支持现有业务和新创业务的协同并进，然而，如何通过管理创新和组织重构成功开发并有效管理新事业，如何激励员工、授权赋责、鼓励探索，进而借助员工的自我管理来挖掘创新潜力、放大创新效果，仍然是众多大中型企业面临的共同挑战（陈劲，2008）。

与此相对应，在裂变创业文献中，虽然有针对母体企业与裂变企业关系的诸多研究，但鲜有研究引入公司创业作为裂变先导，从裂变创业视角尝试解决公司创业中的新业务管理问题。本章提出的孵化型裂变创业以公司创业作为先导，以裂变创业的模式通过成立新企业剥离新业务，进而既能应对母体企业如何管理众多新业务的难题，又能激励员工大胆实践、开拓创新，将公司创业效应延伸至外部更广阔的空间。通过离职、裂变、分离、独立等外化活动，能确保创业者的决策权和收益权，有效解决经营自主和创业激励问题。虽然创业者承担的风险会相应增加，但依托孵化基础，风险相对可控，成功概率较高。

（2）孵化型裂变创业与一般的裂变创业比较。

自裂变创业问题提出至今，关于其概念、类型、动机、过程的探讨屡见不鲜。在裂变创业动机方面，有研究认为与员工在母体企业学到的技术、市场、流程和管理经验等知识密切相关（Buenstorf，2009）；机会发掘、意见分歧、高管变更、企业并购等触发事件，也可能会导致裂变创业发生（Klepper et al.，2010）。在裂变创业影响方面，有学者指出裂变创业不但会减少母体企业人力资本存量、提高产业竞争程度，还可能会打破母体企业组织常规，甚至导致其经营动荡（Kendrick et al.，2009）；而且，母体企业和新企业在产品和市场上的重叠程度越高，消极影响越严重。由此可见，母体企业与新创企业之间的关系一般会随着员工离职而终结，或者处于消极、敌视状态。

与以上一般的裂变创业相比，孵化型裂变创业则是在商业模式于母体企业孵化成功、母体企业和创业者协商一致的前提下发生的。也就是说，孵化型裂变创业的发生，不是双方矛盾激化的产物，而是彼此达成共识的结果。尽管孵化型裂变创业既转移了母体企业的人力资源，又传承了母体企业的现有商业模式，但这种创业活动对母体企业的影响却是积极的、有益的。母体企业与新创企业之间存在互惠、长期的嵌入关系，这种关系并没有随着新企业的创建而消失。新企业不但没有损害母体企业利益，反而还能为其创造更大的价值。

（3）比较维度及孵化型裂变创业的主要特征。

综上可知，与单纯的公司创业以及一般的裂变创业相比，孵化型裂变创业在母体企业作用、新创业务影响、创业驱动因素等方面呈现出某些独特之处。

本章归纳出八个主要维度，具体指出了这三种创业类型的关键区别，进而提炼出了孵化型裂变创业的主要特征。具体如表 12 – 4 所示。

表 12 – 4　　　　　孵化型裂变创业与单纯的公司创业以及一般的
裂变创业主要特征对比

主要维度	主要特征		
	单纯的公司创业	一般的裂变创业	孵化型裂变创业
母体企业与新创业务关系	内部管理 业务指导	脱离母体 关系结束	孵化支持 互利发展
母体企业价值所在及表现	资源平台 风险承担	历练平台 技能培养	孵化模式 培养团队
母体企业影响时间及程度	始终存在 系统推进	在职期间 个体成长	持续存在 影响深远
新创业务创新情况及风险	内部创新 风险转移	模仿为主 风险自担	传承创新 风险可控
新创业务具有的主要优势	母体孵化 平台网络	先前经验 相关技能	模式成熟 团队精干
新创业务产生的影响效应	公司复兴 内部效应	新创企业 外部效应	共生双赢 辐射放大
创业活动的主要驱动因素	母体推动 员工配合	冲突分歧 机会利用	母体支持 个体响应
创业激励与自主决策权力	激励不足 权力有限	充分激励 自主决策	有效激励 理性决策

具体地：（1）母体企业与新创业务关系方面，传统的公司创业活动中，新业务的管控权往往掌握在母体企业手中，通过内部事业部、战略单元等形式在母体企业组织边界内展开，母体企业会对其进行细致的业务指导与帮助。而一般性的裂变创业活动中，新创企业往往完全脱离母体企业，进行独立化的单体运作，新创企业与母体企业之间的关系具有"脱钩"特征。但事实上，完全的依赖或脱离均具有一定负面效应，以孵化型裂变创业为代表的"折中选择"或许是未来公司创业与裂变创业融合的关键模式。孵化型裂变创业既能够得到母体企业的孵化支持，又保持了适度的独立性，有利于互惠互利的协

同发展。

（2）母体企业价值所在及具体表现方面，由于一般性公司创业活动的内部管理模式，决定了母体企业的价值体现为各类资源的供给，同时需要进行承担创业过程中的风险问题。而一般性的裂变创业由于依托于新创企业进行独立运营，母体企业往往扮演了创业者曾经的"历练平台"，是创业技能和经验培养的源泉，并不直接嵌入创业过程中。作为"中间者"的孵化型裂变创业由于先后经历了母体孵化和独立运作的递进式发展，因此母体企业的价值体现为创业模式的孵化和创业团队的培育。

（3）母体企业影响时间及程度方面，对于一般性公司创业活动而言，母体企业作为创业活动的行动者，其影响始终存在，并随着创业过程的演进不断迭代。对于一般性裂变创业活动而言，母体企业的影响主要存在于创业者曾经任职的时间内，并随着工作经验、知识、技能等资源在创业者个体维度的内化而逐步减弱。孵化型裂变创业活动中，母体企业与新创企业之间具有强合作关系，虽然不如公司创业的影响嵌入程度深，但也贯穿于孵化型裂变创业的两个发展阶段，并可能以股权嵌入等方式发挥持续影响。

（4）新创业务创新情况及风险方面，在公司创业这种模式下，新创业务以内部创新为主，创业风险的承担者是母体企业，因此存在风险转移的特征。一般性裂变创业活动则由于脱离母体企业进行独立发展，在创业开端较难通过高水平的创新活动构建优势，因此以模仿创新为主，并且以法人为单位进行风险自担。而孵化型裂变创业能够在一定程度上利用母体企业资源开展传承型创新活动，总体的创新风险也相对可控。

（5）新创业务主要优势方面，公司创业相较于其他模式而言，完全的母体孵化与运作是其独特的优势来源，同时母体企业搭建的内外部合作平台均可为新创业务提供支撑，进一步强化了这种优势。一般性裂变创业新创业务优势主要来源于创业者的先前经验及相关的技能水平，异质性的创业者可能会带来多元化的新创业务优势。孵化型裂变创业融合了上述二者的优势来源，不仅能够在母体企业中孵化出相对成熟的创业模式，还确保了创业团队的成熟度，构建了新创业务的双元优势。

（6）新创业务的影响效应方面，公司创业活动往往与母体企业的战略发展息息相关，是母体企业拓展新业务以实现公司复兴的重要手段之一。作为组织边界以内的公司创业活动，往往能够通过内部的知识溢出与母体企业内部既有业务形成协同效应。而对于一般性裂变创业而言，新业务产生的影响效应以法人边界为限度在新创企业内部展开。同时通过新创企业与其他外部主体间的网络链接，最终带来外部效应。作为"中间者"的孵化型裂变创业则可以较好地融合上述二者的影响边界，带来母体企业与新创企业的共生双赢，更大范围地放大新创业务的辐射范围。

（7）创业活动的主要驱动因素方面，一般性的公司创业的驱动主体均来自母体企业内部，是以母体企业为主导、员工层面执行的创业活动。一般性裂变创业则更多开始于创业者与母体企业间的分歧，可能是未来方向的差异化，也可能是对市场需求认知的差异化，等等，但这种冲突分歧均带来了创业机会，进而驱动了创业者离开母体企业展开裂变创业活动。孵化型裂变创业的驱动则同时包括上述两方面因素，一方面母体企业通过提供孵化支持等方式发出"信号"；另一方面创业者个体或团队能够利用机会响应这一"信号"，最终驱动了孵化型裂变创业的产生。

（8）创业激励与自主决策权力方面，一般性的公司创业活动由于风险承担主体是母体企业自身，因而在激励机制的设计方面相对有限。同时由于创业主体是母体企业，但创业活动的执行者是员工层面，因而导致了创业企业自主决策权相对有限的问题。一般性的裂变创业则表现出完全不同的特征，创业者拥有充分的自主决策权，同时能够自主制定激励政策，能够更加充分地发挥创业企业的激励机制。对于孵化型裂变创业而言，母体企业与新创企业这种耦合关系，既能在一定程度上带来自主决策权，又保证了决策权不会被滥用，提升了理性决策的概率。

12.6　本章小结

本章以海尔集团孵化雷神公司这一典型的孵化型裂变创业实践作为分析对象，构建了公司创业和裂变创业研究之间的衔接桥梁，并分别从商业模式和新企业生成的角度对孵化型裂变创业进行了深入探究。具体地：（1）本章基于公司创业和裂变创业研究的融合视角，构建了独特的孵化型裂变创业模式。通过对雷神公司的分析，运用扎根理论方法提炼出母体企业孵化、研发团队组建、商业模式形成、裂变动机产生和新创企业生成五个主范畴。（2）基于上述主范畴的归纳提炼，构建了孵化型裂变创业理论模型，并尝试与一般性的公司创业和裂变创业研究进行对比分析。本章分别从母体企业与新创企业的业务关系、母体企业价值所在及具体表现、母体企业影响时间及程度、新创业务创新情况及风险、新创业务主要优势、新创业务的影响效应、创业活动的主要驱动因素、创业激励与自主决策权力八个维度对三者进行了比较分析，分析结果为探索并验证关键因素之间因果关系等后续研究均奠定了理论基础。

需要注意的是，本章仅选取了雷神公司进行分析对象，虽然具有极强的典型性，但得出的要素及模型仍需要通过与其他案例企业的互动进行不断检验、修订和补充、完善，以此得出更具普适性的孵化型裂变企业的相关结论。例如，不同特质的母体企业孵化是否会带来异质性的裂变创业模式？不同外部情境下，孵化型裂变创业的模式及优势构建是否存在差异？诸如上述问题，未来均有进一步探讨的必要性，后续感兴趣的学者可以通过运用多元化的质性或量化研究方法，围绕其他典型案例和分析维度进行深入研究，从而不断推动该领域的研究进展，探究商业模式、企业生成等多元化视角下的公司创业与裂变创业的融合发展。

第 13 章
海尔集团孵化小微企业
——生成路径与主要模式

本章导读 ▶

　　与一般性创业不同，基于母体优势的存在，裂变企业往往呈现出相对较高的绩效结果，如何在裂变企业创业的过程中，尽可能多地将母体企业赋能优势转化为裂变企业自身的竞争优势，对提高我国裂变企业的成功率和绩效都有重要意义。因此，本章节从母体视角的裂变研究及新创企业的相关理论出发，运用扎根理论研究方法，根据问题导向和理论抽样，选取四家小微企业作为研究样本，对海尔集团小微企业的生成路径进行扎根理论分析，提取出"运营微型组织""嵌入社会网络""聚焦用户价值""调控自身定位""完备竞争优势""生成小微企业"六个主范畴，并在其基础上凝练出"小微企业生成路径"这一核心范畴；进而构建了海尔集团小微企业的生成路径理论模型，以及包括原生型、次生型、派生型、创生型在内的小微企业生成模式分类矩阵，并详细阐述各自的特征。

13.1　研究背景

　　近年来，成熟企业的公司创业活动受到越来越多研究者的关注（周翔等，2018）。许多传统企业纷纷开启公司创业模式，以寻找新机会并培育新能力（Kuratko et al.，2015）。作为传统制造企业的典型代表，海尔集团一直是国内外学术界跟踪研究的重点，对海尔集团管理创新模式的探索和提炼，视角多元且一直处于动态演变之中，因分享经济背景下其商业模式的创新性及平台化转型的独特性，海尔集团内部的创业活动也逐渐成为研究热点之一。海尔集团开展公司创业活动的主要载体是小微企业，小微企业是具有独立运营机制的功能型团体，该团体充分享有决策权、用人权和分配权（刘旭等，2015）。小微企业通过接入各方资源，打造出围绕用户增值的多边共赢生态圈；海尔集团也借此转型成为一个开放的平台型生态系统，实现了创新成长。可以说，对新业务进行持续探索并以此生成和发展小微企业，是海尔集团创业战略转型的主要方向。

有学者以环境—战略—结构权变理论为基础，指出小微企业通过服务跟踪、用户交互等方式与内外部资源协同（简兆权等，2017）；也有学者从母体企业和新创企业双赢发展角度归纳海尔集团的孵化型裂变创业机理（李志刚等，2016）；还有学者将海尔集团的小微企业比喻成"舰队"，指出每个小微企业都拥有扁平机动的组织结构和治理方式，实现用户的即时交互以应对市场需求的多元化和个性化（严若森等，2017）。可见，现有关于海尔集团小微企业的研究，大多止步于海尔集团对小微企业的治理模式和小微企业自身的权利设定，偏重对海尔集团自身的战略转型、组织结构、管理模式等方面进行研究，并未关注集团平台化转型后小微企业的生成路径，也尚未对小微企业的生成模式进行类型化研究。反观公司创业的相关理论，大部分集中于创业主体特征、内外部环境条件或者创业影响因素等方面，对公司创业的具体路径和模式分类缺乏研究，难以有效指导和诠释海尔集团等公司正在蓬勃开展和多样化涌现的小微企业公司创业活动。

综上分析，本章拟基于扎根理论研究方法，对理论抽样选取的多个海尔集团小微企业样本进行系统深入的挖掘与阐释。

13.2　母体企业视角下的裂变创业

1. 母体企业视角下裂变创业的相关研究

（1）母体企业赋能背景下裂变企业创业者研究。近年来随着创业研究的逐步深入，学者越来越认识到创业者对于创业过程研究的意义，特别是认知学派强调的脱离创业者本身难以对创业过程形成清晰认识的观点，更突出了创业者研究的重要性。无论是创业动机的形成还是创业资源的巧配，创业者都是其中最为重要的主体。裂变企业脱胎于母体企业的独特性，也带来裂变创业者的独特之处。在创业者的研究中，已有文献主要聚焦于创业者的个人特质和经历经验两大方面。母体企业赋能的经验经历方面，首先，裂变企业与母体企业业务的关联性凸显了创业者先前经验的重要意义。由于长期工作经验，裂变创业者往往具备丰富的专业经验和管理经验，特别是管理经验的获取让其能够顺利组织并运营一个新创企业。众多研究已经表明经验对于创业者成功的重要性（Deniz et al.，2009），而裂变创业者在这方面的特征：一方面会助力其形成良好的自我效能感，帮助其形成创业动机；另一方面会使其更加善于编排各方面资源，提升创业成功率。其次，行业机会的洞悉。裂变创业者往往会选择相关领域进行创业活动，特别是在母体赋能情况下，给了裂变创业者发挥优势的空间。而由于在行业中的长期浸润，裂变创业者更加能够识别其中的机会，特别能将母体认定的机会与个人机会相统一，也就更能平衡机会与风险，产生创业动机。最后，寻求团队人员的便捷，裂变创业者在母体的工作经历同样帮助其积累了丰富的社会资本，特别是相同工作环境和经历的员工成为其发展初始创业团队的重要"人才库"。因此，裂变创业者更加容易在母体企业中构建起志同道合的创业团队，这些人员以及其具备的知识为资源编排提供了良好助力。而在母体企业对创业者个人特质的影响则体现得相对间接，例如，母体企业文化的熏陶会对创业者的性格带来潜移默化的影响，并在一定程度上影响裂变企业的文化氛围。

（2）母体企业赋能背景下裂变企业创业机会研究。与一般创业理论中的机会研究相比，裂变创业机会的相关研究还比较薄弱。总体而言，裂变企业的创业机会研究可以分为发现机会和构建机会两大类。在发现创业机会的研究中，由于创业者前期与母体企业的嵌入关系，创业过程中除了可以选择外部市场环境的机会外，还具有发现母体企业内部创业机会的特点（Garavaglia，2008）。例如，母体企业基于战略发展、资源冗余、员工激励等原因进行的内部创业扶持均是裂变创业机会的重要来源，也是区别于一般性创业的重要特点。在建构创业机会的研究中，当出现裂变创业者运用母体企业技术优势创建新企业更有利可图，或者裂变创业者获得母体组织知识较容易时，裂变活动便更易开展（Klepper and Thompson，2007）。母体企业与裂变创业者对市场机会的追求、对成长发展的需要，可能是一致的，也可能存在差异。当出现差异时，创业者侧重通过主观建构能力进行创业机会的转化，以实现自身价值。特别是，当创业者个人发展在母体企业内受阻时，母体企业追求机会的行为更能使其产生创业的动机。同时，除了母体企业带来的创业机会外，现有研究发现，任何产业都由无数个成本—质量组合构成，如果在位企业由于各种原因而没有占满这些组合，那么就可能为裂变创业提供了利基市场机会（Klepper and Sleeper，2005）。产业内裂变企业数量会随着母体企业以及所在产业的发展周期而变化，呈现出先上升、后下降的趋势（Klepper and Thompson，2007）。

（3）母体企业赋能背景下裂变企业创业资源研究。由于面临创业的资源约束，一般创业者需要采取资源拼凑的方式，利用"凑合"的手边资源快速展开行动。而在母体企业赋能机制作用下，创业企业的资源稀缺程度会有所缓解，甚至出现冗余等状况，因此除了需要对创业资源进行拼凑外，裂变创业还呈现出创业资源编排的特点，即如何利用相对充盈的创业资源。在西蒙等（Sirmon et al.）学者看来，资源仅是企业竞争优势的必要条件，管理者需要经过三个紧密结合的流程对资源进行编排以构建最终竞争优势，主要包括建构资源组合（结构化）、捆绑资源形成能力（能力化）和利用能力释放资源价值（杠杆化）三部分，揭示了资源从来源到最终形成优势的整体过程（Sirmon et al.，2007，2011）。母体企业赋能机制或赋能点的差异性，必然为裂变企业注入不同的资源与能力。由于母体企业的资源支持和赋能，裂变企业往往拥有良好的资源禀赋。因此，这一状态下的裂变创业者需要考虑的不单单是"拼凑"的问题，而是一种资源巧配。裂变创业的核心在于通过新企业实现对机会的开发，而创业者如何巧妙利用资源将是机会开发的关键。与一般创业活动特别关注市场机会和资源整合不同，裂变创业的决策焦点是如何使母体企业的资源价值得到最大化发挥，这些资源包括人力、产品、生产、技术、常规、战略、市场、流程和业务模式等各类知识资源（Shane，2003）。资源拼凑和编排理论均强调资源的运用而非占有，这非常符合裂变的情境，正是由于裂变企业相较于母体企业更适合配置资源进而利用机会，才使得裂变成为一种必要且有价值的选择。母体企业的赋能机制将提供更为丰富的"资源池"和更为便捷的资源利用方式。裂变企业的学习效率与其和母体企业的知识资源重叠及关联程度有关，程度较低会阻碍知识同化而影响学习，程度较高则会限制新知识引入而妨碍学习（Sapienza et al.，2004）。

2. 既有研究评述

通过文献回顾发现，公司创业、新创企业及海尔集团等研究方向已积累了大量研究成果，为研究海尔集团小微企业的生成路径和生成模式奠定了深厚的理论基础。尽管海尔集团的小微企业管理创新取得了引人瞩目的实践成就，但现有公司创业研究对海尔集团内部创业机制以及包括小微企业在内的创投单元的研究有限，现有平台组织研究对海尔集团的微型组织机制设计及其具体运行策略的探讨较少（井润田等，2016）。无论从公司创业还是平台战略角度，抑或是新创企业和裂变创业角度，现有文献都缺乏对小微企业生成过程的分析与阐述，对于小微企业生成模式与类型划分的研究更是十分匮乏，而这就成为本章的讨论焦点。

13.3　理论抽样四家海尔小微企业

1. 理论抽样原则下的样本选取

理论抽样是扎根理论的基本原则，是指需要按照研究目的和研究设计的理论指引，抽取那些能为研究问题提供最大信息量的样本（Charmaz，2009）。在理论抽样时，上一环节得到的分析结果会指导下一步的资料收集与分析，通过这一持续比较提炼过程可以解释已有疑惑或未知领域的概念及范畴，从而实现概念和范畴的不断发展和丰富，直至理论饱和。

雷神公司是海尔集团生成小微企业中的佼佼者，并已在新三板上市，因此本章首先选取雷神公司为第一个理论样本。通过对雷神公司进行分析后发现，其创业团队来自海尔集团内部的电脑事业部，创业机会来自海尔集团外部的游戏笔记本市场，受此发现启发，本章根据创业团队和创业机会源自母体企业内部还是母体企业外部展开了进一步的理论抽样，先后选取了青岛日日顺物流有限公司（以下称"车小微"）、北京一数科技有限公司（以下简称"一数科技"）、海农投资有限公司（以下简称"海农投资"）等小微企业作为新的理论样本，从而覆盖了以创业团队和创业机会为主要区分标准的四种小微企业类型。本章的理论抽样过程及研究样本情况分别如图 13 – 1 和表 13 – 1 所示。

有两点需要特别说明：（1）经典创业理论认为创业核心要素包括创业者、创业机会和创业资源三个方面，而本章仅选择前两个要素作为理论抽样的驱动变量，是因为小微企业几乎都要借助集团母体的优势资源支持，与团队和机会相比，对资源进行内外部区分的意义相对较弱；（2）创业团队和创业机会具有一定的动态复杂性，并非纯粹或单一存在，因此，本章所提出的创业团队和创业机会内外二维度是指以内部或外部为主。例如，如果生成的小微企业主要服务于集团内部原有业务，将此称之为内部机会；若小微企业进行跨行业服务或主要满足外部用户需求，则将此称之为外部机会。

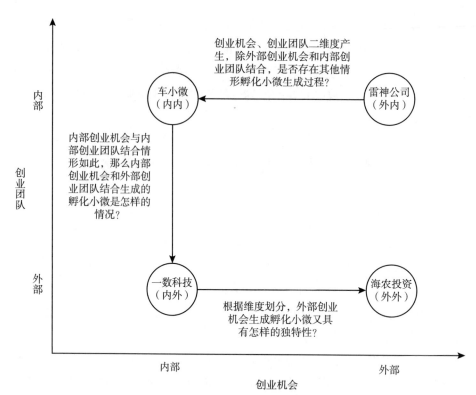

图 13 - 1　基于问题导向的理论抽样过程

表 13 - 1　　　　　　　　　　　　　　研究样本一览

企业名称	属性	业务简述	相关信息
雷神公司	内部团队 + 外部机会	主营游戏本硬件和软件、网游竞技和游戏服务平台	创业团队均来自海尔集团电脑本部，创业机会来自游戏本市场
车小微	内部团队 + 内部机会	主要负责物流运输服务，将物流延伸到销售环节，推出接单、抢单等运输方式	创业团队来自海尔集团本部，创业机会来自集团原有物流服务
一数科技	外部团队 + 内部机会	智能硬件研发，核心技术是"激光显示和虚拟触控"	创业团队来自外部，创业机会来自海尔集团内部，通过技术转移实现产品更新
海农投资	外部团队 + 外部机会	主导方向是产业金融，为食品农业提供金融产品	创业团队核心成员来自外部，创业机会来自农业金融领域出现的新需求

2. 资料收集与资料分析说明

（1）资料收集过程。

本章的资料收集聚焦小微企业的生成路径及分类模式，在进行深度访谈和实地调研等直接渠道收集一手资料的同时，广泛查询新闻资料、期刊文献、企业家演讲等内容以收集二手资料，这些资料经过媒体、公众、员工等利益相关者的监督、质疑及审查，可信度更高。由此，本章形成了支撑译码分析的真实、系统的资料池。资料收集的详细情况如表 13 - 2 所示。

表 13 - 2　　　　　　　　　　　　资料收集途径

序号	名称	资料来源与内容		简要描述
1	雷神公司	深度访谈及公开资料	创业原因，资料来源，产品概况	创业者，3 次，1.5 小时/次；电话、短信、微信交流 6 次以上
2	海农投资		创业原因，发展历程	创业者，2 次，2 小时/次；电话、短信、微信交流 4 次以上
3	车小微		创业原因，创业环境，创业资源	创业者，2 次，1.5 小时/次；创业者演讲视频、媒体采访、研究论文、公司网站
4	一数科技		创业资源，发展历程，品牌建立	创业者，2 次，2 小时/次；媒体采访、研究论文、公司网站

（2）资料分析程序。

本章注重资料收集、整理及分析过程的动态性、持续性与问题导向性，以实现资料收集与分析过程的持续交互。借助扎根理论的资料分析技术：①借助开放性译码对原始资料进行概念化，初步提炼出范畴；②通过主轴译码进一步挖掘资料背后的含义，识别范畴之间的关系，对范畴进行组合提炼，得到主范畴；③通过选择性译码对主范畴进行高度抽象凝结，提炼出核心范畴和故事线。在译码过程中，对概念和范畴的命名、范畴之间关系的确立与验证等反复鉴定，如遇到与研究主题无关、相互矛盾、内涵不完备或逻辑关系不清晰的概念和范畴，则采取比较、权衡或返回上一阶段再次收集数据等方式进行重新检视，不断完善概念有效性与解释力度，力求实现译码严谨性与创意敏感性有机结合。

13.4　孵化视角四个案例资料译码

1. 开放性译码

开放性译码指对收集的资料进行解读，以了解资料背后的真实意义与内涵，将繁杂的资料进行概念化提炼，进而抽象出范畴，实现研究的不断聚敛。开放性译码的示例如表 13 – 3 所示。

表 13 – 3　　　　　　　　　　　开放性译码示例

资料记录	开放性译码	
	概念化	范畴化
2013 年首席执行官提出创客这个概念，但真正实践源于 2014 年，集团开始探索、实践，到 2014 年的 12 月份才有结果，在海尔集团，我们是第一个（a）	初次探索	战略变革
我们转变成创新创业小微组织的时候，需要建立生态圈资源，从企业内部主动选拔人才，这种模式已经突破了原有的传统人力资源功能（b）	传统突破	
海尔集团的最高领导在 2013 年上半年提出创客和小微的概念，这是新的组织形态，支持公司的战略转型，网络化战略要求组织架构要跟它相匹配（c）	组织创新	
海尔集团提供的平台包括共享中心和资源中心，小微公司与平台之间属于合作关系，小微公司的完备程度决定了在海尔大平台层面所能获得的资源，以及利润分配的机制（d）	平台合作	

注：在编码呈现的过程中，雷神公司为 a、车小微为 b、一数科技为 c、海农投资为 d。

此处得到的范畴只是对资料的初步提炼，众范畴并非各自独立，而是动态连续的，其关联性与异质性在后续不断地对原有资料补充对比完善后逐渐体现。历经 6 个部分的开放性译码，从庞杂的访谈资料中提炼出了 527 个概念，并进一步抽象出 36 个范畴。范畴的释义，性质和维度如表 13 – 4 所示。

表 13 – 4　　　　　　　　　　范畴释义性质和维度

序号	范畴	内涵释义	性质与维度
1	突变失衡	互联网时代下用户需求变化加快且组织惯性已抑制发展	需求（个性、多样）惯性（抑制、支持）

续表

序号	范畴	内涵释义	性质与维度
2	经营低效	现有业务经营模式难以适应互联网环境且组织运营低效	反应（快速、迟钝） 运营（高效、低效）
3	发展阶段	达到某一发展阶段的现有业务已难以适应产业环境变化	周期（成长、成熟） 障碍（进入、退出）
4	事业转型	母体企业不仅要维持现有业务的稳定也要转型寻求发展	双元（探索、开发） 阻力（较大、较小）
5	战略变革	母体为适应网络时代进行平台化转型并调整组织结构	幅度（突破、渐进） 结构（有机、机械）
6	平台结构	母体企业构建可支持新创流程的网络式组织结构平台	效应（跨边、同边） 结构（封闭、开放）
7	网络更迭	探索外部环境变更以及新形势下的社会网络构建变化	策略（结合、分离） 变更（巨大、渺小）
8	需求差异	统筹原有需求和更新后现有需求之间出现的具体分歧	样式（多样、专一） 差距（相同、迥异）
9	合作重构	创新人事管理与资源管理的方式以实现内外协同网络	制度（传承、创新） 程度（深远、松散）
10	事业交互	创业平台为在孵新创事业提供资源并为新创事业增信	信心（增强、减弱） 事业（成型、不足）
11	组织协作	新创事业与已有业务分立协作响应需求实现共同发展	举措（融合、分立） 发展（协同、断绝）
12	价值匹配	调整原有组织结构利益分配方式实现用户生态圈建构	组织（变革、维持） 分配（合理、混乱）
13	驱动创新	管理机制创新实现市场竞争内部化推动内部转型创业	管理（自主、被控） 竞争（引入、防止）
14	聚焦用户	母体企业战略管控下围绕用户价值进行用户需求交互	战术（迎合、创新） 途径（线上、线下）
15	层次深入	深入了解工作内容流程并夯实掌握详细用户需求信息	技能（通用、专业） 级别（基础、顶尖）
16	平台借势	借助母体平台现有资源与外部网络资源整合创业资源	网络（母体、社会） 方法（借势、整合）

续表

序号	范畴	内涵释义	性质与维度
17	快速整合	结合自身实际整合平台层面所获资源及用户价值信息	类别（协同、差异） 资源（有形、无形）
18	用户价值	平台深入市场中调研整合用户多样需求挖掘真正痛点	角度（主观、客观） 价值（刚需、弹需）
19	机会开发	创业团队持续组建开展系列创业活动将创意转化成型	来源（内部、外部） 过程（持续、间断）
20	环节分散	产业环节运营与商业模式长期分散趋势亟待快速整合	方式（分散、集约） 竞争（同质、异质）
21	产业升级	产业链各个节点利润分配透明公开协作共赢实现升级	形式（横向、纵向） 类型（扩展、细分）
22	平台护佑	平台组织搭建桥梁为新创事业母体孵化提供独有支持	行动（搭建、无视） 护佑（专业、普适）
23	精准定位	精准原有集团内部及市场外部战略定位奠定实践基础	规划（总体、个体） 时间（短期、长期）
24	敏捷成长	创客为主体进行自身竞聘促进小微组织灵敏便捷成长	速度（敏捷、缓慢） 能力（稳定、波动）
25	项目筛选	母体风投评价新创事业潜在价值并选投优质创业项目	评选（风投、母体） 意向（强烈、微弱）
26	动机成熟	创业条件基本成熟的新创事业已经具备产权独立条件	条件（成熟、欠缺） 产权（明晰、模糊）
27	创业激励	母体文化激励具备创业胜任力员工进行创新创业活动	对策（支持、抵制） 文化（包容、苛刻）
28	新创运营	新创事业在母体借势获得风投资源介入助力运营发展	风投（介入、拒绝） 运营（指引、无序）
29	盈利机制	母体借助创新激励机制以匹配创业活动获取剩余价值	利润（增加、减少） 水平（先进、落后）
30	商业模式	借助母体资源能力设计初始商业模式以避免初创陷阱	状态（雏形、成长） 陷阱（规避、陷入）
31	独立运营	与母体有业务链接新创事业进化成为独立运营的小微	交互（持续、结束） 措施（独立、参与）

续表

序号	范畴	内涵释义	性质与维度
32	交互共享	在市场驱动下与母体及资源方持续交互共享运营收益	盈收（回报、独占） 关联（相关、无关）
33	蜕变加速	新创事业在母体战略支持下获得多轮融资加快其成长	投资（跟投、稀释） 效果（有效、无效）
34	增值发展	整合外部资源创新商业模式与新创事业实现增值共享	价值（增加、减少） 时间（快速、缓慢）
35	生态搭建	构建用户需求为核心的商业生态系统促产品迭代升级	生态（成长、成熟） 产品（迭代、固守）
36	跨界成长	多重资本组合模式推动新建业务持续延伸新业务领域	资本（组合、单一） 业务（一体、多元）

2. 主轴译码

主轴译码作为开放性译码的延伸，是重新聚合资料，深度提炼出开放性译码阶段所得范畴之间的逻辑关系的过程。本章基于"因果条件—现象—脉络—中介条件—行动/互动—结果"这一典范模型分析工具，反复对比样本资料，识别出各个范畴之间的逻辑关系，并归纳出对应不同逻辑主线的六个主范畴，分别是运营微型组织、嵌入社会网络、聚焦用户价值、调控自身定位、完备竞争优势、生成小微企业。主轴译码过程如表 13 – 5 所示。

表 13 – 5　　　　　　　　　　主轴译码过程：主范畴提炼

逻辑主线						主范畴
因果条件	现象	脉络	中介条件	行动/互动	结果	
突变失衡	经营低效	发展阶段	事业转型	战略变革	平台结构	运营微型组织
网络更迭	需求差异	合作重构	事业交互	组织协作	价值匹配	嵌入社会网络
驱动创新	聚焦用户	层次深入	平台借势	快速整合	用户价值	聚焦用户价值
机会开发	环节分散	产业升级	平台护佑	精准定位	敏捷生长	调控自身定位
项目筛选	动机成熟	创业激励	新创运营	盈利机制	商业模式	完备竞争优势
独立运营	交互共享	蜕变加速	增值发展	生态搭建	跨界成长	生成小微企业

主范畴的提炼过程如下：

（1）运营微型组织。

由于互联网环境多变且复杂，现有业务的用户需求更加趋于个性化和多样化，组织发展需要打破惯性阻碍以提高快速应变能力（因果条件）。现实情况却是，组织运营效率低下，多个业务领域发展滞后，已无法满足日新月异的市场需求（现象）。随着现有业务运营模式的逐渐固化，其发展已不能适应当今瞬息万变的行业结构，行业高退出壁垒让现有业务不得不在当前状况下艰难维持发展（脉络）。于是，为适应环境变化，母体企业在维持已有业务稳定发展的同时积极向互联网企业转型，以获取新的事业增长点（中介条件）。海尔集团从三个方向展开互联网转型探索：一是企业功能平台化，从封闭的企业转变为开放的创业生态圈；二是组织运营微型化，依托集团资源支持小微企业创立，从大型管控型组织演化为微型组织聚合体；三是员工经营创客化，员工从执行者变成创客，自建微型组织并负责其日常运营（行动/互动）。同时，集团构建可提供孵化支撑的网络式平台结构，以此驱动内部各价值链条节点自主经营并激发内部创新创业活力，从而获得同边和跨边的网络效应，全面推进平台化企业战略转型（结果）。

（2）嵌入社会网络。

新业务的形成不仅受内部战略变革及组织结构影响，还受其所处的行业宏观环境影响。因此，新业务顺利展开不仅需要整合集团内部各方资源，还要深谙外部环境和新形势下社会网络的变化（因果条件）。面对外部环境不断变化所引起的用户需求的更迭，"微型组织"将精力聚焦于解决原有需求和现有需求的差异（现象）。母体企业原有的人事管理及资源管理手段与集团创新机制同步更新，从而实现了与外部网络的良好协作，紧跟集团战略（脉络）。创业平台不仅为利益相关者提供了线上线下双行的交互空间，同时也利用自身丰富的社会资源为创业团队提供了开放式的组建途径。在母体企业创业氛围的影响下，不仅内部员工创新创业的潜力得以激发，外部创业者也接踵而至。内外部创业团队借助创业平台上的资源及时抓取创业机遇，并加快创意发展成型（中介条件）。新的创意形成并落地实施后会和现有业务产生摩擦或合作，其中正关联性业务会相互响应，继而实现共赢（行动/互动）。人单合一、投资对赌等激励机制帮助新创事业构建其特有的盈利模式、创新组织结构及利益分配方式，使各"微型组织"成为社会网络的节点，助力用户生态圈的构建，以实现多方共赢（结果）。

（3）聚焦用户价值。

市场竞争内化是转型的充分条件，外部市场环境变化驱动海尔集团进行互联网转型，实行创新管理机制（因果条件）。在创新管理机制的指导下，各"微型组织"以集团的"社会化转型"战略为指导方向，借助母体的开放式创业平台中以用户为中心的交互渠道获取信息，识别用户痛点并快速响应形成创意（现象）。以用户价值为核心，不仅要从技术、产品性能出发，更要考虑用户的使用感受，让用户获得更优质的使用体验（脉络）。借助母体企业及各种资源的交互作用和已有平台及网络快速吸收资金和市场信息的优势，小微企业初具雏形（中介条件）。在充分获取资源及用户信息后，"微型组织"将这些资源和信息快速整合并内化，以便在推出产品及服务时加以利用（行动/互动）。互联网的开放性、用户与企业的零距离接触等特点决定了最终的决定权在用户手上，于是各"微型组织"树立了"为用户创造价值，提高用户满意度"的核心思想，准确制定自身盈利机制与商业模式，致力于将普通用户转变成忠诚用户，并为后续培育自身竞争优势以及稳定发展夯实基础（结果）。

（4）调控自身定位。

拥有了资源和平台的支持，创业团队会迅速将创意落地为创业活动（因果条件）。由于部分创意来源于集团内部环节，各环节的分散化运营要求新业务亟须对企业内部资源进行整合，打通内部各环节（现象）。内部环节打通后，产业链各个节点的利润被公开透明地分配，产业环节得以健康发展（脉络）。海尔集团的孵化平台为新业务提供了流程化的创业孵化服务，使小微企业的生成与发展得到了应有的支持（中介条件）。在集团战略的引导下，通过对产业的未来发展趋势及用户需求痛点的把握，"微型组织"调整在集团内部及外部市场中的战略，调控自身的定位，并与母体企业展开合作（行动/互动）。在"微型组织"适应了行业环境的动态性及复杂性之后，借助母体企业强大的线下资源和网络信息，准确预测行业发展趋势，审视现处行业地位，寻找发展新动力，以期获得竞争主动权（结果）。

（5）完备竞争优势。

海尔集团通过其风投评估体系评价新业务的潜在价值，并从中选出优质的创业项目展开合作（因果条件）。在集团战略管控下，各个价值链节点在彼此分立、自负盈亏的基础上相互协作，促使创业条件趋于成熟（现象）。集团创新人单合一、去中心化、横纵轴考核等管理机制，将各个价值链节点及外部社会网络通过市场交易的方式紧密连接，有助于"微型组织"打造以用户需求为中心的持久竞争优势（脉络）。集团将价值链的采购、制造、物流、销售、售后等主要活动与生成的"微型组织"进行并联，同时引入风投资源以稳定"微型组织"的发展（中介条件）。人力、财务、研发等支持活动在提供资源支持的同时也参与用户交互，协助构建以用户价值为中心的生态群落，不断改进价值链管理方式，优化业务流程，使各个价值链节点可以持续输出共享资源，获取剩余价值（行动/互动）。通过以上一系列流程，"微型组织"逐渐形成了适合自身的独具特色的商业模式（结果）。

（6）生成小微企业。

海尔集团授予新创企业一定程度上的用人权、财务权和决策权，给予了新创企业极大自主性，使其具备了独立运营新创事业的能力，而后跟进投资，为新业务裂变独立增强自信，并为最终生成小微企业奠定了坚实基础（因果条件）。虽然已经独立，但小微企业与集团之间依然保持着密切联系，通过与集团的持续交互，小微企业既拓宽了集团的业务边界，又加快了自身成长的步伐，同时可以与集团及资源方共享运营收益并实现股权分红（现象）。集团资源、风投资源、创业团队三方协商，优化了小微企业的股权架构，不仅明确了集团优先回购的权利，还留有期权池以吸引融资和优秀人才的加入（脉络）。各种收益分享制度完善了新创企业的治理模式，并帮助整个创业生态圈实现了价值增值与利益分享（中介条件）。以用户需求为核心的经营理念指导了小微企业产品的迭代升级（行动/互动），多重资本组合模式驱动着小微企业在新业务领域稳步发展（结果）。

3. 选择性译码

选择性译码是对主范畴做进一步归纳与提炼，以一个更抽象、更高层次的核心范畴概括主范畴，并运用故事线来精练地诠释经验资料。本章通过持续对比和反复验证，提炼出运营微型组织、嵌入社会网络、聚焦用户价值、调控自身定位、完备竞争优势、生成小微企业六个主范畴，并进一步凝练出"小微企业生成路径"这一核心范畴，以此来统合概括本章的所有概念、范畴和主范畴。选择性译码过程如图13-2所示。

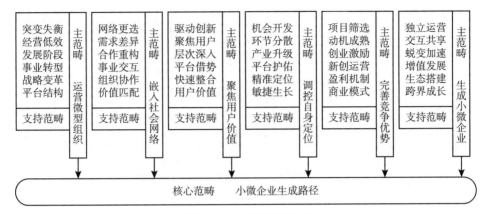

图 13 – 2　选择性译码过程

核心范畴"小微企业生成路径"的故事线为：母体企业为维持竞争优势和获取新成长，决定实施适应互联网环境的网络化战略，主动打造开放式企业平台，倡导运营微型组织，促使集团融入社会系统与外部市场进行交互。"微型组织"从用户价值出发，围绕用户体验进行创新，而后在集团战略和外部行业趋势的双重影响下调整并选取合适的战略定位。"微型组织"在母体企业内部孵化，结合母体企业丰厚的资源及强大的信息网络进行创立前期的准备工作，并最终形成独具自身特色的商业模式，在母体企业及其他利益相关方的支持下裂变成为具备独立运营能力的新创企业。

13.5　海尔小微的生成路径与模式

1. 海尔集团小微企业的生成路径

本章识别和归纳了海尔集团小微企业生成过程的关键行动及其相互关系，并融合了现有理论文献，构建出了海尔集团小微企业生成路径理论模型（见图 13 – 3）。该理论模型展示了小微企业的生成起点—关键行动—生成终点这一生成路径，同时展现了小微企业关键行动选择的内在逻辑。二者为嵌套关系，彼此密不可分。

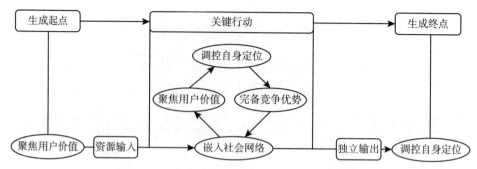

图 13 – 3　　海尔集团小微企业生成路径理论模型

（1）小微企业的生成路径：生成起点—关键行动—生成终点。

在正式推出小微企业之前，海尔集团已经有了自主经营体的尝试，以此为基石，海尔集团进行了组织小微化运营的改造，打破了原有僵直的体系，使其更好适应快节奏变化的用户需求。为了推进组织小微化运营落地，海尔集团原有部门根据集团战略纷纷进行创新转型实践，"运营微型组织"模式逐渐形成，微型自主经营体拥有一定的决策权、支配权，成为小微企业的生成起点。随着为微型组织提供资源等支持的海创汇平台推出，内部或外部创业团队带着自己的创意与海尔集团开展合作。海尔集团提供人力、物力等有形资源以及信息、数据等无形资源支持，丰富的资源投入推动了小微企业的生成进程。从响应并深化集团战略开始，以行业需求和用户体验为驱动，通过识别并不断提升自身竞争优势，小微企业创新发展、日渐成形。最终，小微企业以独立法人的形式从海尔集团裂变而出，达成真正意义上的独立输出，到达生成进程终点，进而与母体企业生态共赢，互利发展。

（2）小微企业生成路径中的关键行动及其内在逻辑。

结合公司创业理论和海尔集团自身实践，从现有资料中归纳提炼出"嵌入社会网络""聚焦用户价值""调控自身定位""完备竞争优势"四个小微企业生成的关键行动。依据海尔集团网络化战略的需求，"微型组织"在企业内部生成后，进一步转变为"社会化微型组织"，通过打破组织边界、实现社会化转型来嵌入社会网络系统中。在此战略引导下，首先，各"社会化微型组织"的首要任务是认清自身能够为用户创造何种价值，以用户价值为核心开展一系列探索行动，包括确定组织的战略定位、调研行业发展的速度和方式、掌握用户诉求的改变等。其次，"社会化微型组织"通过与用户交互充分了解用户需求的演变，以用户反馈为依据调控自身战略定位。最后，各"微型组织"

充分利用海尔集团的资源和服务,结合之前的探索与分析,形成自身的核心优势,推出产品及服务,正式成为社会网络结构中的关键节点,逐渐从集团内部脱离并独立成为小微企业,在市场中快速应变,敏捷成长。

2. 海尔集团小微企业的模式分类

根据前述理论抽样过程发现,可以从创业团队、创业机会两角度出发,结合内外二维度,将海尔集团小微企业生成模式划分为四种不同类型,分别为集团内部团队抓住集团内部创业机会的原生型生成模式、集团内部团队吸收外部创业机会的次生型生成模式、外部创业团队进入集团平台利用集团内部机会的派生型生成模式和外部创业团队借助集团资源开发外部市场机会的创生型生成模式。四种模式分别拥有不同内涵和特征,模式划分方式如图 13 – 4 所示。

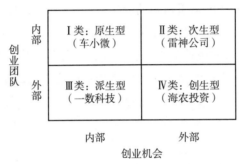

图 13 – 4 海尔集团孵化小微的模式分类

(1) 原生型生成模式。

原生型生成模式是指小微企业的创业团队出自海尔集团内部,且创业机会也是源自内部现有业务订单需求的小微企业生成模式。原生是从生物学中原生植物援引的概念,表示原先自然存在生长于该地的植物,非外来引进的品种。由海尔集团内部创业团队领导的小微企业更能连接集团原有用户并识别其需求,这种现象不仅与其团队在集团内部的工作经验积累高度相关,而且与原有技术的积累密不可分。在创业机会方面,内部创业机会一般是在原有传统业务达到饱和后为创造新的收入来源进行产业链节点价值的开发中形成的,即空白市场的开拓。从组织制度文化方面来看,内部创业团队人员的海尔集团工作经历使他们对海尔集团的制度文化内化于心,这些经过集团检验的制度具有高度指导性,提高了新创企业绩效。在产品或服务方面,内部团队在集团的先前工作经历使其拥有相对外部团队而言更多的资源,因此内部团队具有在原生基础上进行创新的天然优势，有利于其对原有产品和服务进行延伸。

原生型小微企业首先依托集团现有资源与内部业务互补合作，借此逐步拓展服务范围，由此实现与集团战略的匹配。例如，车小微的团队出自海尔集团，主要负责海尔内部货物运输服务物流本部，受海尔平台化转型战略的影响，车小微团队对于传统业务流程进行了改造：有别于普通物流的按时送达，车小微主要提供"送装一体"等其他的增值服务，包括检测、保养等，着力提高大件物流的用户体验。随着业务发展的不断成熟，车小微脱离了海尔集团，实现独立运营。

（2）次生型生成模式。

次生型生成模式是指来自海尔集团本部的创业团队通过对比集团内部发展和市场发展的差距发掘外部市场机会，以弥补集团内部产业链价值空白的小微企业生成模式。次生一词源于植物的分生过程，是原始组织中能够恢复分裂能力的继续发育部分，在协调与环境的关系中扮演着重要角色（李一蒙等，2007）。内部创业团队发掘外部机会，发挥自身分裂及发育能力"脱分化"成新创企业，符合次生成长的概念。尽管次生型生成模式与原生型类似，创业团队皆出自集团内部，但其业务选择却明显不同：在科技迅猛发展、竞争日益复杂的知识经济时代，新创企业必须有效地获取、整合与利用创业资源，并根据环境动态变化来吸引客户、服务客户，以实现可持续发展，于是次生型生成模式应运而生，对集团内部市场进行细化、对产品进行跨越式开拓。与内部创业机会不同，外部创业机会产生于集团与市场的差距，这一差距的填补不仅满足了原有客户的需求，同时还吸引了新客户，扩大了目标客户群。

次生模式的小微企业将突破原有传统业务作为切入点以迎合海尔集团网络化战略。例如，雷神公司创业团队出自海尔集团笔记本事业部，在当时外部市场萧条、电脑销售量下滑的情境下，原有团队试图寻求突破性的发展，恰巧此时海尔集团着手进行平台化转型，提出了创客和小微的概念，鼓励员工积极创新，孵化新业务，要求各个传统部门的架构与集团战略进行网络化匹配。在大环境推动下，雷神公司团队结合海外市场和中国市场现状，定位于游戏本细分市场，采用预约模式切入销售，零距离触及游戏本用户，洞察用户需求。独特的产品、创新的思维和准确的定位使雷神笔记本一面世就成功在笔记本市场中占据了一席之地，发展势头锐不可当，一跃成为游戏本市场佼佼者，并于两轮融资后成功上市。

（3）派生型生成模式。

派生型生成模式是指集团内部存在机会，吸引外部团队带着技术等资源进入集团内部，与集团达成合作，生成小微企业。派生由基本形式通过一定的构形变化产生。外部创业团队对于产品及服务创新的实行和突破与内部团队有很大差异，创业团队产业经验异质性在很大程度上决定了其对产业内顾客问题知识的掌握水平和利用方式，进而影响其开发产品或服务的创新性（杨俊等，2010）。独立于海尔集团的外部创业团队接触母体企业的时间较短，对海尔文化、制度、流程、组织结构等管理控制系统的同化程度较低，有利于其创造性组合顾客知识与技术知识，进行产品创新。派生型生成模式的创业机会来自集团外部，不仅更好地反映了市场和客户需求，而且更具灵活性，可以根据瞬息万变的市场现状动态调整发展目标，随机应变。

派生模式的小微企业继承了海尔集团内部产业链的机会及资源，外部团队在与集团的持续互动中形成了成熟的业务模式，推动产业发展。例如，一数科技的核心技术是激光显示和虚拟触控，若此时将技术与机会分离则无法在短时间内造血，海尔集团在进行产品更新的过程中发掘了需要与此技术结合研发的机会，历经多次投融资交流、合作、碰撞与创新，新产品与服务延伸了原有传统业务模式及客户群体，并在此基础上更新迭代，实现了多方利益主体共赢。

（4）创生型生成模式。

创生型生成模式下，小微企业的创业团队和创业机会均来自集团外部，外部创业团队带着"创意种子"来到海尔集团，利用海尔集团提供的"水分和阳光资源"对"创意种子"进行孕育与培养，在充足的水分与阳光的呵护下，种子苗壮成长，最终开花结果，即小微企业生成。在与集团共同开发外部市场机会的过程中，因自身战略和商业模式尚未成熟，外部团队往往会受海尔集团成熟体制的影响，直接效仿海尔集团的模式与风格展开运营；没有来自集团内部的团队和机会基础，创生小微企业更倾向于尝试全新领域的产品或服务，以此获取资源，实现独立。

创生模式下外部创业团队借助海创汇成立初创公司，因此团队及机会的成熟度决定了创业方案设计的完备度，进而决定了小微企业在海创汇所能获得的资源的丰富度，并影响利润分配。例如，海农投资是归属于针对海尔平台对外发布的五大产业金融项目之一的食品农业项目，具有较成熟的创业团队与机会和完善的创业方案，所以获得了海创汇提供的丰富资源支持，并且海尔集团在具体经营管理中实行权力下放，由创业团队自己敲定所有决策。创业团队借助先前对农业行业深度分析的经验，将上游蛋品类公司的蛋鸡作为一种"设备"进行融资，联手上游产业链的相关公司实现整体的食品品质控制，保证了稳定的产量，获得了可观的收益。

13.6　本章小结

1. 研究总结

公司创业可以支持成熟大中企业实现可持续发展，但公司创业可以遵循什么路径、可以选择哪些模式这些问题没有得到很好的解决。为此，本章围绕海尔集团的公司创业实践，借助扎根理论规范研究过程，对小微企业创建层面的实地资料进行了比较系统的调研和分析，最终提炼出海尔集团小微企业的生成路径及其模式分类等研究结论。

本章的贡献主要有：（1）在理论价值方面，通过探讨海尔集团小微企业的生成路径及模式分类，推动了公司创业理论和新创企业生成理论的进一步发展，弥补了关于小微企业生成路径研究的理论空缺。基于扎根研究，提炼出包括运营微型组织、嵌入社会网络、聚焦用户价值、调控自身定位、完备竞争优势、生成小微企业六个主范畴的"小微企业生成路径"，发现了生成小微企业的起点、终点以及关键行动的逻辑关系。同时，根据创业团队和创业机会内外两个维度，划分了原生型、次生型、派生型和创生型四种不同小微企业的生成模式，并阐述了每种模式在用户、组织、产品及市场等方面的具体情况。（2）在实践价值方面，从小微企业内部来看，研究为中国小微企业寻求各方资源支持，稳步发展提供了指导方向。拥有创意或技术的创业团队可以通过寻求平台支持，根据母体企业的相应政策，结合自身的准确定位，加强网络联结，使企业由弱变强。从小微企业外部来看，对企业从整体层面构建新业务孵化模式具有一定的启发作用，为成熟制造型企业向平台型组织转型提供了理论思路，为新企业创建与发展提供了新的可选方案。本章将外部环境的复杂变动考虑进孵化过程，解答了企业怎样更好的通过创业活动去契合不断变化的外部条件；同时，本章可以为企业分析自身支撑小微企业所需要机会和团队的组合提供依据，为新创事业的筛选和孵化提供评判标尺。

2. 研究展望

海尔集团小微企业生成路径及模式在成熟制造型企业探索新业务研究中具

有一定的代表性，可以为传统制造型企业向平台化企业转型提供现实借鉴。当然，研究结果未必适用于其他成熟企业，但可作为其开展创业活动的参考，同时也可为创新型组织或企业家型组织的创业行为提供一定的理论指导。在研究中发现，海尔集团生成的小微企业分为孵化小微和转型小微两种类型，后续研究可以对此进一步细化，或者选取其他制造行业和服务行业的典型样本进行研究，以丰富和完善现有研究结果；也可以采用量化研究等其他研究方式对已有研究成果进行实证分析，以验证已有研究成果，提升其推广性与普适性，完善公司创业和新创企业的现有研究内容。

第 14 章
同事关系影响裂变创业
—— 人际网络的跨界溢出

本章导读 ▶

  在本篇的前两章中，我们对裂变新创企业与母体企业间的互动机制进行了探究，属于企业与企业间的互动关系。但事实上，对于裂变创业者而言，与原母体企业间的同事关系也极大地影响着裂变创业的模式与效果，而这种创业者与母体企业同事间的互动关系属于个体层面的探讨，也将在本章中具体展开。在同事关系的研究中，根据同事在母体企业中的嵌入状态可以分为在职同事和离职同事，也可以根据裂变创业者曾经在母体企业中的工作职级划分为上级、同级和下级同事。同事关系类型不同，其与裂变创业者的合作水平也会有差异。不同类型的同事关系在裂变创业中也发挥了不同作用，可能会嵌入创业团队进行深度合作，也可能会基于社会网络提供业务合作等。本章基于理论抽样，运用扎根理论方法对典型案例进行归纳提炼，提出涵盖母体特质、同事关系、创业动机、战略定位和新企业生成五个范畴的基于母体企业同事关系的裂变创业要素模型，并进一步讨论了母体企业特质对同事关系构建及新企业创新的影响、同事关系的类型及其与离职创业者交流合作的异同、依托同事关系的裂变创业的启动优势及扩散效应等问题。

14.1　研究背景

  以员工离职创业为基本特征的裂变创业是一种独特的新企业创建方式，理论界对此类创业活动的研究方兴未艾，颇具价值的研究成果不断涌现。遗憾的是，尽管创业者在母体企业工作时形成的同事关系是其与母体企业关联纽带的重要一环，但从同事关系的建立与维系、同事关系价值的发现与挖掘、同事关系对创业者机会识别和资源整合的作用模式等视角探讨裂变创业活动的研究却少之又少。

　　同事关系在职业群体中广泛存在，依托同事关系获取资源进而开展裂变创业的理论研究却远远滞后于实践发展。因此，本章基于理论性抽样，精选依托母体企业同事关系进行裂变创业的典型案例，运用扎根理论方法对实地访谈数据进行归纳提炼，最终构建了涵盖母体特质、同事关系、创业动机、战略定位和新企业生成五个范畴的基于母体企业同事关系的裂变创业要素模型，并从母体企业特质对同事关系构建及新企业创新的影响、同事关系的类型及其与离职创业者交流合作的异同、依托同事关系的裂变创业的启动优势及扩散效应等方面进行了进一步探讨。

14.2　关系网络对裂变创业的影响

1. 同事关系网络

　　关系是微观个体之间的联系，属非正式制度范畴（Peng et al.，2009），可以划分为个人层面和组织层面。个人层面的关系可以促进信任建立和信息分享，便于个人获得情感或物质支持（刘海建，2014）。中国式关系有三个主要构成维度，即感情、互惠和面子，其中感情尤为关键（Kipnis，1997）。同事关系是一种熟人关系，有情感性和工具性两个维度（Chen et al.，2008），影响同事关系建立的因素包括组织、制度、战略及个体特征（如主动性、成就动机或沟通技能等），良好的同事关系可以推动业绩提升（宝贡敏等，2008）。

2. 关系网络对裂变创业的影响

　　创业者的社会资本由内外两部分组成，内部社会资本即同事之间及部门之间的社会资本（Westlund et al.，2003）。同事关系作为创业者社会资本的重要组成部分，可以影响裂变新创企业网络能力的建构和运用（Achim et al.，2006）。曾在同一母体企业供职的多位创业者会通过相互交往和联系来构建区域社会网络，并通过该网络获取成功创建和经营新企业所必需的关键资源（Sorenson，2003）。另外，创业会起到示范带动或激励作用，先期创业者可能会引导或帮助母体企业同事开展裂变创业活动（Lindholm et al.，1994）。

3. 关系网络对创业团队的影响研究

创业团队的社会网络关系对创业行动、绩效等方面均具有一定影响。已有研究发现创业团队的社会网络关系强度会间接对市场响应绩效产生影响（熊立和年鹏翔，2022）。这种创业团队的社会网络的影响作用对于再创业这一创业形式的影响作用更为突出，并且呈现出创业者个人及创业团队社会网络影响程度的异质性表现（吴绍玉，2016）。也有研究指出，创业团队的异质性会为团队的创造能力带来正向影响（侯飞等，2022），而基于同事关系组成的创业团队在内部异质性上稍显不足，可能会在一定程度上对创业活动的创新性带来影响。强联系的同事关系能够增强信任关系，而组织信任能够放大创业团队的创造力（陈冲等，2023），进而影响创业表现。

4. 既有研究成果评述

裂变创业是典型的关系型创业，此类创业的成功关键之一是创业者人际关系的构成范围与和谐程度。文献回顾表明，作为重要的关系网络，母体企业的同事关系对裂变创业及新企业生成具有至关重要的影响，但理论界对于此类影响涵盖的关键要素及其具体的作用机理等核心问题缺乏细致剖析，因此有必要通过案例研究从数据资料中进行探索性归纳。

14.3 青岛 M 公司及其资料的收集

1. 案例选取

青岛市 M 公司是一家典型的裂变新创企业，母体企业同事关系为创业者离职创业成功助力颇多。该公司创始人曾长期在国内知名的大型家电企业从事研发、生产及管理工作，从而建立了非常强大的同事关系网络。无论这些同事继续在母体企业，还是辞职到同类企业任职，他们都为 M 公司创业者提供了以市场需求信息（母体企业除外）为主的帮助，因此既支持了老同事，也没损害母体企业利益。基于自身丰富的技术及管理经验，借助先前同事的关系网络，M 公司创业者一直专注于为母体企业所在行业提供配套产品，取得了较好的经营业绩。

2. 资料收集与交叉验证

本章围绕母体企业同事关系对裂变创业及新企业生成的影响展开实地访谈

调研，通过与创业者的深入交流来获取一手资料，全面了解创业过程，重点收集母体企业人力资本影响裂变新创企业的资料。同时，通过交互验证的方式，进行补充与更正，通过与创业者的同事、新创企业管理者、母体企业相关人员分别进行交流，辅助以内部文件资料等手段，不断丰富和验证数据。

14.4　同事关系视角案例数据分析

1. 资料的开放性译码

首先通过初始译码将资料概念化，得到 282 个标签和 80 个初步概念。然后通过聚焦译码对初步概念进一步归类、抽象，逐次提炼出 17 个范畴，分别为：母体文化、人事制度、离职频发、工作经历、在位同事、离职同事、虚拟整合、机会识别、榜样力量、创业意向、先前经验、行业特性、同事订单、业务选择、升迁障碍、关系优势和离职创业，这些范畴成为下一步资料分析的重点。

2. 资料的主轴性译码

借鉴主轴译码的典范模型分析思路，按照"原因—中介—结果"三个维度，在循环比对案例资料的基础上识别出范畴间的逻辑关系，进而提出了相应的主范畴，分别为母体特质、同事关系、创业动机、战略定位和新企业生成，如表 14 – 1 所示。

表 14 – 1　　　　　　　　　　主轴译码过程

逻辑主线			提炼的主范畴
原因	中介	结果	
母体文化	人事制度	离职频发	母体特质
工作经历	在位同事、离职同事	虚拟整合	同事关系
机会识别	榜样力量	创业意向	创业动机
先前经验	行业特性、同事订单	业务选择	战略定位
升迁障碍	关系优势	离职创业	新企业生成

（1）母体特质。

母体企业打造了非常强的执行力文化，员工严格按照规范流程行事，集权决策、高强度工作和晋升通道狭窄导致员工离职非常频繁，进而母体企业严格要求离职人员不得与公司进行任何形式的业务往来以确保公司利益。

（2）同事关系。

创业者在母体企业拥有多年、多岗位工作经历，与各个领域、各个层级、在职或离职的同事建立了良好的工作关系、私人情感和信任基础，最终聚集了遍布母体企业内外却又深度嵌入于同产业中的高质量虚拟人脉关系。

（3）创业动机。

母体企业的影响力、创业者的高管角色及同事关系网络等优势资源所带来的商业信息，使创业者能够更好地接触、发现并识别创业机会，加之先前离职创业同事的榜样示范甚至指导，创业者的创业意愿和动机得以形成。

（4）战略定位。

创业者先前工作经验与母体企业所在行业紧密相关，在同行业内先前经验才能价值最大化，在职及离职同事介绍的非母体企业客户资源和业务订单也大多来自同行业，因此新创企业更倾向于选择与母体企业相关的业务。

（5）新企业生成。

机会识别、榜样力量、关系优势和业务选择等因素只为离职创业提供了可能，真正导致创业者决定创业的是其在母体企业的职业发展遭遇"瓶颈"且自身价值无法实现，众多驱动力共同推动了创业者选择辞职创建新企业。

3. 选择性译码分析

选择性译码就是从主范畴中提炼核心范畴，并探讨和验证其相互关系。通过对概念、范畴尤其母体特质、同事关系、创业动机、战略定位和新企业生成五个逐级提炼而得的主范畴进行反复考察和持续比较，归纳出 M 公司创业案例的核心范畴："基于母体企业同事关系的裂变创业"，归纳过程（即译码路径）如图 14-1 所示。

在此基础上，经过进一步厘清主范畴之间的逻辑关系，进而构建出了母体企业同事关系视角的裂变创业要素模型（见图 14-2）。

基于母体企业同事关系的裂变创业要素模型的逻辑主线为：母体企业是裂变创业的源头，是创业动机形成和同事关系建立的基础，并对后两个要素有着重要影响：母体企业特质不同，创业动机和同事关系的属性和类别也会不同。同事关系包括在职同事网络和离职同事网络，同事关系网络不但通过信息交流和机会供给作用于创业动机，而且还通过业务联系和订单支持作用于新企业战略定位，并最终影响裂变创业活动的真正开展，因而成为此类新企业生成模式的核心和焦点。

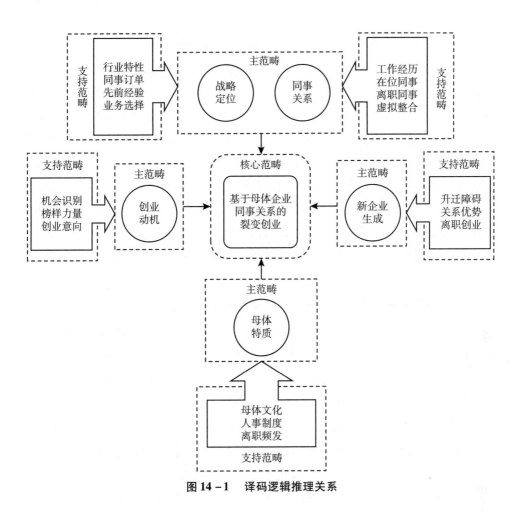

图 14－1　译码逻辑推理关系

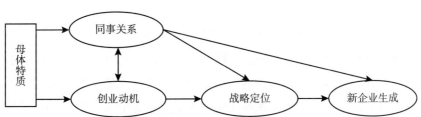

图 14－2　基于母体企业同事关系的裂变创业要素模型

14.5　同事关系对裂变创业的影响

1. 母体企业特质对同事关系构建及新企业创新的影响

母体企业特质不同，其同事关系及裂变新创企业的创新程度亦有差别。一方面，母体企业特质会影响同事关系的建立和维系。母体企业中以限制性政策为代表的用人机制会激发该类离职员工的"抱团"行为，从而为同事关系的建立与维护奠定了基础。此类员工离职后往往能够与前同事建立相对稳定和深厚的人际关系，属于"共患难"的强联系，因而能够为创业活动的开展奠定更加坚固的网络资源基础。另一方面，母体企业特质会影响离职创业者的创新选择。母体企业独特的人事运行模式和执行管理文化，在很大程度上能够提升员工的执行力，但同时也具有一定局限，对员工的创新能力、动态能力、韧性能力等方面的培育都相对不足，这也导致离职员工的创业活动多以模仿性创新为主，缺少突破性的创新创造活动。

2. 同事关系的类型及其与离职创业者交流合作的异同

通过本章案例企业的分析可以发现，裂变创业者的同事关系可以根据同事在母体企业中的嵌入关系分为在职同事和离职同事，也可以根据裂变创业者曾经在母体企业中的工作职级划分为上级、同级和下级同事。同事关系类型不同，其与裂变创业者的合作水平也会有差异。例如，就本章中的案例企业而言：在职同事会利用其影响力介绍非母体企业订单，离职同事则会直接提供其所在新单位的订单信息，这与母体企业特质及道德伦理的制约也不无关系；由于掌握的资源相对平衡，同级别或相近级别同事的交流合作更频繁、更稳定、更持续；同级同事的关系网络更像"弱关系市场"，而上下级同事则往往呈现为"强关系市场"。

3. 依托同事关系的裂变创业的启动优势及扩散效应

与其他类型的裂变创业相似，以同事关系为依托的裂变新创企业有着天然的启动优势和发展基础。这是因为，受益于母体企业关系网络的构建与维系，依托于曾经母体企业内同事关系展开的裂变创业活动相对减少了合作上的磨合期，也能够更加"榫卯相契"地构建相关创业资源池。基于同事关系展开的裂变创业活动也在一定程度上降低了信息的不对称性，并通过强信任的纽带，提升了新创业务的稳定性，有利于降低创业活动的风险性，在一定程度上克服了新创企业的"新小弱性"。但仍需要注意的是，此类基于同事关系展开的裂变创业活动也具有一定局限性。与基于技术或专利等创业资源展开的裂变活动不同，此类裂变创业的驱动点在于同事间关系带来的业务耦合，总体来看进入门槛较低、业务选择范围较窄、创新动力不足且创新程度不高，因此使得同质化模仿大量涌现，低层次创业比较流行，最终导致区域市场的创新力和竞争力较差。

14.6　本章小节

1. 研究总结

本章从同事关系的视角对裂变创业的典型案例进行了探索与剖析，从裂变创业者与母体企业内的"前同事"关系视角切入，探究了同事关系在裂变创业各环节中的作用表现，构建了包括母体特质、同事关系、创业动机、战略定位和新企业生成等范畴的母体企业同事关系视角的裂变创业要素模型，并进一步讨论了母体企业特质对同事关系构建及新企业创新的影响、同事关系的类型及其与离职创业者交流合作的异同、依托同事关系的裂变创业的启动优势及扩散效应等问题。

2. 研究展望

本章基于创业者与母体企业同事间个人层面的关系，对裂变创业的关键要素及模式进行了探究，对于实践中裂变创业者如何通过同事关系展开创业实践具有一定的指导意义。在本章选取的案例企业中，创业者曾经就职的母体企业具有较强的执行力文化，严格按照规范流程办事、集权决策，且员工工作强度较高，也由此激发了离职后员工的团结性，进而触发了稳固的"前同事"关系网络，有利于裂变创业活动的开展。但在其他类型的母体企业文化中，是否存在类似的同事间网络关系？如果存在，如何触发这种网络关系作为创业资源和机会的来源？……随着研究情境的变化，类似的问题仍然有待进一步深入探究。因此，后续研究可以考虑从同事关系的构建与维系、同事关系的类型及强弱等角度，探索同事关系对此类创业选择和创业绩效的影响效应和作用机理，从而不断加深对此类创业现象和新企业生成模式的认识。

第 **15** 章
继承型裂变创业的风险
——对母体企业过度依赖

本章导读▶

　　创业是一种复杂的社会现象，是经济发展的重要推动力量，创业活动中与其他主体间的关系更是纷繁复杂。在本篇中，我们重点探讨了裂变创业与母体企业间的关系，并基于企业—企业维度、个体—个体维度分别提出了孵化型裂变创业和基于同事关系的裂变创业模式。但事实上，通过对企业的调研可以发现，实践中还存在一类较为特殊但实践数量逐步增长的裂变创业模式——继承型裂变创业。基于继承既有企业而展开的裂变创业行为是一种特殊的创业活动，即创业者自母体企业离职后未创建新企业，而是以技能或资金等形式入股，来参与既有企业的运营管理，基于继承既有企业实现管理者变更的独特裂变创业实践。通过对精选典型个案的深入访谈调研，本章仍然选用了扎根理论这一分析方法对继承型裂变的概念和实践进行了分析，提炼出"弱势互赖的继承式裂变创业"概念，并围绕其得出了一些相关结论，对裂变创业的理论和实践具有一定意义。

15.1　研究背景

　　经过多年探索，创业研究积累了大量的宝贵经验和丰硕的理论成果，但是到目前为止，研究对象基本都是以发达的市场经济国家的企业为主，对发展中国家的研究明显不足。尽管创业已经成为促进我国经济发展、增强经济活力不可或缺的要素，但我国开展创业研究的时间并不是很长，有分量的研究成果并不多见。改革开放以来，我国企业创业的方式、途径和频率等都发生了很大变化，这为开展创业研究工作提供了大量可选素材。尤其值得关注的是，我国创业领域出现了一些新现象：很多具有大中企业工作经历的管理者，基于某种原因而离开这些企业实施裂变创业活动，对这类创业问题的深入研究具有一定的理论和实践价值。

15.2　继承式裂变创业的概念界定

裂变衍生是产生新企业的重要方式，也是产业集聚区，尤其是高技术产业集聚区的活力所在。从文献来看，裂变衍生一词的英文表达为"spin-off"，卡拉扬尼斯等（Carayannis et al.，1998）认为，裂变就是指从母体组织转移技术并使之商业化，且能够增加就业和创造财富的新企业。这种观点体现了技术主导的思想，是从技术角度对裂变行为的探索。还有学者根据对实际现象的观测，指出"裂变"是指小企业的管理技术骨干从原来企业辞职，利用掌握的管理、技术、知识和市场信息兴办与原企业技术产品市场类型基本相同的新企业（李永刚，2002）。这种说法突破了技术的局限，将裂变的范围拓展到了其他领域，如知识、市场等。基于裂变的创业行为可以称之为裂变创业，这种创业类型和通常所说的企业裂变不是一个概念，企业裂变既可以指企业基于组织衍生、建立分/子公司来成长壮大，也可以指企业借助机构改革、体制转换而剥离优质资产、逃避债务危机。而裂变创业虽然与企业的分离、分拆相关，但却存在显著差异：裂变创业是伴随人力资源分离的企业裂解行为，分拆后的母子企业表现为更多的竞争而非合作关系。

实际上，无论视裂变为技术导向还是管理导向，是一种活动结果还是一种活动过程，其实质都是指从母体中脱离出复杂的个体，该个体可能与母体有相同的特性，又可能有不同的内涵；同时，裂变离不开人力资源这一具有主观能动性的要素，人是裂变的发起者和承载者。值得注意的是，实施裂变创业的创业者可以有两种选择方式：裂变后创建全新的企业，或者裂变后参股加入既有企业，这两种不同选择的裂变过程、影响因素和绩效水平可能存在显著差异。本章将后一种情况界定为"继承式裂变创业"，即创业者自母体企业离职后未创建新企业，而是以技能或资金等入股参与既有企业的运营管理，基于继承既有企业、实现管理者变更而裂变创业。继承式裂变创业是一种逐渐增多的创业现象，无论在传统产业还是高科技领域都有大量的企业案例涌现，这为我们开展深入的个案研究和比较研究创造了很好的条件。

15.3　扎根理论方法的选取及步骤

目前，裂变创业理论的研究相对不足，继承式裂变创业的成果更不多见，缺乏可直接借鉴的理论成果供参考。这就要求研究者要尽量舍弃文献演绎模式，利用归纳方法从现象中提炼该领域的基本理论，从而逐渐创建和完善相应的理论体系。于是，实现深入了解继承式裂变创业这一社会现象，挖掘相应规律的目的，扎根理论研究方法便成为比较合理的选择。扎根理论研究方法在社会学领域的运用较广，而在企业研究领域比较少见，该方法的特点在于认为社会学需要建立理论，认为定性研究或任何研究都应着重资料分析与理论建构。考虑到扎根理论研究方法具有的理论生成特点，以及本章拟归纳提炼出继承式裂变创业有关理论结论的目标，决定以扎根理论方法为主要分析方法，通过对精选个案深入访谈资料的分析、挖掘，期望能够在继承式裂变创业研究的方法和理论上有所创新或突破，弥补定量方法不易于深入挖掘现象信息、其他定性方法的资料分析（译码）不很系统的问题。

扎根理论研究方法是一个不断比较、思考、分析、转化资料成为概念以建立理论的过程（Layder，1983），该方法得出的最终结论是经由系统化的资料收集与分析而发掘、发展，并已暂时地验证过的理论，这一特性使得该方法的分析过程更具有科学性和严密性。施特劳斯（1994）指出扎根理论强调理论的发展，而且该理论根植于所收集的现实资料，以及资料与分析的持续互动。这种重视资料、重视互动的方法特性，使得研究者可以借助和事件当事人的连续、亲密互动和抵近观察来收集资料。在与事件、现象的互动中，研究者用以提炼全新结论的理论敏感性不断提高，其归纳提炼的研究结论也逐渐丰满。

扎根理论方法的资料分析过程是提炼结论的关键，这一过程意在从资料中概括出概念和范畴并识别其关系；理论就是由研究者得出的概念及其关系组成的。简单而言，做一个扎根分析要经由以下两个步骤：

第一，将企业资料记录逐步进行概念化和范畴化，也就是根据一定原则将大量的资料记录加以逐级"缩编"，用概念和范畴①来正确反映资料内容，并把资料记录以及抽象出来的概念"打破""揉碎"并重新综合。概念化和范畴

---

① 概念是附着于个别事情、事件或现象的概念性标签。当一组概念都指代同一现象时就由一个层次较高也较抽象的概念统合这种概念称为范畴。

化的目的在于指认现象、界定概念、发现范畴，也就是处理聚敛（convergence）问题（吴芝仪和李奉儒，1990）。

第二，建立范畴之间的关系以成为理论，即通过运用"因果条件→现象→脉络→中介条件→行动/互动策略→结果"这一典范模型，将第一步得出的各项范畴联结在一起（徐宗国，1997）。典范模型是扎根理论方法的一个重要分析工具，用以将范畴联系起来，并进一步挖掘范畴的含义。典范模型这一工具的作用体现在：我们可以利用产生某个事件的条件、这个事件所寄寓的脉络（也就是该事件在维度[①]上的位置），以及在事件中行动者采用的策略和采用后的结果，来帮助我们更多、更准确地把握该范畴，从而实现了剖析范畴内涵和识别范畴关系的统一。

15.4　继承式裂变创业案例的分析

扎根理论研究之目的在于从理论层次上描述现象的本质和意义，从而建立一个适合于资料的理论。扎根理论对资料的依赖性，使得其与案例研究方法紧密联系起来，因为基于案例的选取和资料收集才能更好地开展后续的扎根分析。真实的情况是，扎根理论方法远远出现在案例研究法之后，案例研究方法曾经在某段时期被研究者所质疑，是扎根理论的出现以及其资料分析的严密性带来了案例研究方法的复兴。因此，本章实际上是基于个案的扎根理论研究，但有一点要注意的是，扎根理论方法的资料收集与分析是一并发生、同时进行、连续循环的，也就是研究者以研究过程中分析所得的暂时结论为指导，不断审查资料的储备丰裕度，不断调整分析的重点方向，不断进行资料的补充工作。一般的定性研究方法都是资料收集完毕后展开集中分析，扎根理论法要求边收集资料、边分析资料、边补充资料、边调整研究的具体方向或重点，因此，研究者的整体控制能力和动态灵活性显得尤为重要。

1. 个案选定与资料收集、整理

扎根理论更注重目标企业的信息丰富度而非样本数量的多少，本章挑选了课题研究中具有典型继承式裂变创业特征的 A 企业作为分析对象，研究收集

[①]　维度是指范畴性质的连续排列，也就是将某种属性加以细分，借此更好地理解一个范畴的内涵。如果个案在范畴的维度上具有明确的界定即可将这一具有个案特性的内容称为维度的位置以便剖析个案。

的个案资料主要来自两个方面：一是笔者在开展基金资助课题研究时对 A 企业相关人员的实地访谈，整理了包括访谈和参与观察在内的资料记录；二是关于该企业的评论、公告、言论及产业报告，企业内部资料如报纸、画册等。在资料收集过程中，研究者紧密围绕"继承式裂变创业"这一主题，广泛联系与研究问题相关的人士，通过面对面与他们进行深层沟通，通过对资料整理中发现的有意思议题、有疑问议题的及时追问，最终收集到了大量有价值的、内涵丰富的信息。同时，本章也非常重视局外人士的观点、现场观察描述和亲身的体验感受。再有，实地访谈中也尽量确保调研对象覆盖企业各部门、各层级，并对各种途径获取的资料进行不断比较和验证。在资料整理、整合、质证以确保其真实准确反映个案状况的基础上，将最后待分析的资料正式命名为"继承式裂变创业个案资料"。

2. 个案资料的扎根理论分析过程

资料收集整理完毕后，就进入了扎根理论译码分析阶段，这也是扎根理论方法的重点和核心部分。为分析便利起见，我们将选定的企业命名为个案 A，从而将英文标识 A 嵌于研究之中以便于后续分析。

（1）概念和范畴的得出。

概念或范畴（更高层次的一种概念）的命名或提出是一项复杂的工程，这不仅由于资料的庞杂性，还由于寻找合适名称的困难性。一般来讲，概念的来源可能是文献、研究者的创造，或者是被访谈者的用语，此阶段的要求是要有创意，最好能提炼出一些全新的、具有丰富意义的词组。根据扎根理论方法，这里的概念可以是一个词、一个短语，甚至一个短小的句子，但其必须能够准确体现对应句子的本质内涵，而不能是一个简单的"摘要"。为此，我们从以下两个方面加以展开：

一方面，采取对资料进行逐句概念化的做法，在每句话句尾都用"ax + 概念"加以标注，其中，ax 是指句子在资料中的顺序，概念是我们为该句话本质含义所贴的"标签"，或者说是对其的"定义"。具体如下：①既有企业是国有企业，是有包袱的，原来好多职工需要安置，国有企业包袱没有处理完全（a_{140}低位基础）。②创业者在既有企业投入了 100 多万元的股份，参与了投资活动（a_{176}创业参与）。③创业者的有些想法很好，但推行不开，这与原企业中层管理水平/素质有关（a_{191}创新障碍）。④既有企业圈子里的人有自身劣根性，产业内好的思路和方法很难被接受（a_{195}积累的劣势）。

另一方面，资料的逐句定义难免会出现多个定义同时指代同一现象，或者多个定义具有本质一致性的情况，因此，对以上过程得出的概念"标签"进行重新归类，并以"aax + 概念"来表示。于是，aax 就成为一个表达同类定义的范畴，基于这些定义归类的范畴提炼过程本质上反映了对现象的归类，范畴的得出实现了对资料的分解、比较、归类和整合。例如，上面的 a_{140}、a_{191} 和 a_{195}（当然还有其他一些没有列出）等概念都反映了一个问题：裂变创业者在其他企业既有基础上开展创业行为，面临既有企业带来的困难和障碍。因此，我们用"aa_3 低效路径依赖"这一范畴来概括整个事件。经过类似的操作，我们可以实现对其他概念（群）的合并，最终将大量的概念转化为数量更少的范畴[①]。本章得出的范畴为：aa_1 既有企业特性、aa_2 继承既有企业、aa_3 低效路径依赖、aa_4 启动资金缺失、aa_5 资金闭循环、aa_6 积累和外取乏力、aa_7 非转制员工、aa_8 裂变参与创业、aa_9 团队多重来源、aa_{10} 弱信任和监督，以及 aa_{11} 少学习和交流 11 个。

经过以上两步分析，得出的概念和范畴都逐次暂时替代了大量的资料内容，我们对资料的精炼、缩编和理解也在逐渐深入，我们分析和研究复杂庞大的资料数据的任务转而简化为考察这些概念，尤其是这些范畴间的各种关系和联结。不对资料进行概念化和范畴化，扎根理论研究的后续分析和成果展示是无法进行的。换言之，概念化和范畴化将收集来的资料转换为一个个利于比较和分析的单位，促动研究者针对资料里反映的现象提出问题，引导研究者对各种假设和现象提出质疑，推动了研究者进一步探索、识别和导出范畴间的新关系。

（2）范畴间关系的建立。

在概念化和范畴化阶段，研究者将资料分解并指认出范畴，该过程对资料进行了一定程度的抽象和提炼，但最终得出的范畴几乎都是独立的，其间的关系并没有得到深入探讨，而关系的建立是得出结论的必要前提。为此，要将各个独立的范畴加以联结，将被分解的资料重新整合，这就有赖于典范模型的运用。典范模型是扎根理论方法的一个重要分析工具，是用以将范畴联系起来并进一步挖掘范畴含义的有效措施。

典范模型包含"因果条件→现象→脉络→中介条件→行动/互动策略→结果"六个主要方面，用以引导对范畴的整理和分析，实际上就是将范畴安排至

---

① 由于得出的概念较多，概念又不是分析的重点故此处没全部列出。

典范模型六个方面的不同位置，位置即体现了关系。经过对 11 个范畴的不断比较，不断挖掘，经过对其关系的不断识别，不断质疑，我们最终将其落实在典范模型的不同位置，具体如表 15 - 1 所示。

表 15 - 1　　　　　　　　个案 A 的典范模型分析

因果条件	aa$_3$ 低效路径依赖 aa$_6$ 积累和外取乏力	现象	aa$_7$ 非转制员工 aa$_4$ 启动资金缺失
脉络	aa$_1$ 既有企业特性	中介条件	aa$_9$ 团队多重来源 aa$_5$ 资金闭循环
行动（互动）策略	aa$_8$ 裂变参与创业 aa$_2$ 继承既有企业	结果	aa$_{10}$弱信任和监督 aa$_{11}$少学习和交流

创业者不是创建一个全新的企业，而是裂变后以参股的方式继承了既有企业的管理权，在此基础上实施创业行为（行动策略）。继承创业的特性导致创业者很大程度上依赖于既有企业的状况，而既有企业在资源、人力甚至制度和文化等诸多方面并不一定具有优势（脉络），尤其是既有企业是基于收购国有企业创立时，组织形式的转变并没有带来员工观念的跟进（现象）。创业者组建的团队具有多重性：既有企业内部原有管理者，也有新加入者、新提升者，这就很难实现优化和统一，而且企业依托自有资金运营，没能有效引入战略投资者致使资本实力逐渐衰落（中介条件）。继承创业模式导致创业者依赖既有企业的劣势而很难突破，资源内部积累和外部获取的能力很难改善（因果条件），最终导致创业者威望和整体信任水平降低，学习和创新的氛围及动力不足（结果）。

（3）核心范畴的提炼及扎根研究的结论。

经过以上对范畴的典范模型分析，我们对范畴及其关系的理解又加深了一步。在对原始资料、概念、范畴，尤其是范畴关系不断比较的基础上，我们提炼出了一个能反映个案全貌的核心范畴：弱势互赖的继承式裂变创业[①]。围绕该核心范畴的故事线可以表述为：创业者从母体企业裂变时，自身并未积累起优势明显的资源、能力，也未能有效吸附其他战略资源；创业者在既

[①]　核心范畴及故事线是扎根分析过程的阶段结果，核心范畴是指用一个范畴概括、统帅整个个案所反映的事件或现象，故事线指用一句话总结个案故事的主要线索。

有企业基础上实施创业行为，继承了既有企业大量非优势资源；创业者同团队、员工和上层公司之间构成了弱势资源互相依赖、互相拖拽从而绩效低下的恶性循环。

　　核心范畴及故事线的提炼，简化和集中了我们对个案的理解。为了使分析更有说服力也更丰富，有必要对核心范畴展开进一步探讨，这可以通过识别核心范畴的性质、维度和位置来实现。具体如表 15 - 2 所示。

表 15 - 2　　　　　　　　　　核心范畴的性质、维度和位置

核心范畴的性质	性质的维度（属性排列）	维度的位置
继承式裂变创业继承程度	高—低，同产业—异产业	程度高，同产业
继承式裂变创业团队组成	内部—外部，多来源—少来源	内外兼有，多来源
继承式裂变创业资源基础	有优势—无优势，转移—未转移	无优势，未转移（母体资源）
继承式裂变创业绩效水平	较高—较低	较低
弱势资源相互依赖的程度	高—低，单一—系统	高，系统
打破资源相互依赖的措施	采取—未采取，难—易	采取，难
……	……	……

　　本章得出的核心范畴（弱势互赖的继承式裂变创业）反映了一种继承式裂变创业的现象，该现象的发生隐含着众多的影响因素，正是由于这些因素在个案中的不同状况（位置），导致了不同的结果或绩效。

　　根据以上扎根理论的分析，我们可以得出以下初步结论：继承式裂变创业者和既有企业之间的资源/能力之间存在高度相互依赖性，这种依赖是弱势资源的依赖，这种依赖会共同作用于企业并阻碍绩效提升。该结论隐含两个假设：第一，假定了继承式裂变创业者不可能拥有丰富的优势资源，如产业经验、管理技能和网络关系等，也就是说裂变创业者可能不具备转移母体企业资源的能力，或者说不具备依托自身魅力吸附其他外界资源的能力。否则，该创业者更好的选择应该是独立创业。第二，假定了既有企业自身的资源状况尤其是管理能力不会有太大优势，否则其可能不会引入裂变创业者。虽然这两个假设不一定总是准确，但肯定会在较大的范围内存在。因此，继承式裂变创业更可能是一种弱势资源寻求合作的过程，从而具有非常强的相互依赖特征。弱势资源的互赖将导致企业成长的拐点很难突破，继承式裂变创业的绩效很难提高。

15.5　本 章 小 结

1. 研究结论

企业创业是一种比较普遍的社会现象，但研究起来纷繁复杂、困难重重。裂变创业尤其是继承式的裂变创业研究相对缺乏，远还没有达到构建理论体系的水平。继承式裂变创业问题的研究有待于我们不断提出研究课题，不断寻找典型个案，不断完善研究方法，扎根理论便是一种行之有效的研究方法。扎根理论在社会学领域运用较广，也较成熟，但在企业管理领域的研究成果比较少见。通过运用扎根理论，以研究方法上的创新和完善，以及研究视角上的突破，能够在继承式裂变创业研究中有所发现。本章分析得出的"弱势互赖的继承式裂变创业"这一核心范畴以及围绕其的相应结论，是研究者在完全忠实和"扎根"于资料的前提下归纳而来的。同时，通过运用扎根理论方法，可以得出其他继承式裂变创业个案的分析结论。在多重企业个案研究的基础上，最终可提出继承式裂变创业的有关理论，从而丰富裂变创业研究的理论体系，推动创业理论研究的发展。

2. 研究展望

通过本章的案例分析可以发现，创业者或团队自身的资源与能力与继承的母体企业资源与能力的匹配程度不同，可以带来极具差异化的裂变结果。基于这种继承企业与创业者之间的匹配关系，我们认为未来研究可以进一步将这种资源与能力的探讨边界，拓展至母体企业经营状况与裂变企业继承程度之间的研究，如图 15 – 1 所示。

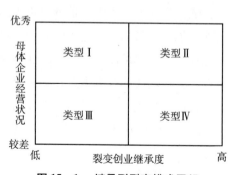

图 15 – 1　继承型裂变模式展望

　　具体地，类型Ⅰ代表着继承的母体企业经营状况较好，但裂变创业者继承度低；类型Ⅱ代表着继承的母体企业经营状况较好，同时裂变创业者继承度高；类型Ⅲ代表着继承的母体企业经营状况较差，同时裂变创业者继承度低；类型Ⅳ代表着继承的母体企业经营状况较差，但裂变创业者继承度高。在未来的研究中，针对上述两维度的四矩阵模式，我们可以进一步分析哪些因素可能导致四类继承型裂变创业模式的出现？生成的路径是什么样的？不同模式下，裂变企业如何寻求高绩效？影响不同模式绩效水平的因素有哪些？……通过对上述一系列问题的研究拓展，期望能够为继承型裂变创业的发展提供更系统的理论指导。

第五篇

相得益彰：交互作用视角的裂变式发展

此前两篇分别从新企业与母体企业的视角阐述了裂变式发展对于两类企业各自的重要意义，那么，是否能够在特定策略的作用下实现两类企业共赢？抑或者能否有独特模式帮助母体企业发展又促进新创企业立足？本篇即从两类企业交互的视角探讨母体企业与新创企业之间的"双向奔赴"。

　　本篇开篇章节以一个相对负面的"连次创业"案例研究揭示母体企业与新创企业在缺乏交互与协作的状态下产生的间断性失败以及由此带来的"双输"境地。以此为对比，后续三章分别从商业模式、经营业务以及组织身份三种交互媒介解读母体企业与新创企业的"共赢"逻辑。

第 16 章
"连次创业" 与双输窘境
—— 缺乏交互的间断失败

本章导读▶

　　2004 年 9 月开始，原中国科学技术促进发展研究中心和挪威国家应用科学研究所（Fafo）展开合作研究，基于深入访谈实地调研了四川和青海两省的大样本企业，获得了大量有价值的资料信息。在资料整理分析时，课题组发现存在一种创业者多次直接或间接参与创建新企业的"连次创业"现象（笔者给此现象的命名），这引起了研究者的极大兴趣。在掌握了翔实的企业访谈资料基础上，本章运用扎根理论研究方法分析"连次创业"现象，发现裂变创业动机、战略资源转移、产业经验积累等要素在创业行为发生发展、多次转换和绩效获取中发挥关键作用，得出关于连次创业的一些初步结论。

16.1　研究背景

　　在"以和为贵"的传统文化氛围中，合作共赢似乎是管理者所致力的一种价值观。特别是，中国情境下追求大团圆的底层心理往往一开始就与"裂变式"的"分家"所格格不入。正因如此，考量裂变创业者如何与母体企业实现价值共创与协作共赢是寄托于这种特殊创业实践背后的一种深层期许。

　　然而，在课题组对于裂变创业与裂变式发展实践长期跟踪的调研中，母体企业与其衍生而来的新创企业常常面临"双输"的局面：一方面，母体企业因为人力资本与关键业务的流失，整体面临较大的内部动荡；另一方面，新创企业由于业务的同质性与资源的相似性（Chen et al., 1994），成为母体企业的竞争对手，特别是在新生劣势的加持下，整体面临较为凶险的外部压力。在商业界知名案例中，华为与芬尼克兹这类行业内的头部企业在发展过程中都经历了这类典型情况。

相较于华为与芬尼克兹所在的珠三角这类市场体制完善、供应链齐备的东南市场区域，位于我国西南以及西北地区的四川省、青海省等地存在外部营商环境困顿的典型局面。在这类情况下，母体企业与裂变产生的新创企业之间似乎更应该建立合作共赢的双赢机制。但现实却与此大相径庭。在原中国科学技术促进发展研究中心和挪威国家应用科学研究所（Fafo）合作展开的研究项目中，针对四川和青海两省的大样本企业，基于实地调研和实地访谈收获了大量有价值的资料信息。课题组在对这些资料进行整理分析的基础上，识别出一种典型的"连次创业"的创业失败案例。

相较于"连续创业"所强调的多次创业之间的组合性与连续性，"连次创业"表现为创业行为在时间序列上的续接与业务之间的离散，即多次创业之间没有建立起联系，特别是新创企业与母体企业之间关联的缺失直接导致了多次创业相对惨淡的局面。而这种典型现象以其区域典型性和实践启发性，亟须扎根实践进行溯因式的解释性分析（Corbin and Struass，1994）。

有鉴于此，本章以前述项目中青海与四川两省的创业现象与相关资料为基础，选择了一位典型的符合"连次创业"特征的创业者作为研究对象，对其前后三次脱离原组织进行的创业活动进行了深入分析，提炼出整合性的过程解释模型，并对创业相对失败的缘由进行了整体提炼，相关发现为连续创业与裂变创业研究作出理论贡献，也对母体企业与新创企业之间的合作共赢问题提供实践启发。

16.2　"连次创业"的相关理论梳理

连次创业归类于习惯性创业。麦克米兰（MacMillan）首次提出习惯性创业概念，创业者同时具备两个条件：一是历经几次创业；二是同时经营两家及以上企业的经营（Macmillan，1986）。习惯性创业被细分为组合创业和连次创业（Hall，1995）。其中，组合创业的核心是同时经营两家及以上企业，是企业为了战略发展而作出的行为；而连次创业的核心是多个创业活动先后出现，当前创业企业为重点研究对象，是创业者个人作出的行为（Westhead and Wright，1998）。借鉴国内相关研究（张默和任声策，2018），本章将连次创业者界定为拥有两次及两次以上创业经历的创业者。

近年来，尽管连次创业者在创业活动中表现出的独特性已引起学者们的注意，但有关连次创业的研究相对比较零散，该领域仍处于起步阶段，没有形成系统的研究视角和解释框架（Rocha et al.，2015）。如果注重学习先前创业经历，连次创业者从而汲取经验再进行创业活动，成功的概率更大一些（Ucbasaran，2003）。创业经历对后续创业意向及后续创业绩效产生影响，主要基于认知发展、资源积累和情感感知三种机制（窦军生和包佳，2016）。

创业经历对后续创业意向的影响。基于认知发展角度的解释主要集中在自我效能感、心理所有权和认知偏差三个方面：（1）从自我效能感角度，创业成功的创业者更愿意开展后续创业（Bandura，1991）；（2）从心理所有权角度，失败的创业经历也可能会激发后续创业意向（Hsu，2013）；（3）从认知偏差的角度，关注创业者的过度自信如何作用于先前创业经历对后续创业意向的影响（赵文红和孙卫，2012）。基于资源积累角度，创业者通过后续创业来获取更大的价值，因而具有较强的后续创业意愿（Westhead and Wright，1998）。基于情感感知角度，企业家对于之前事业的感觉（幸福或悲伤）也是影响后续创业意向的一个重要因素（Shepherd，2003）。

创业经历对后续创业绩效的影响。基于认知发展视角的主要解释有经验学习、选择学习和认知偏差三个理论：从经验学习角度，随着创业时间的延长，连次创业者的绩效提高（Parker，2013）；从选择学习角度，创业者在创业失败后对自身进行重新评估，吸取失败教训以制定更优战略，在创业成功后过度依赖既有路径，反而会承担更大的创业风险（Hayward et al.，2010）；从认知偏差角度，具有创业成功经历的创业者难以适应外部环境转变，未能及时调整创业战略，不利于创业绩效（Westhead et al.，2005）。基于资源积累角度，创业者通过创业来获取人力、关系、资金等资源，谋取更大利益（Hayward et al.，2010）。基于情感感知角度，"拓展—建构"理论解释了好的情绪推动创业者开展创业活动（Fredrickson，2001）。

综上所述，连次创业研究重点多聚焦于概念、特征、后续创业意愿与绩效方面，强调多次创业之间的关联性，但相关文献较少关注创业行为本身，对于连次创业过程的实现路径缺少讨论。更为重要的是，目前研究忽略了与多频次却缺乏联系的创业活动进行对比讨论。本章识别出的"连次创业"正是为了就这一缺憾进行补足。

16.3　青海 A "连次创业" 案例分析

扎根理论方法注重研究对象蕴含信息的丰富性，而非样本数量的大小。因此，本章挑选课题研究中青海省某企业（假定为 A 企业）为研究个案，运用扎根理论研究方法深入探讨创业者的连次创业活动。研究的具体展开如下：

企业个案资料来自课题组对该企业管理者的深入访谈调研，同时，将课题组的实地参与观察记录整合融入。在将待分析资料定义为 "A 企业连次创业资料" 后，按照扎根理论方法的技术技巧展开分析工作。在分析过程中发现或感觉到有理论价值的主题，而关于该主题的个案资料不充分、不能构成证据链时，课题组就再次通过电子手段与企业联系，补充新资料，提高研究结论的扎实性。

1. 资料的开放性译码

通过对 "A 企业连次创业资料" 的开放性译码分析，最终抽象出 116 个概念、43 个初步范畴和 13 个范畴。从资料中提炼出的 13 个范畴分别为创业者、团队、研发、管理、初次创业、二次创业前期、二次创业中期、二次创业后期、主控创业、创建新厂、产品、原料、产业市场等。它们的性质和性质的维度可以通过范畴释意或定义呈现：创业者意指企业创始人的经历、经验以及心理状态和活动；团队意指高层管理人员的结构、技能、经验；研发意指产品研发水平、机构、信息源及模式；管理意指制度制定、执行以及考评；初次创业蕴含创业者的动机、心态、行为及结果和经验；二次创业前期蕴含创业者的机会把握、活动及初始合作；二次创业中期蕴含运营水平、股东变化和收购争议；二次创业后期指明企业售卖的利益分配、创业者行为；主控创业指代新企业创建、股份控制及资源外取；创建新厂指明动机、投入；产品描述创新、竞争力及研发技能；原料描述种植、收购、贮存和丰裕度；产业市场包括产业阶段、竞争结构、市场规范。

为了形象说明开放性译码过程，截取部分 "A 企业连次创业资料" 开放性译码表，如表 16 - 1 所示。

表 16－1　　　　　　　　A 企业连次创业资料开放性译码分析举例

A 企业连次创业资料	开放性译码		
	概念化	初步范畴化	范畴化
Y 先生在"××学校"工作期间，发现该学校的晋升机制存在问题（a_1），并且自身也萌发出创业想法（a_2），主要有两方面原因：一是为了获得一定的社会地位（a_3）；二是为了实现自身社会价值（a_4）。Y 先生 1995 年从"××学校"离职，创立"××研究所"。在创业过程中，亲戚提供了几万元的资金帮助（a_5），同事提供了技术支持（a_6），但是创业者自身尚不具备供应链管理能力（a_7），并且对于合作伙伴缺乏信任（a_8），因而出现了创业小危机。经营模式方面，该公司将种植业务委托给农民（a_9），将销售业务委托为销售商（a_{10}），却引发成本（a_{11}）和质量管理失控（a_{12}）	a_1 晋升困难 a_2 心态变化 a_3 他人认可 a_4 自我效能 a_5 亲朋资金 a_6 同事技术 a_7 缺乏管理能力 a_8 缺乏信任合作 a_9 委托种植 a_{10} 委托销售 a_{11} 成本失控 a_{12} 质量失控	1. 以 a_1、a_2 概念化为脱离当前环境（A_1）； 2. 以 a_3、a_4 初步范畴化为获得价值认可（A_2）； 3. 以 a_5、a_6 初步范畴化为社会关系网络（A_3）； 4. 以 a_7、a_8 初步范畴化为缺乏管理信任（A_4）； 5. 以 a_9、a_{10} 初步范畴化为两头在外战略（A_5）； 6. 以 a_{11}、a_{12} 初步范畴化为管理失控（A_6）；	以初步范畴 A_1、A_2、A_3、A_4、A_5、A_6 范畴化为初次创业（AA_1）
初次创业失败后，Y 先生备受挫折（a_{13}）。为了证明自己，Y 先生再次踏上创业之路（a_{14}）。他主动广泛寻求创业机会（a_{15}），并对此进行挖掘（a_{16}），借机创建诊所，聘 2 位退休医生为病人看病。但在创业过程中，Y 先生不具备控制权和决策权（a_{17}）（a_{18}）。Y 先生出创业资金和管理（a_{19}），而对方出设备和产品（a_{20}），因此对方占主导地位。后来由于创业合作者更换了其领导（a_{21}），并且其创业战略发生了转变（a_{22}），不得不卖掉企业（a_{23}），最终导致 Y 先生再次创业失败（a_{24}）	a_{13} 备受挫折 a_{14} 急于证明 a_{15} 识别机会 a_{16} 挖掘机会 a_{17} 无控制权 a_{18} 无决策权 a_{19} 创业者出人出资 a_{20} 对方出设备产品 a_{21} 合作方领导更迭 a_{22} 合作方战略转变 a_{23} 企业卖掉 a_{24} 创业失败	1. 以 a_{13}、a_{14} 概念化为挫折急于转型（A_7）； 2. 以 a_{15}、a_{16} 初步范畴化为主动寻找机会（A_8）； 3. 以 a_{17}、a_{18} 初步范畴化为无控制权合作（A_9）； 4. 以 a_{19}、a_{20} 初步范畴化为基于合作创业（A_{10}）； 5. 以 a_{21}、a_{22} 初步范畴化为股东结构变化（A_{11}）； 6. 以 a_{23}、a_{24} 初步范畴化为企业出售（A_{12}）；	以初步范畴 A_7、A_8、A_9、A_{10}、A_{11}、A_{12} 范畴化为再次创业（AA_2）

续表

A 企业连次创业资料	开放性译码		
	概念化	初步范畴化	范畴化
在两次创业失败后，Y 先生并没有就此放弃，想再次尝试创业。创立了"××有限公司"，此过程中充分总结两次创业的经验（a27），并对创业失败的原因进行总结反思（a28）。该公司控股方是研究所（a29）；另外 2 个帮公司成立的企业也是股东（a30）。由于企业资质较浅，Y 先生租下一个倒闭化工厂，挂靠其报批产品（a31），借此新产品生产得以获批准（a32）。为了获得更多的资质，Y 先生准备买下某生化厂，但该厂不愿出售（a33）。后来，Y 先生又租了某开关厂，工艺改造后投产（a34）。最后，Y 先生开发的产品被同行企业模仿，导致市场竞争激烈，此时市场处于极不规范的发展阶段（a36）	a_{25} 不愿服输 a_{26} 勇于尝试 a_{27} 利用经验 a_{28} 反思教训 a_{29} 所里控股 a_{30} 股份吸纳 a_{31} 租厂挂靠 a_{32} 产品获准 a_{33} 支配但不拥有 a_{34} 巨资投入租赁 a_{35} 被极度模仿 a_{36} 市场不规范	1. 以 a_{25}、a_{26} 概念化为事业心的驱使（A_{13}）； 2. 以 a_{27}、a_{28} 初步范畴化为汲取创业经验（A_{14}）； 3. 以 a_{29}、a_{30} 初步范畴化为实现绝对控制（A_{15}）； 4. 以 a_{31}、a_{32} 初步范畴化为资源外取战略（A_{16}）； 5. 以 a_{33}、a_{34} 初步范畴化为资源协调困境（A_{17}）； 6. 以 a_{35}、a_{36} 初步范畴化为恶意模仿（A_{18}）	以初步范畴 A_{13}、A_{14}、A_{15}、A_{16}、A_{17}、A_{18} 范畴化为主控创业（AA_3）

2. 主轴译码

本章在主轴译码阶段通过典范模型共得到三个主范畴，分别为初次创业、再次创业和主控创业，如表 16 - 2 所示，典范模型建构起了范畴间的紧密关系，通过典范模型分析，可以加深对主范畴的全面、准确了解，进一步提高对资料的整体把握。

表 16 - 2 　　　　　　　　A 企业连次创业资料主轴译码结果

逻辑主线						主范畴
因果条件	现象	脉络	中介	行动/互动逻辑	结果	
脱离当前环境	获得价值认可	社会关系网络	缺乏管理信任	两头在外战略	管理失控	初次创业
挫折急于转型	主动寻找机会	无控制权合作	基于合作创业	股东结构变化	企业出售	再次创业
事业心的驱使	汲取创业经验	实现绝对控制	资源外取战略	资源协调困境	恶意模仿	主控创业

（1）初次创业。

初次创业过程如图 16-1 所示。

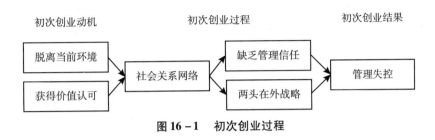

图 16-1 初次创业过程

Y 先生在学校就职期间，不是很喜欢受到学校体制因素的制约，并且未来基本没有晋升空间，因此 Y 先生对未来的教师职业发展感到前途渺茫。除此之外，Y 先生想改变职业方向，放弃教师行业转向从商，并由此产生了开展创业的萌芽想法。一方面，迫切想要离开教书这种职业环境；另一方面，为了改变自身职业规划，实现独特的人生价值，Y 先生决定选择创业这条道路。虽然相较于就职于学校而言，经商创业这条道路不仅充满了机遇，而且布满风险和挑战。好在 Y 先生借力于个人及其家人原有的社会关系网络，不仅从亲朋好友那里获得了部分金钱支援，作为创业启动资金，而且从同学朋友那里获得了部分技术指导，在资金和技术的支撑之下，创立了创业企业，并且新创企业的初步经营活动得以顺利开展。不过 Y 先生选择的创业经营模式出现了些小问题，一方面，将种植业务委托给农民种植户；另一方面，将销售业务委托给专业的销售商，虽然看似为创业减轻了很大的负担，但这也给新创企业未来发展埋下了较大的隐患。由于 Y 先生创立的新创企业尚不具备供应链管理的能力，难以处理好上下游关系并且与合作伙伴的信任关系尚未建立成功，因而使得产品的生产成本较大，并且生产出的产品质量难以保证。

（2）再次创业。

再次创业过程如图 16-2 所示。

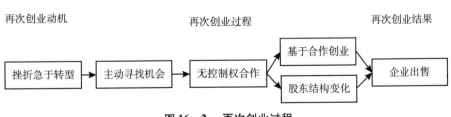

图 16-2 再次创业过程

由于经历了初次创业失败后，Y 先生备受挫折，为了摆脱自己创业失败者的身份标签，Y 先生作出了再次创业的大胆决定。为了实现再次创业，他四处寻找可行的创业机会，并且充分利用初次创业的失败经验和教训，再次敏锐地探寻到商业机会，创建了一个全新的诊所，Y 先生为该诊所聘任了两位退休医生，相关业务主要针对附近的居民日常看病，Y 先生与两位医生就一些临床问题进行研究。值得注意的是，Y 先生的再次创业不同于初次创业，他选择了合作创业的形式，刚开始以为是良好的创业机会，却没想到成了创业过程中的一颗"绊脚石"。基于当前创业者与合作方所拥有的资源基本情况，Y 先生提供创业资金并且为新创企业提供管理服务，而合作方提供生产设备和生产产品的典型样品，基于此，成立了创业企业，并且创业企业获得了短期的辉煌。但是创业企业的好景不长，在双方合作创业的创业形式下，Y 先生没有取得新创企业的决策控制权。并且再次创业的产品结构与初次创业截然不同，促使 Y 先生在创业过程中彻底丧失了话语权。后来，由于合作方更换了负责该创业项目的领导班子，全新的领导班子提出的核心理念与 Y 先生的创业发展战略之间存在着重重矛盾，在双方协商中难以得到彻底解决，最终只能以新创企业被出售而告终，这就标志着 Y 先生的再次创业失败。

（3）主控创业。

主控创业过程如图 16 - 3 所示。

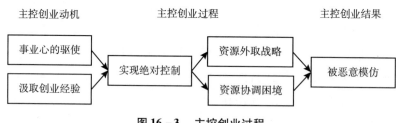

图 16 - 3　主控创业过程

二次创业的新创企业被合作双方出售后，在自己强烈的事业心驱使下，Y 先生结合两次创业失败的遭遇，创立了"××有限公司"，此次创业充分总结前两次创业的经验与教训，并对创业失败的原因进行反思，主要体现在企业控制权方面。这次合作创业中，Y 先生掌握了新创企业的绝对决策控制权，以"××研究所"作为控股方，以另外两个为创业提供帮助的合作者作为股东。由于创业企业资质较浅，因而不得不依靠外部的资源支持。首先，Y 先生租下一个快要倒闭的化工厂,以挂靠该化工厂来报批各项产品,因而次年新产品生产的资质获得批准。其次,Y 先生准备买下某生化厂,但该厂不愿出售,为此 Y 先生只能在取得国家生产资质后建立新厂进行生产。最后,Y 先生又租了某开关厂作为生产某项产品的基础,并在对该厂工艺进行改造后投产。但是由于新创企业尚未建立起保护商业秘密的意识,Y 先生所开发的多项产品被同行企业模仿,导致市场竞争激烈,也预示着此时的市场处于极不规范的发展阶段。

3. 选择性译码

通过对范畴的继续考察,尤其是对三个主范畴及相应副范畴的深入分析,同时结合原始记录进行互动比较、提问,我们发觉可以用 "连次创业" 这一核心范畴来统合所有其他范畴。连次创业是指创业者多次参与创业,并在历次创业中都发挥关键作用。本章的创业者共经历了三次创业,初次创业以运营失败结束,再次创业以企业出售完结,这两次创业规模小、时间短,只有第三次的主控创业才是更能展现创业者特质的创业活动。围绕 "连次创业" 这一核心范畴的故事线可以概括为:从事教育事业的创业者为改变境遇进入商业领域,抓住别人提供或自己主动获取的三次机会,历经本地发展到异地经营过程,在与合作者、竞争者、政府等的博弈中连续推动创业发生,取得了不同绩效。

16.4 "连次创业" 案例的主要发现

初次创业的动机是政治因素导致的创业者心态变化,创业者为脱离当前环境、获得价值认可而创业。创业者的社会关系网络推动、支持了经营活动进展,缓解了资金和技术压力。经营模式上采取 "两头在外" 的委托种植和销售方式,致使成本和质量管理失控,这与新创企业缺乏供应链管理能力、未建立有效的信任合作关系极其相关。再次创业发端于创业者初受挫折急于转型,得益于积极主动关注商业机会。采取创业者出资、出管理、对方出设备、样品的合作模式,比较适合合作双方的资源占有状况。创业者在再次创业中没有取得新企业的决策控制权,产品结构也与初次创业完全隔离。再次创业获得短期成功时,却因合作方领导更迭导致发展思路冲突,最终企业被卖掉。创业者从两次经历中获取了一定经验,对连续创业的产品关联性和新创企业控制权有了新的认识。事业心驱使创业者三次创业,这次在合作中掌握了企业绝对控制权，产品的前后关联度却只限于原料相同。受资金限制，创业者在主控创业初始采取的是委托加工、租厂生产模式，后为满足国家生产标准才贷款建立新厂。在采取"资源外取"战略以支配但不拥有方式借助外力生产时，创业者投入巨资用于租赁厂的技术工艺改造。由于新创企业商业秘密保护意识不强，致使创业者在与同类企业合作时产品技术和工艺流程泄漏。目前，创业者开发的产品被极度模仿，竞争激烈，产业市场处于极不规范的发展阶段。

通过对"A企业连次创业资料"的扎根理论分析，识别出概念和范畴之间的潜在联系，我们可以得出以下有意义的初步结论：

创业者连续从合作企业离职创业，是为了获得认同和尊重而采取的被动行为，或者说，是一种逆失败情结推动创业者进取，而不是创业者基于有利的资源优势把握绝佳的产业机会。本杰明和菲利普（Benjamin and Philip，1986）将影响创业动机的因素分为"推"和"拉"两个维度，"推"理论指某些负面因素可能会激发人的创业潜能，这些负面因素或许是对现有工作不满意或失业等；"拉"理论则指某些正面因素也许会吸引人采取创业活动，这些正面因素可能是具有潜在获利机会等。本章中创业者的连次创业活动，驱动力以推为主，以拉为辅，机会只是一个条件。

创业者的前次创业活动，并没有为后次创业积累有价值的资源，它们只是表现为活动展开时间的顺序性。快斯特（Christian，2000）根据创业对市场和个人影响程度的不同，将其分为四种类型：模仿型创业、冒险型创业、复制型创业和稳定型创业。本章的连次创业产品没有连续性，或者可以说创业者实施的是跨产业的冒险型创业，这会打断创业者深入学习以便把握产业趋势及关键成功因素的思路。而且，前两次创业的企业存续期比较短，创业者没有足够的时间积累管理经验、整合人力资源、建立关系网络，产业经验、管理能力和员工素质等因素必然影响创业者的成功或失败（Lussier，1995）。

创业者连续从"母体"裂变，但并没有从母体分离或转移出战略资源。战略资源指的是企业拥有的异质性资源，表现为价值性、稀缺性、难以模仿性和难以替代性，这些可能呈现为物质、人力或组织的资源是企业优势的内在来源（Barney，1991）。本章的创业者展开裂变性连次创业时，只拥有依附于其个体的创业发起资源，没有能够从"母体"转移人力、技术或产品等资源。在裂变性创业中，能否继承、吸纳和构建优秀的行动一致的整体性战略资源，是新创企业得以快速成长的关键。

16.5 本章小结

本章以 A 企业创始人的一系列创业经历，就"连次创业"这一核心构念进行了提炼与挖掘，明确其多次创业之间缺少交互的特征，通过将研究情境置于我国青海省这一营商环境较为落后的地理区域，进一步点明创业企业与母体企业建立联系的必要性，从而最终就新创企业与母体企业如何共同发展问题提供了重要启发。相关结论具备如下价值：

1. 理论贡献

首先，本书发现对理解连次创业的本质属性具有重要的借鉴作用。自麦克米兰提出习惯性创业概念以来，连次创业就成了相关领域的重点议题，特别是其对于创业者先前经验的强调以及多次创业行为之间交互关联的重视成为创业研究的一系列基础性认识。而本书所关注到的连次创业与连续创业在多次创业行为的交互性方面存在典型区别，这一重要特征最终也成为各次创业绩效相对低迷的关键。正因如此，本书就连次创业的反面情境进行了再度聚焦，就连次创业的"接续"属性进行了再度诠释，并最终提出了"间断"式的"连次创业"构念，为解释多次创业行为的失败提供了新理解。

其次，本书发现为裂变创业情境下母体企业与新创企业的交互提供了资源方面的新启示。事实上，本书中的连次创业本质是多次从母体组织裂变的创业活动，是一系列裂变新创企业创生的过程。按照传统观点，这类新创企业常常表现出较高的存活率和初始绩效。但本书却发现并非如此，连续三次的创业企业均陷入了较大的生存危机和竞争威胁之中。而在追本溯源的过程中，不难发现，这类与传统认识相悖的发现正是来源于新创企业没有充分利用母体企业资源。已有研究认可裂变新创企业的初始绩效来源于母体企业的资源与网络（Buenstorf et al.，2018），连次创业的构念则进一步印证了这一观点，并从资源的角度延伸了两类企业之间交互的重要意义。

2. 实践启发

对于新创企业而言，围绕先前经历进行总结是其收获创业成功的必经环节。然而，一个典型的现象是，创业者往往照搬了前述经历，抑或缺乏对经验进行加工和提炼，这将导致创业者难以行动建立起自身的认知框架。本章的案例正是如此，虽然创业者有多次的工作和创业经历，但其后续行为仅仅停留于对之前失败的简单归因，反而最终走向另一个行为极端，这也成为创业失败的一个重要诱因。另一个重要的启发是，对创业者而言，母体企业资源是其可依仗的重要基础，因此，如何最大化利用母体资源是决定新企业能否存活并建立初始优势的关键。但值得关注的是，简单套用母体企业的盈利方式与其进入相同行业展开直接竞争并非良策，这类行为将直接诱发两类企业的对抗，从而加剧行业内耗，这就意味着，建立与母体企业的合作共赢是此时新创企业需要考虑的又一关键。

对于在位企业而言，高层之间的矛盾是诱发雇员离职并创业的重要诱因，而这也会诱发一系列连锁反应，一方面在位企业遗失重要的人力资本；另一方面，这类雇员创建的企业往往会与本身存在竞争关系。正因如此，预防员工离职成为减少此类风险的重要举措。但必须意识到，减少员工离职只是防范的一环，而如何有效利用这类创业行为并最终使本企业获益则更具有吸引力。目前许多公司开展的内部创业大赛、创新大赛正是对此进行的尝试，通过建立正式的流程与机制，将潜在离职创业风险变成可控的员工内创业行为，最终以统一行为框架诱导商业机会变现并最终实现母体企业与员工的共同获利。其中，协调两类企业的价值分配将是重中之重。正因如此，母体企业应建立起完善的激励机制，充分发挥员工的主观能动性，健全企业与员工的合作机制，从而最终保证母体企业与创业企业的合作共赢。

3. 未来研究展望

本书以青海省符合连次创业特征的 A 企业创始人作为研究对象，就其多次创业经历进行了深入探究，特别提出各创业历程缺乏交互是其屡次创业失败的关键。因此，未来研究可以就母体企业与新创企业之间的交互过程进行深入挖掘，特别应该选择成功的典型样本，就两类企业如何实现合作共赢进行进一步诠释。与此同时，本书强调资源是两类企业交互的一种典型媒介，这也被认为是组织间关系的形成基础。但必须意识到，两类企业之间的关联绝非简单的资源调用，未来研究有必要进一步提炼其他的交互媒介，进而对组织间关系问题形成更为清晰的认识。

第 **17** 章

商业模式跨组织间转移

——母体孵化至独立运营

本章导读▶

在回顾商业模式相关理论的基础上，系统考察商业模式这一要素从母体企业孵化、传承至新创企业并实现独立运营这一完整过程中的关键影响因素及其作用机理。基于扎根理论研究方法和理论抽样原则，提炼出前置条件、孵化脉络、商业模式、剥离机制和独立运营这五个主范畴，构建了商业模式传承型裂变创业内在机理的理论模型，并探讨了要素之间的嵌入逻辑和联结关系。本章的最大贡献在于挖掘了商业模式由内而外传承过程的内在机理，围绕商业模式媒介构建起母体企业与新创企业交互的具体形式。

17.1 研究背景

与那些寻求业务精简或退出衰退领域而进行的拆分、出售等普通的业务剥离活动不同，母体企业发起和支持的裂变创业活动是基于新技术或新产品开发及其成功商业化而进行的主动设计、创新驱动型业务剥离（Rubera et al.，2013），可以有效支持企业在不熟悉的市场或技术领域开发并利用商业机会，能够有力支持母体企业的持续发展和优势构建。同那些与母体企业进行同质化竞争，或者与母体企业断绝业务联系的裂变创业活动相比，母体企业主导型裂变创业是一种主动布局未来的战略行为，在此情境下，母体企业往往会精心培育和主动孵化潜在裂变创业项目，从而为未来成长奠定基础（Bruneel et al.，2013）。母体企业孵化型裂变创业活动，有机融合了公司创业和裂变创业两种创业形式，推动了内部创业活动外化延伸为裂变创业行为，助推了母体企业的持续发展和优势外延，支持了新创企业的成功生成和独立运营（李志刚等，2016）。

孵化型裂变创业孵化的可能是市场、技术、产品或创业者，也可能是以上要素的组合。如果母体企业孵化了要素组合甚至是商业模式，那么就有助于克服资源供给不足、商业模式不成熟等新进入缺陷（张敬伟等，2014），从而提高新创事业成功的概率，因此，孵化型裂变创业为公司创业领域探索内部创业模式问题开辟了新的分析视角。在长期跟踪裂变创业研究动态的基础上发现，实践中具备很多新创事业的商业模式从母体企业孵化成型，并成功转移、传承至裂变新创企业的现象，本章将此类现象称之为商业模式传承型裂变创业。

这种裂变创业具有两个显著特征：第一，新创事业的商业模式在母体企业孵化成型，借助母体的资源和能力完成了初始商业模式假设的检验和调整，有效地规避了"新进入缺陷"，提升了生存和成长的概率；第二，新创事业的商业模式往往不同于母体企业，因此，母体企业需要设立合适的管理机制，促进新创事业商业模式的孵化、裂变和独立运营后的彼此合作。总之，鉴于探索可行商业模式是新创企业获得生存和发展的一项关键任务，因此，新创事业如果能够在母体中完成商业模式的探索和验证，就可能具备独立创业的新创企业所无法比拟的生存优势。那么，在这类裂变创业现象中，新创企业的商业模式是如何发生和发展并孵化成型的？成型后又是如何成功裂变，实现成功的独立运营的？带着这些疑惑，本章梳理了商业模式的相关文献，结果却显示，尽管学者们已取得富有洞见的成果，但对于商业模式传承型裂变创业现象却缺乏专门研究，无法有效地回答本章所关心的问题。

基于此，本章借助扎根理论研究方法论，以理论构建为导向，尝试对上述现象和问题给出解答。具体而言，本章遵循扎根理论的研究思路，借助理论抽样、资料译码、持续比较、边分析资料边收集资料等研究策略，围绕商业模式传承型裂变创业这一主线，对实地资料进行了以归纳为主、演绎为辅的动态理论提炼。在资料处理过程中，先后识别了母体企业孵化商业模式的前置条件、母体企业孵化商业模式的典型脉络、内部孵化商业模式的要素组成、商业模式从母体企业传承至新创企业的制度安排及后续关系管理机制，在对扎根理论得到的一系列概念、范畴及范畴间关系的持续比较基础上，最终构建了商业模式传承型裂变创业的理论模型。本章的主要贡献在于，对商业模式传承型裂变创业这一独特创业现象进行了全面剖析，挖掘了商业模式由内而外传承过程中的内在机理，延伸了公司创业、裂变创业和商业模式的理论视角，揭示了除独立构建与二次模仿之外，新创企业培育新兴商业模式的新路径与新方法，研究成果对于公司创业模式选择、裂变创业路径创新以及新兴商业模式培育等创业实践也具有重要启发意义。

17.2　商业模式理论梳理及简要评述

1. 商业模式相关研究

商业模式是企业向顾客传递价值并从中获取收益的方式，是企业与利益相关者交互，并为其创造价值的活动系统（Zott et al.，2010）。商业模式蕴含了从价值定义、价值创造与传递以及价值获取的完整逻辑（张敬伟等，2010），价值创造是商业模式的核心，企业的各种能力、资源和流程是企业价值创造的内在支撑条件。商业模式创新对在位企业保持可持续竞争优势具有重要意义，不能适时创新商业模式的企业会面临丧失竞争优势的危险（夏清华等，2014）。商业模式创新意味着提出新的价值主张，对商业模式元素进行创新设计，重构交易并重新界定企业边界（吴晓波等，2017）。理性定位、演化学习和组织认知是三种典型的商业模式创新机制，管理认知、资源能力、组织活动、盈利模式、技术创新、情境因素、市场机会和价值网络等是商业模式创新的主要内外部驱动因素（吴晓波等，2017）。

商业模式对在位企业异常重要，对新创企业亦是如此，是关系新创企业生存和发展的战略性问题，是回应新创企业所面临的"新进入缺陷"（如自身资源、组织体系和外部关系等方面的不足）和不确定性等挑战的重要工具（王迎军等，2011）。一般而言，新创企业的生成过程就是其商业模式各要素不断匹配的过程，是不断验证经营假设的过程。新创企业往往是在企业创立后开始商业模式的探索、验证和调整之旅，基于行动和试验的手段导向逻辑不断调整和完善商业模式（Chesbrough，2010）。关于新创企业商业模式调整问题，有学者从手段导向（重视基础和条件）、建构主义（关注利益相关者）、新制度主义（遵循市场和规范）和学习（强调学习与改进）四个视角进行了理论归纳，且同时指出，现有研究多聚焦于新创企业商业模式调整，鲜有研究关注调整的起点（云乐鑫等，2013），即新创企业商业模式创新或初始商业模式生成等问题。

在位企业和新创企业进行商业模式创新的前因不同：在位企业更容易受到

内部惯性、市场空间以及与既有商业模式冲突等制约，但同时也拥有内部资源支持等平台优势；与之相反，独立的新创企业更为灵活自由，但需从外部价值网络中获取互补性资产，创业者的管理认知和能力尤为重要（吴晓波等，2017）。为了避免陷入在位企业内部新旧商业模式之间资源竞争和难以协同的窘境，有学者从"范围经济"视角提出了解决方案，即在位企业可以通过共享关键资源来支持内部商业模式创新，依托"范围经济"效应调和多种商业模式之间的矛盾以实现共存共生，并同时建议，具体如何实现这种"范围经济"效应可以成为后续研究的可选方向（夏清华等，2014）。

综合以上理论回顾可见，关于新创企业初始商业模式创新的研究非常匮乏，关于在位企业商业模式创新统筹融合的研究较为欠缺，针对在位企业和新创企业有机整合的商业模式创新研究鲜有涉及，未来研究有必要深入探讨在位企业成功孵化并向裂变新创企业传承商业模式的内在机理和行为规律，不断推动新创企业初始商业模式创新的理论发展。

2. 既有研究综述

通过文献梳理发现，商业模式研究已经突破以往的要素模块和创新策略边界，尝试探索新创企业商业模式构建和调整过程以及绩效影响方面的研究逐渐增加。

然而，针对"商业模式孵化型裂变"创业现象，现有理论解释尚存在以下缺憾：首先，基于主动裂变的公司创业研究，没有谈及母体企业为何、如何以及将哪些资源和知识传递到新创企业，也未曾深入探讨这种传递机制对新创企业绩效的影响问题（李小康等，2013）。其次，虽然有针对母体企业与裂变企业关系以及孵化型裂变创业的初步探索，但其研究焦点是公司内部创业与外部裂变创业的整合逻辑和联结机制，有关商业模式孵化前提、孵化过程、传承路径等问题并未得到深入挖掘（李志刚等，2016）。最后，有关新创企业商业模式的研究更多关注的是企业创建之后的探索、调整，新创企业初始商业模式创新或生成研究并未得到有效关注，新创企业生成之前就已在母体企业构建完毕商业模式的相关研究更是缺乏。综上所述，现有理论无法有效解释商业模式孵化型裂变创业现象，有必要借助质性研究手段，在现有理论与经验资料的持续互动过程中构建理论，对上述现象和问题予以探索性解答。

17.3　海尔与芬尼克兹案例资料收集

1. 研究方法选择与理论抽样

本章首先选取海尔集团作为初始样本进行分析。近年来，随着海尔集团进入网络化战略阶段，该公司开始以创客为载体，通过平台资源支持，孵化出多家拥有较成熟商业模式的小微企业。

在针对海尔集团开展扎根研究的过程中，本章根据理论抽样原则，针对先前分析中提炼出的概念和问题调整资料收集的方向、重点以及资料分析的思路（Morse，2009），进一步找到位于广东省的芬尼克兹节能设备有限公司（以下简称"芬尼克兹"）作为抽样样本进行研究。芬尼克兹注重顶层设计和机制创新，塑造裂变创业文化，基于创业大赛、员工入股等形式，以商业模式为媒介成功裂变出多家新创企业，形成共享经济模式。

海尔集团和芬尼克兹分别裂变出了多个商业模式在母体企业内部孵化成型的新创企业，其创业活动蕴含的信息非常丰富，而且创业形态各异，能够为本章提供鲜活而贴切的扎根理论研究素材。这两家公司裂变出的部分商业模式传承型新创企业如表 17 - 1 所示。

表 17 - 1　海尔集团和芬尼克兹部分商业模式传承型裂变新创企业

项目	海尔集团	芬尼克兹
裂变的新创企业	青岛雷神公司有限公司	广东芬尼电器有限公司
	青岛小帅影院科技有限公司	佛山鑫雷节能设备有限公司
	青岛家哇云网络科技有限公司	芬尼克兹（广州）电气有限公司
	北京小焙科技有限公司	广州芬尼克兹环保科技有限公司

2. 资料收集与资料分析过程

（1）资料收集。

本章的资料来源主要有两种途径。一方面，现有资料的筛选和整理。本章从课题组前期已建立的裂变新创企业数据库中对已有资料进行筛选，主要体现在海尔集团及其孵化新创企业的资料汇集上；另一方面，全新资料的补充和完善。对海尔集团既有相关资料的初步分析，引发了寻找新样本和新资料的需求

（根据理论抽样原则），因此，随着研究进程的推进，本章不但通过深入访谈、参与观察和网络交流有针对性地系统补充收集了海尔集团的新资料，还进一步选取芬尼克兹作为新的研究对象获取丰富的案例资料。芬尼克兹的资料收集工作主要依托互联网渠道，以媒体采访、书籍传记、个人演讲和案例论文等方面的资料整理为主。虽然该公司资料主要来自互联网，但按照"一切皆为数据"的扎根理论原则（费小冬，2008），使用二手资料进行扎根理论研究是可行的。同时，这些公开信息历经媒体、公众、员工等利益相关者的监督、质疑和审查，降低了其弄虚作假或误传的可能性，因此资料可信度较高（Yu et al.，2013）。课题组对来自不同数据源的资料进行了三角检定（至少确保对同一事实的描述来自不少于两个数据源），以确保资料的可靠性。本章的资料来源和内容如表 17 - 2 所示。

表 17 - 2   资料来源和内容

类型	来源	内容
一手资料	创业者及其高管半结构化访谈（2 小时/人、4 人）	访谈录音文字稿
	母体企业管理层半结构化访谈（2 小时/人、5 人）	访谈录音文字稿
	参与式体验观察	观察记录、内部文档
	移动端网络交流	电话、短信、微信及邮件内容
二手资料	公开资料	书籍著作、个人传记、演讲视频 媒体采访、研究论文、公司网站

（2）资料分析过程。

本章运用扎根理论方法的资料分析技术，力求将资料获取的灵活性与资料分析的严谨性相结合，通过开放性译码，将原始资料概念化和范畴化；借助主轴译码，进一步挖掘和发展概念及范畴，识别它们的联结关系，重新组合资料并提炼主范畴；基于选择性译码，将主范畴聚焦，提炼核心范畴并构建理论模型。在研究过程中，一方面，为提升资料分析的理论触觉，提升概念的有效性和解释力度，本章成立译码小组，通过小组研讨的方式来提炼概念和范畴，兼顾个体的创造性和集体的共识性，不断探究其本质内涵，动态发掘其逻辑关系。另一方面，为充分利用质性研究的优势，本章采用边收集资料、边分析资料、边调整方向、边补充资料的方式，不断进行资料之间、概念之间、资料与概念之间的反复比对，并基于源自资料的概念、问题和假设来展开理论抽样和后续资料收集（Strauss et al.，1997）。具体而言，本章先对第一个样本（海尔集团）进行分析——这是一个收集资料、分析资料、发现问题、再收集资料的样本内部小循环过程，发现该样本未能解决的问题后，再跳到另一个样本（芬尼克兹）进行资料收集——同样存在内部小循环的情况，回答了问题后，再回到前一个样本去发现其他的问题——这是两个样本之间的大循环。

17.4　海尔与芬尼克兹裂变创业分析

1. 开放性译码

本章通过以下五个阶段进行开放性译码分析。

（1）第一阶段译码：发掘裂变创业前提条件。

本章按照访谈过程中的自然停顿将资料记录逐句进行分析，通过识别访谈对象所要传达的真实信息，尝试对每句话的内涵进行解读，剔除那些无法被资料验证的解读结果，用概念来代替这句话的意思和本质。

雷神公司作为从海尔集团裂变出来的首批创业样本，是本章最先切入的访谈企业。初步梳理雷神公司创建过程的访谈资料发现，与以往那些新创企业生成之后再谋求构建商业模式的裂变创业不同，雷神公司的商业模式是在海尔集团内部孵化成熟的，其裂变独立时已经具有较强的生存能力，从而降低了失败的概率。这一发现促使本章产生了如下疑问：商业模式在母体内部孵化成形的前提条件是什么？为探究这一问题，本章再次回顾雷神公司访谈资料，发现一号访谈对象、雷神公司创始人兼 CEO 在介绍创业历程时谈到了母体企业。针对相关访谈资料，本章运用开放式译码程序，将其关于母体企业背景的描述初步概念化为"外部环境""寻求突破""业绩下滑""战略规划""架构调整"等。在反复检视资料的基础上，进一步将这部分概念提炼为"战略转型""组织调整""多元延伸"等。译码小组发现，上述概念均与海尔集团有关，但这一访谈资料涉及母体企业的内容不够充分，需要补充新的资料以进行概念比较以及与资料的互动，于是海尔集团成为本章进一步资料收集对象。

海尔集团战略部负责人成为本章的二号访谈对象。他整体讲述了海尔集团提出网络化战略并实施创客小微的宏观背景，介绍了集团为此提供的平台支持和资源协调，并举例说明了包括雷神公司在内的两个成功孵化样本。海尔集团2013年提出要大力支持创客活动，鼓励员工创建小微企业，只要有好的创意并能通过初期评审，集团就会投入资源以扶持创业团队快速研发、赢取机会。基于这一访谈资料的分析编码，本章提炼出"高管引导""执行力强""文化探索""制度规范"等概念。对海尔集团和雷神公司的初步研究，促使本章思考如下问题：是否有其他企业也推行了类似海尔集团这种内部孵化商业模式之后再裂变创业的举措？除了海尔集团这种基于执行力强、自上而下驱动裂变创业，有没有自下而上、员工驱动的裂变创业行为？如果有的话，与海尔模式有何异同？针对这些问题的回答有利于建立概念密实、具有更强解释力的扎根理论。

基于此，广东的芬尼克兹进入本章的研究视野。媒体报道称，芬尼克兹创始人基于裂变式创业模式，截至2015年已成功创办了8家独立的新创企业，这些新创企业的商业模式大多都是在母体企业内部孵化成型，而且员工均是主动踊跃参与其构建和推进的，是非常合适的研究样本。于是，在课题组进一步探求下，发现创始人以自身企业为蓝本撰写《裂变式创业》一书，详细介绍了企业进行裂变创业的前因后果以及具体的流程机制，且互联网端针对该企业有大量的公开报道。于是，课题组以该书以及相关的媒体报道、演讲视频等各种资料作为新的数据来源，建立了该公司的研究数据库。

芬尼克兹的资料显示，处于快速发展期的芬尼克兹曾发生过销售高管离职并带走相关资源的情况，这促使创始人探索并建立了内部创业机制以留住核心人才、实现员工价值最大化。更值得关注的是，创始人曾亲自到高校招聘选拔那些有创业想法、有创新意愿的人才，从而为后续的项目孵化和裂变创业提供坚实的人力基础。当母体企业孵化成功第一个样本并在创业后产生较好的收益时，示范效应会产生正向的激励作用，驱动形成全员参与的文化氛围。围绕前述提出的问题，译码小组在对芬尼克兹相关资料分析之后，提炼出了"创新活跃""示范效应""激励机制""成长升级""高管支持"等概念，回应了之前研究中产生的疑问。

通过反复比对资料并回答译码第一阶段的问题，本章相继归纳出商业模式在母体企业孵化成形的前提条件。研究发现，"战略转型"和"成长升级"可以归属为一个更高层次的范畴，即"发展阶段"。同时，本章将"高管引导""高管支持"总结为"高层支持"；将"执行力强""创新活跃"等提炼为"员工特质"；将"文化探索""示范效应"等归类为"文化塑造"；将"制度规范""激励机制"等概括为"机制建设"。综上所述，第一阶段开放性译码示例如表 17 - 3 所示。

表 17 - 3　　　　　　　　　　第一阶段开放性译码示例

资料记录	开放性译码		
	一级概念	二级概念	范畴化
国内笔记本电脑恶性竞争，销量下滑（a_{10}） 一直在找突破口，在开拓国际国内市场同时想做点什么（a_{11}） 网络化战略要求架构灵活，快速响应（a_{17}） 当时企业正处于快速成长期，营销团队离职逼迫企业寻求对策（c_3） 从单纯的线下 B2B，开始介入线上 B2C 的新领域，推动企业升级（c_5） ……	a_{10} 业绩下滑 a_{11} 寻求突破 a_{17} 架构调整 c_3 快速成长 c_5 业务升级 ……	将 a_9、a_{10}、a_{14}……概念化为：X_1 战略转型 将 c_2、c_3、c_5……概念化为： X_2 成长升级 ……	将 X_1、X_2 范畴化为： 1 发展阶段 ……

注：本章的理论样本为海尔集团和芬尼克兹，但资料来源却颇为广泛，包含两家母体企业及其孵化出的多家新企业共 6 家公司。为便于阅读和分析，在开放性译码中，将雷神公司资料标号为 a，海尔集团资料标号为 b，芬尼克兹资料标号为 c，鑫雷公司资料标号为 d，芬尼电器资料标号为 e，小帅影院资料标号为 f。范畴的序号按照 1、2 形式排列。

第一阶段译码之后，本章又产生了以下疑问：具备了内部孵化商业模式的基本条件之后，母体企业孵化商业模式的具体过程是什么？这个疑问引导本章进入了下一分析阶段。

（2）第二阶段译码：辨识商业模式孵化过程。

基于问题导向，通过再次回顾海尔集团、雷神公司的相关资料，发现母体企业所搭建的创业平台，既可以采用孵化项目、小微企业等形式，也可以开展创客计划、创业大赛等活动，目的是遴选出合适的创业者和创业团队。通过为传统企业导入互联网思维、维护创业平台并提供创业引导，母体平台可能会最终升级为管控平台和投资平台。在探讨雷神公司构建商业模式的机会属性时，发现其开发游戏笔记本抓住的是外部市场机会：经济形势恶化导致笔记本销量下滑，团队寻找新突破口和利益市场，受员工中游戏爱好者启发，发现新兴的游戏笔记本市场并扩展至游戏行业。在对雷神公司和海尔集团的资料译码后，本章提炼出"创业平台""一体延伸""组织匹配""平台资源""外部机会""品牌独立"等概念。

对海尔集团多家孵化裂变企业的梳理发现，这些新创企业与雷神公司情况类似，创业机会均源自外部市场。那么，是否有发源于母体企业内部机会而构建商业模式的情况呢？为解答该问题，本章再次运用理论抽样方法，转向芬尼克兹查看是否有可选样本。发现芬尼克兹裂变创建的"佛山鑫雷节能设备有限公司"（以下简称"鑫雷公司"）符合要求。资料显示，换热器是芬尼克兹热水器产品的一个主要零部件，由于其他厂家生产的零部件质量较差，自主研发的钛质换热器又具有成本优势，所以芬尼克兹决定借此机会裂变创立一家新公司，专门生产换热器并作为其产业链的上游企业，以不同于母体企业的商业模式进行运营。这是芬尼克兹抓住内部机遇而识别的创业机会，本章将其概念化为"内部机会"。经过循环比对和思考，本章认为"外部机会"是机会的一个维度，并将"外部机会"和"内部机会"归属为"机会开发"这一更加全面的范畴。

接下来，课题组关注的问题是，在识别到创业机会之后，母体企业提供了哪些机制或资源支持促进了新企业的孵化？在对资料进行反复比较分析之后，本章将"组织匹配"和第一阶段所提出的"组织调整"提炼为"组织变革"，以彰显组织的重要地位；将"一体延伸"和第一阶段所提出的"多元延伸"归纳为"业务延伸"，企业既可以采用一体化策略，在产业链的上下游延伸业务范围，也可以采用多元化策略，在现有业务的相关领域谋求发展。之后，本章又从资料中提炼出"团队选拔""资金扶持""订单资源"等概念。在提升新企业商业模式可行性方面，母体企业充分利用现有的资源能力，除了在传统的价值创造环节共享采购、物流和售后服务支持外，母体企业还可以提供管理经验支持和员工培训支持，或作为天使客户为其提供订单支持。于是，本章将"平台资源""订单资源"等概括为更高级别的范畴"资源共享"。

本章一边寻找能够支持这些概念的资料，一边继续研究"业务延伸"和"文化塑造"的支持资料，并对之前几份资料里提炼出来的其他概念进行连续比较。通过回答第二阶段的问题，本章归纳出母体企业孵化商业模式的基本过程及其相关范畴，分别是"创业平台""机会开发""组织变革""团队选拔""资金扶持""资源共享"。第二阶段开放性译码示例如表17-4所示。

表 17 – 4　　　　　　　　　第二阶段开放性译码示例

资料记录	开放性译码		
	一级概念	二级概念	范畴化
因为企业笔记本产品很成熟，就想看看是否能从企业外部寻找其他机会（a_{28}） 团队里有些人是游戏爱好者，特别喜欢玩游戏，所以就想看看游戏本、游戏行业是否有机会（a_{29}） 在海尔的平台上，在采购、物流、售后等环节会提供帮助和支持（a_{145}） 这个配件之前一直由其他厂家供货，领导一直不太满意它们的质量（d_9） 这是鼓励内部创业的机会，可以孵化新项目（d_{12}） ……	a_{28} 机会寻找 a_{29} 机会发现 a_{145} 平台支持 d_9 产品质劣 d_{12} 机会洞察 ……	将 a_{11}、a_{28}……概念化为：X_{15} 外部机会 将 a_{145} b_4……概念化为：X_{23} 平台资源 将 d_{11}、d_{12}……概念化为：X_{16} 内部机会	将 X_{15}、X_{16} 范畴化为： 8 机会开发 ……

注：本章的理论样本为海尔集团和芬尼克兹，但资料来源却颇为广泛，包含两家母体企业及其孵化出的多家新企业共 6 家公司。为便于阅读和分析，在开放性译码中，将雷神公司资料标号为 a，海尔集团资料标号为 b，芬尼克兹资料标号为 c，鑫雷公司资料标号为 d，芬尼电器资料标号为 e，小帅影院资料标号为 f。范畴的序号按照 1、2 形式排列。

此时，下一步的研究问题自然涌现出来，即母体企业所孵化的商业模式是什么？其包含哪些基本要素？

（3）第三阶段译码：归纳商业模式要素组成。

尽管不同企业的具体商业模式有所差异，但母体企业孵化成型的商业模式必有某些相同的基本要素。本章摆脱已有商业模式要素模型的束缚，力求从实地资料中提炼出此类特殊商业模式的独特之处。本章继续进行理论抽样，先选择外部机会驱动、商业模式信息比较丰富的海尔集团孵化企业代表雷神公司，从其资料中提炼出"目标市场""用户交互""迭代开发""竞争策略""战略联盟""成本控制"等概念。再选择内部机会驱动、商业模式信息比较丰富的芬尼克兹孵化企业代表芬尼电器，从其资料中提炼出"市场选择""去中心化""线上引流""组织协同""渠道共享""风险抵御"等概念。

对雷神公司和芬尼电器的资料分析发现，所孵化的新创企业要想成功运营，需要确立愿景使命，明确细分市场，优化产品类型；要确定与顾客的沟通方式和沟通途径，选择顾客服务方式；要选择恰当的营销策略，培育核心资源与流程，提高进入门槛并防止对手模仿；要精选自身合作伙伴，实现互利共赢；要清楚成本结构、收益情况和盈亏因素。通过以上概念的继续比对和归类，最终归纳出"市场定位""用户界面""价值配置""资源能力""合作网络""盈利模式"六个范畴，这些范畴反映了在母体企业内部孵化成形的商业模式要素。第三阶段开放性译码示例如表 17－5 所示。

表 17－5　　　　　　　　　　第三阶段开放性译码示例

资料记录	开放性译码		
	一级概念	二级概念	范畴化
在各种平台上有接近 500 万粉丝量，比如 QQ 群、贴吧、论坛、社区、微信、微博等（a_{65}） 一个部门专门负责用户交互，发现用户新的需求，与供应商沟通形成工程样机，然后让粉丝和顾客进行多次公测，再提出改进意见（a_{69}） 芬尼的冷气热水器，浴室可以用热水洗澡，厨房可以用冷气驱高温，解决了很多女性尤其是家庭主妇的痛点（e_{166}） 产品要追求极致，通过对产品本身进行颠覆，为用户创造愉悦的消费体验，就能在细分市场做到唯一（e_{167}） 客服与用户建立私人链接，所有售后疑难问题都通过微信客服与用户沟通，这样就形成了用户黏性（e_{187}） ……	a_{65} 交互平台 a_{69} 交互过程 e_{166} 产品功能 e_{167} 经营宗旨 e_{187} 售后服务 ……	将 a_{82}、e_{182}……概念化为： X_{25} 价值主张 将 a_{128}、e_{166}……概念化为： X_{26} 目标市场 将 a_{65}、a_{69}、e_{182}……概念化为： X_{27} 用户交互 ……	将 X_{25}、X_{26} 范畴化为： 13. 市场定位 ……

注：本章的理论样本为海尔集团和芬尼克兹，但资料来源却颇为广泛，包含两家母体企业及其孵化出的多家新企业共 6 家公司。为便于阅读和分析，在开放性译码中，将雷神公司资料标号为 a，海尔集团资料标号为 b，芬尼克兹资料标号为 c，鑫雷公司资料标号为 d，芬尼电器资料标号为 e，小帅影院资料标号为 f。范畴的序号按照 1、2 形式排列。

基于上述三个阶段的译码分析，尽管已经澄清了很多疑问，但仍有一些问题尚未解决，例如，商业模式从母体企业剥离的途径为何、需要哪些制度或流程保障？带着这些疑问，资料分析推进到下一个阶段。

（4）第四阶段译码：剖析商业模式剥离机制。

商业模式从母体企业剥离时必然会涉及资本投入、母体审批以及新企业选址等问题。本章从雷神公司资料中提炼出"股权对赌""风投引入"等概念，在回顾这些概念的过程中又发现了两个值得深入探讨的问题：海尔集团采用股权对赌的方式进行激励，即如果雷神公司完成盈利指标则会加赠股权，那么是否还存在其他股权规定方式？雷神公司在融资过程中吸引风投出资，那么在商业模式剥离过程中是否一定要引入风投、是否还有其他融资方式？这两个研究问题为下一步的资料收集和探讨指明了方向。

　　本章转向再次回顾芬尼电器的相关资料，从中归纳出"股权配比""员工出资""区位选择""品牌统一"等概念。芬尼电器没有与母体企业进行股权对赌，而是管理团队优先持股。芬尼电器在融资时并未引入风投获取天使投资，而是要求集团高管人员和创业团队成员必须出资入股，这样集团高管才会在孵化、剥离以及后续的业务交易中主动给予支持，创业团队才会真正发挥拼劲，激励机制才能取得良好成效。在对海尔集团和芬尼克兹相关资料整合分析之后，本章将"股权对赌""股权配比"等归属为"股权协商"，将"风投引入""员工出资"等提炼为更高层级的范畴"资本共建"。

　　新创企业选址会在一定程度上影响合作网络和成本控制。有的企业在区位选择时会与母体企业就近依靠，当新创企业处于产业链的上游或下游时（如芬尼克兹），可以依托产业集群优势获取规模效应，方便产品运输，共享采购环节。有的企业在区位选择时会进行物理空间的远离，以期培育新创企业的基因和文化（如海尔集团），避免与母体企业争抢资源，防止新老员工相互攀比。通过回答第四阶段的问题，本章归纳出商业模式从母体企业剥离的基本过程及其相关范畴，分别是"模式稳定""动机形成""股权协商""资本共建""母体评审""区位选择"。第四阶段开放性译码示例如表 17-6 所示。

表 17-6　　　　　　　　　　　第四阶段开放性译码示例

资料记录	开放性译码		
	一级概念	二级概念	范畴化
这些资金包含海尔的，风投的，创业者的，这样就形成新公司的股权组成（b_{16}） 风投进来后，往往会要求新公司独立运作，不太支持母体企业过多干预（b_{24}） 竞选新事业总经理的员工必须掏出至少10%的前期投入资金，其管理团队也要投资，真金白银，会占到25%左右（e_{177}） 大约还有 25% 的股份是由母体企业内或其他公司高管以及普通员工持有（e_{179}） 这样所有人的利益就跟这家新公司的成败绑定了，要干就大家一起投钱，要不就别扯（e_{180}） ……	b_{16} 资本构成 b_{24} 风投要求 e_{177} 团队投资 e_{179} 员工持股 e_{180} 利益捆绑 ……	将 b_{15}、b_{19}、b_{24} ……概念化为： X_{41} 风投引入 将 e_{177}、e_{179}、e_{180} ……概念化为： X_{42} 员工出资 ……	将 X_{41}、X_{42} 范畴化为： 21 资本共建 ……

　　注：本章的理论样本为海尔集团和芬尼克兹，但资料来源却颇为广泛，包含两家母体企业及其孵化出的多家新企业共 6 家公司。为便于阅读和分析，在开放性译码中，将雷神公司资料标号为 a，海尔集团资料标号为 b，芬尼克兹资料标号为 c，鑫雷公司资料标号为 d，芬尼电器资料标号为 e，小帅影院资料标号为 f。范畴的序号按照 1、2 形式排列。

第四阶段就商业模式剥离中的制度安排和流程设计进行了分析，为提高新创企业的成长空间与合法性奠定了基础。那么，新创企业的具体生成情境如何？新创企业与母体企业的资源共享和独立运营这一双重关系如何有效维系？本章接下来探讨这些问题。

（5）第五阶段译码：实现资源共享与独立运营。

为了回答以上问题，基于理论抽样原则，本章再次回顾既有资料，并进一步收集了海尔集团另一家裂变小微企业青岛小帅影院科技有限公司（以下简称"小帅影院"）的相关资料。资料分析发现：一方面，新创企业在开发业务时既可以从价值链分工协作的视角入手（芬尼克兹），选择供应链上下游的产品或互补替代产品，从而确定目标市场，本章将其概念化为"业务互补"；也可以从利基视角和细分网络入手（海尔集团），选择产品延伸、技术细分、市场细分和渠道细分，从而确定市场定位，本章将其概念化为"业务细分"。进而，本章将这一部分内容提炼为更高级别的范畴"业务链接"。另一方面，新创企业在裂变独立时既可以为了打破顾客对母体企业的刻板印象，突出特色差异而选择全新品牌（海尔集团）；也可以为了借用母体企业品牌优势和市场地位而选择相似性名称或统一化品牌（芬尼克兹）。在此基础上，本章将第二阶段和第三阶段概括出的"品牌独立""品牌统一"等概念归属为更高级别的范畴"品牌选择"。

资料显示，新创企业在独立过程中，母体企业必然会考虑成败处理、后期管理和双方关系等问题，这些顾虑会影响新创企业对合作网络、价值活动和控制过程等商业模式要素的重新部署。一方面，创业成功要考虑如何处理收益分配问题，失败则要考虑是否返聘创业团队成员；另一方面，母体企业往往是新创企业的大股东，其与新创企业之间管理的介入程度、把控的强势程度会受到母体企业的企业文化、高管态度和独立协议影响。重新审视芬尼克兹孵化的新创企业资料并与海尔集团进行比较，发现有的母体企业倡导自主经营，无论新创企业市场萎缩、发展壮大还是转型变革，完全由新创企业自行决策；有的母体企业则担心新创企业发展壮大后无法管控，意欲长期保持第一大股东地位，并设计程序确保可以优先回购新企业。本章将这一部分资料提炼为"自主决策""管理控制"等概念，并进一步将其概括为"管控程度"这一范畴。

通过全面回顾并整合各阶段资料及其分析结果，针对第五阶段需要解决的问题，本章归纳出新创企业生成及关系维系的相关范畴，分别是"产权关系""业务链接""价值共享""品牌选择""管控程度""跨界拓展"。第五阶段开放性译码示例如表 17-7 所示。

表 17 – 7   第五阶段开放性译码示例

资料记录	开放性译码		
	一级概念	二级概念	范畴化
没有用海尔的品牌，当初也犹豫了好久，最终决定去海尔化，选择用雷神品牌（a_{112}） 当时做过市场调研，在互联网条件下，大家不是特别看重品牌，而是更看重产品功能是否符合自己的要求（a_{114}） 用芬尼作为品牌，可以借用芬尼克兹已经积累的经验优势和体量规模，可以找到更多的合作商（c_{72}） 以前作出口占据了很多国外市场，今后芬尼家用产品主要针对国内市场，需要打造强势口碑（e_{221}） 这是我们区别于以前传统品牌的一个理念，让顾客觉得我们的品牌有个性，有故事，与其他人不一样（f_{87}） ……	a_{112} 去海尔化 a_{114} 品牌弱化 c_{72} 口碑延伸 e_{221} 创牌需要 f_{87} 品牌个性 ……	将 a_{112}、a_{114}、f_{87}……概念化为： X_{55} 品牌独立 将 c_{72}、e_{220}、e_{221}……概念化为： X_{56} 品牌统一 ……	将 X_{55}、X_{56} 范畴化为： 28. 品牌选择 ……

注：本章的理论样本为海尔集团和芬尼克兹，但资料来源却颇为广泛，包含两家母体企业及其孵化出的多家新企业共 6 家公司。为便于阅读和分析，在开放性译码中，将雷神公司资料标号为 a，海尔集团资料标号为 b，芬尼克兹资料标号为 c，鑫雷公司资料标号为 d，芬尼电器资料标号为 e，小帅影院资料标号为 f。范畴的序号按照 1、2 形式排列。

（6）开放性译码总结：范畴释义。

历经前述五个阶段的开放性译码，大量庞杂的资料逐渐归纳提炼为概念，进而将相似概念归纳为范畴。需要说明的是，尽管划分了开放性译码阶段以解决该阶段面对的主要问题，但这并不意味着这些阶段及其分析结果是截然分开、各不相关的。事实上，它们是循序渐进、交互循环、往复比对和统筹融合的关系。多个阶段的多个概念共同支持某个范畴的丰富和发展，在扎根理论研究中，这种情况时有发生。历经 13 个月的扎根理论译码过程，本章最终归纳出 30 个范畴，其内涵、性质与维度如表 17 – 8 所示。

表 17 – 8   范畴的基本释义

序号	范畴	内涵释义	性质与维度
1	发展阶段	母体企业所处的企业生命周期阶段	周期（成长、成熟）；业务（多元、转型）
2	业务延伸	母体企业发展中的业务选择与布局	一体（上游、下游）；多元（相关、无关）
3	高层支持	母体企业高层对创新创业支持情况	态度（明确、含糊）；程度（有力、柔弱）

序号	范畴	内涵释义	性质与维度
4	员工特质	母体企业员工尤其是创业者的特质	创新（自主、被动）；执行（缓慢、高效）
5	文化塑造	母体企业形成的创新创业文化氛围	观念（创新、保守）；榜样（鼓励、劝诫）
6	机制建设	母体企业贯彻执行的激励约束机制	制度（健全、缺失）；运行（高效、乏力）
7	创业平台	支持创新创业的资源以及行动平台	形式（多样、单一）；参与（活跃、冷清）
8	机会开发	内部的潜在创业者识别和把握机会	来源（内部、外部）；利用（主动、被动）
9	组织变革	调整组织运营结构以适应创业要求	趋势（灵活、稳健）；幅度（突破、渐进）
10	团队选拔	挑选具有创业导向的创业者及团队	形式（指令、竞选）；培育（短期、长期）
11	资金扶持	提供研发设备资金及项目运营资金	力度（较大、较小）；监管（严格、宽松）
12	资源共享	新创业务共享母体企业的各项资源	有形（技术、市场）；无形（品牌、服务）
13	市场定位	市场机会驱动的新创业务价值主张	需求（个体、组织）；层次（高端、低端）
14	用户界面	新创业务传递顾客价值的连接关系	关系（单向、交互）；效率（高效、低效）
15	价值配置	依托流程和组织活动协调创造价值	流程（顺畅、冗余）；结构（融合、分立）
16	资源能力	核心能力与关键资源支持竞争优势	资源（优质、一般）；能力（卓越、普通）
17	合作网络	与供应网链相关环节的连接及互补	范围（广泛、狭窄）；程度（深度、松散）
18	盈利模式	基于产品溢价和成本控制获取收益	成本（可控、失控）；议价（较强、较弱）
19	模式稳定	历经多次调整的商业模式稳定运行	要素（稳定、变动）；运行（持续、间断）
20	动机形成	经验优势和创业激励助推动机产生	意愿（强烈、舒缓）；动力（单重、多维）
21	资本共建	风投介入或全员出资构筑资本资源	渠道（内部、外部）；价值（有形、无形）
22	股权协商	优化母体企业、创业者和风投股权	激励（充分、不足）；约束（充分、不足）
23	母体评审	评估新业务的市场容量和销售收入	指标（客观、主观）；结果（达到、欠缺）
24	区位选择	新创企业根据需要靠近或远离母体	距离（靠近、远离）；共享（无形、有形）
25	产权关系	明确产权和控股关系避免后续纠纷	所属（清晰、模糊）；契约（规范、含混）
26	业务链接	横向扩展或纵向延伸强化业务关联	方向（横向、纵向）；关联（相关、无关）
27	价值共享	共享母体企业采购及销售渠道资源	领域（宽泛、狭窄）；效应（成本、速度）
28	品牌选择	因时而变选取品牌统一或独立策略	选择（共用、独创）；品牌（知名、新创）
29	管控程度	新创企业所有权与经营权分离状况	控制（深度、表层）；经营（独立、统一）
30	跨界拓展	突破既有业务领域拓展新企业边界	时间（快速、缓慢）；资源（风投、自身）

2. 主轴译码

主轴译码是通过连接概念和范畴以便重新聚合资料，进一步提炼现象或资料内在逻辑规律的过程。本章按照商业模式从母体企业转移到新创企业的传承过程，基于研究中的问题导向识别不同范畴之间的逻辑关系，并进一步将这些逻辑关系概括为前置条件、孵化脉络、商业模式、剥离机制和独立运营五个主范畴。主轴译码过程如图 17 -1 所示。

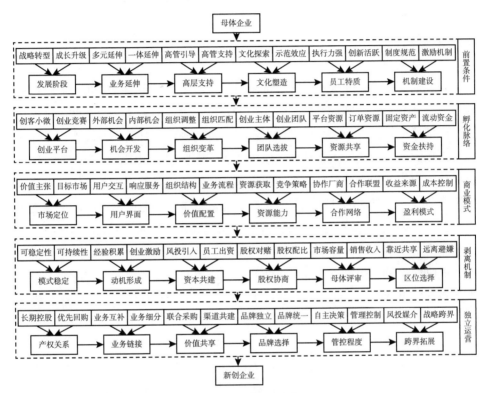

图 17 -1　主轴性译码过程

注："发展阶段、业务延伸"等所在层级为范畴，"战略转型、成长升级"等所在层级为概念，概念用来支持、发展和说明范畴。

接下来，本章将逐一解释主范畴的提炼过程，进一步说明范畴之间的联结关系。

（1）前置条件。

由于发展历史和外部环境不同，企业在市场竞争驱动下会处于成长扩张期或成熟转型期等不同发展阶段。为满足进一步发展的战略需求，企业试图采用内部创业或裂变创业的方式激发创新活力，并从一体化或多元化方向谋求新创事业作为突破口。为调动员工参与性并凝聚创业的信心，高层领导不仅会大力支持创新想法和创业项目，还会加强企业文化的建设和推广。创新文化的培育和渗透并不是一蹴而就的，需要经历探索和内化的过程。榜样的力量是无穷的，如果有优秀的裂变样本或创业实践，则会产生正向的示范效应。在此过程中，企业员工不仅要有较强的执行力，还要有一定的创新基因和创造力。与此同时，企业需要建立规范的制度，形成良好的激励机制，从而减轻创业员工的顾虑，提高创业项目的成功率。至此，母体企业初步具备了内部孵化商业模式的基本条件。

（2）孵化脉络。

企业通过举行创业竞赛、开展创客运动或孵化小微企业等方式来实施创业计划，并建立新事业部或新项目部作为培育商业模式的载体。新创事业可以从企业内部或市场外部识别并开发创业机会，进而确定自身的产品范围、目标顾客及市场定位。为适应战略计划和新兴业务，需要进行组织调整和匹配，建立扁平化的组织结构来应对复杂多变的市场。从孵化培养的创业者或创业团队中选拔合适人才，延伸内外部关系网络以降低新创事业人力成本。母体企业优势资源会向新创事业倾斜，在采购、营销、物流和售后等价值链环节提供支持，甚至会为新创事业提供订单，完善其价值创造活动网络。同时，母体会为新创事业提供厂房设备和资金支持，降低其投入成本和固定费用，有效抵御投资风险并降低退出障碍。在此阶段，新创事业的商业模式在母体企业内部逐步孵化成形。

（3）商业模式。

在发展之初，新创事业的商业模式可能尚未成熟，但却具备了满足用户需求、进行价值创造并获取相应收益的特征。进而，新创事业厘清经营宗旨和市场定位，明确以何种价格提供何种产品与服务。通过社区平台交互和产品公测改进等方式挖掘用户痛点，提高响应速度，实现与用户零距离。在此过程中，项目团队会设计有效的业务流程和柔性的组织架构，推动价值链环节高效运行。为合理配置资源，培育核心能力，新创事业会开发稀缺资源和关键流程，运用合适的营销策略来建立竞争优势。基于母体企业信誉，新创事业与协作企业建立友好互利关系，形成与多方企业的战略合作联盟，共建和谐的集群平台和生态效应。最终，在降低运营成本和人力成本、减少经营风险和决策失误的基础上，新创事业获取可观的经济收益，并壮大规模、扩大再生产。

（4）剥离机制。

经过一段时间的环境检验和市场试错，新创事业所构建的商业模式逐渐趋于稳定，运营的风险性降低、收益的持续性上升。商业模式成熟、运营团队经验丰富、创业激励充分，三者共同促进了裂变动机的形成。设立新创企业的资金需求，可以通过母体企业入股、创业团队参股、员工出资或引入风投等方式解决。裂变生成新创企业，必然涉及股权和利益分配问题，可依托股权分配协议或对赌协议与母体企业等利益相关者进行股权协商。具备了人、财和商业模式等基本要素之后，母体企业还会从市场容量、发展前景、销售收入等方面对新创企业进行筛选评估，通过评审才意味着完成孵化，可以脱离母体裂变创业。新创企业选址既可以寻求资源优势与母体企业就近依靠，也可以为塑造企业文化而与其空间远离。基于以上步骤，商业模式从内部剥离的流程基本完成，可以启动新创企业的创建筹备工作。

（5）独立运营。

母体企业一般是新创企业的大股东，新创企业需要确认母体企业是否长期控股、是否经营放权、是否拥有优先回购权，在确保商业模式顺利导入新创企业的同时，避免后续发展可能会引发的纠纷。在业务选择上，新创企业既可以从上下游环节与母体企业进行业务互补，也可以从产品、技术和市场等方面进行业务细分。为构建可持续竞争优势，新创企业可以与母体企业实行联合采购获取成本优势，利用网络平台共建销售渠道，在价值创造环节中建立共享模式。在品牌策略上，新创企业可以依托市场调研树立自有品牌，或者依靠母体企业长期积累的优势品牌。此外，新创企业可以利用风投带来的诸多产业链资源等扩大企业边界，或者借助自身产品或技术优势跨入其他领域。至此，新创企业与母体企业实现关系独立，商业模式正式传承至新创企业。

3. 选择性译码

选择性译码需要从主范畴、范畴以及概念的进一步分析中提炼出核心范畴，并运用故事线来阐释经验资料。基于范畴和概念之间的交叉比对和持续互动，本章对主范畴的理解更加系统深刻。通过检验和反思前置条件、孵化脉络、商业模式、剥离路径和独立运营这五个主范畴，本章进一步挖掘出"商业模式传承型裂变创业"这一核心范畴，据此来统合全部概念和范畴。选择性译码过程如图 17-2 所示。

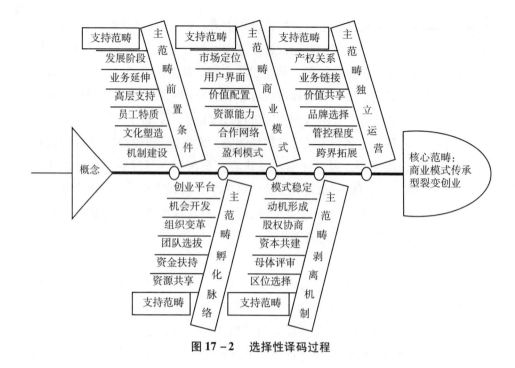

图 17 - 2　选择性译码过程

　　"商业模式传承型裂变创业"这一核心范畴的故事线为：为了有效推进公司创业以实现可持续发展，母体企业主动打造平台并搭建机制来激发内部创新活力，鼓励依托母体企业内外部资源开发新的市场机会进而创建新创事业；历经市场检验和迭代调整，有别于母体企业的、为该新创事业量身定制的商业模式逐渐在内部孵化成型并稳定运营；为了统筹兼顾母体企业的创新管理与成长复兴，以及新创事业的创新激励与自主经营，经过新创事业利益相关者的股权协商、管控权衡和可行性评估，该新创事业从母体企业剥离并独立出来，其商业模式也传承至裂变新创企业；拥有成熟商业模式的裂变新创企业有效克服了新进入缺陷，提升了成长的合法性，在维系与母体企业友好互动关系的同时，实现了母体企业与新创企业的价值共享和互利多赢。

　　值得指出的是，本章选取的两份理论样本在发展阶段、品牌实力、文化氛围、战略取向、创新机会、业务关联和管控策略等方面存在显著差异，因此其商业模式传承型裂变创业呈现出诸多不同之处（见表 17 - 9）。但这两个样本却遵循相同的故事线，能够用上述提炼的范畴及逻辑进行有效的解释。

表 17 – 9　　商业模式传承型裂变创业：海尔集团和芬尼克兹的比较

企业名称	发展阶段	品牌实力	文化氛围	战略取向	创新机会	业务关联	管控策略
海尔集团	成熟转型	国际著名	执行效率	虚拟整合	外部顾客	技术市场	优先回购
芬尼克兹	快速成长	产业知名	创新氛围	纵向一体	内部需求	供需互补	交易控制

17.5　商业模式传承型裂变创业模型

1. 主要特征识别

一方面，商业模式传承型裂变创业是公司创业的途径之一，具有自身的独特之处。公司创业是依托公司资源支持，在现有组织内部创建新业务或新团队的创新活动（张玉利，2012）。突破企业现有战略框架，引入新技术、新资源在新的环境之下开展公司创业活动，是一种企业内部的自主性战略行为（Burgelman，1983）。为了提高内部创业者激励效果，需要母体企业和创业者作出富有成效的管理及组织上的努力，在人才培训、资本支持等方面给予倾斜。然而，母体企业如何协调自身利益获取与新创事业发展、如何兼顾自身优势利用与新创事业激励，这类问题尚未得到很好解决。商业模式传承型裂变创业正好可以应对以上挑战：通过孵化新创事业商业模式确保其成功发展，通过裂变分离新创事业支持其独立运营。

另一方面，商业模式传承型裂变创业与裂变创业相比具有某些不同之处。裂变创业具有人力资源流动、关系网络延伸等特点，是母体企业知识溢出的重要途径（Gambardella et al.，2015）。裂变新创企业往往创建于母体企业相关行业，其生成过程一般遵循以创业能力为中介的母体企业孵化——形成创业能力——创建衍生企业三个步骤（李小康等，2013）。也有学者从创业者网络关系视角，将裂变创业划分为孵化阶段——尚无商业创意、只是形成网络关系，形成阶段——识别商业机会并组织资源，创建阶段——新创企业独立运营（Andrea et al.，2014）。由此可见，母体企业孵化的往往是创业者及其能力、网络或者经验、知识，而不是新创企业的独特商业模式；而且，裂变创业者可能会模仿或者复制母体企业商业模式，从而与母体企业进行同质化竞争。换言之，从商业模式孵化视角探讨母体企业与新创企业合作多赢的研究命题尚未得到相应重视，已经滞后于管理实践，商业模式传承型裂变创业研究恰逢其时。

根据以上分析可以看出，与一般的公司创业以及一般的裂变创业相比，商业模式传承型裂变创业整合兼顾了前两者的优势所在，有效推动了母体企业和新创企业的合作发展，在母体价值、孵化内容、传承对象、激励效应、决策权力、互动影响、创业绩效等方面呈现出某些独特之处，具体如表17-10所示。

表17-10　　　商业模式传承型裂变创业的主要特征：对比呈现

主要维度	关键特征		
	单纯的公司创业	一般的裂变创业	商业模式传承型裂变创业
母体价值	始终支持并控制风险	在职期经验或技能培养	始终支持并分担风险
孵化内容	新机会、新技术等	创业者及其能力、网络	新创业务的独特商业模式
传承对象	知识、技术等资源	创业者及其能力、网络	新创业务的独特商业模式
激励效应	创业活动激励有限	对创业者具有足够激励	对创业者实现有效激励
决策权力	母体行政计划等制约	裂变创业者可自主决策	母体指导下的自主决策
互动影响	一定程度上推动母体	同质竞争或者脱离关系	良性互动下的合作多赢
创业绩效	往往很难用好新机会	合法性、生存率为适中	合法性、生存率较好

2. 理论模型构建

基于扎根理论分析的商业模式传承型裂变创业涵盖母体企业和新创企业两个利益主体以及两者之间的商业模式转移、传承和调整。这种创业模式既推动了母体企业的业务与市场突破，也培育了新创企业的启动与先行优势。通过梳理前置条件、孵化脉络、商业模式、剥离机制和独立运营五个主范畴的内在联系及其与核心范畴的交叉互验，本章进一步构建了商业模式传承型裂变创业内在机理的理论模型，如图17-3所示。

该理论模型主要由传承主体、传承客体、传承对象和传承过程组成：创造了前置条件的母体企业是传承主体，支持了独立运营的新创企业是传承客体，母体企业内部孵化成型的商业模式是传承对象，传承主体、传承客体和传承对象共同构成了传承过程。

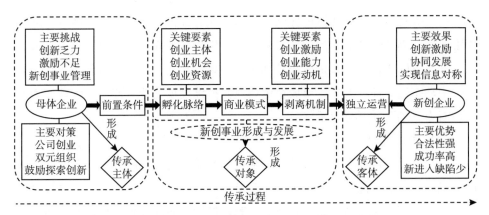

图 17 - 3　商业模式传承型裂变创业内在机理的理论模型

（1）传承主体。

前置条件是商业模式传承型裂变创业的逻辑起点。为了应对发展挑战、落实成长策略，母体企业需要创造前提条件、形成传承主体。母体企业要拥有追求基业长青的战略雄心和探索合作多赢的开放胸怀，要塑造积极上进、锐意进取和竞争驱动的组织文化。母体企业需要根据发展阶段构建鼓励有效开发和利用商业机会的公司创业机制，指导并支持创业团队开拓多样化的价值创造活动，推动新业务或新项目向着形成商业模式的方向演进。

（2）传承客体。

独立运营是商业模式传承型裂变创业的成功保障。为了体现创新激励、实现协同发展，新创企业需要拓展独立空间、形成传承客体。新创企业要建立与母体企业的合作伙伴关系，配合母体企业的发展战略规划。新创企业可以通过相对独立的自主经营和自我发展，在与母体企业的合作互惠与协同发展中共创共享。而且，如果创业者在母体企业既负责新创事业的开拓或承担商业模式的孵化工作，那么他就可以大幅提高新创企业的竞争优势，并带领裂变新创企业创造更好的发展绩效。

（3）传承对象。

商业模式是商业模式传承型裂变创业的核心载体。为了构建商业模式、形成传承对象，新创事业的形成与发展要依托孵化脉络和剥离机制两个支撑。其中，孵化脉络涉及创业主体、创业机会和创业资源，剥离机制涉及创业激励、创业能力和创业动机，这些创业关键要素共同构成了商业模式创新的前因、要素、过程和结果。在母体企业孵化成型的商业模式需要具有稳健、盈利、简约和可持续等特点，这样才能确保顺利传承从而有效控制新创企业的经营风险和探索成本。创业团队所掌握的新兴知识会产生扩散效应并触发资源吸附、资金投入、关系网络构建以及价值链环优化等一系列转变，借此，新创企业在边界扩张中动态适应环境要求，形成稳定高效并持续发展的业务能力、管理能力和战略能力，创造并强化竞争优势。

（4）传承过程。

传承过程是传承主体、传承客体和传承对象的有机统一。由于存在战略承诺、业务布局等内部障碍，母体企业会设计组织环境，以新创事业为单位来挖掘新机会、新做法或新产品、新技术。源自母体企业的前置条件创造了传承情境、塑造了传承氛围，依托新创企业的独立运营形成了承接组织、奠定了承接基础，孵化脉络、商业模式和剥离机制共同形成了传承对象的培养、成熟与脱离环节。

17.6　本章小结

1. 研究总结

本章基于商业模式的基础媒介，遵循理论抽样原则，以研究问题为导向层层深入，借助扎根理论方法，构建起裂变创业过程中母体企业与新创企业的交互关联，并以"孵化＋剥离"的"传承裂变"揭示了两类企业实现协作共赢的具体形式。相关发现具有如下贡献与启示。

（1）理论贡献。

首先，本章内容对"孵化型"裂变创业的理解作出深化。前述已经多次提及"孵化型"裂变创业的具体内涵与过程机理，特别是当下以海尔、双童为代表的一系列追求裂变式发展，对内赋能员工进行创业的实践现象为这类裂变创业提供了重要的启发。但相较而言，有关"孵化型"裂变的认识停留于母体企业对新创企业的赋能作用，特别是资源方面的支持，即新创企业通过利用母体企业资源实现了初始资源禀赋优势。但相关论点忽略了商业模式在母体内的孵化过程以及对于新创企业的重要意义。本章展示了以商业模式传承为主要过程的母子企业交互方式，打破了以资源为主要支持的孵化形态，并重点强调了商业模式对于新创企业的核心作用，为理解"孵化"内涵作出了重要贡献。

其次，本章内容对商业模式形成研究作出理论拓展。当下，对于商业模式形成的研究基本秉持定位观、演化观以及认知观三类，其基本差异在于对创业者在商业模式形成过程中所扮演角色的不同态度。然而，这类研究以新创企业的独立存在为基本前提，以单一组织为聚焦对象，强调企业成立后对于可行商业模式的探索是其创业成功的关键，却忽略了商业模式在多组织之间的流动（传承）过程，以及由此引发的新创企业自成立伊始就已然确立商业模式的特殊情境。基于对此类情境的补充，本章就商业模式在多组织之间的形成过程进行了揭示，着重强调多组织间的交互过程是商业模式形成的重要基础。这类观点与商业模式追求利益相关者反馈紧密相关，却又从继承的视角对相关认识进行了进一步延展。

最后，本章内容从发起源头的角度对于裂变创业的类型学问题进行了补充。事实上，对于裂变创业的类型划分研究由来已久。从最早以母体企业的性质为标准划分出的公司型、大学型以及公共机构型的不同类属，到以发起事件为基础划分出的机会型与被动型类型，对于裂变创业活动的认识也在一层层的探究中得以细化。本书则在此基础上，从发起者的角度将裂变创业划分为"自上而下"与"自下而上"两种类型，并就每种类型的代表企业海尔与芬尼克兹的相关创业活动进行了深入讨论，就每种类型的产生基础、生成脉络以及商业模式形态等问题进行了系统解构。相关分类以公司创业的既有分类为依托，但又从母子企业特殊关联的角度对这类划分逻辑进行了丰富。

（2）实践启发。

首先，对于新创企业的创业者而言，面对高度不确定的外部环境，可以采取在创业前就建构商业模式的创业方式，这一做法可以尽量减少商业模式形成过程中的不确定性和风险，特别是能借助于自身所在的母体企业验证和解决商业模式困境。事实上，除了借助于母体企业现成的制度范例以及平台孵化，创业者同样可以将母体企业可行的商业模式进行组合和再度利用，超脱已有的"二次创新"之法。而在雷神公司的访谈资料之中已对此有所涉及，例如，雷神公司正在结合海尔集团的生态思路打造电竞行业的生态圈层。这些无不预示着，母体企业是新创企业商业模式重要的形成空间与要素来源，创业者以及潜在创业者需要对此进行充分利用与挖掘。

其次，对于母体企业的高管团队而言，在寻求组织内部的战略转型与组织变革时，依托裂变创业是一种可行的操作方法，能够借助于新组织的建立实现对原有组织边界的拓展，从而充分挖掘新技术价值或者把握新的市场机会。但在此过程中，如何建立行之有效的激励机制和保障机制才是促成这一转型的关键。相较而言，围绕可行商业模式的打造可能是其中一种较为具有参考意义的做法，这一做法一方面将新创企业的生存纳入考量范围，保证新创企业的存活率和初始绩效；另一方面考量了新创企业与母体企业的互动关联，以商业模式为媒建立了可行的两类企业互动关系，从而在创业之初就避免新创企业对母体企业的侵害，保证了两类企业的共赢局面。

2. 未来展望

如前所述，本书以海尔集团与芬尼克兹两家有助于回答研究问题的企业作为样本就商业模式传承型裂变创业进行了整体剖析，围绕三阶段的编码过程形成了解释框架，但相关资料呈现出的均是两家企业相对早期的裂变发展脉络，集中于对两家企业"网络化"转型进程的动态描述，对于近年新兴的"生态化"构想却较少涉及，这也为母体企业与新创企业乃至各类新创企业之间的关联互动留出了足够的解读空间。与此同时，本书注重对于两家企业如何保证商业模式成功传承、如何促进新创企业成功孵化以及如何健全两类企业的协作交互为出发点，却对其中可能存在的利益博弈较少涉及，例如，新创企业对于母体的过度依赖问题等。事实上，案例资料对此有所涉猎，部分被访者提到了母体企业为了避免新创企业陷入"依赖困境"所进行的努力，但因为并非重点内容而没有被本章更多重视。这或许从动态视角对两类企业之间的关联提出了更为有趣的研究方向。

第 **18** 章
业务互补促发裂变创业
——新创企业的生成机理

本章导读▶

　　尽管以母体企业为依托开展业务互补型裂变创业的现象比较普遍，但该领域的理论研究却与实践发展存在较大差距。基于理论抽样，运用扎根理论研究方法对经验资料进行了系统归纳和提炼，得出了潜在创业主体培养、内部关系网络构建、外部创业机会识别、离职创业动机产生、新创企业业务选择和互补裂变企业生成六个主范畴；在主范畴之间逻辑关系识别的基础上，构建了业务互补型裂变新创企业生成机理的理论模型。

　　本章在资源之外进一步围绕业务的互补性构建起母体企业与新创企业的交互体系，相关论点为企业间协作共赢提供了新启迪。

18.1　研究背景

　　创业的典型情境在于不确定性与高度资源约束带来的新进入缺陷。以创业者从母体企业离职为基本特征的裂变创业，可以依托创业者在知识、技术、信息、管理等方面的创业启动优势（Wenting，2008），进而在一定程度上克服新企业创建过程中的困难和挑战。其中，同那些与母体企业进行同质化竞争，或者与母体企业断绝任何业务联系的裂变创业相比，业务互补型裂变创业是一种基于关系网络延伸和价值链分工的新企业创立行为，在母体企业与新创企业之间建立起持续的交互，成为一种典型的具有广泛借鉴意义的实践现象。

　　然而，当下对于母体企业与新创企业的交互研究多停留于对资源的转移以及人员的流动。例如，克莱珀（2005）的研究即更多强调了"遗传特性"的重要作用，新创企业与母体企业之间围绕资源形成的纽带成为两类企业之间交互的基础。而阿加瓦尔等（2004，2007）的研究则借助于知识基础理论，讨论了新创企业与母体企业之间依托雇员流动所产生的知识溢出等关联除此以外，包括第 17 章涉及的"商业模式传承"也仅仅是对特殊资源的一种承接与利用，当下的理论建构尚未能对两类企业之间围绕业务建立起的协作关联进行深入剖析。

值得关注的是，这种特殊的实践现象具备两大典型特征：一是围绕业务互补建立起持续互动的裂变创业过程表现为两类企业之间的协同合作，是围绕特定关键业务所形成的一种互补关联，这种互补性既包括了"缺一不可"的聚焦性互补，也包括了"多多益善"的多样性互补；二是两类企业之间建立起的业务互补起源于企业自发行为，而非母体企业的特定安排，即这种创业现象并非诞生于前述章节涉及的孵化型裂变创业以及传承型裂变创业。以上两种特征为理解裂变创业特别是特定情境下母体企业与新创企业如何实现合作共赢提供了宝贵的理论空间。

有鉴于此，本章基于理论抽样的原则，通过扎根理论的研究方法，借助于对四家样本企业的资料阐释，对这一典型却尚未被清晰阐释的实践现象进行深度剖析，提炼出"潜在创业主体培养""内部关系网络构建""外部创业机会识别""新创企业业务选择""离职创业动机产生"，以及"互补裂变企业生成"六个主范畴，并据此进一步归纳出"业务互补型裂变创业"这一核心范畴。相关范畴构成了本章模型的基础，具体发现为母体企业与新创企业之间的交互、上下游裂变创业以及交易成本理论作出理论贡献，也从业务互补的角度为两类企业之间的协作共赢提供了新启发。

18.2　裂变新创企业理论梳理及评述

管理学者们自 20 世纪八九十年代开始就分别展开了针对裂变创业和新创企业的持续研究，并取得了大量颇具价值的理论成果。裂变创业研究探讨的核心是创业动机、过程阶段和绩效表现，新创企业研究关注的焦点是创业者、创业机会和创业过程。裂变创业是新创企业的一种独特类型，涉及"谁创业"和"创什么业"这两个基本问题：前者关系到创业者及其个人网络（即社会网络），后者与新创企业的企业网络（即产业网络）紧密相关（庄晋财等，2012）。

　　裂变新创企业可以通过充当母体企业上游供应商或下游经销商等角色，以业务互补的形式创建，进而基于分工与合作融入母体企业的价值创造网络，依托网络嵌入关系和资源整合优势有效克服新企业的生存和成长劣势。尽管裂变创业和新创企业的整合研究具有逻辑基础，但以往的裂变创业研究主要聚焦于创业者先前经验积累及母体企业资源转移的影响效应等方面，从与母体企业分工合作、业务互补、供应链优化等视角系统研究裂变新创企业生成机理的理论非常缺乏，已经远远滞后于实践的发展。

18.3　四家样本企业选取及资料收集

1. 理论抽样

　　本章遵循理论抽样原则，筛选出 4 家既非常符合业务互补型裂变创业标准，又蕴含丰富的创业信息且个性特征显著不同的新创企业作为理论归纳研究对象——这些新创企业的母体企业分别属于家电制造、乳品加工、海洋科技和旅游服务领域，新创企业分别以母体企业零件供应、产品经销、研发分包、物流配送等业务互补形式创建。以上新创企业的信息集合共同反映了该类创业现象的理论本质，从中归纳出的结论属于存在性命题，即这个命题可以在一定范围内被经验证实；即使这样的命题在其他范围被证伪，也丝毫不会影响其存在性（王迎军等，2015）。

　　为了验证理论抽样数据是否足以反映和揭示业务互补型裂变创业的基本规律，本章再次确定另外两家新创企业作为饱和检验研究对象——分别裂变自医药研制和文化创意产业，这种研究设计不是为了验证前期得出的结论是否正确（作为存在性命题不需要验证），而是检验一下是否会发现新概念和新范畴，如果有新发现，则需要补充和完善前述研究结论；如果没有产生新洞见，则说明理论抽样的研究结论已经基本反映了现象实质。本章的饱和检验测试没有得出新概念和新范畴，说明研究结论达到了暂时饱和。理论抽样情况如表 18 – 1 所示。

表 18 – 1　　　　　　　　　　　理论抽样的基本情况

理论抽样类型	案例序号	产业领域	业务互补型裂变创业主线
理论归纳研究对象	1	家电制造	母体企业零件供应
	2	乳品加工	母体企业产品经销
	3	海洋科技	母体企业研发分包
	4	旅游服务	母体企业物流配送
饱和检验研究对象	5	医药研制	母体企业原料供给
	6	文化创意	母体企业营销策划

2. 资料收集过程与资料分析

本章的经验资料来自两个方面：一方面，现有资料的筛选和整理。在开展国家自然科学基金课题研究中我们已经通过半结构化访谈等方式构建了裂变创业企业资料库，本章的理论归纳及饱和检验样本部分来源于该资料库。另一方面，全新资料的补充和完善。现有资料库的独特案例激发了我们进行理论探究的兴趣，但针对性和系统性明显不足，需要寻找新的理论样本，进行补充调研或重新调研。在对现有资料进行初步分析的基础上，我们进一步厘清了研究思路，调整了调研方向，确定了新的调研对象，并对既有的调研数据进行完善。补充调研以深入访谈为主，参与观察、电话或邮件交流为辅。除了重点从新创企业挖掘信息外，本章还兼顾了对母体企业的资料收集。另外，及时将公开资料与一手数据进行比对、校验，不断提升资料质量。资料收集的来源和内容如表 18 – 2 所示。

表 18 – 2　　　　　　　　　资料收集的来源和内容

资料类型	资料来源	资料内容
一手资料	创业者及其高管半结构化访谈（2 小时） 母体企业管理层及创业者同事半结构化访谈（2 小时） 参与式体验观察，电话、短信、微信、邮件沟通	访谈录音文字稿，参与观察记录内部文档，电话回访、短信、微信、邮件往来等信息记录
二手资料	公开资料	创业者演讲及受访，企业网站新闻报道，研究论文，宣传资料

在资料分析方面，为了提升资料译码水平，本章成立译码小组、开展译码研

讨。资料分析中如出现相互矛盾或内涵不完备、逻辑不清晰的概念和范畴，译码小组会通过反复比较、不断权衡或者再次收集资料等方式进行重新检视。通过对多种文献资料的整理归纳，得出比较规范的扎根理论研究流程如图 18 - 1 所示。

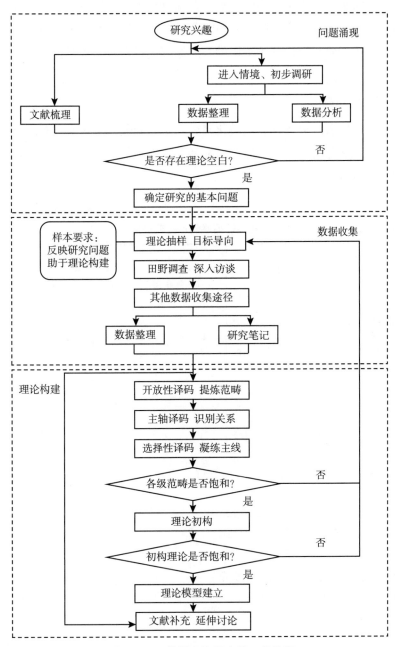

图 18 - 1 扎根理论研究的一般流程

18.4　样本企业裂变创业资料的译码

由于 4 家理论抽样企业的资料集合共同反映了互补型裂变新创企业生成机理的本质内涵，因此本章将收集并整理好的资料进行合并，然后再按照扎根理论方法的三重译码步骤，基于不同的技术原则进行资料的逐级提炼、反复比对和关系连接。

1. 开放性译码

开放性译码通过概念化和范畴化来处理聚敛问题，从而实现对庞杂资料的初步归纳提炼和分类整合，为后续研究和关系识别奠定基础，开放性译码举例如表 18 - 3 所示。

表 18 - 3　　　　　　　　开放性译码举例：范畴提炼

资料记录	开放性译码	
	概念化	范畴化
在母体企业的工作岗位是总裁司机，经常要和老总在一起，出差或开会（a_1） 被分配到设备部工作，该部门负责全公司内各类生产设备维修和维护（a_2） ……	a_1 服务领导 a_2 维护设备 ……	将概念 a_1、a_2……范畴化为：工作岗位（A_1）
经常和领导在一起，能接触到公司各个层次的人，了解很多经营管理知识（a_6） 在师傅指导下，在生产车间检查、维护、维修设备，掌握了相关技术知识（a_7） ……	a_6 熟悉管理 a_7 掌握技术 ……	将概念 a_6、a_7……范畴化为：经验积累（A_2）

注：本阶段共提炼出工作岗位等 25 个范畴。

范畴的简要释义如表 18 - 4 所示。

表 18 - 4　　　　　　　　　　**范畴释义：本质内涵及其作用**

序号	范畴	释义	序号	范畴	释义
1	工作岗位	岗位影响人脉接触和信息获取	14	主动搜寻	创业者搜寻创业机会及其利用
2	业绩表现	良好的业绩推动人脉网络构建	15	机会遴选	筛选出极具吸引力的潜在机会
3	职位变动	职位流动可扩充人际网络范围	16	离职准备	围绕机会开发获取支持和理解
4	个性特质	外向友好的性格助推人脉建设	17	合作形式	与母体公开还是私下进行合作
5	经验积累	积累各类经验增强信心和能力	18	母体支持	母体认同并提供业务订单支持
6	能力提升	创业能力和综合素养孵化培育	19	动机产生	充分激发独立创业决心和信心
7	关系深化	基于时间和互动巩固人际关系	20	资源整合	整合母体人际网络及个人资源
8	内部人脉	公司内部交错的同事关系网络	21	市场评估	市场竞争、规模及潜力的分析
9	交流互动	人际沟通加深了解和信息交流	22	业务定位	切入供应链的环节及层次选择
10	网络形成	以创业者为轴心构建内部网络	23	主动离职	把握时机并主动提出离职创业
11	信息供给	人际网络优化信息来源和质量	24	工作交接	妥善处理工作交接以维系关系
12	互补商机	围绕公司外部供应链出现机会	25	企业设立	创建新企业并开始独立化运营
13	母体变革	公司变革衍生出业务互补商机			

2. 主轴译码

主轴译码是将各个范畴联系起来，以便将资料重新组合从而发现逻辑规则的过程。本章基于"A 因果条件—B 现象—C 脉络—D 中介条件—E 行动或互动策略—F 结果"这一主轴译码典范模型分析工具，识别出了范畴之间的逻辑关系，并将其概括为潜在创业主体培养、内部关系网络构建、外部创业机会识别、离职创业动机产生、新创企业业务选择和互补裂变企业生成 6 个主范畴。主轴译码过程如表 18 - 5 所示。

表 18 - 5　　　　　　　　　　**主轴译码过程：主范畴提炼**

逻辑主线						主范畴
A 因果条件	B 现象	C 脉络	D 中介条件	E 行动或互动策略	F 结果	
工作岗位	业绩表现	职位变动	个性特质	经验积累	能力提升	潜在创业主体培养
个性特质	关系深化	内部人脉	业绩表现	交流互动	网络形成	内部关系网络构建
信息供给	个性特质	互补商机	母体变革	主动搜寻	机会遴选	外部创业机会识别

续表

逻辑主线						主范畴
A 因果条件	B 现象	C 脉络	D 中介条件	E 行动或互动策略	F 结果	
机会遴选	离职准备	合作形式	能力提升	母体支持	动机产生	离职创业动机产生
互补商机	资源整合	母体支持	经验积累	市场评估	业务定位	新创企业业务选择
主动离职	工作交接	业务定位	母体支持	资源整合	企业设立	互补裂变企业生成

注：只要能够识别出新的逻辑关系，范畴可以重复使用。

下面，对主范畴的本质内涵分别进行阐释，借此揭示其提炼过程。

（1）潜在创业主体培养。

潜在创业者在母体企业的工作岗位（如销售、采购等），使其可以比较便利地获取大量有关企业经营的有价值信息，同时也有助于其学习和掌握比较专业的新知识和新技能。由于潜在创业者认真负责、敬业进取、业绩突出，因此获得了部门同事的普遍认可，得到了企业领导的信任赏识，赢得了内部岗位变动和多种职位历练机会。而且，母体企业管理体制规范、经营绩效优异，形成了培养员工素质与能力的良好氛围，满足了潜在创业者积极努力、学习精进、渴求进步的需求。在内外部（主客体）协同促进下，潜在创业者通过观察和实践，快速积累了诸如管理、技术等经验，个人能力得以不断提升。

（2）内部关系网络构建。

潜在创业者性格乐观外向、擅于人际交往和沟通交流，能够有效建立和维系与母体企业各个层级的领导和同事的人际关系，加之其出色的工作表现和岗位变动，在母体企业不同部门积累了良好的人脉资本。这种关系网络具有强化趋势，会随着潜在创业者职位变化和工作年限的延长而不断扩展和强化。不过，受所在行业和工作限制，潜在创业者构建的内部关系网络整体呈现出仅局限于某一行业或某一企业的特点。尽管存在关系范围较窄、互动交流聚焦等不足，但这一内部关系网络却帮助潜在创业者获取了同事信任，也为其广泛收集有助于创业的市场信息拓宽了渠道。

（3）外部创业机会识别。

潜在创业者构建的内部关系网络和信任体系，为其获取多样化、实时性的内外部经营信息搭建了平台。潜在创业者拥有渴求发展、适时创业的雄心壮志，在参与关系网络活动时，经常积极主动地有意识搜寻和关注诸如新产品即将上市、现有供应商将被更替等通过正规渠道或公开途径无法知晓的稀缺、高价值信息，并将这些源自外部供应网链的创业机会与自身能力和诉求相匹配。经过频繁比对，颇具创业警觉和机会洞察力的潜在创业者最终从众多创业信息中识别出适合自己的互补创业商机。

（4）离职创业动机产生。

基于关系网络的维系和强化，潜在创业者与母体企业各层级同事之间建立了密切的信任关系，从而为获得母体企业创业支持创造了条件。母体企业的文化和制度不同，其对互补型裂变创业的支持程度和方式也不尽相同：不限制员工离职互补创业的，会提供显性的正式支持；明令禁止与离职员工开展业务合作的，拥有信任基础的同事可能会给予隐性支持。母体企业支持主要体现在为创业者提供业务或订单，如委托经销产品、采购产品或服务等。一般而言，母体企业会寻求与有潜力的业务伙伴合作，此时潜在创业者的素质禀赋就显得异常关键。如果潜在创业者能够通过母体企业筛选评估并获得认可和支持，加上良好的关系网络和丰富的从业经验，其创业意愿和创业动机就会进一步形成。

（5）新创企业业务选择。

信息源自关系网络，关系网络限于企业内部，这就使得潜在创业者获取的机会信息往往与母体企业紧密相关。母体企业在开发新产品或开拓新市场、新增供应商或更换采购对象等方面的经营计划，会使其产生新的业务合作需求，为潜在裂变创业者提供了互补创业的机会。潜在创业者是否能够利用母体企业的业务变革契机，从供应网链环节谋求创业切入，取决于先前经验积累，以及母体企业信任。潜在创业者会针对机会出现的领域（供应链上游或下游）、自身经验的属性（管理或技术）等多个因素进行综合衡量，以确定新创企业的业务选择。

（6）互补裂变企业生成。

潜在创业者从母体企业离职创业，要进行现任岗位的工作交接。在交接过程中，有的潜在创业者能够妥善处理相关事宜（如推荐岗位接班人），有的则可能造成冲突和矛盾。不同的交接表现，会对潜在创业者与母体企业的关系网络和信任体系维护，以及创业支持和合作水平产生不同的影响。离职后，创业者会对包括母体企业关系网络在内的各类创业资源进行整合，并正式创建新企业。尽管新企业的资金、人力可能来自其他途径，但其业务和订单却源自母体，最起码在新企业成立之初会如此。当然，母体企业也可能通过签订有利于新创企业的合同条款进行支持，这要视双方的信任和关系而定。

3. 选择性译码

选择性译码的主要任务是从主范畴中提炼核心范畴，并用故事线的形式精练地诠释经验资料。通过对主范畴进行持续比对和反复验证，我们提炼出"业务互补型裂变创业"这一核心范畴，用以统合概括本章所讨论的裂变创业现象，核心范畴的提炼过程如图18-2所示。业务互补型裂变创业的故事线为：拥有创业雄心和自身禀赋的潜在创业者积极构建并维系关系网络，基于关系网络识别并利用母体企业的业务发展机会，通过离职创业由母体企业员工转变为业务合作伙伴。

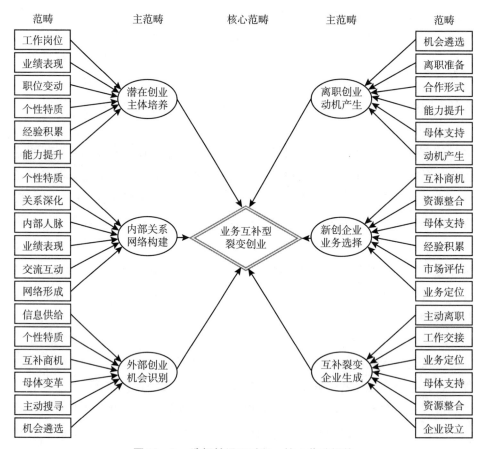

图18-2　选择性译码过程：核心范畴提炼

18.5 业务互补型裂变企业生成机理

在以往的相关研究中，我们已经比较了单纯的公司创业、一般的裂变创业与孵化型裂变创业在母体企业作用、新创业务影响、创业驱动因素等方面的不同之处（李志刚等，2016）。同样，本章将业务互补型裂变创业与以上三者进行异同对比，继而提炼出了此类创业活动的 8 个主要特征，如表 18-6 所示。

表 18-6　　　　　　业务互补型裂变创业的主要特征：对比呈现

主要维度	主要特征			
	单纯的公司创业	一般的裂变创业	孵化型裂变创业	互补型裂变创业
与母体企业关系	管理关系	结束关系	投资关系	合作关系
母体企业的价值	全程管控	员工培养	模式孵化	员工培养
母体影响的态势	深度存在	在职期间	持续延伸	持续延伸
创业的驱动因素	母体推动	个体拉动	个体拉动	个体拉动
创业的激励程度	激励不足	充分激励	有效激励	充分激励
新创业务的优势	母体支持	先前经验	商业模式	业务订单
新创业务成功率	表现平平	总体较低	往往较高	往往较高
新创业务的效应	母体复兴	企业新创	共生双赢	网链重构

1. 模型构建

经过进一步厘清主范畴之间的逻辑关系，本章构建出了基于业务互补型裂变创业的新创企业生成机理理论模型，如图 18-3 所示。在构成业务互补型裂变新创企业生成机理的六大要素中，潜在创业主体培养是原因，互补裂变企业生成是结果，内部关系网络构建、外部创业机会识别和新创企业业务选择是主要行动（这些行动先后发生、接续更替），离职创业动机产生是中介条件。而且，在每一个大的要素模块中，又包含着由原因、行动和结果以及中介条件这一核心主线构成的关系逻辑。例如，对潜在创业主体培养这一要素而言，工作岗位是原因、经验积累是行动、能力提升是结果、个性特质是中介条件。

母体企业提供的工作岗位以及个体特质的不同，潜在创业主体创业能力的培养和提升也会不同。潜在创业主体在母体企业工作过程中构建了内部关系网络，拓展了信息来源渠道，建立了网络成员之间的信任体系。潜在创业主体借助关系网络，主动搜寻了母体企业供应网链环节的业务互补创业机会并加以匹配利用。当母体企业信任并认可潜在创业主体的品行、经验和能力，承诺开展业务合作时，潜在创业主体的创业动机和创业意愿得以激发。进而，潜在创业主体根据机会来源、自身经验、母体支持等相关影响因素确定裂变创业切入的业务环节和市场定位，并基于资源整合创建新创企业，开启独立经营。

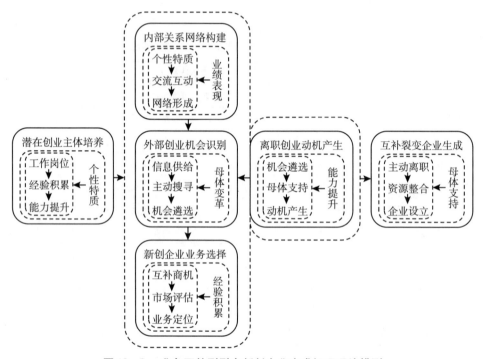

图 18-3　业务互补型裂变新创企业生成机理理论模型

2. 培养创业者的能力是业务互补型裂变新创企业生成的前提条件

裂变创业者的创业能力大部分是在母体企业培养起来的，这种能力主要源自潜在创业者积累的先前经验：行业经验会改进其关系网络和资源整合能力，职能经验会提升其管理水平和战略决策能力（Bhagavatula et al.，2010）。先前经验会潜移默化地作用于潜在创业者的认知、情感和理念，帮助其积累人力资本并构建关系网络（张玉利等，2011）。潜在创业者的认知模式、创业警觉和创业意愿得益于先前经验，先前经验的获取方式和积累过程受其担任职务、从事工作、任职年限（Deniz et al.，2009）及个性特质的影响。具有洞察力、主动性、战略眼光和雄心壮志的潜在创业者，一般能够更快更好地积累创业所需的经验和能力。

3. 构建内部关系网络是业务互补型裂变新创企业生成的资源基础

关系是源于两人、牵涉多人的一种社会联系，工作嵌入研究发现，工作经历有助于员工建立组织内部关系（Jacobs，1980），进而扩展到更广泛的社会领域。裂变创业者在母体企业的工作经历使其接触并构建了对创业有着重要影响的关系网络，在讲交情、攀关系的中国情境下，借助关系网络可以建立信任基础、降低交易成本（Oxley，1997）、整合战略资源并提升运营效率（Mcevily et al.，1999）。与内部关系网络构建相关的因素包括潜在创业者个性特征、任职岗位的工作性质以及母体企业文化氛围等。一般来说，外向友好且乐观向上的性格、委以重任且联系广泛的职位、坦诚交流且积极合作的文化，往往可以大幅提升潜在创业者的关系网络构建水平，从而影响其借助关系网络创造性整合创业资源的能力。

4. 识别互补创业机会是业务互补型裂变新创企业生成的触发动力

研究认为，组织内部联系越紧密（工作嵌入程度越高）的员工，越不容易离职（Lee et al.，2004）。不过，一旦触及裂变创业问题，尤其当潜在创业者遭遇内部职业发展"瓶颈"时，优势关系网络反而可能成为有力推手。关系网络各个节点拥有的信息和资源具有异质性，内部关系网络为潜在创业者获取外部信息、识别创业机会提供了平台。潜在创业者酝酿创业计划时往往会与关系网络内的成员进行商讨（Brüderl et al.，1998），来自关系网络的支持程度对潜在创业者是否开发利用创业机会具有重要影响。业务互补型裂变创业者的内部人际网络优势使其可以率先获取机会信息，从而在"机会窗"关闭之前及时抓住外部人员难以企及的商机。另外，母体企业内部关系网络的支持甚至业务合作许诺，无疑进一步强化了潜在创业者离职创业的信心与决心。

5. 嵌入母体合作网链是业务互补型裂变新创企业生成的有效路径

基于母体企业的工作经历，裂变创业者不但学习和掌握了大量有用的管理技能或技术知识，还构建了对日后创业颇具价值的内部关系网络（Chatterji，2009）。不过，裂变创业者的经验技能和关系网络具有明显的母体企业特色，都是围绕母体企业及其所属产业积累和形成的，既有专业特色，又受行业局限。为了最大化利用自身经验和关系网络，潜在创业者倾向于进入那些与其原来职业相关的行业或自己比较熟悉的地区进行创业。如果有可能，裂变创业者一般会首选通过嵌入母体企业供应链的方式创建新企业，进而借助关系网络和经验优势降低创业风险、提升创业速度、确保创业成功。

6. 建立持续信任关系是业务互补型裂变新创企业生成的成功保障

关系网络特征研究重视接触频率、接触时间和接触范围对关系强度、关系密度和关系规模的影响，然而就业务互补型裂变创业而言，关系质量更值得关注。影响关系质量的因素包括能力、真诚、感情、义务、信任与感觉等（Chen et al.，2004），如果业务互补型潜在创业者工作业绩突出（能力）、离职工作交接得当（真诚），那么其与母体企业的高质量关系便为后续业务合作奠定了坚实基础。构建关系、赢得信任是业务互补型裂变新创企业得以生成和发展的关键，这在新企业创建前主要取决于创业者工作情况，创建后主要依赖于双方合作质量。母体企业对上游供应商或下游经销商的敏感度不同，母体企业对与离职员工进行业务合作的态度不同，双方的合作形式也会随之表现为正式、公开进行，或者委托代理人间接推进。

18.6　本章小结

本章对"业务互补裂变创业"这一特殊实践进行聚焦，通过扎根理论的研究方法，以理论抽样原则为指导，对4家裂变创业及其母体企业的交互过程进行了深入解构，归纳出"潜在创业主体培养""内部关系网络构建""外部创业机会识别""新创企业业务选择""离职创业动机产生""互补裂变企业生成"六个主范畴，并就此构建"业务互补裂变创业"机理模型。相关论点有以下重要价值。

1. 理论贡献

首先，本章发现以互补性为前提，在资源之外提供了以业务为核心的两类企业协作共赢的全新机制，为裂变创业情境下母体企业与新创企业之间的交互提供了新启发。目前裂变创业的文献多强调母体企业与新创企业围绕资源的互动过程，本章发现则是在第17章商业模式基础之上就两类企业交互贡献的全新媒介。一方面，虽然商业模式同样涉及交易内容、结构与治理的相关内容（Zott and Amit，2001），但本章涉及的业务互补本质上是以特定业务为核心的互补关系而非单纯交换关系；另一方面，本书涉及的交互机制超出孵化与传承的协同机制，初步强调两类企业之间的价值共创行为，这也是前述研究所尚未涉及的关键议题。正因如此，本章研究从新的角度拓展了母体企业与新创企业交互的底层逻辑，为理解两类企业的协作共赢提供了全新理解。

其次，本章结论将业务互补视作裂变创业重要的中间机制，而非单纯的创业结果，从而对现有上下游裂变创业的文献作出理论拓展。事实上，围绕裂变创业进行的研究常常以新企业进入同行业或者上下游作为定义裂变创业的标准（Garvin，1982），也有研究就进入母体企业上游以及下游的裂变创业活动进行了专门探究（Adams et al.，2014）。但相关研究涉及创业结果，着重于讨论这类结果的发生动因，抑或将相关认识单纯归结于同行业的知识溢出作用，却忽略了对互补关系的形成过程进行挖掘，也就难以回答母体企业与新创企业之间的互动关联问题。本章内容则以此为契机，通过对具体过程机制的建构，弥补了既有研究的缺憾，也进一步回应了本书对于微观过程的深入剖析，从而形成了对上下游裂变创业的深刻洞见。

最后，本章论点强调裂变创业诱发的企业间交易关系的重新建立，对交易成本理论产生新的贡献。基于交易成本理论的观点，在交易成本高于协调成本的状况下，企业通过将市场行为内部化，以此平衡高额的交易成本，并购即是此类情境下的重要战略。与之相反，随着企业的不断扩张，其协调成本越发高涨，这也引发了理论界对"大企业病"的广泛探讨，与之对应的业务剥离、分拆以及公司创业均成为重要的研究话题。而围绕特定业务与上下游的裂变本质是将企业内部行为市场化的一种典型表现，但本书的研究发现依托业务互补以及母子企业关联，寻求了位于市场（交易）与组织（内部）之间的中间地带，即在市场行为与组织行为之间建构了一种新的行为方式。这一方式或许可以将交易成本理论的观点进一步延伸至新的分析层面。

2. 实践启发

对于追求生存与快速发展的新创企业而言，寻求与母体组织互补的商业机会是重要基础，这种互补一方面保证了母体企业的正向态度，另一方面也预示了足够的市场空间，因此是相对理想的创业形式。事实上，在前述章节中也有相关的案例，例如，芬尼克兹裂变产生的多家新创企业或进入其上下游，或成为其业务的重要补充，近年正在开展裂变式发展的双童吸管，其早期的几家创业体同样以自身吸管的互补业务为主要发展方向。因此，围绕母体组织形成的业务互补本就是新创企业重要的发展机会。而为了把握相关机会，新创企业既需要在母体内部不断培养自身能力，也需要不断嵌入社会网络，以此保证足够的资源开发商业机会。特别是在此过程中要与母体企业建立持久的信任关系，这同样是互补关系能够持久维系的关键所在。

对于自身业务存在瓶颈或者外部需求的在位企业而言，依靠自身裂变产生的创业企业弥补业务短板似乎是一种值得尝试的战略行为。事实上，近年来也不断有企业进行这方面的尝试，前述提到的海尔集团、芬尼克兹以及双童均是这方面的典型代表。而除了这类主动发起的裂变活动，围绕华为、阿里巴巴以及腾讯在内的众多互联网企业同样衍生出一批自主离职的创业者，并且同样与母体企业建立起业务互补关系，这也与本章的研究情形相类似。正因如此，针对这两类裂变创业企业的良好管控与治理就成了母体企业突破业务瓶颈的关键。一方面，母体企业可以以自身优势的业务为新创企业提供行为指引，并针对相关业务建立起具有吸引力定价方式，从而激励创业企业围绕自身业务进行创业布局；另一方面，母体企业需要充分借助于自身的社会网络，特别是利用员工之间的私人网络，以此对离职创业者形成嵌入，从而建立起持久互信关系，进一步做到两类企业之间的协作共赢。

3. 未来展望

本章借助于扎根理论方法，对4家典型的以业务互补为基础，以自发行动为表现的裂变新创企业作为对象，讨论了新创企业与母体企业以业务为纽带的互动过程以及由此带来的双赢情境，未来有必要进一步将这类活动与母体企业主动发起的裂变创业活动进行对比讨论，特别是揭示两类不同活动背后的异质性机制。除此以外，本章发现已经初步涉及生态系统层面的论点，特别是以企业之间的互补性构建起组织间关系框架，未来似乎可以就互补性的具体来源以及生态系统层面下的特殊组织关系展开更进一步的深度诠释。

第 **19** 章
跨越双重合法性的门槛
——身份变革获取合法性

　　裂变创业企业由于遗传特性而通常被认为具有天生的合法性优势，然而实践显示，不少裂变创业企业脱胎于业务失败的母体企业，因此面临着组织合法性的挑战。通过双案例对比研究，本章发现，母体企业业务失败的情境下，裂变创业企业面临源于裂变活动和创业活动的双重合法性门槛。裂变创业企业可选择两种不同的组织身份变革路径获取认知合法性和社会政治合法性，以跨越合法性门槛。本章以合法性获取为着眼，以组织身份为媒介，建构起母体企业与新创企业交互的新机制，从"务虚"的角度对两类企业协作共赢提供了新见解。

19.1　研究背景

　　无论是资源的连接、商业模式的传承还是业务的互补，以裂变创业为主要情境的母体企业与新创企业协作似乎都带有隐含的假设，即"母体企业是相对成功的公司"。在这类隐含假设之下，母体企业存在的优质资源以及本身的背书作用能够为新创企业提供优秀的起始禀赋；商业模式才有在母体内部孵化并最终成功剥离的空间；新创企业才需要进一步跟母体企业在相关业务上建立起稳定的互补关系。相较而言，这种认识并非错误，却始终没有概括裂变创业的全貌，即母体企业的失败以及失败诱发的创业活动呈现出何种状态，以及这类创业企业能否与母体企业在后续形成"双赢"局面。

　　事实上，在我们前述的章节中已经涉及母体失败的相关案例，"连次创业"所带来的后续两次创业行为其本质即建立在母体企业失败的基础之上；"商业模式传承"情境中的雷神创生的前提同样是海尔电脑业务的持续低迷。除此以外，商业界此类案例同样屡见不鲜：蒙牛遭遇三聚氰胺事件的冲击，市场低迷，最终被中粮集团入股，这也引发了内部员工的离职创业；如今占据在线办公平台头部的"钉钉"，其裂变自一款被微信击溃的社交软件"来往"。这类典型的裂变创业实践无不从另一个角度彰显着母体企业的独特情境以及由此诱发的特殊创业过程，而此类实践如何更进一步实现母体企业与新创企业的协作共赢则成为亟待解决的关键问题。

在理论界，母体失败诱发的创业问题已经被部分研究初步探究，例如，克莱珀（2001）的研究指出，母公司的破产重组是诱发裂变创业的重要因素；卡波契克（Kacperczyk）和马克斯（Marx，2016）更是以母体重组的情境对比了不同状况下的大企业对裂变创业的产生何种影响，从而进一步阐述"小企业效应"是由于母体内部为员工提供了更为优质的工作机会进而平衡了创业动机。此外，被动剥离同样被视为母体失败所引发的重要实践现象，已被战略领域研究进行讨论。但这类认识更多停留于母体失败的结果，对于失败后产生的裂变创业具体过程以及由此带来的两类企业交互其实尚未涉及。更为重要的是，此类情境下的裂变创业面临更严重的合法性困境，即新进入缺陷与母体失败污名的双重影响，更需要理论建构对此进行深入诠释。

组织身份理论为解读特殊情境下的合法性困境跨越以及两类企业之间的交互提供了契合视角。组织身份理论指代组织内外的员工以及利益相关者对自身的看待（Ravasi et al.，2006），涉及"我们是谁""我们与其他组织区别"，以及"对于我们什么重要"的具体认知，是组织意义建构与给付的重要载体。而在裂变创业情境下，新创企业天然携带母体组织的身份要素，其操作化利用相关组织要素成为重要的合法性应对策略。已有研究已经讨论裂变创业诱发的新创企业身份模糊问题（Sahaym，2013），并从变革视角讨论了创业团队内部的一致性认同（杨勃等，2020），但对于母体污名效应下的新组织如何克服外部利益相关者压力尚未触及。

有鉴于此，本章在理论抽样指引下，围绕雷神公司与博瑞福田两家企业进行研究，着重讨论身份视角下两类企业与母体企业的交互过程以及由此引发的合法性门槛形成与跨越机制。在对案例资料充分归纳的基础上，本章明确了来自裂变活动与创业活动两类合法性门槛，并进一步揭示"去母体化—身份重拾"和"近母体化—身份更新"两种组织身份变革路径，进而构建出"裂变创业企业跨越双重合法性门槛"的过程模型。相关结果为组织身份变革、合法性溢出以及裂变情境下的企业交互作出理论贡献，也再次以身份为媒介对母体企业与新创企业的交互以及共赢进行实践启发。

19.2　组织合法性与组织身份的回顾

1. 组织合法性研究

组织合法性的讨论主要划分为制度视角和战略视角两大分支。从制度视角出发，合法性是指在社会建构的规范、价值、信仰和定义体系中，组织的行为是可取的、适当的、正确的（Suchman，1995）。从战略视角出发，合法性是指利益相关者对组织行为的评价，即利益相关者对组织的可接受程度（Bitektine et al.，2015）。组织合法性不仅是成熟企业的绩效密码，更是新创企业的立足之本。组织合法性可以帮助新创企业获得生存和成长的资源，克服新进入缺陷（Ravasi et al.，2006）。但新创企业的组织合法性一旦低于合法性门槛，将面临生存问题（Tripsas，2009）。而合法性问题源于创业活动的本质特征，即创业机会的信息不对称、不确定性和创新性（张玉利等，2007）。

针对新创企业的组织合法性获取问题，制度视角和战略视角各有所重。制度视角下强调没有历史记录的新创组织面临的外部制度压力，往往会迫使其采取顺从和适应环境的策略（Aldrich et al.，1994；林枫等，2017）。具体而言，新创企业倾向于进入最为有利的细分市场，对于市场中的制度、规则保持顺从的态度，避免实施控制、改变、创造等策略，以获取社会公众和利益相关者的认可（曾楚宏等，2009）。战略视角下更强调合法性取决于"旁观者的眼睛"（Bitektine，2011），社会公众相比新创企业而言处于被动的状态，企业可以通过管理外部接收的信息来保持或重建外部利益相关者及社会公众对企业的认知，构建有利的、合法化形象的新创企业（林枫等，2017）。

组织合法性有多种界定方式，奥尔德里奇和菲奥尔（Aldrich and Fiol，1994）提出将组织合法性划分成认知合法性和社会政治合法性，是普遍认可的划分方式之一。认知合法性取决于企业被社会公众所熟悉的程度，当公众不接受企业的产品与服务或作出负面评价时，认知合法性的程度较低；社会政治合法性取决于企业利益相关者对企业认可的程度，表现为政府机构、投资机构、行业协会等权威性机构对新创企业作出的评价。企业可通过合法化策略获取认知合法性和社会政治合法性，进而实现组织的生存与成长。作为一种特殊的创业活动，裂变创业企业与母体企业的联系，能够帮助其获得所处生态系统的内部合法性（李志刚等，2020），内部合法性的溢出促使其在创业初始便可获得组织合法性（Fisher et al.，2016）。然而，母体企业业务失败的背景下，裂变创业者承受着内部创新和构建吸引力的压力（Remneland et al.，2019），期望获得组织合法性。此情境下的合法化策略却鲜有研究。

2. 组织身份理论研究

组织身份理论为裂变创业的研究提供了契合的视角。裂变创业企业脱胎于现有企业，尤其是业务部门和母体企业分离时，其组织身份的变化是公开且明显的（Corley et al.，2004）。在裂变情景下，定义新组织是谁以及组织最终走向哪里是裂变创业企业成功的必要条件（Corley，2004）。组织身份是组织关于"作为组织，我们是谁"的认知和信念（Albert et al.，1985），是企业最具核心性、持久性和独特性的特征，表现在宗旨、价值观、核心业务、产权结构等方面（Albert et al.，1985）。组织身份由标签和含义两部分构成（Corley et al.，2004）。身份标签是对"组织是谁"的总体表述，如组织声称自己为一家"创新"的公司；身份含义是指身份标签背后隐含的多重含义，如"创新"的身份标签背后蕴含着"先进技术""领先进入市场"等。组织身份对社会公众及外部利益相关者对于组织的认知起着决定性作用（Glynn et al.，2002）。社会公众及外部利益相关者往往根据组织的身份特征对不同组织进行区分（Ravasi et al.，2006；HSU et al.，2005），进而会对组织产生预期和期望，这密切关系着组织的合法性地位（杨勃等，2020）。由于社会公众和外部利益相关者同样对组织身份具有重要的影响，因此组织身份包含着外部利益相关者对"组织是谁"的认知（Gioia et al.，2010）。

组织的身份是相对动态的（Corley，2004），企业可运用多种策略塑造身份。其中组织身份变革强调了组织为应对动态环境变化改变组织身份的过程（Clark et al.，2010），与裂变创业活动显著的组织身份变化相契合。具体来说，当组织发生不连续的变革时，尤其是原有的身份失去相关性时，将会涉及组织的身份问题（Clark et al.，2010），一方面组织成员会对"组织是谁"的认识模糊（Sahaym，2013）；另一方面，组织自身的解释与社会公众及外部利益相关者对组织的认知产生了冲突与分歧（Corley et al.，2004；Gioia et al.，2010），此时企业便会重新定义组织身份，实施组织身份变革（Clark et al.，

2010）。组织身份变革至少包含两种形式，一种是身份标签的变化，如组织从"软件公司"转换为"技术解决方案公司"；另一种是身份含义的变化，如"创新"这一标签从"前沿技术"转化为"为用户寻找最优的解决方案"（Corley et al.，2004）。已有研究就裂变情境下组织成员的组织身份模糊问题进行了充分探讨，但缺乏对外部利益相关者组织身份模糊问题的讨论。尤其是在母体企业相关业务失败或即将失败的情境下，业务部门从母体企业分离出来，外部利益相关者的组织身份模糊问题尤为突出，组织如何重新定义身份来破解难题的研究有待拓展。

19.3　青岛雷神公司与博瑞福田案例

1. 方法选择

本章旨在探究"裂变创业企业的合法性门槛如何形成、如何跨越以及如何获取组织合法性"这一问题，为了深入挖掘和剖析该问题的内在规律，本章选择纵向对比案例研究方法。首先，本章研究问题为"how"型的问题，正好对应案例研究所解决的"how""why"型的问题（SO，2011）；其次，双案例研究可以对同一现象进行补充和印证，相比于单案例研究，可以观察到：母体企业业务失败情境下不同的组织合法化策略，提高了研究的外部效度，有利于得到更准确和更具有普适性的研究发现（毛基业等，2017）；最后，对比案例分析的过程强调将案例的数据、现有的理论研究和涌现的理论不断地对比，直至理论达到饱和，从而获取新的理论洞见，构建根植于案例数据的可验证的理论命题。

2. 案例选择

本章采用案例研究方法，依据理论抽样原则选取雷神公司和博瑞福田两家企业作为典型案例进行分析，理由如下：（1）从裂变背景来看，雷神公司和博瑞福田都属于母体企业相关业务失败的情境下裂变产生的创业企业。诞生于劣势环境，两家企业却都发展成为细分行业的领军企业，获取了较高程度的组织合法性，因此适用于挖掘裂变创业企业解决合法性问题的研究。（2）从组织合法性获取角度来看，雷神公司在创业之初采用远离母体企业的身份策略，期望规避母体企业业务失败带来的负面影响来获取组织合法性。通过对案例的补充分析发现，还存在以博瑞福田为例的贴近母体企业的身份策略，通过借用母体企业的身份来获取组织合法性。这两种截然不同的策略恰好符合本章的理论抽样，具备典型性和新颖性。案例企业的具体情况如表 19 - 1 所示，两家企业的总体发展历程如图 19 - 1 所示。

表 19 - 1　　　　　　　　　　　　　　研究样本

类别	雷神公司	博瑞福田
企业属性	民营（高新技术企业）	民营（高新技术企业）
业务范围	主营游戏笔记本等产品的设计、研发和销售业务	主营旋转门设计、生产及销售业务
进入方式	远离母体企业	贴近母体企业
进入市场	母体企业原有市场的新细分市场	母体企业原有市场
裂变背景	母公司海尔集团的笔记本业绩低迷，笔记本业务负责人发现游戏电脑机会，在海尔集团战略变革的推动下，负责人带领原部门成员裂变创业	母公司青岛博宁福田通道设备股份有限公司（以下简称"博宁福田"）的旋转门客户流失、业务生存困难，加上公司战略归核化，离职副总买下旋转门业务（包括生产线、技术），与原部门离职总监一起裂变创业

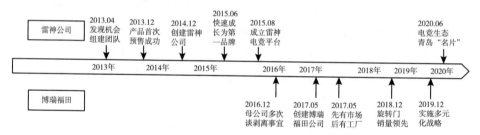

图 19 - 1　案例企业发展过程

3. 数据收集

本章采用的案例数据主要来自雷神公司和博瑞福田的访谈资料，同时辅以二手数据资料。多来源的数据资料有利于提高案例研究的信度和效度，支持研究中的三角验证。一手资料主要是通过半结构化访谈以及微信、电话联络等方式获取的资料，来源包括案例企业创始人及高管、外部利益相关者以及母公司工作人员，详细情况可见表 19 - 2；二手资料包括案例企业及其母公司的提供的内部资料、企业官网、权威媒体报道、网络论坛讨论以及相关文献等数据资料。相关数据来源与数据分类已进行详细编码，如表 19 - 3 所示。

表 19 - 2   数据资料情况

数据分类	主要内容	人数（人）	次数（次）	访谈时长（分钟）	访谈字数（万字）	访谈内容
企业创始人访谈	雷神公司创始人	1	2	420	7.5	创业者个人背景、工作经历、裂变创业动机、创业历程、以及战略选择等资料
	博瑞福田创始人；博瑞福田副总	2	3	300	4.9	
外部利益相关者访谈	雷神 QQ 粉丝群群主；雷神贴吧、论坛等活跃用户、雷神忠实用户；技术测评博主；游戏社区活跃用户	6	8	250	3.0	通过电话、微信、QQ 等线上方式获取与案例企业的合作经历，对案例企业的评价、企业印象等资料
	山东某连锁酒店招商经理、博瑞福田客户；某旋转门企业总经理、山东省门业协会成员	2	2	129	2.6	
母体企业高管访谈	海尔高管、海创汇管理合伙人	1	1	200	3.2	主要涉及海尔集团的公司创业、企业孵化等政策与策略，雷神公司裂变创业情况
	博宁福田原旋转门业务主管	1	1	120	2.0	主要涉及博宁福田 2016 年的旋转门业务情况，博瑞福田裂变的过程

表 19 - 3   案例企业访谈数据收集情况

数据来源	数据分类	雷神公司	博瑞福田
一手数据	通过企业创始人访谈获得的数据	LS1	BR1
	通过外部利益相关者访谈获得的数据	LS2	BR2
	通过母体企业高管访谈获得的数据	LS3	BR3
二手数据	通过案例企业网站、公共媒介获取的资料	ls1	br1
	通过权威媒体、专业媒体人报道获取的资料	ls2	br2

续表

数据来源	数据分类	雷神公司	博瑞福田
二手数据	通过案例企业内部文件获得的资料	ls3	br3
	通过热门网络论坛获取的评价信息	ls4	br4
	通过母公司官网、内部文件、宣传册等获取的资料	ls5	br5

数据收集过程分为三个阶段。首先,研究团队通过媒体报道、新闻报道、公司官网等公开途径对裂变创业企业的背景和发展历程进行了解;其次,研究团队进行实地企业观察调研,并对企业创始人和母体企业高管分别进行了半结构化访谈,并在 24 小时内将访谈录音转化为文字稿,进行系统整理;最后,针对数据资料不足或分析分歧等问题,不断从多方补充新的资料,包括外部利益相关者的访谈与资料,以求保证资料的充裕性。

4. 数据分析

基于艾森哈特和格雷布纳(Eisenhardt and Graebner,2010)的编码策略,分三个阶段进行数据分析工作。第一阶段主要是对数据进行筛选、聚焦。首先用精简的关键词和编码替换庞杂的原始数据,将与研究问题相关的数据进行提炼,形成一阶构念;两名成员在充分识别一阶构念的基础上,独立完成两家案例企业二阶主题的数据编码。第二阶段是团队对上一阶段得到的编码进行审阅,并提出修改意见。若有分歧进一步验证和比对,仍旧无法达成一致则进行数据增补,通过微信、电话等与案例企业交流,补充新数据,最终形成准确和一致的编码结果,具体编码构念如表 19-4 和表 19-5 所示。第三阶段,根据前两个阶段得出的数据编码,分析合法性劣势、组织身份变革和组织合法性的关系,形成理论研究框架。结合数据编码、现有理论反复验证并优化理论框架,保证结论的准确性。

表 19-4　　　　雷神公司数据编码实例(部分)

典型证据援引	关键词	一阶构念	二阶主题	理论维度
雷神公司创业者在采访中坦言海尔笔记本竞争惨烈、乏善可陈(LS2) 海尔的品牌策略没有突破消费者关于"海尔是家电品牌、做电脑不专业"的固有印象(LS1)	负面口碑已形成固有印象难突破	口碑效应	裂变特性	双重合法性门槛

续表

典型证据援引	关键词	一阶构念	二阶主题	理论维度
海尔集团曾与世界顶级电脑代工厂蓝天代工厂合作过，但合作过程并不理想，原因是海尔电脑的量级相对较小，甚至不符合某些资质标准（ls2）	海尔电脑以往合作收益成效并不理想	失败经验	裂变特性	双重合法性门槛
雷神公司创业团队希望与全球顶级的蓝天电脑代工厂合作，但因自身需单独开发模具，且订购批量较小，第一次洽谈并未取得合作（LS1）	新企业订单较小供应商不愿承接	企业量级小	创业特性	
宣称内部创业的企业数不胜数，但几乎难以成功（ls2） 海尔集团支持员工创业，但对赌协议无疑也是残酷的，创业者必然面临着创业的风险性（LS3）	大企业呼吁内部创业创业风险性无法摆脱	不确定性高		
早期雷神公司官网：雷神笔记本 100% 由蓝天设计、蓝天制造，整机原装进口方式，确保原汁原味的蓝天品质（ls1）	企业宣传专注用户母体企业并未提及	规避裂变身份	去母体化	组织身份变革
我们就是要做一个全新的电脑品牌，使用全新的名字，就叫雷神（LS1） 企业宣传标语"只为游戏而生"，以及具有科技感的 logo，诠释出全新的企业文化（ls3） 雷神公司是员工自己提出来，完全从无到有的创业模式，是独立创业的小微（LS3）	品牌标语诠释新文化网站 logo 展现新身份	创建企业身份		
我们选择与游戏玩家非常认可的世界顶级蓝天代工厂合作……第一款产品就是在 3 万多条用户评价中筛选了 18 条用户痛点，针对痛点问题来进行产品开发（LS1） 问题出现以后，我们服务要快。只要购买雷神产品，第一次免费上门服务（ls2）	以用户痛点迭代产品加工到服务用户至上	强化用户导向		
很多用户并不清楚雷神与海尔的关系，各个网站上的相关提问非常多——"雷神是海尔的吗?""雷神和海尔什么关系"（ls4）	用户线上频繁提问企业身份关系模糊	新旧身份不清	组织身份模糊威胁	
在海尔与雷神的关系解答中，接近 80% 的都是关于"雷神就是海尔贴牌的"，"海尔自己的本子做不下去，就换了个拍着接着贴牌"的说法（ls4）	雷神是海尔贴牌网络上流言四起	用户错误解读		

续表

典型证据援引	关键词	一阶构念	二阶主题	理论维度
企业官方媒体：雷神就是海尔旗下游戏笔记本电脑品牌，由蓝天电脑代工生产（ls2） 海尔成就了雷神，同时雷神也将海尔创客精神发挥到了极致，这种你中有我、我中有你的共赢才是社会与经济可持续发展的关键（ls3）	雷神源于海尔小微官方现身宣传身份	宣传裂变身份	身份重拾	组织身份变革
在海尔集团内部孵化的 200 多个小微企业中，雷神公司一直作为海尔内部样本进行报道（LS3） 雷神公司是海创汇创业孵化的典型案例（ls5）	海尔裂变小微样板雷神身份标签增加	增补身份含义		
2015 年以前为雷神公司的硬件阶段，2015 年之后雷神公司着力打造电竞生态圈（LS1） 2015 年后雷神公司开始深入赞助游戏战队、搭建电竞平台、设立电竞发展基金等（ls1）	雷神公司拓展电竞生态投资酒店赛事战队	增加相关标签		
我在机场背着雷神的电脑包。一个年轻人跑过来问我："你也是雷神用户吗？"这让我感到很吃惊……没想到雷神的粉丝认同感已经很高了（LS2） 2014 年，雷神公司第二批新品上线 21 分钟便被抢光，创造了高端笔记本最快的销售成绩（ls2）	产品好评如潮粉丝积极支持	粉丝支持	认知合法性获取	组织合法性获取
他（路凯林）是一位典型的战略型 CEO，既懂市场又懂销售……到 2016 年，雷神公司带来了 15～20 倍的收益，才意识到自己是跟着一个亿万富翁在吃饭（LS2） 2015 年京东股权众筹会召开，雷神股权众筹 1300 万在上线 1 个小时即被抢光，成功投资过锤子手机、陌陌、足记的紫辉创投买下雷神公司 1000 万股权（ls2）	获投资者青睐股权上线秒光顶级战队合作	资本认可		
2015 年 10 月路凯林带领团队摘得首届"中国青年互联网创新大赛"金奖（ls3） 2019 年雷神公司获得山东知名品牌、山东省准独角兽企业、崂山质量创新奖、青岛市专精特新示范企业、高成长性高新技术企业等奖项（ls3）	雷神成业界黑马企业及团队获奖	企业荣誉	社会政治合法性获取	
青岛市政府向企业免费支持 1000 平方米的办公室（LS1） 青岛市体育局、体育总局与雷神公司达成战略合作协议，支持雷神公司深耕电竞产业（ls2）	政府支持雷神公司与之战略合作	政府支持		

续表

典型证据援引	关键词	一阶构念	二阶主题	理论维度
专业媒体人点评"雷神游戏本认真倾听每一个细微的用户痛点、根据这些痛点去自我颠覆的产品情怀和资源整合能力……掀起真正的个性定制、造私模的革命性风暴"（ls4） 青岛电视台评价雷神公司：从海尔走出的电竞"王者"，将为青岛打造一张新的名片（ls2）	专业媒体人好评 官方媒体高认可	媒体报道	社会政治合法性获取	组织合法性获取

表 19－5　　　　　　　　　博瑞福田数据编码示例（部分）

典型证据援引	关键词	一阶构念	二阶主题	理论维度
母公司年报：2014 年博宁福田公司将投入重心转移到轨道交通新产品。母公司网站主打产品从自动旋转门变为闸机等轨道交通产品（br5） 2014～2016 年间，博宁福田在网络上的热度明显下降，热门品牌推荐已不见其踪迹（br4）	母体企业重心转移 热点品牌不见其踪	口碑效应	裂变特性	双重合法性门槛
母公司年报：博宁福田的旋转门业务营业额从 6500 万元下降至 900 万元，大幅下跌（br5） 博宁福田 2014 年一举中标青岛市第一条地铁线的大项目……旋转门业务精力不足，很多大客户流失……公司决定专注发展轨道交通，剥离旋转门业务（BR3）	战略客户大幅流失 旋转门业务难持续	客户流失		
从一个新旋转门品牌做起，到创立成熟品牌，需要历经相当长的一段时间（BR1） 小品牌和大品牌的客户档次差别很大，小品牌的客户集中在洗浴中心、小饭店等，大品牌的客户却是政府机关、高档酒店（BR3）	高端品牌运作周期长 小品牌难突破高壁垒	品牌认可度低	创业特性	
我身边也有很多人创业，成功的有，但失败的更多。虽然旋转门的业务我之前做过，但让我自己创业内心压力也很大（BR1）	创业具有高风险性 创业者内心压力大	不确定性高		
企业的名称"博瑞福田"贴近母体企业，博瑞福田网站可跳转母体企业网站（br1） 对外宣称的是博宁福田为了着力发展旋转门业务，专门成立独立公司进行发展。其实我们的设备流水线都是承接老福田的（BR1）	名称选址紧系母公司 车间流水线一脉相承 子公司形象增强印象	规避创业身份	近母体化	组织身份变革

续表

典型证据援引	关键词	一阶构念	二阶主题	理论维度
我把福田的旋转门业务全部接手过来了，品牌也借用他们的，给他们交品牌管理费（BR1）	借母公司品牌进入高端市场	利用母体身份	近母体化	组织身份变革
母公司负责山东省业务的销售总监加入创业团队，整合销售班底，扩展社会网络（BR1） 创业者曾担任哈尔滨工业大学青岛校友会会长，曾在澳柯玛老牌企业担任高管职位，并在母公司任职期间争取到了上海世博会项目，这一项目曾取得吉尼斯纪录（br2）	创业者多重社会身份社会影响力可见一斑	强化个人身份		
我们创业企业最大的威胁是品牌不是我们的，我们利用的是人家的品牌（BR1）	借用母体企业品牌日积月累形成依赖	依赖母体身份	组织身份依赖威胁	
旋转门的市场比较饱和，新品牌很难进入，尤其是高端市场（BR1） 在媒体报道中，博瑞福田以母体企业博宁福田品牌出现在大众视野（br2）	新品牌难进入新企业难独立	品牌独立困难		
青岛博瑞福田智能门窗科有限公司董事长（即创业者）等人受聘为创业商学院首批顾问委员会委员。创业者以创业企业家身份进行活动（br2） 博瑞福田在专业技术研发也有一些发展，这三年的时间我们申请了几十项专利（BR1）	商业活动逐步增多加大创业身份宣传	重拾创业身份	身份更新	
博瑞福田成立多个子公司，从事对外贸易、电子商务、防护科技等业务（br2） 企业新发展的业务逐渐地成为企业主力，其中防护科技的业绩到达两个亿（br3）	企业发展多元化业务防护科技成公司主力	增加非相关标签		
企业员工的朋友圈宣传从博宁福田旋转门逐渐演变为博瑞福田旋转门（br3） 新业务的开展，其他业务的宣传力度加强，甚至高过旋转门（BR1）	加强宣传其他业务自有品牌加强宣传	弱化母体身份		
前合作伙伴与创业者痛快达成合作……在没工人的情况下帮其生产第一个门（BR2） 创业者在担任哈尔滨工业大学青岛校友会会长期间，通过自身社会网络和社会影响力为企业带来多个长期发展战略客户（BR1）	社会网络获合作资源先有市场后有工厂	社会网络	认知合法性获取	组织合法性获取
2017 年，旋转门业务的营收从 900 多万元提升至 2000 多万元，并与省内多家高端连锁酒店如蓝海、中建八局、山东建工等企业成为战略合作伙伴（br3） 在没成立协会之前，我们这些门类企业之间也都会相互合作，互相介绍项目（BR2）	与多家公司战略合作与门类企业协同合作	企业合作		

续表

典型证据援引	关键词	一阶构念	二阶主题	理论维度
企业获得"中国建筑金属结构协会自动门电动门分会理事单位"等资质（br1） 山东省门业协会得到了中国建筑金属结构协会和山东省建设机械协会、山东省住建厅建筑标准服务中心等权威机构的支持与关注（br2）	获官方协会认定资质 发起组建协会获认可	协会认可	社会政治合法性获取	组织合法性获取
博瑞福田等企业获得青岛政府奖励研发费用的175%（政府官方文件）（br2） 高新区政府为博瑞福田颁发15万元的补贴（br3） 博瑞福田选入2019年度青岛高新技术企业培育库第一批拟入库企业备案名单（br2）	荣获得政府补贴 进入企业培育库	政府支持		
山东省门业协会有意进一步规范行业标准、加强行业管理，包括生产、安装等资质的管理……我们十几家企业发起创建起来的，希望更多的企业加入我们，一起维护这个行业（BR2） 山东省门业协会中的旋转门企业也会互相介绍业务，实现共赢（br2）	协会成立企业联盟 内部企业共创共赢	企业联盟		

19.4　单案例分析及其主要研究发现

1. 雷神公司

2013 年，海尔集团电脑业务走势低迷。雷神公司创始人李艳兵曾表示"（海尔电脑）基本在生死线上挣扎"，需要寻找新的战略方向持续发展下去。海尔电脑业务团队成员发现游戏笔记本这一细分业务的市场机会，适逢集团内部进行网络化战略变革的提出，产生了裂变创业的想法。

（1）合法性门槛形成阶段。

裂变创业想法的诞生同时带来了源于裂变活动和创业活动的双重合法性门槛。裂变活动具有继承母体企业惯例、流程等印记的特征，创业活动具有创新性、不确定性等特征。从裂变活动来看，雷神公司作为新创企业没有历史记录，与海尔集团的联系是用户的最初印象，但海尔集团走势低迷的电脑业务很容易通过口碑效应给裂变创业企业造成负面影响，难受认可；此外，海尔电脑失败的合作经验会影响雷神公司与其他企业的合作，难以得到优秀企业的认可和资金支持。从创业活动来看，创业具有不确定性，但成功母公司的资源和经验往往使裂变创业企业降低甚至忽视了创业的不确定性。在母体企业业务失败的情境下，失败的经验和错误的程序放大了创业的不确定性。除此之外，规模小、创新性强也成为与大公司合作的阻力，如雷神公司与最大代工厂公司寻求合作时，一开始得到了拒绝。

（2）去母体化阶段。

面对双重合法性门槛，雷神团队抓住游戏用户的痛点，以用户为导向实施去母体化的身份变革策略，具体表现为规避裂变身份，创建身份标签，强化用户导向。此阶段雷神公司不主动展示与母体企业的联系，不利用母体企业品牌提升知名度，而是针对目标用户（游戏玩家）进行全新定位，创建了"游戏笔记本""全新品牌""高性价比"等新的企业标签，展现全新身份。雷神公司不仅替换了母体企业"低端电脑"的标签，主张"高性价比"标签，突出"高配置""服务强"等含义；还在组织身份中强化用户导向，在品牌、研发、制造等方面都蕴含着用户为主的深层含义。品牌上，为消除用户的偏见，企业采用新品牌"雷神"、新标语"只为游戏而生"和新网站；研发上，企业从3万条用户意见中找到关键痛点问题进行解决；制造上，企业与用户认可的代工厂合作，在产品未上市之前就能作出用户认可的产品。

雷神公司通过去母体化，塑造全新的组织身份，获得了认知合法性，具体表现为粉丝支持和资本认可。模糊母体身份、创建新身份标签规避了用户因母体企业失败业务而产生的先入为主的不良印象，强化身份标签背后用户导向的含义使其获得认可。一方面，雷神公司仅一年便赢得49万粉丝支持，产品"问世仅半年便跻身京东商城游戏笔记本销量亚军"，如果"用海尔品牌去卖，500台可能是一年的量"。这批雷神粉丝不仅活跃在各个贴吧、QQ等平台，还加入到了雷神团队，为雷神的发展出谋划策。另一方面，雷神公司获得了包括众创大学创业导师之一薛蛮子、天使投资人陈雪涛在内的一众投资者青睐。京东股权众筹会上成功投资过锤子手机、陌陌、足记的上海紫辉创业投资有限公司买下雷神公司1000万股权。

（3）身份重拾阶段。

前一阶段雷神公司虽获得了认知合法性，却也面临着威胁。随着雷神公司知名度的提升，去母体化的身份策略使用户对其身份产生模糊，对雷神公司和海尔电脑之间的关系产生混淆，进行错误解读。因此雷神公司组织身份变革的第二阶段为身份重拾阶段，具体表现为宣传裂变身份、增补身份含义、增加相关标签。首先，宣传裂变身份、增补身份含义表现为雷神公司宣传自身"海尔裂变创业企业"的身份，增补了"海尔小微创业优秀样本""创客精神"等含义。海尔集团作为老牌知名企业，雷神公司作为笔记本新星，此时的宣传是强强联合、共创共赢。其次，增加相关身份标签是指雷神公司以游戏笔记本为突破口，发展相关多元化业务，增加了"电竞生态品牌"的标签。雷神公司从游戏设备生产商转变为成科技电竞生态品牌。2015 年之后雷神公司着力打造电竞生态圈，在游戏战队、电竞酒店等多个领域深耕。

这一阶段，雷神公司获取了社会政治合法性，并加深认知合法性程度。社会政治合法性表现为荣誉称号、政府支持、媒体报道。企业家获得"科技创业新锐人物"等称号、企业获得"山东省知名企业"等荣誉；政府为企业提供了免费的办公室；官方媒体对企业进行正面报道，称其为青岛塑造了一张新"名片"。同时认知合法性程度也不断提升。雷神公司出色的业绩，加上母体企业的加持，以及与产业内知名企业的合作，拓展了企业资源，提升了企业价值，并获得游戏玩家的广泛认可以及大批粉丝的追随。雷神公司的合法性门槛的跨越机制如图 19 - 2 所示。

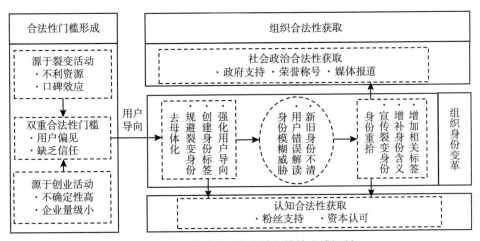

图 19 - 2　雷神公司合法性门槛的跨越机制

2. 博瑞福田

博宁福田因业务重心转移，导致旋转门业务用户流失严重，业绩严重下滑难以维持运营。2016 年，博宁福田公司放弃旋转门业务，由离职员工接手进行裂变创业。

（1）合法性门槛形成阶段。

从裂变活动来看，博瑞福田本身没有历史记录，与母体企业博宁福田的联系是其与生俱来的标签。然而博宁福田旋转门业务的衰败和业务重心转移，给裂变创业企业带来负面影响，丧失客户的信任。从创业活动来看，新创企业具有很大的不确定性，旋转门市场竞争激烈，新企业新品牌很难达到与大客户合作的资质。不难看出，创业团队面临着双重合法性门槛。

（2）近母体化阶段。

面对双重合法性门槛，博瑞福田以机会为导向，实施近母体化的身份变革战略，抓住进入高端旋转门市场的机会，具体表现为模糊创业身份、利用母体身份、强化个人身份。此阶段企业不主动向外展示自身创业企业身份，而是以母体企业的名义销售产品。借用母体品牌加上相同的生产线，博瑞福田充分利用了母体企业"高端旋转门企业"的标签。这无疑节省了创业者从无到有创建高端品牌的成长时间，但业务的失败使母公司的身份标签带有负面含义。因此新企业对母体负面的身份标签进行优化更新，实现有效利用。一方面增加积极的含义，通过相似的名称、邻近的区位、子公司形象造势，传递"激励""重视""革新""全面发展"的含义；另一方面删除负面含义，创业者整合母体企业流失在外的优秀销售班底，聚焦旋转门业务，删除了"重心转移""非核心"的含义。这一过程中，首先裂变创业企业以机会为导向，发现尚未被充分利用的已有资源进行身份进化，更好地满足现有顾客需求。其次，强化个人身份表现为博瑞福田在组织身份变革时，将创业者的身份放在重要地位。母体身份标签虽认知度高但声誉欠佳，需要辅以创业者个人身份的强化。创业者活跃在各社交场合，增强自身曝光度，打造创业者个人形象，以此提高企业社会网络和影响力，推动组织身份变革的成功。

通过近母体化策略博瑞福田获得了认知合法性，表现在企业合作和社会网络。新企业以机会为导向进入高端市场，实现从"旋转门新企业"进化成"高端旋转门企业"的身份变革。通过模糊创业身份、利用母体企业的身份标签，博瑞福田克服自身品牌弱势，实现高端定位，又通过更新身份含义来造势，优化品牌在客户心目中的形象。最后通过销售网络整合和创业者个人形象塑造，扩大企业的社会网络和影响力，使企业获得认可。博瑞福田在无生产工人的情况下实现了先有市场、后有工厂以及众多新老战略客户合作。合作客户数量的快速增长与社会网络的日益扩张都是裂变创业企业获得认知合法性的表现。

（3）身份更新阶段。

博瑞福田虽获得认知合法性，但也使企业面临威胁。借用母体企业身份会加深对母体企业身份的依赖，持续发展扩张会面临母体企业收回品牌的危机。因此，博瑞福田进行第二阶段组织身份变革，即身份更新阶段，具体表现为重拾创业身份、增补非相关标签、弱化母体标签。首先，重拾创业身份表现为企业以优秀创业企业身份积极参与社会活动。博瑞福田以优秀新创企业的身份，与行业内 30 多家门类企业联合发起山东省门业协会，门类企业之间合作互助、共同发展，创业者更是被任命为协会秘书长。其次，增补非相关身份标签来源于多元化业务的开展，企业以此消除自身对母体企业过度依赖的威胁。通过旋转门业务蓄势，博瑞福田将业务延伸至对外贸易、电子商务、防护科技等领域，业绩从 3000 多万元升至两个亿。在这一过程中，裂变创业企业以机会为导向，通过开展多元化战略抓住市场机会、提升了企业价值、弱化母体标签，从而消除依赖母体产生的威胁。

　　这一阶段，博瑞福田获取了社会政治合法性并提升了认知合法性。社会政治合法性表现为行业联盟、协会认可、政府支持。一方面，联合发起成立山东省门业协会，规范行业标准，颁发生产安装资质，改变了原本的行业资质颁发形式，获得权威机构的认可；另一方面，裂变创业企业获得青岛高新区政府和省科技厅的创业补贴，得到了政府机构的支持。认知合法性表现为更加广泛的行业内外网络。行业协会的建立不仅使博瑞福田与其他门类企业形成良好的协同关系，还进一步扩大了创业者的社交网络和社交影响力，增强了企业的认知合法性。博瑞福田合法性门槛的跨越机制如图 19 - 3 所示。

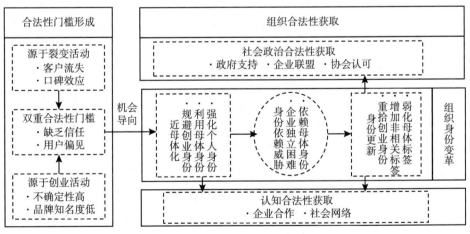

图 19 - 3　博瑞福田合法性门槛的跨越机制

19.5　跨案例分析与合法性门槛突破

本章中的两家案例企业分别代表了两类组织身份变革：第一类是以雷神公司为代表的远离母体身份进入市场；第二类是以博瑞福田为代表的贴近母体身份进入市场。母体企业业务失败的情境下，两家案例企业都面临双重合法性门槛，却选择了截然相反的身份变革方式，进而表现出不同的合法化路径，以下从三个方面展开分析。

1. 双重合法性门槛的形成

组织身份能够影响社会公众及外部利益相关者对组织的分类（Ravasi et al.，2006），对企业形成特定的预期，最终决定组织的合法性（杨勃等，2020）。母体企业业务失败的情境下，裂变创业团队容易继承母体企业失败的经验、错误的程序等不利资源，容易受到客户流失、母体企业负面口碑的影响，难以获得认可。作为创业活动，创新性也意味着不确定性，规模小、品牌认知度低、不确定性高，同样难以获得认可。例如，雷神公司，作为新创企业它规模小、品牌认知度低，难与顶尖代工厂合作；该代工厂曾与母体企业有过失败的合作经验，即使有母体企业背书新企业同样难取得合作。已有研究显示成功母体企业更容易裂变出成功的新创企业，资源禀赋的优势下削弱了创业的不确定性。而在母体企业业务失败的背景下，新创企业的空白凸显了裂变活动的失败背景，失败的背景增强了创业活动的不确定性。裂变活动的失败背景和创业活动的不确定性都向企业发起了挑战，形成了双重合法性门槛，表现出缺乏信任和用户偏见。

2. 合法性门槛的跨越

组织身份回答了"作为组织，我们是谁"的问题，解释了组织存在的价值和目的（Albert et al.，1985）。组织身份变革强调组织根据识别出的身份与声誉反馈之间的不协调程度来重构组织的身份（Clark et al.，2010）。面对双重合法性门槛，裂变创业企业可通过组织身份变革获取组织合法性。通过案例分析，本章归纳出两条组织身份变革路径，区别在于新企业与母体企业之间的关系，而创业团队对机会的判断是影响变革路径的主要因素。

以雷神公司为代表的是"去母体化—身份重拾"的组织身份变革路径。

去母体化意味着裂变创业企业远离母体企业身份，表现为规避母体身份、创建身份标签和强化用户导向。裂变创业企业塑造全新独立的身份以规避母体企业业务失败带来的口碑问题，规避客户对先入为主的负面印象。进一步在品牌、产品、服务等方面强化用户导向，增强客户对企业的信任。以雷神公司为例，去母体化的身份策略为其带来了粉丝支持和资本认可，获得认知合法性。然而，去母体化短期内虽有效，但容易造成组织身份模糊的威胁。知名度的提升带来更多的关注和讨论，用户对雷神公司和海尔集团的身份模糊，甚至造成"雷神就是海尔贴牌"的错误解读。随后，企业可实施第二阶段的组织身份变革，即身份重拾，具体表现为宣传裂变身份，增补身份含义和增加相关身份标签。企业通过塑造成功的裂变形象进行宣传，如雷神公司宣传自己是"海尔小微创业的优秀样板"，与母体企业强强联合，加速提升知名度。通过前期蓄势，企业借力进一步增加相关多元化身份标签，实现企业成长。企业的成功带来了政府的支持、媒体报道和企业荣誉，获得了社会政治合法性，增强了认知合法性程度。

　　以博瑞福田为代表的是"近母体化—身份更新"的组织身份变革路径。近母体化意味着裂变创业企业贴近母体企业身份削弱创业身份，表现为规避创业身份、利用母体身份和强化个人身份。裂变创业企业通过规避创业身份削弱品牌知名度低的问题，并通过有效继承和优化母体企业的身份提升知名度，辅以创业者个人身份的强化，扩大企业的社会网络和影响力，受到外部利益相关者认可，获得认知合法性。然而，近母体化策略会带来组织身份依赖的威胁。企业利用母体企业身份，不仅自己获利，也使母体企业知名度得以提升。此时母体企业可能会重拾失败业务或对提高身份利用的砝码，对裂变创业企业造成制约和威胁。因此，裂变创业企业可实施第二阶段的组织身份变革，即身份更新，具体表现为重拾创业身份、增加非相关身份标签、弱化母体标签。这一阶段裂变创业企业不再躲在母体企业身份背后，积极抓住市场机会开展非相关业务，打造成功的创业企业形象，与其他企业联盟，突破母体企业的限制。这一阶段为裂变创业企业获取了社会政治合法性，增强了认知合法性程度。通过跨案例分析，得到母体企业业务失败情境下裂变创业企业的合法性门槛的跨越机制，总结如图 19 – 4 所示。

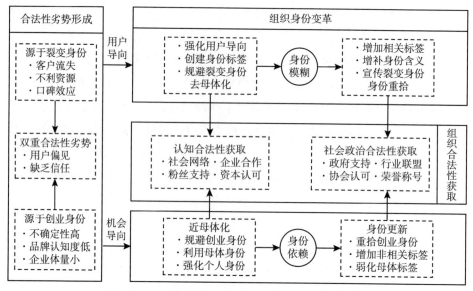

图 19 - 4　裂变创业企业的合法性门槛的跨越机制

19.6　本章小结

　　本章内容以身份媒介，展示了裂变创业情境下母体企业与新创企业的交互过程，围绕合法性门槛的形成与跨越这一关键问题，突出母体失败这一关键特征，借助于双案例的研究设计，对两家裂变新创企业通过身份变革获取合法性的路径进行了挖掘和对比。具体而言，本章明确了裂变活动与创业活动构成了双重合法性门槛，而母体企业业务的失败是裂变活动合法性门槛的主要来源。以此为基础，本章就两家企业提炼出不同的身份变革过程，揭示了两类围绕身份进行的企业间交互，并就这类交互如何帮助新创企业获取合法性进行了深入解读，相关发现具有以下理论贡献与实践价值。

1. 理论贡献

　　首先，本章所揭示的新创企业合法化过程能够为组织身份变革策略提供新的理论洞察。一般认为，组织以核心性、独特性和持续性三大特征而区别于其他组织，其中，核心性和独特性已得到学界的普遍认可，但由于组织身份会伴随环境的改变而不断演化与变革，因此，学者们对组织持续性的特征有着以变化性和演进性等加以替代的不同观点。本章发现同样呼应了组织身份变革的观点，并提出了在母体企业业务失败的相同情境下，两个裂变新创企业不同的组织身份变革策略，即"去母体化"的策略，通过远离母体企业身份和"近母体化"的策略,通过贴近母体企业身份。从而丰富了裂变创业企业的组织身份变革策略,有利于帮助解读新创创业"我们是谁""我们与其他组织区别",以及"对于我们什么重要"的具体问题。

其次,本章发现基于母体企业失败的情境,打破了以往裂变创业研究中对于母体企业成功的假定,对有关裂变创业情境下的合法性溢出效应提供了新理解。事实上,对于裂变创业的认识基本均建立于母体企业成功的背景。例如,一般认可裂变创业成功率较高,是因为其继承了母体企业的资源禀赋;而母体企业背书则为新创企业获取合法性提供了天然助力。正因如此,裂变创业情境下,合法性作为一种特殊资源,会由母体企业向新创企业溢出。然而,作为一种污名化的结果,母体企业失败的影响同样会伴随裂变产生的创业企业,这种"溢出"也成为新创企业早期的重要障碍。但与之对应的,这类新创企业可以通过特定方式克服障碍,进而以自身的合法性弥补母体企业合法性缺失问题,最终形成两类企业共同合法化的形态。相关发现提供了一种劣势溢出与反向溢出的全新认识。

最后,本章以身份为基础,提供了基于"务虚"关系的组织间交互过程,为裂变创业情境下母体企业与新创企业的交互提供了全新洞见。在前述章节中,已然有研究讨论了资源、孵化、业务等相对"务实"的组织间交互,从现实层面对交互过程提供了直观认识。然而,裂变创业情境下的新创企业自诞生伊始即携带了天然的组织身份,这种身份一方面是相对"务虚"的资源,能否有效被利用是影响新创企业获取合法性的关键;另一方面是影响新创企业行为的方向标,在"我们是谁"等特殊认知下锚定了新创企业的发展方向。正因如此,本章内容在前述对两类企业交互认识的基础上,深入两类企业背后隐形的交互媒介,就身份这一特殊的组织符号进行意义建构,以身份变革相关理论为两类企业的交互过程提供了全新理解,相关认识与"务实"交互一起,共同构成了交互视角下裂变式发展的厚实基础。

2. 实践启发

就母体企业业务失败的新创企业而言,如何避免业务失败这个代际传承身份标签的负面影响,获得身份认同,从而获得组织合法性同样是新创企业的实践难题。本章发现,新创企业不仅面临裂变活动的合法性,还会面临创业活动合法性的双重合法性问题。一方面,脱胎于母体企业业务失败的裂变活动不具备母体企业的资源禀赋和经验传承,在此过程中新创企业需要自谋生路,突破母体企业带来的身份劣势这层枷锁；另一方面，创业活动本身就具备不确定性和高风险性，新创企业又要学会取其所需，向上兼容从而借力母体企业，汲取母体对其有利的营养。实践中，不难发现创业企业层出不穷，但很多新创企业胎死腹中，存活率低。为降低创业失败概率，裂变新创企业应合理处理与母体企业的历时关系，从而学会取其精华去其劣势，得以历久弥新，持续发展。

就存在失败业务的在位企业而言，如何处理尾大不掉的问题以及修复失败业务的污名影响可能是重要的实践挑战。本章发现，裂变创业一方面可以寻求在新市场的影响力，另一方面可以借助新市场的影响弥补原有污名，是一种可以兼顾两类企业需求，实现组织间共赢的重要方式。而在这一过程中，母体企业需要赋予新创企业充分的行动自主权，特别是对于主动孵化型的母体企业而言，其放松对新创企业的控制是新创企业建立全新组织身份的关键。在实践中，我们已经看到众多母体企业过度嵌入新创企业经营的局面，这类情况除了在新创企业决策层面产生不良影响，同时对于其建立全新的组织身份造成持续性困难，并最终导致新创企业陷入身份模糊的桎梏之中。而最终的结果往往是新创企业失败或者两类企业关系的僵化。正因如此，主动减少控制并推动新创企业独立面对竞争环境和决策环境将对维持母体企业与新创企业关联贡献重要力量。

3. 未来展望

如前所述，本章从裂变新创企业视角，就其如何在母体企业业务失败的情境下开展裂变创业活动、实施组织身份变革、获取不同路径的合法性进行了对比研究，重点突出裂变新创企业与母体企业组织身份的交互过程。未来有必要从母体企业视角来解答如何处理与不同生存情境的新创企业的动态匹配关系，同时在主动对其赋能、孵化的过程中，如何规避其新创身份不稳定、不健全、不成熟的反噬效应，规避其带来的"母体连坐"风险，仍是母体企业需要提前预防，加以干预并设置反渗屏障的问题。再者，组织身份内涵多面，本章只包含组织层面的身份交互，未来仍需要从员工身份视角即员工的个人身份和组织身份视角，对企业在其身份构建过程中，高管、职员等的共时身份构建进行更加微观的诠释。

第六篇

聚沙成塔：裂变式发展的商业生态效应

前述各篇已从新创企业、母体企业以及二者交互作用的不同视角探究了裂变式发展，本篇将由点及面，从商业生态系统这一全新层面展开对裂变式发展的探究。

为何新创企业选址创建时偏好邻近母体企业？这与外部环境有何种匹配关系？以此为引，本篇通过探索新创企业选址决策的理论模型、分析其与产业集群外部环境的匹配关系展开，并以"海尔系"裂变新创企业为例，从实践案例中探索裂变企业应如何构建商业生态系统。紧接着，本篇着眼母体企业，探寻中国情境下产业集群内部裂变创业的独特规律，并以"蒙牛系"创业活动为例，分析核心企业在孵化裂变新创企业后应如何重塑商业生态系统。

篇章之间串点成线、聚线成体，层层推进，徐徐展开了一幅商业生态效应的裂变式发展画卷。

第 **20** 章

裂变创业邻近母体选址
—— 影响因素与环境匹配

本章导读 ▶

众所周知，选择合适的创业地点对于新创企业的发展至关重要，裂变创业的商业实践中出现了许多新企业在邻近母公司的地方建立新公司的情况。本章通过理论抽样选取了 6 家裂变新创企业作为研究对象，并运用扎根理论研究方法对其进行系统深入的考察。研究表明，裂变新创企业的邻近选址有 4 种类型，分别是：业务互补型、品牌共生型、家庭紧密型以及社会维系型，这些选址的形成取决于不同的外部环境和驱动因素，而且这些选址与创业活动所处的社会环境、自然环境、市场环境也有着明显的依赖和适应关系。

20.1 研 究 背 景

《中国创业孵化发展报告（2022）》强调，中国孵化器在 2021 年取得了显著的进步，不仅数量增加，而且质量也有所提高。裂变式创业现象迅速兴起，涌现出了大量的商业实践，吸引了学界和实践界的广泛关注。相较于传统创业方式，裂变创业往往因具备相关行业经验、能够转移母体企业资源等启动优势，因而具有较高的存活率和较好的绩效表现（李志刚等，2017）。然而随着信息技术的快速发展和新冠疫情等各类"黑天鹅"事件影响，创业环境变得愈加复杂和不确定，其中新创企业往往因"新创劣势"（liability of newness）而发展受到掣肘。在这种情况下，作出明智有效的创业决策就成为影响创业过程和成功与否的重要因素（杨俊，2014）。其中，创业选址是创业者在创业初期必须面对的重要决策之一，直接决定着创业的成功率和新创企业的发展潜力。

裂变创业常指员工因与母体企业之间存在冲突、渴望独立或获得更大的管理自主权，或者追求个人财富增长而选择离职并创立新企业的活动（程丽等，2019）。这种创业活动往往会导致母体企业的人力资本存量减少，打破母体企业的经营常态，并对母体企业产生负面影响（McKendrick et al.，2009）。因而，一般研究认为裂变创业者通常会选择将新企业建立在距离母体企业较远的地区，以避免引发母体企业的反击或报复。然而，在实践中，我们却发现大量从母体企业离职的创业者选择在母体企业附近创立新企业，即新创企业与母体企业位于同一地级行政区域（方创琳，2017）。例如，蒙牛与伊利集团、雷神公司与海尔集团、芬尼电器与芬尼克兹等都是这种裂变新创企业邻近选址的例子。这种邻近选址行为体现了两个显著特点：首先，新创企业从母体企业脱离时带走了相关的知识与技术，有效地降低了"新创劣势"和"新进入者弱势"这两方面的劣势。其次，与选择陌生、社会资本匮乏的异地创业环境相比，邻近选址有利于发挥已有社会网络的"先天优势"（Mazzei et al.，2017），因此更容易快速进入市场。

虽然学者们在创业与裂变创业、创业选址与裂变创业选址等领域的研究取得了较多有意义的进展，但多从宏观的经济学视角进行分析，忽略了微观视角下企业的主动选择。此外，现有研究较少关注裂变创业活动与创业选址的交叉与融合领域，使得裂变创业选址研究严重落后于实践，其理论发展难以指导日益增长的商业活动需求。因此，通过扎根理论方法，以构建新理论为目标，根据理论抽样和持续互动对比的原则，以裂变新创企业邻近选址这一主题为核心，本章选取了 6 家符合条件的新创企业，对案例资料进行以归纳为主、演绎为辅的动态理论提炼。研究发现，裂变新创企业邻近选址共有 4 种主要类型，依据具体情境与主导要素的不同，可以划分为业务互补型、品牌共生型、家庭紧密型和社会维系型，不同类型都有独特的本质内涵。

20.2 蒙牛等六家样本企业理论抽样

1. 样本选取

我们首先选择蒙牛作为初始样本。蒙牛作为一家典型的裂变创业企业，其创业团队源自伊利集团，并在乳制品行业创造了一个令人瞩目的成长奇

迹。就创业选址而言，蒙牛选择邻近母体企业伊利集团，并且它的主营业务
与母体企业基本相同，双方存在直接竞争关系。这不得不让人引发思考，为
何蒙牛会在与母体企业激烈竞争的情况下，仍然作出邻近母体企业的创业选
址决策？而在深入分析蒙牛邻近选择现象后，又引发我们新的思考：除了母
体竞争型裂变新创企业，母体合作型裂变新创企业的邻近选址又是基于何种
动因？为了回答新的问题，其次我们选择了与母体企业合作关系的裂变新创
企业——赛科星公司、百灵科技和芬尼电器公司作为新的研究样本。最后我
们不得不考虑，那些与母体企业既无竞争也无合作关系的裂变新创企业为何
也会选择在母体企业邻近区域创设新企业？为了回答这个问题，我们又补
充了永和创信和联合优创公司作为分析对象。具体抽样过程与样本信息分
别如图 20 - 1 和表 20 - 1 所示。①

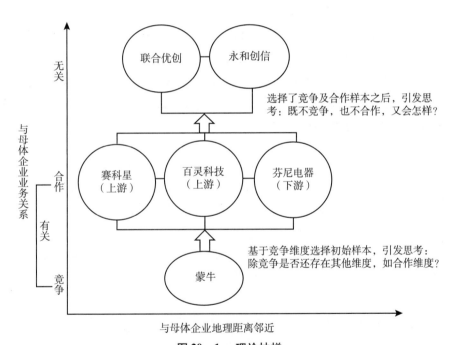

图 20 - 1　理论抽样

① 为表述方便，本章将蒙牛乳业（集团）股份有限公司简称为"蒙牛"，将内蒙古赛科星繁殖生物技术股份有限公司简称为"赛科星"，将"青岛百灵科技股份有限公司"简称为"百灵科技"，将广东芬尼电器有限公司简称为"芬尼电器"，将青岛联合优创信息科技有限公司简称为"联合优创"，将青岛永和创信电子科技有限公司简称为"永和创信"。

表 20 – 1　　　　　　　　　　　研究样本信息

序号	裂变新创企业		母体企业		选址	业务关系
	名称	主营业务	名称	主营业务		
A	蒙牛	乳制品加工	伊利集团	乳品加工	呼和浩特市	竞争
B	赛科星	种业牧业草业	蒙牛集团	乳品加工	呼和浩特市	合作—上游
C	百灵科技	信息软件	青岛朗讯	通信信息	青岛市	合作—上游
D	芬尼电器	网络营销	芬尼克兹	新型能源	广州市	合作—下游
E	联合优创	信息服务	世园集团	投资公司	青岛市	无关
F	永和创信	实验室仪器	海尔集团	家用电器	青岛市	无关

注：为后续分析便利，以 A、B、C、D、E、F 表示 6 个样本。

2. 资料收集与分析

本章采用扎根理论方法技术进行资料分析，资料的收集与分析是同时发生的，边收集边分析，根据发现的问题再次收集资料。本章的资料收集途径如表 20 – 2 所示。同时，本章力求最大化提高信度与效度，确保扎根理论研究的规范性和缜密性。分别从信度、构念效度、内部效度与外部效度四个方面实行相应研究策略，如表 20 – 3 所示。

表 20 – 2　　　　　　　　　　　资料收集途径

序号	企业名称	资料来源	简要描述
1	蒙牛	半结构化访谈、参与式观察、公开资料	高层管理人员访谈 2 次，共计 3.5 小时，电话、微信交流 5 次以上（总计文字稿 2.8 万字）；官方网站、新闻报道（10 篇）、期刊文献（16 篇）、《蒙牛内幕》（北京大学出版社，2006 年版）、《蒙牛十年》（企业管理出版社，2016 年）、《蒙牛系创业传奇》（中国言实出版社，2016 年版）
2	赛科星		创业者访谈 2 次，共计 3 小时，电话、微信交流 5 次以上（总计文字稿 2.1 万字）；官方网站、期刊文献（5 篇）、报道（1 篇）、《蒙牛系创业传奇》（中国言实出版社，2016 年版）
3	百灵科技		创业者访谈 2 次，共计 4 小时，电话、微信交流 6 次以上（总计文字稿 3.5 万字）；官方网站、新闻报道（1 篇）
4	芬尼电器		官方网站、演讲视频（29 分钟）、媒体报道（3 篇）、期刊文献（4 篇）、《裂变式创业》（机械工业出版社，2016 年版）

续表

序号	企业名称	资料来源	简要描述
5	联合优创	半结构化访谈、参与式观察、公开资料	创业者访谈 1 次，1.9 小时，电话、微信交流 3 次以上（总计文字稿 1.6 万字）
6	永和创信		创业者访谈 1 次，1.5 小时；电话、微信交流 2 次以上（总计文字稿 1.2 万字）；官方网站

表 20 – 3　　　　　　　　　　　信效度保证策略

信效度指标	具体研究策略	适用阶段
信度	明晰研究问题，制订相应研究方案；不同受访者进行相互验证	研究设计
	建立案例数据库，保存资料，供研究者借鉴与参考	数据收集
构念效度	多渠道：半结构化访谈、参与式观察、公开资料	数据收集
	构建证据链：原始数据 – 语句分析与提炼 – 关系逻辑 – 理论模型与阐释	数据收集
内部效度	投稿学术论坛，现场汇报听取专家学者的建议	数据分析
	译码小组成员讨论并对比译码结果，提出不同意见并进一步修正	数据分析
	对"裂变新创企业邻近选址"划分类型和阐释	数据分析
外部效度	通过文献回顾指导案例样本章	研究设计
	通过理论观点逻辑复制应用到多样本章	研究设计

20.3　案例企业的扎根理论译码分析

1. 开放性译码

本章部分开放性译码示例如表 20 – 4 所示。

表 20 – 4　　　　　　　　开放性译码示例（部分）

范畴	概念	整理后的资料
完善链条	上游原料支持	蒙牛通过购买牛奶冻精去配种，更容易打入市场（B）
	提供优质供给	同时，给现代牧业公司提供，因为质量还是不错的（B）
	周边联络合作	海尔、海信加上周边的制造业，以及在基地内工业企业的信息化，公司也在研究，与他们形成联系（C）

续表

范畴	概念	整理后的资料
完善链条	业务外包需求	跟其他供应商相比更懂这个业务，朗讯虽然也是比较成熟，但是这方面专业性还不够强，公司体系、业务做得还不错，所以就又给了公司更多的业务（C）
	探讨业务合作	公司做信息技术，而合作伙伴是做传统产业，考虑是否能够互联网加上某个产业，产生一个新的业务（C）
形成网络	客户资源丰富	在海尔经历销售产品积累了丰富的客户群资源（F）
	销售网络积累	原来做经销商网络的，同时也积累了大量的经销商和代理商（F）
	共用客户资源	目前公司的客户群又和海尔客户群是一致的，正好通过这个关系来销售（F）
品牌辐射	共享地区声誉	牛根生启动"中国乳都"概念，通过公益广告的形式打出"我们共同的品牌——中国乳都呼和浩特"的口号，将内蒙古自治区所有的乳品企业打上"荣辱与共"的烙印（A）
	品牌联结效应	在众多场合提到伊利时都把伊利放在自己前边，如冰激凌的包装上，蒙牛直接打出了"为民族工业争气，向伊利学习"的字样（A）
组织革新	组织接受并购	朗讯现在被诺基亚并购了（C）
	业务计划调整	从美国转向中国这个过程当中，中国有很多机会承接，而朗讯本身的容量是有限的，而且也不计划承接，那是一个全球产业的问题（C）
	组织部门合并	当时是海尔在改革，内部整合，一些部门要合并，弄得人心浮躁，这是导火索（F）
价值失衡	需求难以匹配	随着现实生活物价水平的提高，公司内现有的工资水平已经难以满足实际需求（D）
	价值无法实现	离职主要就是个人原因，首先就是因为自己的价值体现不了（F）
	收支不成正比	劳动跟收入不成比例，虽然可能说在企业内的工资还算可以，但是目前来看还是与付出不成比例（F）
	薪资标准限制	所以我们要走，如果公司能给更高的工资，我肯定也不会走，但公司也不可能给予更多了（F）

需要指出的是，不同的理论样本具有各自不同的特色和主线，这意味着某个概念或范畴可能主要源自某个样本，但其他样本也可能对其有辅助或补充作用。以寻找最能体现资料本质的概念和范畴为目标，本章将资料和概念、范畴持续不断地考察与对比。最终，归纳出了107个概念，20个范畴，其内涵释

义、性质与维度如表 20 - 5 所示。

表 20 - 5 内涵释义

序号	范畴	内涵释义	性质与维度
1	组织革新	母体企业大幅调整改进组织要素	力度（剧烈、渐进） 结构（集中、分散）
2	发展受限	创业者在母体企业职业发展受限	作用（深刻、轻微） 领域（宽泛、狭窄）
3	时间冲突	工作与家庭的冲突影响时间分配	影响（显著、微弱） 分配（均衡、失衡）
4	情感联系	新创企业与母体企业的嵌入程度	程度（深厚、淡薄） 态度（积极，消极）
5	迎合需求	新创企业基于各方需求加以响应	态度（主动、被动） 利益（共享、独占）
6	品牌辐射	区域已形成品牌的联结带动机制	认知（熟悉、陌生） 范围（广泛、狭小）
7	价值失衡	创业者付出与回报难以形成正比	薪资（固定、灵活） 价值（提升、降低）
8	形成网络	创业者在母体企业积累社会资本	存量（丰富、匮乏） 效应（较大、较小）
9	集聚效应	区域内相关企业及产业完善情况	设施（共享、私有） 成本（降低、增加）
10	要素禀赋	地区先天自然环境及其资源条件	特性（优越、低劣） 储备（充裕、稀缺）
11	观念驱动	创业者成长环境与家庭观念传承	环境（传统、开放） 观念（牢固、多变）
12	平台搭建	母体企业搭建桥梁连接系统资源	形式（多元、单一） 参与（活跃、冷淡）
13	资源整合	创业者对本地各类资源有效整合	意愿（较强、较弱） 效果（显著、不足）
14	政府支持	同当地政府与地区未来发展联系	意愿（认可、反对） 关系（捆绑、分离）

序号	范畴	内涵释义	性质与维度
15	角色升级	创业者家庭角色状态的质性转变	孕育（未育、已育） 状态（稳定、波动）
16	网络利用	工作经历带来网络资源重复使用	规模（庞大、狭小） 程度（紧密、松散）
17	完善链条	提供相关配套业务完善价值网络	网络（接洽、断裂） 价值（扩大、缩小）
18	捆绑共赢	捆绑地区产业品牌实现双向互动	成果（有效、无效） 收益（共创、单享）
19	主动团聚	回归家庭增加成员见面频次时间	频次（频繁、稀少） 时间（较长、较短）
20	资源获取	借助母体企业商业系统获取资源	途径（多样、独特） 资源（充足、贫乏）

2. 主轴译码

在对范畴进行分析之后，接下来要展开的是对范畴之间逻辑关系和演化规律的识别和构建。本章借鉴精简的扎根理论典范模型矩阵，从"因果条件→现象→中介条件→行动/策略→结果"这五个方面识别范畴之间的逻辑关系，进而概括得出 4 个主范畴，包括"业务互补型邻近选址""品牌共生型邻近选址""家庭紧密型邻近选址""社会维系型邻近选址"。

将"组织革新、迎合需求、平台搭建、资源整合、完善链条"5 个范畴置于典范模型中建立联系，得到主范畴"业务互补型邻近选址"，如表 20 - 6 所示。具体提炼过程为：母体企业战略上实施收购企业或业务剥离等行为，内部进行一系列改革，如部门整合等，这些行为刺激员工产生裂变创业想法（因果条件）。创业者洞察本地市场环境，一方面发现母体企业恰巧对某一上游或下游配套产品/业务有所需求，另一方面主动了解产业集群区域内其他企业的境况，基于需求导向原则，萌发生产具有产业链互补关系的相应产品或业务合作的想法（现象）。母体企业与其他企业的以往合作建立了历史信任，凭借母体企业扮演的桥梁角色，有助于新创企业与其他企业建立信任关系，产生合作意愿（中介条件）。创业者积极寻找多样化资源并进行有效整合，包括来自母体企业的优惠政策与资金支持、产业集群区域内其他企业的信息与技术分享（行动/策略）。新创企业得到母体企业和其他企业的大力支持，主动选择与母体企业或其他企业相关联的上下游配套业务进行合作，实现母体企业和其他企业的业务拓展与价值网络完善（结果）。

表 20 - 6 主范畴"业务互补型邻近选址"的典范模型分析

因果条件	现象	中介条件	行动/策略	结果
组织革新	迎合需求	平台搭建	资源整合	完善链条

将"发展受限、品牌辐射、资源禀赋、政府支持、捆绑共赢"5 个范畴置于典范模型中建立联系，得到主范畴"品牌共生型邻近选址"，如表 20 - 7 所示。具体提炼过程为：创业者在母体企业工作数年，积累了丰富的行业经验，但其战略胆识和决策权力受到母体企业制约，自身职业发展的路径和前景受阻（因果条件）。母体企业的逐步成长使所在区域形成了特色鲜明的地区品牌，已经被国内广大同行与消费者熟知和认同（现象）。凭借当地优越的自然地理条件孕育了丰富优质的原料，成为产品生产的必要性支撑，且这种原料对保鲜要求高，不易长时间运输，创业者会首先考虑和选择当地的优质原料（中介条件）。本地新创企业的建立与成长有利于促进当地就业与经济增长，尤其是符合当地特色的产业，政府主动给予相应的扶持政策与优惠补贴（行动/策略）。创业者主动利用母体企业已经建立的品牌美誉度和产业形象，并且将企业发展的命运与地区的经济发展大局捆绑在了一起（结果）。

表 20 - 7 主范畴"品牌共生型邻近选址"的典范模型分析

因果条件	现象	中介条件	行动/策略	结果
发展受限	品牌辐射	要素禀赋	政府支持	捆绑共赢

将"时间冲突、价值失衡、观念驱动、角色升级、主动团聚"5 个范畴置于典范模型中建立联系，得到主范畴"家庭紧密型邻近选址"，如表 20 - 8 所示。具体提炼过程为：创业者在工作上花费大量时间与精力，投入家庭的时间自然相应减少，工作与家庭的冲突导致创业者缺少对家人的陪伴，家庭成员之间亲密度下降（因果条件）。创业者受到薪资标准限制，工作付出的心血和实

际收入无法匹配，并且预期跳槽到其他公司薪资同样不容乐观，自身真实价值难以完全实现（现象）。创业者从小接受家庭传统文化教育，形成"照顾家庭""百善孝为先"的观念，在本地已经成家立业的情境下，对整个家庭具有依赖性与责任心，反观外地是全新的市场环境，缺乏时间和精力研究开拓，力不从心（中介条件）。创业者在家庭的角色扮演发生质性转变，由原先单一的丈夫角色升级为丈夫与父亲的双重角色（行动/策略）。创业者选择时间更加自由的自主创业，主动回归家庭，实现便于照顾家庭与自身价值发挥的双重效应，增加与家人的见面时间和频率，延续与家庭的密切联系（结果）。

表 20 - 8   主范畴"家庭紧密型邻近选址"的典范模型分析

因果条件	现象	中介条件	行动/策略	结果
时间冲突	价值失衡	观念驱动	角色升级	主动团聚

将"情感联系、形成网络、集聚效应、网络利用、资源获取"5 个范畴置于典范模型中建立联系，得到主范畴"社会维系型邻近选址"，如表 20 - 9 所示。具体提炼过程为：创业者往往在母体企业从基层员工逐步成长到中高层管理者，付出了大量的时间和精力，见证了公司的整个成长过程，与母体企业存在着情感纽带（因果条件）。母体企业的工作经历积累了丰富的职能与业务经验，创业者拥有较多的渠道资源，建立了较为完善的社会关系网络（现象）。整个地区相关企业集聚并不断扩展，构建了良好的商业生态系统，形成有效的市场竞争与合作，共享区域内的基础设施，形成区域规模效应与外部效应（中介条件）。创业者积极开发本地熟人网络，有效利用人际关系，使用在母体企业积累的客户群资源与销售渠道（行动/策略）。新创企业处于良性的商业生态系统中，更便捷地从母体企业、其他企业、熟人网络等获取技术、信息、知识等必要性创业资源，有效规避了新进入者缺陷（结果）。

表 20 - 9   主范畴"社会维系型邻近选址"的典范模型分析

因果条件	现象	中介条件	行动/策略	结果
情感联系	形成网络	集聚效应	网络利用	资源获取

3. 选择性译码分析

选择性译码通过对概念、范畴以及主范畴的进一步分析，识别出能够统领其他所有范畴的"核心范畴"，由此建立一个完整的解释架构。基于资料和理论的持续互动，提炼出"业务互补型邻近选址""品牌共生型邻近选址""家庭紧密型邻近选址""社会维系邻近选址"这4个主范畴，进一步归纳出"裂变新创企业邻近选址"这一核心范畴，据此来统合本章的全部概念和范畴，选择性译码过程如图 20 - 2 所示。

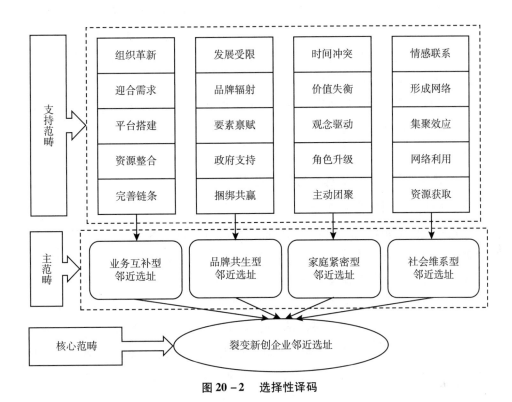

图 20 - 2　选择性译码

核心范畴"裂变新创企业邻近选址"的故事线为：一般认为裂变创业意味着独立战争，新创企业往往会选择远离母体企业进行创业。但实践证明并非必然如此，众多裂变新创企业作出邻近母体企业的选址决策，其背后的动因可以归结为以下四个主要方面：为了近距离与母体企业形成业务互补和产业链协同；为了有效利用母体企业周边已经形成的区域品牌和集群优势；为了便利照顾家人并不断巩固家庭关系；为了维系、发展和利用社会关系网络。

20.4　裂变新创企业邻近选址的分类

　　由于裂变新创企业选择邻近母体企业建立新企业基于的情境和要素复杂多样且有所差异，因此产生裂变新创企业选址类型的多样化。根据前文的扎根分析，依据不同的情境和主导因素，提炼形成了四种较为明显的类型，分别为业务互补型、品牌共生型、家庭紧密型和社会维系型。需要指出的是，这四种裂变新创企业邻近选址类型并不是完全分割、界限分明的，有些存在着相互关联与相互交融。本章所归纳出的不同类型，着重强调了某元素在某选址过程中占据了关键性地位。为了使本章的发现更加清晰可见，接下来将分别对这四种裂变新创企业邻近选址类型进行详细阐释和说明，并分析其与外部环境的匹配关系。

1. 裂变新创企业邻近选址的分类阐释

（1）业务互补型邻近选址。

　　业务互补型邻近选址是基于资源依赖理论与种群生态理论的一种裂变新创企业选址类型。资源依赖理论强调组织将如何生存置于核心位置，为了生存需要资源供给，但是资源往往不是组织自给自足的，而是与它所依赖的环境中因素进行互动与交换（这些因素通常包含其他组织）（李健等，2017），并进一步整合（彭学兵等，2019），从而保证组织的生存。借鉴生物学的观点，种群生态理论在企业界指的是在一定的空间范围内所共存的企业种群所形成的企业群落（张青，2011）。值得注意的是，该企业种群是有别于一般性种群、具有相同或相似特征的组织群体，在制定企业战略与决策时，除了关注企业本身，还从与之密切关联的整个商业生态系统出发，明晰企业在系统中扮演的角色以及与其他企业的互动关系，应用互利共生战略，从而保证处于长期有利的生存环境（丁玲，2017）。

　　在业务互补型邻近选址中，裂变新创企业更加注重外部环境，包括与之直接相关的母体企业以及本地产业集群区域内的其他企业，积极主动地与其建立联系，并形成业务互补合作。需要指出的是，这种业务在针对生产不易运输、对保鲜要求高的产品以及快速处理问题等方面，通过就近创建新企业的方式能够将优势发挥到最大化。具体来说，一方面，创业者在母体企业的任职经历使得创业者对母体企业的经营状况、战略规划更加了解，更容易洞察母体企业的优势业务与潜在需求，从而以最快的速度响应母体企业，顺利开展业务合作。例如，赛科星快速感知到蒙牛拥有强大的生产能力，但缺乏优质的原材料冻精基因，于是，赛科星建立更多更大规模的牧场，引进冻精与性控技术，为蒙牛提供高质稳定的牛奶货源；芬尼克兹致力于热泵产品研发、生产及提供综合节能解决方案，而芬尼电器则在芬尼克兹热泵等新能源技术与产品的研发生产基础上开展网络营销和线下体验相结合的创新营销来开拓市场。另一方面，裂变新创企业初始阶段缺乏知名度，不易与其他企业建立联系，而母体企业则在这一过程中扮演了中介桥梁角色，借助地理上的优势与历史信任，帮助新创企业与本地产业集群区域内的其他企业建立往来联系，从而形成业务合作。例如，百灵科技选址于软件园区，园内有许多相似或同类的高科技创新企业，且大部分企业都已熟知朗讯，百灵科技借此更加便捷地与园内其他企业开拓研发类业务合作，寻求协同发展，同时促进整个商业生态系统的构建。

（2）品牌共生型邻近选址。

品牌共生型邻近选址是在区域品牌理论与共生营销理论基础上形成的一种裂变新创企业选址类型。区域品牌理论展示了某地域的企业品牌集体行为的综合情况，并在较大范围内形成了该地域某行业或某产品较高的知名度和美誉度（池仁勇等，2017）。其中，包含三个关键要素，具有显性的自然风貌或资源优势的区域特征，体现个性和价值观的品牌内涵，具有一定生产规模和市场覆盖力的产业基础（熊爱华等，2017）。品牌特质将被其所属的区域特征不断熏陶、强化，该品牌特质亦会反向提升该区域特征，二者相得益彰；产业基础为品牌提供了优质的条件，品牌效应的发挥也吸引了更多专业化与高水平的上游供应商、人才和新创企业在集群区域内聚拢，二者相互支持（马向阳等，2014）。共生营销理论从广义上提出，两个或两个以上的企业为了探寻市场机会、挖掘市场潜力、提高竞争力，以创造性的方式采取满足市场需求的一种营销策略（Varadarajan et al.，1986）。以隐性资源——品牌为本质的共生营销不易被复制和轻易学习，特别对于资金匮乏的新创企业来说，可以通过借助另一品牌来提高社会对其的接受力，并且可以降低分摊费用、减少无益竞争，实现互利与共生共赢（冯银虎等，2013）。

例如，蒙牛从伊利裂变产生后，在存在高度相似业务和强竞争的关系下，蒙牛依然选择就近母体企业建立新企业，而没有远赴他乡避免直接性竞争。这在很大程度上得益于两个原因，一方面，蒙牛凭借内蒙古大草原天然的区域特征优势，创始人牛根生首先开启了"中国乳都"概念，通过公益广告形式打出"我们共同的品牌——中国乳都呼和浩特"的口号，将内蒙古自治区所有的乳品企业打上"荣辱与共"的烙印，使得社会群体对内蒙古乳业品牌产生更深厚的认知度和熟悉度，最大化地发挥地区品牌乳业的辐射带动作用；另一方面，在众多公共场合，蒙牛提及伊利时一定把伊利放在自己前边，如广告牌上展示"蒙牛乳业，创内蒙古第二品牌"（伊利为第一品牌），冰激凌的包装上，蒙牛直接打出了"为民族工业争气，向伊利学习"的字样，通过巧妙借助伊利品牌的广泛知名度，快速进入市场，获得广大消费者的支持，并将自身命运与内蒙古自治区经济发展大局捆绑在了一起，实现共生营销的企业、顾客和社会层面的共赢价值创造功能。

（3）家庭紧密型邻近选址。

家庭紧密型邻近选址是基于家庭特征理论与家庭模型理论发展而成的一种裂变新创企业选址类型。对创业者来说，血缘、亲缘关系以及多年的共同相处经历，使得家人是创业者最愿意表达情感的对象，创业与家庭的互动更为频繁（陶雅等，2018）。家庭特征理论强调，家庭是整个大社会中最小的社会单元之一，而新企业创建过程则深深地嵌入在家庭之中，创业者的家庭特征（资源、角色、价值观）会直接影响创业者在辨别机会、获取资源、决策与实施等方面的一系列具体行为（Aldrich et al.，2003）。具体而言，家庭资源包含经济与人力资本（赵颖，2016）；角色转换与婚姻状况高度关联，如成为夫妻、为人父母、作为家族晚辈等（张永丽等，2019）；家庭价值观是中国情境里家族成员所共同遵守的价值观念，包括行为规范、成员互动、对待家庭与工作的态度等（Au et al.，2009）。家庭模型理论主要依据家庭如何互动、子女之间的思想价值差异归纳出三种不同的类型（Smith et al.，2009）。其中，独立型家庭模型很少或几乎不依靠子女的经济投入，并且子女由于独立自主的特质倾向于与家庭实现分离；而依赖型家庭模型强调家庭在生计上强烈依赖子女，子女需要赡养父母；心理依赖型家庭模型则是在依赖型模型上的发展，它对经济依赖相对减少，更注重心理情感上的依赖，子女与家庭之间存在情感纽带与相互扶持的行为，家庭在一定程度上限制子女的完全分离（李克敏等，2012）。

纵观本章的案例，可以发现，裂变创业者将企业选在邻近母体企业的区域，在很大程度上源于对家庭的依赖。例如，永和创信与联合优创就属于这种情况。创业者的家庭在生计上依赖其经济收入，而现有薪酬无法满足创业者对家庭的支出，创业者尝试改善家庭经济状况，提升家庭经济品质，选择放弃母体企业工作职位，开展裂变创业。而选择邻近母体企业创建新企业则是基于两大原因，一方面，创业者从小接受家庭传统文化教育，形成"照顾家庭""爱护子女""百善孝为先"的观念，这种注重家庭的价值观一直留存与发扬下来；另一方面，创始人的家庭角色发生转变，例如，联合优创的创业者由原先一孩之父升级为二孩之父，新生儿需要被给予更多的关爱与呵护，并且家中老人年龄也逐渐增大，相关隐患也相应增加。基于以上两个方面的考虑，促使创业者选择就近建立新企业，从而更利于照顾家人，更方便家人团聚，与家庭保持紧密的持续性情感联系。

（4）社会维系型邻近选址。

社会维系型邻近选址是从社会网络理论与社会资本理论出发形成的一种裂变新创企业选址类型。基于社会网络理论的观点认为，任何个人或组织都与外部环境存在或多或少的联结，形成一种社会网络，而创业者所处的网络关系则在创业过程中扮演着关键性的角色。进一步地，不同类型的网络关系会对创业产生不同的影响，商业网络关系可以为企业提供技术、信息、知识等，而政治网络关系则便于企业快速获取政策内容、完善合法性和建立声誉（彭伟等，2015）。社会资本理论强调通过嵌入到社会网络关系中的投入所能获得回报的资源多少，体现了社会关系的价值创造能力（张鹏等，2015）。信任作为社会资本的一项关键因素有助于促进合作，在信任的基础上，人们更愿意分享知识、组成创业团队（王雪莉等，2018）。并且，信任作为一种非正式制度发挥着独特的作用，可以与正式制度形成互补或替代效应（Bradach et al.，1989）。对于新创企业来说，面对难以处理或是需要花费高昂成本解决的问题时，基于信任与合作的非正式制度通常能以更快速、更便捷、更低成本的方式解决这类问题（Johnson et al.，2002）。在中国的创业情境下，由于中国人情社会对关系文化、熟人情节的重视和传承，几乎每个创业者都深深嵌入在中国巨大的关系网络之中，特别是以信任为基石，人情为桥梁的强联结，使得不同的成员形成了稳定的小圈子，从而更容易方便地获取各类资源（周广肃等，2015）。

创业者从母体企业离职后，已在本地形成了较为成熟的社会网络，积累了丰富的社会资本，而对于距离遥远的异地则既缺乏熟人网络与社会声誉，又缺乏对市场环境的了解，因此裂变新创企业往往优先选择邻近区域建立新企业。例如，永和创信创始人在海尔集团工作长达 10 年之久，逐步构建了较为完善的人脉关系和人际网络，更容易寻找创业伙伴进而组建创业团队。创始人以往在海尔集团的工作内容主要负责经销商网络，积累了丰富的经销商、代理商和客户群资源，并且新公司与海尔集团原客户群高度一致，可以继续利用关系进行销售，原来的代理商也给予了大量的支持。而另外一些小众化的产品则需要重新招商代理，但在海尔集团的经历和经验成为优势平台与载体，给予创业者快速创建新业务经销模式的能力，进而快速打入市场。联合优创创始人毕业于知名大学中国海洋大学，后在当地国有企业任高管，已经构建了较为完善的人脉关系和人际网络，能够利用这些关系资源快速地开发商业机会。蒙牛创始人牛根生与下属建立了很强的历史信任，他创业时几百人纷纷投奔而来，很快打开局面。

2. 裂变新创企业邻近选址类型与外部环境的匹配关系

根据前述分析，发现裂变新创企业邻近选址的类型不同，其所面临的环境及环境的影响也不同。借鉴赵锡斌（2004）的研究，将企业所面临的外部环境分为社会环境、市场环境、自然环境这3个子系统。基于相应译码结果，对比和归纳各个主范畴的关系，归纳出不同情境下的邻近选址类型与外部环境的匹配关系，如图20-3所示。

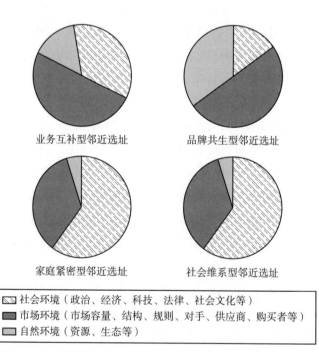

图20-3　裂变新创企业邻近选址类型与外部环境的匹配关系

业务互补型邻近选址主要受到市场环境与社会环境的影响，其原因是它着重考察当地市场的容量、前景，尤其是母体企业、产业集群区域内相关企业是否能够互助与合作。对于品牌共生型邻近选址来说，受市场环境、自然环境的影响更大，而社会环境的影响较弱。因为该种类型对天然的地理条件和自然资源的要求高，同时考虑竞争对手的境况，巧妙充分利用竞争对手的优势（如品牌声誉与社会地位等），而对当地整体社会背景状况考虑较少。家庭紧密型邻近选址则主要受到社会环境的影响，例如，中华传统文化作为一种社会文化具有长期且浓厚的熏陶作用，而家庭则是嵌入在社会中的一个微观单元，若与家庭的地理距离过大，则会导致严重的情感缺失。对于社会维系型邻近选址来说，主要受到社会环境与市场环境的影响。在同一地区内，文化习惯与特征相同，有利于降低沟通成本，更容易获得认同（Ndofor，2011）。同时，熟识的亲戚与朋友、长期以来积累的本地商业关系网络，提高了创业活动的效率。

20.5　本章小结

1. 研究结论

实践中，涌现出大量裂变创业者邻近母体企业创建新企业的现象，这种复杂而有意思的裂变创业选址行为影响深远、值得关注。因此，我们运用扎根理论方法，以 6 家裂变新创企业为样本，深入挖掘和展开归纳性分析，提炼出 4 种不同的裂变新创企业邻近选址类型，分别为业务互补型、品牌共生型、家庭紧密型、社会维系型，并援引资源依赖与种群生态理论、区域品牌与共生营销理论、家庭特征与家庭模型理论、社会网络与社会资本理论对 4 种不同的裂变新创企业邻近选址类型的实质内涵进行了系统阐述。

经过我们的深入研究，不难发现，裂变新创企业在选址时与母体企业、产业集群区以及家庭社会之间形成了紧密的联系。这种紧密联系要求各个互动主体都以更加开放的胸襟相互接纳与支持，共同携手，从而激发本地创业活力，提升本地创业的优势。因为在当今竞争激烈的商业环境下，创业者与企业之间的合作和共赢变得尤为重要。除此之外，为了能够更加顺利地进行本地裂变创业活动，创业者需要深入了解不同创业选址类型之间的差异。他们应该探索选址与环境之间的关系，明晰选址决策中的各种影响要素，聚焦核心问题，并合理地开发和应用这些要素，以有效地降低新创企业所面临的弱点和风险。

这种理解和应用选址决策的方法将使创业者们能够在开拓新市场时更加从

容和自信。他们将能够准确地定位适合自己企业发展的地理位置，并利用周围环境的优势来支持自身的成长。这种与环境的协调与融合，将带动创业者们在当地形成更加稳固的根基，并且激发出持久的创业活力。在新的创业冒险中，创业者们应该不断总结经验、吸取教训，尤其是从既有成功的裂变创业案例中学习。他们可以借鉴他人的智慧，并加以创新和改进，以更好地应对未来的挑战。同时，积极与其他创业者和企业家交流，形成合作共赢的合作模式，从而进一步激发创业的潜能。

总体而言，裂变创业在选择合适的选址和充分发挥环境优势方面，将成为未来成功的关键要素。只有在紧密互动与合作的氛围中，创业者们才能迎来更广阔的发展空间，获得更多的支持和帮助，从而推动本地经济蓬勃发展，并为整个社会创造更多价值。因此，我们鼓励每一位创业者都要坚定信心，勇往直前，与社会各界共同构建一个充满活力与机遇的创业新时代。

2. 未来展望

本章是对裂变新创企业与创业选址领域相融合的一个探索性归纳研究，通过扎根理论方法提炼出了裂变新创企业邻近选址的 4 种类型，并深入挖掘了不同类型之间的差异，为本地区新创企业的多元互动与共生共赢提供了重要的指导。然而，本章仅局限于对邻近选址的考察，因此，未来的研究可以从相反的视角出发，即从异地选址的角度来进行探索。

对于异地选址，我们可以寻找新的样本，研究类似返乡创业、归国创业等异地裂变创业的选址影响因素及其内在机理。通过对异地选址的深入研究，我们可以更全面地了解不同选址方式之间的异同，为创业者提供更为全面的选址决策依据，并为地方政府制定创业扶持政策提供参考。考虑到中国情境下制度对创业行为的重要影响，未来的研究可以更深入地探究制度对裂变创业选址的影响机理。政策、法律、税收等制度性因素对于创业者选择选址和开展业务都具有重要的影响。因此，深入研究制度对裂变新创企业选址的影响，有助于为政府部门提供改善创业环境、促进裂变创业发展的建议。

此外，未来的研究还可以关注裂变新创企业选址后续的成长与发展问题。裂变新创企业的选址决策不仅是一个起始阶段的问题，而且是关系到企业未来发展的重要因素。因此，通过对裂变新创企业选址后续发展的跟踪研究，我们可以了解选址决策的长期影响，并为企业的持续成长提供有益的建议。在未来的研究中，我们还可以继续拓展和完善现有理论。通过对更多样本的研究，可以进一步丰富裂变新创企业邻近选址的分类类型，并深入探讨各类型选址的特点和优势。同时，可以结合实证研究和理论分析，不断地完善和验证裂变新创企业选址的相关理论。

总体而言，裂变新创企业与创业选址领域的融合研究具有重要的理论和实践意义。通过持续的探索和研究，我们可以深入了解裂变新创企业选址的影响因素和机理，为创业者提供更科学、更有效的选址决策方法，促进裂变新创企业的健康发展，为经济的创新和社会的进步作出贡献。

第21章

产业集群内部裂变创业

——中国情境的独特之处

本章导读▶

产业集群与裂变创业存在相互影响，集群背景构成了裂变创业的有利条件。本章运用案例研究和扎根理论研究方法，对双重案例进行独立分析和比较研究。中国情境下产业集群内部的裂变创业具有以生存创业为主、机会创业为辅，企业渐进发展、组织业务多元，人力资源是成功关键，集群特质影响裂变创业效果等四个典型特征；而且，与国外既有研究结论不同，中国集群背景下的裂变创业在裂变动机、技术研发、优势共享、关系网络、业务分工和竞争态势六个方面均具有自身独特性。

21.1　研究背景

不同于公司业务多元化发展、开设新业务部门或内部创业，以及那些没有先前从业经验的原始创业活动，员工离职型裂变创业一般是由于管理摩擦、管理层更替、母体企业并购或退出既有市场等因素而导致的（Klepper et al.，2010）。鉴于裂变新创企业通常与母体企业具有特殊的紧密联系，因此相较于一般创业企业，其具有独特的组织特征和发展模式。为了充分利用这种紧密的关系纽带，裂变创业者在业务领域往往倾向于选择与母体企业相关、邻近或互补的业务，并在母体企业邻近区域选址创业，从而充分利用母体企业所积累的技术、知识、经验等创业资源优势。裂变新创企业邻近选址的特点，极大地促进了企业集聚和产业集群的形成。同时，产业集群的发展壮大也将反哺新创企业，为其创造更好的成长环境。不同于集群外的裂变创业活动，集群内部的裂变创业具有其独特的特点和演化发展规律。

国外有关学者已逐步注意到了某些产业集群内部的裂变创业现象，并对美国、英国、瑞典等国家的汽车、轮胎、酿酒、软件、半导体、医疗器械、磁盘驱动器、律师事务所等产业集群的裂变创业活动进行了实地研究，形成了一些共同的认识。而目前我国很多地方同样涌现出了许多具有裂变创业特征的产业集群，并推动了当地产业经济发展。例如，株洲市通过裂变式科技创新形成产业链创新发展模式，进而实现了打造优势产业链、发展特色产业集群、提升株洲新型城市产业经济实力的目的；重庆市从事重型卡车销售业务的光银集团通过裂变出运输公司、金融服务公司、制造公司等，提升了区域创新能力，带动了重庆经济发展。

国内学者在就创业与产业集群的交互关系的探究中，更多地侧重于一般创业活动与集群发展演化之间的交互影响，而缺乏对产业集群内部裂变创业问题的探究。因此，针对我国产业集群背景下的裂变创业，目前尚存许多独特模式及规律亟待挖掘。考虑到中国情境的独特性，我国独特的社会文化、经济发展以及政治制度等因素会对我国产业集群内的裂变创业产生影响，从而导致与国外现有观点不同的研究结论。因此，有必要就我国独特情境下的产业集群裂变创业现象进行纵深理论探究，从而了解和掌握我国独特的发展模式及规律。

本章关注产业集群背景下的裂变创业问题，基本假设是集群环境易于裂变创业，即产业集群能够在机会创造、信息提供、价值网络、资源供给等方面，为裂变企业的成功创建和顺利成长创造条件。裂变创业活动由于嵌入集群而使得裂变创业与产业集群相互之间的联系与影响更为深远，对经济活动和社会发展的作用也更为明显，尤其是在目前国内实体经济不景气，就业压力陡增的情况下，对集群内部的裂变创业独特性进行挖掘和提炼，从而科学指导裂变企业不断提高创业绩效，不仅可以促进集群及区域经济发展，而且在一定程度上对我国经济转型与社会进步也有很好的启示作用。

21.2　青岛胶州铁塔与胶南纺机集群

1. 样本选取

本章选取青岛市两个具有显著裂变创业特征的产业集群作为研究对象，其中，胶州铁塔制造集群60%以上的企业、胶南纺织机械集群40%以上的企业均裂变自其他母体企业[①]。而且，两个样本集群发展历史较长且业绩突出，在区域乃至全国市场都具有一定知名度和影响力，蕴含着丰富的理论信息，符合案例研究中对"理论性样本"内容丰富度和研究深度的要求。

2. 资料收集与分析

本章以每个集群内30余家企业及政府和中介机构为调研样本，以集群内裂变创业特征为分析单元，以深入访谈和焦点座谈为资料收集的主要途径。收集和整理的案例资料包括企业文件、档案纪录、实地访谈以及参与观察记录等。同时，研究中重视局外人士观点和亲身体验，对来自不同层面、不同渠道的资料加以比对、质证，最终形成用于后续分析的完整数据。本章通过以下工作提高研究信度：从当地中小企业管理部门和产业协会收集历史数据和面上信息；调研对象涵盖母体企业、裂变企业及二次裂变企业（裂变企业衍生出的新企业）；确保被调研企业在发展规模、技术水平、产权形式等方面分布均衡；访谈对象涉及创业者及主要管理部门，访谈方式为半结构化，紧密围绕"裂变创业特点"这一主轴；组织集群企业焦点小组座谈会，引导企业研讨并进一步理清和验证资料。

21.3 铁塔集群与纺机集群异同对比

1. 青岛市铁塔制造产业集群描述

铁塔产品主要由塔类和钢结构类产品组成。青岛市胶州市是全国最大的铁塔生产基地和区域产业集群，有40多家铁塔制造业大企业，配套企业百余家，正式从业人员1万多人，另有家庭作坊式、农工结合型从业人员万余名，产品产销量约占全国同类产品1/10。从20世纪80年代村办铁塔企业开始，胶州铁塔产业呈现出一条先驱企业创建、新企业从先驱企业裂变、裂变企业又衍生出新企业，从而形成连锁反应和扩散效应的产业集群发展之路。

位于青岛市胶州市的青岛东方铁塔股份有限公司（以下简称"东方铁塔公司"），其创始人具有短暂的其他产业创业经历，个性特质和经验积累为其抓住铁塔产业发展先机、成为产业先行者创造了有利条件。不过，东方铁塔公司虽不断完善内部管理、激励体系和信任机制，但管理发展仍滞后于企业成

---

① 根据集群所在地区中小企业局和产业协会统计数据计算得出。

长，裂变创业活动频繁发生。大量裂变企业在胶州铁塔产业集群内不断创建，而获取本地化网络、产业结构及政策支持等创业优势。在裂变创业活动不断推动下，胶州铁塔产业集群历经产业发起、新企业创建、集群初现和集群形成四个主要演化阶段，成为全国铁塔制造业领先集群。

2. 青岛市纺织机械产业集群描述

纺织机械是纺织产业价值链的重要组成部分。以王台镇为核心的青岛市胶南纺织机械产业集群的产品制造能力已居全国前列，目前有纺织机械企业 262 家，纺织机械专业村 26 个，从业人员 3 万余人，形成了骨干企业为龙头、规模以上企业为主体、各类家庭工厂为补充的区域化、社会化纺织机械集群。胶南机械制造基础雄厚，在国有纺织机械企业带动下，演绎出新企业创建和既有企业转型相结合的纺织机械集群成长模式。

在 20 世纪 80 年代，纺织机械产业市场需求快速增长，国营青岛纺织机械厂（创建于 1920 年）将部分订单外包给当时的胶南县一些机械制造企业，并委派技术人员给以指导。于是，既有制造业企业不断转型拓展到纺织机械产业，辅之以新纺织机械企业不断创建，共同促进了青岛纺织机械产业人力及技术资源的区域扩散。在国内外纺织产业不断波动的影响下，胶南纺织机械产业经历了多次调整，源自青岛东佳纺机（集团）有限公司和青岛星火集团股份有限公司两家领导品牌的裂变企业不断涌现。这一过程主要有两条主线：一是市场发展较快时期，机会驱动下主动离职裂变创业；二是市场发展停滞时，被动离职或者逆势创业，或者积蓄力量寻找时机创业。

3. 双重案例的主要相似维度

（1）发展主线。

两个案例集群均蕴含着显著的裂变创业活动，裂变创业贯穿于集群发展全过程，对集群形成及发展具有重要作用。以产业先行企业为源头，融合了首次裂变创业和二次裂变创业的多频率、多阶段、多类型裂变创业行为，不但对鼓励集群内部创业、吸引集群外部资源具有重要作用，也成为推动集群不断演化的重要力量。

（2）产业特性。

案例集群所在产业市场容量大、增长速度快、波动频繁，以加工制造业务为主，技术含量较低，处于制造业产业链的低端，产业进入及退出的技术壁垒不高。因此，人力资源成为集群企业最重要的成功关键因素，裂变创业者通常实施以核心员工为发起者的群体性或团队性裂变创业活动，依赖人力资源流动支撑新企业创建和发展。

（3）产业分工。

案例集群大企业纵向一体化程度极高，原因是大企业由于同质竞争没有合作空间，而中小企业产品质量相对较差，很难取得与大企业合作的机会。另外，中小企业业务外包程度极高，由于资源劣势及创业基础薄弱，中小企业之间合作多、分工细，并以弹性专精优势与大企业开展竞争，但产品质量低且不稳定。因此，就案例产业集群的经济性而言，大企业主要是内部经济，中小企业主要是外部经济。

（4）企业竞争。

案例集群企业根据产品质量和发展规模可以划分为两个层次，即高质量大规模企业和低质量中小企业，大企业数量较少，中小企业数量多且多为裂变企业。从竞争态势看，大企业之间为同质竞争，但这些领先企业具有品牌优势，形成相互默契，竞争比较和缓。相反，集群内部位于低端细分市场的中小企业数量较多，内部同质化价格竞争激烈。

（5）信任体系。

案例集群创业者虽多为本地居民，甚至很多源于同一母体企业，或为村民或亲属关系，但创业者间高度戒备、缺乏信任、交流较少、合作松散，本地企业间信任水平甚至低于对外地合作者的信任水平，这与员工离职裂变创业比较频繁所造成的负面影响有关。信任体系和契约观念发展缓慢，这种滞后局面影响了集群优势的有效发挥。

（6）技术创新。

案例集群技术创新积极性较低，原因是技术研发企业（往往是大企业）支付了高昂研发费用，但由于员工离职频繁和企业间比较熟悉，技术创新成果很快由于人员流动而在产业中扩散，集群层面知识外溢不但没有形成集群竞争优势，反而成为损害母体企业利益、影响技术创新的障碍。此外，案例集群产品设计及设备制造等环节几乎都不在区域集群内部，也间接影响了技术创新的一体化和高端化，降低了研发成果保护力度。

4. 双重案例的主要差异维度

（1）裂变母体。

铁塔产业集群的裂变母体为产业首创企业，以及较具规模的首次裂变企业。但纺织机械产业集群的裂变母体大多不是产业首创企业，往往是流入了产业优秀技术人员并受市场驱动而引发业务转型的既有制造业企业。因此，前者具有更大的本地根植性，后者则得益于集群外部企业技术流入的移植作用。

（2）裂变模式。

铁塔产业集群先行企业（东方铁塔公司）的首次裂变企业所占比例较高，其裂变企业发生二次裂变的活动相对少些，说明裂变企业采取了措施尽量杜绝员工离职行为；与此不同，纺织机械产业集群二次裂变创业比较多，一般是大企业裂变出村办企业或合资企业，后者又裂变出个体私营企业，说明纺织机械产业的技术含量和创业门槛较低。

（3）轴心企业。

铁塔产业集群的核心企业以首创企业及其首次裂变企业为主，纺织机械产业集群的核心企业则以转型企业及其首次裂变企业为主，这与纺织机械集群发端于本地既有企业业务转型，既有企业具有比较悠久的制造历史和雄厚的产业优势有关。

（4）产品类别和中小企业特性。

铁塔产业的产品多为定制化、个性化产品，属于按单加工，规模经济效应较小。纺织机械产品则是营销推动、标准化制造，规模经济发挥较大作用。这也导致铁塔产业中小企业做零部件者较多、做整机者较少，产品高度集约化限制了家庭作坊企业的规模。相反，纺织机械产业中小企业做整机者较多，家庭作坊、专业村镇非常普遍。

根据前述分析，本章将案例集群的相似与差异维度整合如表 21 - 1 所示。

表 21 - 1　　　　　　　　　两个案例集群的异同

相似维度			差异维度		
主要维度	简要描述	原因或影响	主要维度	铁塔制造集群	纺织机械集群
发展主线	裂变创业	推动集群持续发展 促进经济不断进步	裂变母体	首创企业为主 其他母体为辅	转型企业为主 裂变企业为辅
区域位置	山东省青岛市	体制、文化、人力资源	裂变模式	首创企业裂变	转型企业裂变
产业特性	制造、波动、壁垒低	技术类人力资源重要	集群起点	首创企业创建	转型企业成功
产业链条	部分环节低附加值	利润较低进入容易	轴心企业	首创企业及 首次裂变企业	转型企业及 首次裂变企业

续表

相似维度			差异维度		
主要维度	简要描述	原因或影响	主要维度	铁塔制造集群	纺织机械集群
技术研发	技术含量相对较低 研发积极性不很高	技术容易流失、被模仿 技术进步缓慢、投入低	集群演化	裂变创业为主	裂变创业 既有企业转型
企业竞争	大企业之间竞争缓和 中小企业间竞争激烈	数量少、质量高的默契 数量多、质量低的混乱	产品类别	定制化、个性化 规模经济较小	营销化、标准化 规模经济较大
信任体系	企业间、网络间信任 体系发展滞后	同业裂变创业频繁	小企业定位	做零部件较多 做整机比较难	做整机较多、整 机技术含量低
产业布局	大企业一体化程度高 质量、规模分层明显	一体化支持高质量 质量支持规模发展	家庭类企业	相对数量较少 产品集约化高	相对数量较多 产品复杂度低

21.4 铁塔集群与纺机集群扎根分析

典范模型是扎根理论方法的一个重要分析工具，该模型包含"因果条件→现象→脉络→中介条件→行动/互动策略→结果"六个主要方面，用以引导对数据资料的整理和分析，以帮助研究者更准确地把握事件内涵。

1. 案例相似维度的扎根理论典范模型分析

以典范模型为指导，本章将两个案例集群的相似维度整合进同一框架，即将发展主线、区域位置、产业特性、产业链条、技术研发、企业竞争、信任体系、产业布局八个维度建立内部联系，如表21-2所示。

表 21-2　　　　　　　　案例集群相似维度的典范模型

项目	维度	项目	维度
因果条件	产业特性　产业链条	现象	发展主线
脉络	区域位置	中介条件	信任体系
行动（互动）策略	企业竞争	结果	技术研发　产业布局

产业进入壁垒低、产业发展波动性强等产业特性以及处于产业价值链低端，为裂变创业提供了契机（因果条件）；母体企业信任体系缺失是裂变创业的重要驱动力（中介条件）；而企业所处区域位置的商业传统较脆弱、民营经

济较薄弱则起到辅助作用（脉络）；在裂变创业和集群发展过程中，大企业默契竞争、小企业恶性竞争及大小企业交错竞争并存（行动策略）；最终，以裂变创业为发展主线的产业集群不断演进（现象）；企业技术创新动力降低、产业布局表现为大企业一体化和小企业外取化（结果）。

2. 案例差异维度的扎根理论典范模型分析

同样，本章将两个案例集群的差异维度整合进同一框架，即将裂变母体、裂变模式、集群起点、轴心企业、集群演化、产品类别、小企业定位、家庭类企业八个维度建立内部联系（见表 21 - 3）。

表 21 - 3　　　　　　　　　　　案例集群差异维度的典范模型

项目	维度	项目	维度
因果条件	裂变母体　集群起点	现象	轴心企业
脉络	集群演化	中介条件	产品类别
行动（互动）策略	裂变模式	结果	小企业定位　家庭类企业

由本地首创企业自发创业和由外地企业移植或扶持创业，通过两种不同途径形成裂变母体和集群起点（因果条件）；集群演化过程中裂变创业的比重和特点有所不同（脉络）；集群轴心企业呈现出首创企业及首次裂变企业，以及转型企业及首次裂变企业两种情况（现象）；与标准化、大规模制造的纺织机械产业集群相比，铁塔制造集群具有定制化、个性化产品加工的特点（中介条件）；本地首创企业的首次裂变创业活动在铁塔集群比较活跃，纺织机械集群更多表现为本地转型企业裂变创业（行动策略）；铁塔集群的众多裂变新创中小企业大多选取零部件加工而非整机制造业务，家庭作坊类企业的数量也要少于纺织机械集群（结果）。

3. 案例扎根理论分析的主要发现

（1）生存类裂变创业为主、机会类裂变创业为辅。

案例集群内部的裂变创业以被动的生存型创业为主，主动的机会型裂变创业为辅。作为裂变创业来源的母体企业，往往具有家族式管理痕迹显著、企业家视野相对狭隘以及企业内部管理水平不能与发展规模匹配等特点，这激发了员工在母体组织中职业发展空间受限，或创新思路及建议不被重视时，选择离职创业的热情。

（2）裂变企业渐进发展、组织类型及业务多样化。

裂变企业多为民营中小型企业，从产业低端做起，从配套产品做起，很容易建立立足点。该类企业规模小、起点低，一般在大企业不愿介入的附加值相对较低的细分市场开展业务，并逐步从配套业务向整体产品业务演进，产品质量不断从低端市场向中高端市场延伸、辐射，并以周期性生产、农工互动策略，形成对大企业的挑战，企业附加值和利润随之有所提高。裂变企业涵盖与母体企业同质竞争、差异竞争、配套互补等不同业务类别，独立创建、合资合作、家庭作坊等不同组织形式普遍存在。

（3）人力资源是裂变企业最重要的成功关键因素。

裂变企业从母体企业获取了技术诀窍和市场信息等资源，而人力资源恰恰是资源转移的载体，裂变企业以推动人力资源从母体企业群体转移，或成功整合外部人力资源为创业基础。土地供给、技术壁垒、资金区隔和质量控制虽然非常重要，但人力资源（主要是中基层管理者及操作人员）才是裂变企业最重要的成功关键因素。裂变企业所在地拥有大量行业经验丰富的加工制造业人员，这些具有农、工双重身份的劳动力资源具有非常好的雇佣弹性，能够有效应对市场波动，降低创业失败风险。

（4）产业集群的特质影响裂变创业活动及其效果。

技术水平较低、处于产业链低端、市场发展波动大、母体企业管理能力跟进慢、企业内部及企业之间信任关系差、企业进出壁垒低的产业集群，容易裂变出新创企业。集群内部首创企业来源以及产品标准化程度，会影响裂变创业的频率、幅度及业务选择，也会对产业分工、企业间动态竞争具有一定作用。产业集群内部的技术创新和技术模仿同时并存，裂变创业引发的技术资源快速扩散，由于知识产权保护制度还不是很完善，从而在很大程度上挫伤了企业技术创新的积极性。

21.5　本章小结

1. 研究结论

中国情境下产业集群内部的裂变创业具有生存创业为主、机会创业为辅，企业渐进发展、组织业务多元，人力资源是成功关键，集群特质影响裂变创业效果等四个典型特征。中国情境下的产业集群内部裂变创业活动具有自身独特的发展规律，与国外既有研究结论相比，集群背景下的裂变创业在裂变动机、技术研发、优势共享、关系网络、业务分工和竞争态势等方面均存在显著差异。具体表现为以下几个方面。

（1）裂变动机。

以往研究认为，母体企业资源丰富或知识密集（Burton et al.，2002），或者产业机会利用、实现自身抱负、化解母体组织职业发展困境等，是裂变创业的主要动机（Buenstorf，2009）。而通过研究发现，在许多情况下，母体企业可能虽然资源丰富，但其管理水平的提升却没有跟上快速变化的市场和产业需求。这导致了内部创新和发展的障碍，员工可能因为感觉受限于母体企业的局限性而选择离职，并通过创业来寻求更广阔的发展机会。此外，家族化管理的现象也可能在一定程度上影响裂变创业的动机。在家族化企业中，由于家族成员占据重要职位，可能导致其他非家族成员的晋升机会受限，激发了非家族成员员工寻求独立创业的欲望。

在这样的背景下，裂变创业为那些渴望实现个人价值和创业梦想的员工提供了一个有吸引力的选择。通过创业，他们可以自主决策，迅速响应市场变化，发挥自己的创新潜能，并寻求更大的发展空间。同时，裂变创业也为产业带来了新的活力和竞争力，推动着整个产业的不断进步与发展。

然而，值得注意的是，裂变创业并非母体企业所期望的结果，因为员工的离职可能会导致人才流失和组织稳定性的下降。因此，母体企业应当积极关注员工的发展需求，提供更多的晋升机会和激励措施，以留住优秀的人才。同时，也要加强内部管理水平，打破家族化管理的局限，为员工提供更宽广的发展空间，从而实现员工与企业共同成长的目标。

（2）技术研发。

现有研究认为裂变企业由于继承了母体企业技术优势而会降低研发投入和创新水平（Dahlstrand，1997）。本章进一步研究发现，企业（包括母体或新创）技术创新积极性较低的原因是技术相通性和员工离职频繁导致创新成果快速扩散，支付了高昂研发费用的企业不能充分获取回报，而采取等待或搭便车策略，造成整个集群陷入创新困境。

首先，裂变企业通常继承了母体企业的技术知识和经验，使得企业间存在着较高的技术相通性。这意味着一旦某个企业取得了技术上的突破，其他企业很快就能学习和模仿，导致创新成果无法形成持续的竞争优势。这种技术扩散现象使得支付了高昂研发费用的企业难以充分获得回报，因为创新成果并未被有效地保护和巩固。其次，员工的频繁离职也是影响企业技术创新积极性的重要因素。在裂变企业中，由于母体企业的存在，吸引了许多高素质的员工加入新创企业。然而，由于新创企业在技术创新上的限制，员工可能会感到创新空间有限，缺乏发展的机会，因而选择频繁跳槽。这种人才流失导致了企业知识的流失和研发团队的不稳定，影响了企业的创新能力。最后，这种技术相通性和员工离职频繁的现象形成了一种恶性循环，企业普遍采取等待或"搭便车"的策略。面对技术创新的高风险和不确定性，许多企业选择观望，希望其他企业先进行尝试，成功后再进行模仿。然而，这种观望和"搭便车"的行为导致整个集群陷入了创新困境，整体的技术创新水平得不到有效提升。

因此，要解决裂变企业技术创新积极性较低的问题，需要在多个层面上采取措施。首先，需要通过加强知识产权保护等手段，促进技术创新成果的独立化和差异化。其次，要采取有效措施留住优秀人才，例如，提供更好的职业发展规划和激励机制，以及营造更具吸引力的企业文化。最后，政府和相关部门也应该发挥引导和扶持作用，建立良好的创新生态环境，推动整个企业集群共同提升技术创新水平，实现良性循环的发展。

（3）优势共享。

集群理论认为，集群层面的知识外溢和共享是企业获得竞争优势的重要来源（Tallman et al.，2004）。然而，本章的案例研究揭示了一个更加复杂的现实情况，即集群中存在一些制约因素，导致知识共享并非轻而易举。具体而言，本地创业者的熟人网络和政策对村民创业的扶持虽然有助于形成一定的资源共享，但同时也带来了一些负面影响。例如，这种局限性的社会网络可能导致信息闭塞，限制了外部知识的引入和传播。另外，依赖政策扶持可能导致企业缺乏自主创新的动力，对知识保护和共享的积极性也相应降低。同时，薄弱的法律监管体系也成为集群中知识共享的"瓶颈"。缺乏有效的知识产权保护措施可能导致企业不愿意分享核心技术和知识，担心遭受知识侵权和不公平竞争。这种情况下，企业更倾向于保护自身利益，而不是积极促进知识的共享与传播。此外，集群中的产业链低端环节也对知识共享构成了阻碍。这些环节通常与创新密切相关，但由于技术含量低、附加值不高，容易导致知识外流并未得到充分重视。这种现象限制了集群企业在知识创新和高附加值领域的发展，制约了集群整体竞争力的提升。另外，裂变企业由于退出障碍较低，可能缺乏持续发展的动力。相对于更稳健成长的企业，它们的进取心和成长欲望可能不够强烈，导致对产业和集群的责任感较为淡薄。这样的情况可能导致集群成员之间合作意愿下降，影响了集群优势的共享效应。

（4）关系网络。

既有理论认为，同一母体企业的多个裂变企业会相互交往并形成区域社会网络（Sorenson，2003），可以促进创新、培育企业家精神和降低交易成本（谭劲松等，2007）。然而，本章的研究结果却发现，实际情况与既有理论存在一定差异。裂变企业之间及其与母体企业之间的联系较为有限，信任程度和合作水平相对较低，并没有形成某种区域性或协同发展的社会网络。这一发现引发了我们对于裂变企业间关系的深入思考。可能存在各种原因导致这种现象的出现。

一种可能性是，裂变企业在初期发展阶段，面临着各自独立运营的挑战，可能更注重个体的生存和发展，而对于与其他裂变企业或母体企业之间的合作关系尚未给予足够的重视。此外，一方面，由于各个企业可能涉及不同的业务领域或市场定位，存在竞争关系，这也可能导致了合作意愿的降低；另一方面，缺乏有效的沟通和信息交流渠道也可能是影响裂变企业之间合作的关键因素。在形成社会网络的过程中，信息的传递和共享是至关重要的，如果信息流动不畅或者缺乏有效的沟通平台，企业之间难以建立起稳固的合作关系。除此之外，文化差异、地域分隔等因素也可能对裂变企业间的合作产生一定的影响。不同企业之间可能存在着不同的文化背景和价值观，这些差异可能导致理念上的不一致，进而影响合作的愿望和可能性。

（5）业务分工。

裂变创业的影响理论认为，在职学习的差异使得不同裂变企业选择不同商业模式和战略，通常不会为相同顾客而竞争（Buenstorf et al.，2009），而是通过分包协作推动产业垂直分工（Patrucco，2005）。本章的研究结果显示，由于技术障碍较低，裂变型中小企业往往倾向于模仿或复制母体企业的方式，以降低风险并迅速进入市场。这导致裂变企业与既有企业之间出现了激烈的同质竞争，而它们之间的配套互补特征并不十分明显。

在裂变创业中，企业之间的竞争动态有着自身独特的特点。裂变企业由于技术门槛较低，容易进行快速复制和模仿，这使得它们能够更迅速地进入市场。然而，这种快速切入的策略也导致了裂变企业之间的同质竞争，它们往往在追求相同目标市场时产生冲突。与此同时，裂变企业与既有企业之间也存在竞争关系。由于裂变企业通常是由已经存在的企业拆分而来，它们可能与母体企业面临直接的竞争。这种竞争动态使得裂变企业需要找到自身的独特之处，寻求差异化的竞争优势，以便在激烈的市场竞争中脱颖而出。另外，裂变企业采取的分包协作策略也影响着产业的垂直分工。通过与其他企业合作，裂变企业能够专注于自身擅长的领域，而将其他环节交由合作伙伴完成，从而实现产业内不同企业间的互补发展。这种分工与协作的方式，促进了产业资源的合理配置和优化利用。

（6）竞争态势。

现有研究关注了裂变企业与母体企业之间的影响关系（Ragnar，1999），并强调新创企业对集群及区域的积极效应（Klepper，2007）。本章进一步研究发现，集群中的裂变企业竞争非常激烈，不同层次的产品细分领域呈现出错位竞争的现象，这意味着不同企业专注于不同细分领域，相互之间的竞争相对较小，各自形成了一定的市场空间。与此同时，同一层次的产品领域却呈现出过度竞争的现象，这意味着在某个特定的细分市场中，竞争对手众多，企业之间为了争夺有限的市场份额而展开激烈的竞争，导致市场竞争压力巨大。

此外，本书还发现不同层次之间的竞技场是不断动态转化的。这意味着随着技术和市场的变化，原本相对独立的产品细分领域可能会发生重叠，不同层次的企业可能会重新调整竞争策略，甚至进入到原本不属于自身主营领域的市场中。

这些发现对于裂变企业和整个集群的发展具有重要意义。了解集群内部的竞争格局可以帮助企业制定更有效的竞争策略，避免资源浪费和市场竞争过度。同时，随着竞技场的动态转化，企业需要保持敏锐的市场洞察力，及时调整战略，以适应不断变化的市场环境。总体而言，本章的研究为裂变企业在集群中的竞争行为提供了深入的理解，为企业的战略决策和发展规划提供了有益的参考。

2. 未来展望

裂变创业的一大显著溢出效应在于促进了地区相关产业集群的形成和发展。产业集群的形成除了企业的扎堆集聚，更重要的是产业关联性的加强。当前中国情境下，产业集群内部裂变创业的研究已经取得一系列重要结论，然而，这一领域仍然有许多值得探索和深入研究的方向。未来的研究将在以下几个方面继续深入展开，以全面把握裂变创业的演变和影响。

首先，未来研究可以进行多维度比较研究，不仅局限于中国情境，还将产业集群内部裂变创业与其他国家和地区的裂变创业现象进行对比。通过与国外不同文化、法律、产业环境背景下的裂变创业进行比较，可以发现裂变创业在不同背景条件下的异同，从而为全球范围内裂变创业的理论和实践提供更为丰富的参考依据。其次，未来的研究可以加强对创业生态系统的探索。裂变创业不仅涉及单一企业的创新，更涉及与孵化器、风险投资、产业政策等多个要素之间的相互作用。深入研究裂变创业与这些要素之间的互动关系，有助于理解裂变创业的生态环境，促进产业集群整体创新能力的提升。再次，裂变创业的研究也要关注企业的社会影响与可持续发展。在追求经济绩效的同时，裂变企业应积极履行社会责任，促进可持续发展。未来的研究将探讨如何在裂变创业过程中平衡经济目标与社会责任，推动裂变创业在促进社会公益和环境保护方面发挥更积极的作用。最后，产业集群是动态发展的，未来的研究将持续跟踪和分析裂变企业在产业集群中的地位和作用如何随着集群的演化而变化。了解这种变化将有助于更好地把握裂变创业在集群中的定位和作用，为企业提供更有效的战略指导。

综上所述，未来的研究将在多个方面对中国情境下产业集群内部裂变创业进行深入探索，包括多维度比较、技术创新影响、创业生态系统研究、社会影响与可持续发展，以及集群演化等。这些研究将为裂变创业的理论与实践提供更全面的认识，推动裂变企业的发展，促进产业集群的繁荣壮大。

第 **22** 章

新创企业商业生态系统
——"海尔系"的裂变创业

本章导读▶

近年来,从微观视角解读商业生态系统构建成为理论界的热点问题。鉴于构建商业生态系统对企业资源与能力的特殊要求,现有研究一类重视在位企业安排多样主体,另一类强调新企业颠覆在位企业统治地位,却忽视了新企业构建与在位企业协同共生的商业生态系统情境。母体支持型裂变创业是指受到母体企业正式支持并从母体内部裂变形成独立企业的创业形式,其蕴含的资源禀赋与嵌入关系特征为补足当下的研究缺憾创造了条件。本章以资源编排理论为透镜,对由海尔集团裂变产生的两家新企业构建商业生态系统的全过程进行了探究,归纳出"母体裂变情境""生态基石结构化""生态协同能力化"和"生态联动杠杆化"四个核心构念,并在此基础上识别出"探索式"和"利用式"两条不同的商业生态系统构建路径。其中,新企业裂变时面临的母体企业情境是引发不同路径的直接原因。

22.1 研究背景

随着实践的发展,如何构建商业生态系统逐渐受到理论界和实践界的重视。商业生态系统被认为是一组为了将某一核心价值主张商业化而存在的多边主体结构(Ander,2017),其核心在于超越单纯竞争的企业间协同与价值创造(Moore,1993)。而正是出于对生态优势的追求,众多企业主动与互补者建立合作,实现了局部领域的企业间共创共赢。与企业实践一致的是,学术界也开始倾向于认可商业生态系统是"半设计"的产物(Fuller et al.,2019),并逐渐从微观视角解读特定企业能动影响商业生态系统形成的具体过程。本章将这种企业能动影响商业生态系统形成的过程定义为商业生态系统构建。

然而，构建商业生态系统要求企业拥有足够的资源与能力，特别是能够连接丰富的合作主体（Zahra et al.，2012）。因此，既有研究主要将目光瞄准在位企业（Rong et al.，2015；谭智佳等，2019），探究其主动构建商业生态系统的过程，而将新企业置于参与者地位（Zahra et al.，2012）。值得注意的是，随着实践发展，近年来开始出现新企业自创建伊始便致力于商业生态系统构建的现象。因此部分研究开始涉及新企业构建商业生态系统，但其基本逻辑在于新企业通过新颖的商业模式设计颠覆了在位企业的统治地位，其研究重心在于对在位企业反应的应对（Sihur et al.，2018；韩炜等，2021），忽略了新企业与在位企业合作共赢构建生态系统的情境。

事实上，正是由于新进入劣势，新企业如果不通过颠覆性创新，往往难以真正实现以自身为核心的商业生态系统构建，也就难以形成与在位企业合作共赢的局面。但母体企业支持型的裂变创业为弥补这一情境缺憾提供了良好契机。裂变创业指由母体企业产生新企业的过程（Garvin，1983），这类新企业往往因先天的资源传承和嵌入关系，能兼顾新企业与大企业优势（Garvin，1983；Klepper et al.，2005）。而母体支持则是指裂变新创企业受到母体企业的正式支持。在这一情境下，新企业的优势被放大（Wallin et al.，2006），也更容易实现与母体企业和其他在位企业之间的共生关系。既有研究初步涉及了裂变创业与商业生态系统之间的关系（Howard et al.，2019；李志刚等，2020），但较少涉及母体支持型裂变创业企业如何构建商业生态系统。

鉴于裂变创业企业的特殊性，"母体支持型裂变创业企业如何构建商业生态系统"的问题核心在于新企业如何调用母体资源、如何处理与母体企业关系以及如何重新连接其他合作者。而强调动态配置资源的资源编排理论为解读这一过程提供了一个契合视角。资源编排理论秉持资源利用观，强调对资源的有效管理是企业竞争力的来源，特别重视对于资源利用全过程的理论刻画。因此，资源编排理论有助于从裂变创业企业的角度回答"母体资源如何调用"以及"合作关系如何建立"等问题。

以此为基础，本章通过双案例的研究设计，对源自海尔集团的两家母体支持型裂变创业企业进行对比研究，归纳出两条构建商业生态系统的异质化路径，并对路径的前因进行了解析。具体而言，一家公司采取了"探索"式的建构过程，经历了建构细分资源、塑造引领能力和连横三个过程，引发这一路径的直接前因在于该公司所面临的母体重构情境。另一家公司采取了"利用"式的建构过程，经历了调配母体资源、塑造连接能力和合纵三个过程，引发这一路径的直接前因在于该公司裂变创业所面临的母体拓展情境。本章结论立足于解读"母体支持型裂变创业企业如何构建商业生态系统"这一具体过程，其所揭示的相关机制以及两条异质性的商业生态系统构建路径为商业生态系统动态研究、资源编排理论以及裂变创业双元创新作出理论贡献，也为试图构建商业生态系统的在位企业和裂变创业企业提供实践启发。

22.2 海尔系雷神与食联网案例选取

1. 样本选取

鉴于"母体企业支持的裂变创业企业如何构建商业生态系统"这一问题尚属新兴议题，本章选择案例研究的方式对这一问题展开探究（Eisenhardt，1989）。具体而言，本章选择了双案例的研究设计，这是因为双案例所强调的极端对比能够在充分挖掘过程细节的基础上，进一步提炼不同情境下的机制差异（Eisenhardt et al.，2007），更有可能为某一理论问题提供"饱和性"解释（Struass et al.，1990）。我们的设计思路源自理论抽样的过程。

为了回答我们的研究问题，本章初步选择由海尔集团裂变产生的青岛食联网科技有限公司（以下简称"食联网"）作为研究对象，理由有三个：第一，海尔集团是世界范围内最早推行"创客""小微"制度的企业之一，是支持裂变创业的典型代表，而食联网所处的"智慧烹饪"项目是近年海尔链群合约制度的样板链群；第二，食联网已经初步构建起商业生态系统，其合作伙伴包括了山东新希望六和集团有限公司等众多在位企业，这些丰富现象便于回答本章的问题；第三，笔者受海尔集团邀请对海尔链群生态进行研究，保证了整个调研过程受到各位被访者的积极配合，为持续的跟踪取证提供了便利。而团队在针对本章问题进行初始调研过程中，发现食联网构建商业生态系统路径与海尔集团另一裂变创业企业雷神公司存在鲜明对比，两者均自创建伊始便拥有构建商业生态系统的想法，但最终却走上了不同的道路。同时，食联网和雷神公司两家企业是海尔集团两类裂变创业的代表，前者是既有业务拓展的重要组成，后者则是既有硬件业务独立的典型代表。因此，针对两家企业进行对比研究有利于对"母体企业支持的裂变创业企业如何构建商业生态系统"这一问

题形成更为完整的诠释。有关食联网和雷神公司两家企业的介绍如表 22 - 1
所示。

表 22 - 1 案例企业基本介绍

项目	雷神公司	食联网
创立时间	2015 年	2020 年
创始人	路某	张某
主营业务	游戏本硬件及周边产品	"预制菜" 开发
商业生态系统简介	围绕"电竞"主题，打造赛事、电竞酒店、电竞街区等于一体的泛"电竞"生态系统	围绕厨房场景，打造集菜品、采购、物流、烹饪于一体的"智慧烹饪"生态系统

2. 资料收集与分析

本章遵循"三角验证"的原则，通过多渠道收集相关案例资料，包括一手访谈数据、二手数据以及团队观察和体验的相关日记。其中，访谈数据是主要的资料来源。值得说明的是，整个资料收集在动态调整中进行。本章所收集到的资料信息如表 22 - 2 所示。

表 22 - 2 资料来源和内容

类型	来源	内容
一手资料	雷神公司创始人路某的半结构化访谈（4.5 小时）雷神公司营销总监王某的半结构化访谈（0.5 小时）食联网创始人张某半结构化访谈（2.5 小时）人单合一模式研究中心食联网对接人于某半结构化访谈（1 小时）	访谈录音文字稿（编号为：路某、王某、张某和于某）
	参与式体验观察	观察记录、内部文档
	电话以及移动端网络交流	电话、短信、微信及邮件内容
二手资料	公开资料出版物	书籍著作、媒体采访、研究论文、公司网站、新闻报道

团队首先对食联网创始人、人单合一模式研究中心食联网项目对接人以及食联网初创团队成员进行了访谈，涉及问题主要包括食联网成立的过程、背景、商业生态系统的发展以及遇到的阻碍等。由于团队长期跟踪雷神公司的发

展，在调研食联网期间，笔者偶然发现两者构建商业生态系统路径上的差异。于是团队又再次对食联网和雷神公司进行了二次访谈，访谈对象主要涉及食联网的初创团队成员、雷神公司的创始人以及雷神公司的早期员工。访谈问题涉及商业生态系统的构建过程，海尔集团在此过程中的角色，如何与其他资源方建立联系等。访谈过程形成报告与录音，录音于 24 小时内转录形成文字资料。

二手数据对访谈资料提供必要的验证和支持，包括企业文档、新闻报道、书籍、海尔大学相关研究报告，以及有关雷神公司的论文等。其中，海尔大学相关研究报告对本章提供了佐证，内部文档为梳理两家企业的发展轨迹作出了支持，而《黑海战略》一书系统揭示了海尔当前的生态战略，对其中链群小微等实践有着细致的描述，成为本章重要的资料来源。特别地，笔者团队多次参观食联网一号店、雷神电竞样板，对食联网和雷神公司构建的商业生态系统有了较为直观的认识。同时，项目组多次使用海尔智家 App 以及神游网等有关食联网和雷神公司的主要客户界面，并对使用体验进行了报告和资料整理，以此加深对两家企业商业生态系统的理解。

本章遵循焦亚等（Gioia et al.，2013）的资料分析方式，由课题组两位成员分别对案例资料进行逐层的编码分析。此过程中产生的分歧由第三位成员进入协商最后达成一致，对于始终难以解答的问题，课题组通过电话、微信等方式向企业负责人专门询问，从而获得有关案例的切实解答。所有形成的编码会交付被访者寻求意见，双方在不断交流中解决理解上的偏差。

课题组首先分析了两家企业创业和构建商业生态系统的过程，利用图、表等工具刻画相关流程，并寻求过程中的相似与差异之处。进一步地，在形成对相关过程理解的基础上，课题组在资料中进行构念归纳，相关构念结构如图 22 - 1 所示。

一阶构念的提炼围绕商业生态系统构建过程以及构建情境进行，特别注意利用被访者的原始用词对访谈资料进行整体性概括。例如，"2013 年，张首席就提出网络化战略嘛，就要推行创客、小微的改革，我就想这个里面我能做什么"被贴上"推行小微变革"的标签。二阶主题的归纳是对一阶构念的理论化过程，是将具备相同内涵的一阶构念进行理论聚合，并由此形成更为抽象的范畴。例如，"推行小微变革""部门市场萎缩"均属于海尔战略重构的情境特征，因此被概括为"母体重构情境"。三阶维度是对二阶主题的再次整合，特别将两家企业提炼出的不同主题置于同一比较框架之下。例如，"母体重构情境"和"母体拓展情境"均为两家企业裂变创业时海尔集团所面临的具体情境,因此被归结于"母体裂变情境"。同时,本章还重点关注和诠释各理论维度之间的关联。所有的分析结果最终形成了本章的理论模型。整个过程经过了笔者与企业家以及学术同行的反复讨论,研究结论也在不断修正的基础上逐步呈现。

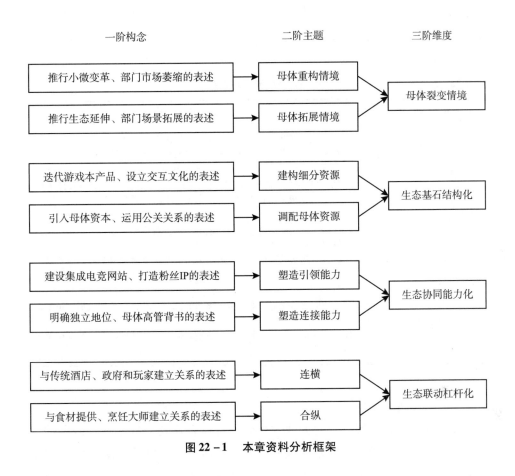

图 22 - 1 本章资料分析框架

22.3 雷神公司与食联网科技的分析

1. 母体裂变情境

母体裂变情境是指两家企业进行裂变创业时所面临的母体企业典型情境。在资源编排理论的观点中,随着组织战略、生命周期、面对环境以及管理者背景差异,会使得资源编排表现出异质性。而在创业认知学派看来,正是创业情境的差异塑造了创业者独特的心理模式（Baron，2004）。就母体企业支持型的裂变创业企业而言，其产生时的母体企业状况包括资源、战略、组织等均会成为重要的情境因素。以此为线索，本章对比雷神公司与食联网所面临的母体企业具体情境，探究情境对于构建商业生态系统过程的影响。案例资料显示，两家企业裂变创业时所面临的母体情境差异是两家企业显现出不同构建路径的直接原因，其中雷神公司处于"母体重构情境"，而食联网处于"母体拓展情境"。相关部分例证如表 22-3 所示。

表 22-3　　　　　　　　　　　　裂变情境数据例证

二阶主题	一阶构念	数据论证
母体重构情境	推行小微变革	2012 年，首席提出海尔集团全面进入网络化战略阶段（路某） 首席在提出战略之后，2013 年就开始提创客和小微（路某）
	部门市场萎缩	因为从 2008 年开始整个电脑量下滑，当时我们在找一些突破口（路某） 2013 年，传统电脑笔记本业务遭遇寒冬（书籍《黑海战略》）
母体拓展情境	推行生态延伸	这种战略关系我觉得是它的一种延伸，他以前是卖家电……它做生态战略是围绕着智慧家庭（于某） 首席执行官张瑞敏宣布，海尔集团进入第 6 个战略发展阶段：生态品牌战略（新闻《成立 35 周年——张瑞敏：海尔进入生态品牌战略阶段》）
	部门场景拓展	像张总他们部门这边原来是做蒸烤箱的，后来开始做生态以后，他就向场景这个方向去延伸（于某） 集团要做生态，它对我来说是个绝好的机会，当时我们部门就在这个场景试点（张某）

（1）母体重构情境。

母体重构情境是指在裂变创业发生时，母体企业处于战略重构阶段的情境。2012 年，张瑞敏提出海尔进入网络化战略阶段，与之相匹配，2013 年上半年，海尔集团开始大力开展创客、小微的组织变革，雷神公司正是诞生于此。路某在提到雷神公司的创立背景时表示"就是结合集团的战略和组织架构的变化"。而除了战略方面的转型，路某等人所在的笔记本电脑部门遭遇的市场"瓶颈"则是雷神公司所面对的另一大情境特征。在 2013 年，笔记本业务遭遇寒冬，此时的海尔在电脑特别是笔记本电脑领域基本失去了竞争力，路某对此评价："海尔这个品牌呢，白电足够强，但是在黑电，尤其在 3C 没有那么大的影响力。"因此，海尔集团整体转型战略和笔记本业务亟须变革的双重特征构成了雷神公司裂变创业时所面临的母体企业情境，即一种母体重构情境。在这种情境下，雷神公司的裂变创业更需要走上一条类似于"探索"的道路，表现为在海尔创业平台上对资源进行重新积累。

（2）母体拓展情境。

母体拓展情境是指在裂变创业发生时，母体企业处于战略拓展阶段的情境。2019 年 12 月 26 日，张瑞敏正式提出海尔集团进入生态品牌战略阶段，而在这之前，海尔集团已经开始积极进行场景化生态圈打造，以既有硬件为"网器"，去实现硬件的互联与数据的分享。而在 2019 年初，海尔集团组织结构出现了自下而上的新变化。面对顾客的复杂需求，海尔集团的小微自发连接，形成了最初"链群"的模型，这也是后续"链群合约"的前身。这种战略与组织变革本质是对原有安排的一种拓展与延伸。食联网正是诞生于这一情境之下。张某在当时工作的厨电部门同样在酝酿如何推进"智慧厨房"场景的生态化延展。为了业务拓展上的需要，张某等提出可以从"菜"的方向与生态战略进行结合，进一步赋能海尔生态战略。于是，海尔集团生态化战略、链群以及厨电部门的场景化拓展共同构成了食联网裂变创业时所面临的母体企业情境，即一种母体拓展情境。在这种情境下，食联网的裂变创业更需要走上一条类似于"利用"的道路，表现为以既有海尔资源为基础，对资源进一步丰富和完善。

2. 生态基石结构化

结构化是指企业构建资源组合（Sirmon et al.，2011；韩炜等，2021），其目的在于创造适宜于自身战略的资源条件，这是整个资源编排过程的起点，也是裂变创业企业构建商业生态系统的初始环节。一般认为，商业生态系统的价值根源在于互补者的参与（Jacobides et al.，2018）。因此，对于致力于构建商业生态系统的企业而言，其首要目标在于分享优势资源以吸引合作者加入。这种优势资源可能涵盖价值、稀缺、难以模仿和不可替代等属性（Barney，1991），是商业生态系统构建的基石，而生态基石结构化便是构筑商业生态系统基础性资源条件的过程。通过资料分析，本章识别到两家企业采取了不同的生态基石结构化方式，其中雷神公司采取"建构细分资源"，而食联网采取"调配母体资源"，相关部分例证如表 22 - 4 所示。

表 22 – 4   生态基石结构化数据例证

二阶主题	一阶构念	数据论证
建构细分资源	迭代游戏本产品	这些产品上市之前，都是和用户交互过的（路某） 我们布局到台式机的部分，也是建立了三次的迭代，2021 年是进入到了第四、第五代的（王某）
	设立交互文化	我们有一个部门叫作用户交互（路某） 我们的宗旨就是"无交互不开发，无公测不上市"（路某） 目前的话是九大线上阵地，曾经是以 QQ、贴吧为主，后面是过渡到微博、微信（王某）
调配母体资源	引入母体资本	一部分是海尔集团投资，现在他投 30%。第二部分是这两个很大的投资者参与进来（张某） 我们就像成立了 EMBA 的一个专门的大学校，出去了海尔给我持 30% 的股，找了这么多资源来（张某）
	运用公关关系	你想做什么事情就能找到相应的资源……像去年就上了中央一台、中央二台、人民日报（张某） 在全国选一些烹饪专家，就在我上面这个平台上面，很多大师都是去过联合国的（张某）

（1）建构细分资源。

"建构细分资源"是指在利用母体企业既有平台创业的基础上，通过进入细分市场来避开在位企业的冲击，进而不断积累属于细分市场的优势资源。对于雷神公司而言，"游戏本"领域在当时尚属于缺乏竞争的"蓝海"，但涉足该领域所需的优势资源与传统家电（笔记本）企业有显著区别。一方面，"游戏本"用户往往需求高配置的笔记本，并且同时要求性能与科技美学来满足游戏乐趣，特别是这些用户往往是某类游戏的忠实拥趸，因此，提供什么样的产品成为一个难题；另一方面，游戏本市场要求与顾客高频交互，需要不断接受顾客反馈并进行敏捷反应，因此设计什么样的组织与文化成了另一项重要考量。但在当时，海尔无法直接提供这些优势资源。

正如路某的认识："只有做到行业第一你才具有资源整合的能力。"在这种情况下，路某从社群入手，通过贴吧、QQ 群、论坛等媒介收集用户痛点与需求。以此为基础，路某等依托海尔的创业平台开始积累在"游戏本"市场的独特资源。首先，路某等人将收集到的用户痛点整合，设计了初代的产品雏形，并将该雏形交由玩家体验，进而不断调整，最终设计出初代爆款产品"911"，在游戏笔记本市场获得巨大反响。其次，雷神公司确立了"无交互不开发，无公测不上市"的企业文化，将游戏行业通用的做法引入硬件厂商，使得企业超脱出传统的家电底蕴，而向年轻化、娱乐化发展。最后，雷神专门设立用户交互部门，由雷神早期创始团队成员李某专门负责。该部门一方面走网络交互路线，通过各类社群（包括贴吧、QQ 群、微信群、知乎、B 站等）维持与用户的动态交流；另一方面开设 24 小时客服热线，保证第一时间接受并解决用户反馈。最终，雷神公司成为国内游戏笔记本市场的龙头企业，在线上多个渠道实现了销量第一。同时，雷神公司在该领域的市场形象成功确立，成为广受年轻人追捧与爱戴的"科技公司"。这些标志着雷神公司成功确立了细分市场的优势资源。

（2）调配母体资源。

"调配母体资源"是指在利用母体企业既有创业平台的基础上，通过与母体企业之间的战略合作，实现对母体企业既有优势资源的调用。食联网创始人张某原是海尔集团厨电部门的企划负责人，在海尔推行生态化转型的背景下，识别到厨房生态缺少"厨师"的问题。在他看来，"厨师"归根到底在于两大问题，一是工具，即拥有可以方便操作的烹调设备。二是食材，即拥有能够被简便制作的预制菜品。而当时的海尔已经深耕厨电领域多年，蒸烤箱产品在当时具备相当的市场占有份额。因此，张某选择了调用海尔优势的厨电资源作为食联网的根基。

张某在依托海尔平台成立食联网时，特别引入海尔集团方面注资，以此加深与海尔集团之间的战略协作。这些投资分为两部分，第一部分是海尔集团投资，使得食联网收益与海尔集团捆绑，便于食联网进一步协调海尔优势资源。第二部分是海尔高管的个人投资，即张某等人邀请海尔智家副总吴某入股公司，这就使得食联网维持了"海尔"的身份形象，能够最大限度地保证自身与海尔"厨电"之间的协同关系。除了资金上的支持，海尔拥有的公共关系资源更是成为食联网发展的重要支持。从公共媒体宣传的角度，海尔的媒体网络使得食联网的成绩在短时间内被多家媒体宣传和报道，特别是央视频道的参与让食联网的知名度获得了极大的提升。而从社会资本的角度，海尔集团的关系网络使得食联网拥有了更多潜在的合作伙伴，为接入合作伙伴和整合多方资源奠定了重要基础。

3. 生态协同能力化

能力化是指基于已有资源结构，进一步整合资源以拓展既有能力或形成新能力（韩炜等，2021）。这是资源编排的转化环节，目的在于实现资源与能力的相互匹配。而对商业生态系统的构建而言，接入新主体的过程需要接受系统牵引（李志刚等，2020），这将有助于维持商业生态系统在统一价值主张之下有序运转（Zahra et al.，2012）。因此，对于构建商业生态系统的企业而言，其需要以优势资源为依托进一步塑造相应的能力以实现整个商业生态系统构建过程的有效协同。本章的案例资料显示，两家企业塑造了不同的能力来与既有资源匹配以实现协同，其中，雷神公司"塑造引领能力"，而食联网"塑造连接能力"。相关部分例证如表 22 - 5 所示。

表 22 - 5   生态协同能力化数据例证

二阶主题	一阶构念	数据论证
塑造引领能力	建设集成电竞网站	我们打造一个完全互联网化的产品，叫 shenyou. TV，你所有需要在这个平台上都可以帮你解决（路某） 神游网是我们自有的一站式的服务平台网站，我们现在进行的一些赛事，还有社会上官方赛事的资讯，都会在这个网站上更新（王某）
	打造粉丝 IP	我们自己的粉丝社群是有一个 IP 的，就是雷神玩家联盟（王某） 我们是每个季度或者每两三个月，都会在不同的地方开中小型的粉丝会（路某）
塑造连接能力	明确独立地位	现在是我们控股，然后成立一个公司去整合外部资源（张某） 他肯定比我大，但是在专业方面他也得听我。再说小微公司，如果到那个层级，也是我们说了算（张某）
	母体高管背书	其实就像您下面学生出来，把您挂为创业导师，总比他一个人出去干要强多了……他能够有一些背书（张某） 海尔集团吴总这也是平台资源，一种背书（于某）

（1）塑造引领能力。

引领能力是指企业充分利用自身影响力来引导其他主体实现某种价值主张的能力。在构建了游戏本细分市场优势资源的基础上，雷神公司开始为构建"电竞"生态做进一步准备。在雷神意图打造商业生态系统的 2015 年，电子竞技由于"穿越火线""英雄联盟""Dota2"等多款电子竞技游戏的火热有了崛起的态势。与此同时，行业整体的不规范以及从业人员整体素质偏低成了制约"电竞"发展的重要问题，而各电竞企业如雨后春笋般进入市场，更是进一步加剧了各利益主体之间的恶性竞争。为此，雷神公司以游戏笔记本市场领军的身份开始布局电竞产业，不断塑造自身的引领能力。

雷神公司于电脑端打造了一站式电竞平台"神游网"，以此整合游戏下载、资讯快评、视频直播、赛事转播等多种信息。"神游网"作为一个开放性端口，能够接入其他电竞服务商网站，包括直播平台、赛事转播等。正是依托雷神公司的影响力以及这种开源结构，"神游网"很快成为当时最为知名的电竞平台，这也直接帮助雷神公司塑造了整合电竞企业的能力。在这之后，雷神公司开始以地区和校园为着手点，从线下着力打造雷神对于年轻玩家特别是大学生玩家的影响力。其中，最为重要的一项举措是构筑"雷神玩家联盟"这一团体。"雷神玩家联盟"为雷神粉丝会代称，是雷神公司对于自身粉丝的独立 IP 打造，这标志着雷神用户成为有特别身份的群体，显著提升了用户对于雷神这一身份标签的认同。在此基础上，雷神公司连续多年举办线下"粉丝"会活动和校园"粉丝"会活动，带领年轻的"粉丝"体验不同乐趣，不断建立起粉丝社群与雷神公司之间的交互关系。并且，这一举措在提升雷神公司客户黏性的同时也塑造了雷神引领粉丝进行某项活动的能力。

（2）塑造连接能力。

连接能力是指企业借助某种影响力来与其他主体建立合作关系以实现某种价值主张的能力。如前所述，生态化战略由海尔智家主张推进，旨在形成场景化智慧家居解决方案。而食联网所在的"智慧厨房"场景存在多方主体的缺失，尤其是食材端存在供给不足，因此食联网亟须建立与不同主体的合作关系。但对海尔而言，由于深耕家电领域多年，其自身交易体系、核算体系更适应于工业化生产，在连接食品行业主体方面存在天然劣势。正是在这种背景下，食联网在具备调用海尔优势资源的基础上，开始围绕食品合作方接入塑造自身的连接能力。

综合来看，食联网从连接的便捷性和可靠性两个角度塑造自身能力。就便捷性而言，食联网在成立伊始便努力将自身打造为商务对接平台。一方面从内部决策入手，保持创业团队的绝对控股，减少海尔高层的干涉，从而便于对接合作和整合外部资源；另一方面从外部地位入手，保证食联网对于连接活动的直接影响，维护食联网在商业生态系统中的核心位置，从而避免商务合作中的权责不清。事实上，作为海尔集团孵化出的小微企业，无论从资源存量还是商业地位，食联网与海尔之间都存在极大差距，因此，如果不能避免海尔内外两个方面的影响，食联网就无法承担起商务平台的责任，合作者甚至可能跨过食联网与海尔集团进行对接，在低效的同时甚至可能出现扯皮与权责问题。而就可靠性而言，张某等人邀请海尔集团副总裁吴某进入团队并推举其为食联网公司董事长。这一做法为食联网打造商务合作平台奠定了合法性基础，使其获得了良好的信誉背书，为连接各类参与者提供了一个重要的保证。

4. 生态联动杠杆化

杠杆化是指运用能力进行价值创造，是最终将资源的潜在价值完全释放形成竞争优势的过程，这也是资源编排的最终环节。而就商业生态系统构建而言，接入不同的合作主体以实现多主体联动是建立多边结构的核心（Ander，2007），也是决定整体商业生态系统价值创造方式的重要步骤。无论是网络效应还是互补效应（Jacobides et al.，2018），多样化的主体奠定了商业生态系统的价值基础，这也是资源被最终得到杠杆化运用的集中体现。因此，在拥有适宜的资源以及与之匹配的能力之后，裂变创业企业通过接入不同主体来实现生态联动杠杆化。本章的资料显示，两家企业分别采取了"连横"和"合纵"两种具体的接入主体方式。需要说明的是，"合纵"与"连横"出于战国时代，原指苏秦与张仪的外交策略，本章涉及构念与此没有具体的关联。相关部分例证如表22-6所示。

表22-6　　　　　　　　　生态联动杠杆化数据例证

二阶主题	一阶构念	数据论证
连横	与传统酒店建立关系	公司电竞空间现在是跟租葛亮合作，他们在法务、风控各方面还是有自己的优势的（路某） 金茂湾电竞酒店是跟一家民宿集团普素合作（王某）
	与高校玩家建立关系	公司从2016年一直到现在，其实是布局高校（王某） 公司做校园和高校市场，叫电竞赛事的星光大道（路某）
	与政府建立关系	这个也是有一些政府支持，包括腾讯官方的授权，还有我们全国电竞协会、高校的协会一些协办（路某） 青岛政府的一些动作还是挺明显的，包括赛事的举办上会给到补贴政策，我们也在跟体育局一起研发（路某）
合纵	与食材提供方建立关系	公司就和六和合作，然后找了六和的资源（张某） 这个事之后供应商也特别多，整个山东这边就来了30多个供应商，说一块来做这个事（张某）
	与烹饪大师建立关系	后来就是烤鸭这个事，公司做得很成功，主要因为创业者找了北京的一个研究烤鸭的烹饪大师帮忙（于某） 开了个厨师大会，全国有100多个厨师，23个省的厨师过来，我们一块探讨这个事情，他们都很感兴趣（张某）

（1）连横。

连横是指横向接入合作者，以多元合作的解决方案满足需求从而实现整体价值最大化。对雷神而言，其主打"电竞"的概念，致力于整合电竞产业，打造电竞生态系统。而作为后进入者，前期电竞企业已经在直播、战队、职业联赛举办等多方面形成了较为稳固的商业版图，雷神公司在这些领域内并不具备明显优势。因此，雷神公司转而从业余杯赛、电竞人才培养和电竞酒店业态等其他企业暂时较少涉及的方向布局商业生态系统，其最为明显的表现在于引入了众多不同领域的参与者。

就业余赛事体系打造而言，借助于在年轻群体特别是大学生群体中的广泛影响力，雷神开始着力打造"雷神杯"电竞赛事。而这一赛事需要接入高校、场馆、直播以及赞助等多个领域合作者。其中，雷神打造的神游平台和粉丝会成为推进赛事的重要保证。截至 2020 年，该赛事覆盖全国 40 多个城市，400余所高校，参赛战队超过 4000 余支，已成为高校电竞赛事第一品牌。就电竞人才培养而言，雷神公司与齐鲁工业大学建立合作，共同为提升行业人员素质、弥补国内电竞人才缺口作出贡献。而就电竞酒店业态布局而言，雷神从四个层面推进电竞酒店的发展。第一个层面在于同既有普通酒店合作，进行电竞酒店升级；第二个层面在于同酒店企业一起构建电竞酒店标准，打造样板电竞酒店；第三个层面在于以电竞酒店为基础引入咖啡厅、桌游、轻餐吧等合作者，构建电竞娱乐社区；第四个层面在于同政府进一步合作，建设集电竞场馆、酒店、新闻中心、公寓以及餐饮等于一身的电竞综合体。其中，前三个层面样板店已经落地，第四个层面的蓝谷电竞基地已与地方政府达成协议。这些不同群体的参与极大提升了雷神电竞生态的整体价值。

（2）合纵。

合纵是指接入供应链上下游的合作者，以优化供求关系来实现整体价值最大化。对食联网而言，其主打"智慧烹饪"的概念，但这一概念面对的最大对手便是外卖行业。事实上，外卖的便利性严重影响了年轻一代居家做饭的积极性，因此，为了让消费者"重回厨房"，食联网从"预制菜"入手，希望通过便捷食材的多样化供应来解决用户需求。而为了与外卖进行区分，食联网以大师菜作为自己的主要发展方向。

"大师菜"顾名思义，即烹饪大师调制的味道。预制菜即半成品菜肴，用户仅需要将半成品放入蒸烤箱，一键化操作便可以完成烹调。食联网明确了自己的方向后首先确定了北京烤鸭这一品类。借助于海尔平台，张某等与国家烹饪大师张伟利达成合作意向，经过反复尝试，最终解决了烤鸭在家庭蒸烤箱的工艺问题和预制烤鸭胚的制作问题，并与山东惠发食品股份有限公司建立战略合作，由其生产和供应鸭坯。食联网烤鸭上线后获得热烈反响，在当年春节前销量达数万只。随后，几人敲定了"年夜饭"的设想，即在春节为顾客提供"大师菜"组合。于是，食联网组织召开厨师大会，汇集全国 100 多位顶尖厨师、60 多家食品企业和养殖企业。在短短两个月时间内，食联网与各方合作，最终成功在春节前夕上线多个丰富菜品，并以套餐形式在春节档售卖 15000份，完成单品销售 12 万份，获得巨大成功。而食联网的合作关系集中于食材供给端，包括烹饪大师、食材加工企业、养殖企业以及最终的物流企业等，从供需的角度集中化解决了用户需求。

22.4　新创企业生态系统构建双路径

　　经过反复比较相关理论维度，本章梳理出两条母体支持型裂变创业企业构建商业生态系统的具体路径，构建了如图 22 - 2 所示的双路径模型。整体来看，两家企业均是在"母体裂变情境"的影响下分别经历"结构化""能力化"和"杠杆化"三个商业生态系统构建阶段。其中"母体裂变情境"是构建商业生态系统不同路径的前置条件；结构化是企业确立优势资源的过程，是商业生态系统分享资源的重要基础；能力化是以优势资源为基础形成互补能力的过程，是商业生态系统有效协同的必要组成；杠杆化是利用能力释放资源价值的过程，是商业生态系统接入合作者的关键阶段。在此基础上，两家企业呈现出了不同的构建商业生态系统路径。

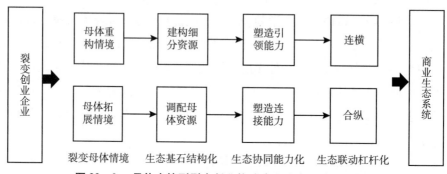

图 22 - 2　母体支持型裂变创业构建商业生态系统路径模型

第一条路径以雷神公司为代表，其核心思路在于基于母体创业平台重新积累优势资源，并以优势资源为前提塑造引领能力，最终通过引领能力不断接入不同领域的合作者并形成整体性解决方案（连横），表现为一种"探索"的路径（March，1991）。而引起这一路径的直接原因在于雷神公司在由母体企业裂变时所面临的"母体重构情境"。正是由于海尔集团在当时推行的网络化战略和创客制改革，加之事业部整体性的业务萎缩，使得雷神公司一方面受到母体公司变革战略影响，另一方面又不得不在业务层面重新建立新的业务模式。而在这条"探索"式路径中，进入依托于母体创业平台细分市场积累资源是关键环节。对于母体支持型裂变创业企业而言，在母体企业缺乏直接能够利用的优势资源时，自我的重新积累便成了重中之重。此时，相较于进入竞争激烈的传统领域，瞄准细分市场成为裂变创业企业更为适宜的选择。一方面，母体的创业平台支持可以帮助裂变创业企业更快地积累初始资源，使其迅速成长为细分市场的"隐形冠军"；另一方面，细分市场既避开了传统企业的直接竞争，也避开了与母体业务的高度重叠，这将大大减少裂变创业企业发展的阻力。正是得益于这种在细分市场的快速发展，雷神公司迅速成长为游戏笔记本领域的代表性龙头，进而才能培育出与之互补的引领能力。而这些最终保证了雷神公司能够在多个领域间建立跨界合作，实现"电竞生态系统"的构建。

第二条路径以食联网为代表，其核心思路在于基于母体创业平台调配母体企业既有的优势资源，并以优势资源为前提塑造连接能力，最终通过连接能力不断接入供给方来解决供需问题（合纵），表现为一种"利用"的路径（March，1991）。而这一路径的产生直接源于食联网在裂变时所面临的"母体拓展情境"。正是因为海尔集团在当时开展生态品牌战略和链群合约，加之事业部拓展业务的需要，使得食联网一方面受到母体公司延伸战略影响，另一方面主动在业务层面基于已有业态拓展商业版图。在这条"利用"式路径中，依托于母体创业平台和优势资源塑造连接能力才是食联网构建生态系统的关键。母体企业的支持给予了裂变创业调用资源的便利条件，此时裂变创业企业只有充分发挥自己优势，与母体企业资源形成互补，才能真正释放优势资源的价值。一方面，食联网保持了自身独立性，能够避免海尔集团决策层干扰，真正实现以自身为节点连接其他合作者；另一方面，食联网树立可靠性，借助于海尔智家副总的背书，确立自身的合法性地位，为连接合作者建立了信誉保证。正是依靠着这种连接能力，食联网为海尔集团的业务拓展提供了助力，在接入更多供应端合作者后将海尔优势资源进一步释放，最终构筑"智慧烹饪生态系统"。

22.5 本章小结

1. 研究结论

本章通过对源自海尔集团的雷神公司与食联网两家企业构建商业生态系统的过程进行对比，对"母体支持型裂变创业企业如何构建商业生态系统"这一问题进行了解答，特别利用资源编排理论对商业生态系统的构建过程进行诠释，最终归纳出"母体裂变情境""生态基石结构化""生态协同能力化"和"生态联动杠杆化"四个核心构念。以此为基础，本章进一步梳理出两条商业生态系统构建路径，分别对应于雷神公司与食联网两家企业，其中雷神公司偏向于"探索"式路径，食联网偏向于"利用"式路径，而母体裂变情境正是诱发不同路径的直接前因。

首先，需要明确的是，由母体企业支持的裂变创业企业并非一定能够直接利用母体企业的全部优势资源。相反，创业者应该综合考虑企业自身和所处行业的具体情况灵活运用相匹配的资源。尤其是当母体企业的某些资源在行业内并不具备典型竞争力时，创业者应该寻找其他途径，凭借着既有母体平台的支持，构筑出全新的"利基"市场资源优势。其次，对于母体企业可利用的优势资源，裂变创业企业需要进行精心的选择。特别是在构建商业生态系统时，创业者应巧妙地配合资源，并逐步建立起与母体企业互补的资源与能力。通过这种有选择的资源整合，裂变创业企业才能充分释放资源的价值，实现更加协调与高效的运作。最后，有计划地支持裂变创业对于母体企业而言是实施生态战略的重要工具之一。一方面，母体企业可以借助自身裂变产生的创业企业来拓展商业版图，不断拓宽既有业务领域；另一方面，母体企业可以支持裂变创业企业在新兴领域进行试验性探索，不断捕捉新颖的商机和机遇。特别值得强调的是，通过与裂变创业企业的合作，母体企业能够实现灵活化和创新化的运营方式，最终形成一种相互协作共生的生态格局。

这种生态格局将为母体企业和裂变创业企业带来双赢的局面。母体企业通过支持裂变创业，不仅能够加强自身的竞争优势，还能在新兴领域保持先发优势。与此同时，裂变创业企业得到了资源和市场等方面的支持，促使其在成长过程中获得更大的成功。这样的协作共生关系必将推动企业创新和发展，为整个产业生态系统带来积极的影响。因此，我们强烈鼓励母体企业与裂变创业企业之间积极展开合作，共同构建蓬勃发展的生态系统。在这个充满活力和机遇的生态格局中，创业者们将发现更多的发展空间，母体企业也能够持续不断地实现战略目标，并为产业的可持续发展贡献自己的力量。这将是一个共同成长的过程，也必将为未来的商业世界带来崭新的可能性和机遇。

2. 未来展望

在本章中，我们基于理论抽样的原则选择了海尔集团作为研究对象，探讨了裂变创业企业的商业生态系统构建。然而，裂变创业企业的形式实际上非常多样化，海尔集团的裂变模式以及所产生的裂变创业企业可能与其他裂变创业企业存在差异。因此，在未来的研究中，我们应该继续深化研究，进一步扩大样本范围，选择更多具有代表性的裂变创业企业，涵盖不同行业、不同规模和不同地域的企业，以便更全面地了解裂变创业模式的多样性和适用性。通过对比分析，我们可以揭示不同裂变创业企业之间的异同点，深入探讨影响其成功的因素，为其他企业在裂变创业过程中提供有价值的借鉴和指导。

另外，构建商业生态系统是一个多主体相互交互的复杂过程。在本章中，我们特别关注了"母体支持型裂变创业"的情境，主要研究了裂变创业企业如何利用母体资源和建立互补关系。然而，关注裂变创业企业与母体以及外部利益主体之间的复杂交互关系也是未来研究的重要方向。我们可以深入研究裂变创业企业如何更有效地利用母体资源，建立更紧密的合作关系，以实现双方的互利共赢。同时，我们还可以关注裂变创业企业如何与行业内的其他企业、创业者以及相关政府部门等形成良好的协同合作，推动整个生态系统的持续发展。

我们提及的食联网和雷神公司都是初步建立了商业生态系统。在本章中，我们以这两家企业为研究基础展开了探讨。然而，从长期来看，这两家企业仍在不断积极探索构建生态系统的路径。随着数字化和科技的不断进步，裂变创业领域也将面临新的挑战和机遇。未来的研究可以探讨数字化技术在裂变创业过程中的应用，以及人工智能、大数据、区块链等前沿技术如何助力裂变创业企业实现更高效的运营和创新发展。进一步诠释和深化这些企业在构建生态系统过程中所经历的发展轨迹和策略。这样的研究将为我们提供更多见解，以丰富和补充当前结论，并推动裂变创业领域的发展。

第 **23** 章
母体企业商业生态系统
—— "蒙牛系" 的裂变创业

本章导读▶

　　随着实践的发展，如何重塑核心企业既有商业生态系统以维持竞争力和适应性逐渐成为理论界和企业界共同关注的重点。本章从裂变创业理论视角出发，对"核心企业员工自发离职开展的裂变创业活动如何影响商业生态系统重塑"这一问题展开嵌入式单案例研究，通过对蒙牛以及五家"蒙牛系"裂变新创企业展开深入分析，归纳出价值失衡情境、识别瓶颈机会、催生离职动机、补缺价值结构、丰富价值结构、维系价值主张、内部合法性获取和外部合法性获取八个理论维度，进而构建了"裂变创业视角下核心企业商业生态系统重塑机理"过程模型，从重塑需求、重塑启动、重塑推进和重塑稳固四个阶段系统阐释了核心企业内部涌现的裂变创业如何重塑其商业生态系统的内在逻辑。

23.1　研究背景

　　出于对协同竞争力的追求，越来越多的企业开始尝试构建并优化商业生态系统（Ander，2017；Jacobides et al.，2018；Teece，2018；Fuller et al.，2019）。所谓商业生态系统，是指为商业化同一核心价值主张而聚合联盟的一组多边主体结构（Ander，2017），该结构特别关注多边主体之间的互补关系（Jacobides et al.，2018）。作为一个新兴的学术领域（Ander，2017；Jacobides et al.，2018），商业生态系统衍生出众多新兴议题。其中一项备受关注的议题是既有商业生态系统如何演化调整和重塑优化（韩炜等，2020）。与其他战略分析单元明显不同的是，商业生态系统特别强调自身的动态性，其本质在于系统内多主体的共生和共同演化（Moore，1993；Iansiti et al.，2004；Ander，2017），该演化过程可能会提升商业生态系统的整体适应力，进而促进商业生态系统成员之间持续的价值共创和价值共享（Moore，1993；Ander et al.，2010）。正因如此，既有商业生态系统如何演化调整和重塑优化，成为关注其动态本质的关键议题（韩炜等，2020）。

不同于完全意义上的自然涌现或环境选择，越来越多的学者更赞同商业生态系统是部分设计的结果（Jacobides et al.，2018；Fuller et al.，2019），是内部主体以价值主张为统合的能动创造的产物（Ander，2017）。企业实践也表明，商业生态系统常常需要不断地动态演化以维持竞争力和适应性，无论是阿里巴巴、腾讯等互联网领军企业，还是海尔、小米这样的制造业巨擘，都在努力探索商业生态系统演化路径。理论界多以"塑造"（shape）一词描述各类组织通过表达自身愿景并协调其他组织来构建商业生态系统的过程（Rong et al.，2015；Ander，2017；Jacobides et al.，2018）。本章借鉴这一概念化方式，将内部主体能动影响既有商业生态系统调整和演变的过程定义为"商业生态系统重塑"。商业生态系统重塑是一个基于系统内部主体能动作用的"再设计"过程，这一过程对应商业生态系统内部各类主体自身的价值诉求变更（Jacobides et al.，2018），表现为以某一价值主张为统合的主体行动引发的商业生态系统结构性变化。

现有研究指出，商业生态系统内的各个主体扮演着不同的角色（Iansiti et al.，2004；Williamson et al.，2012），如核心企业、利基企业等。虽然分类的说法各异，但目前研究均认同商业生态系统内存在一个或多个核心企业作为系统基石（Iansiti et al.，2004；Jacobides et al.，2018）。因此，商业生态系统重塑的执行者也被更多地聚焦于这些核心企业。这类研究范式强调核心企业会采取战略行动主动影响商业生态系统重塑，例如，通过制定产业标准（龚丽敏等，2016；Kapoor et al.，2017；Teece，2018）、连接合作伙伴（Rong et al.，2015；黄江明等，2016）、协同利益共创（Dattée et al.，2018）等方式达成重塑目标。

由核心企业切入的研究范式体现了商业生态系统内的分工态势，强调核心企业的主导作用，具有重要的参考价值。但这类研究存在两个无法避免的问题。第一，这一范式假定有足够多的既有系统参与主体，忽视了这些主体的来源问题。第二，这一范式强调核心企业的主动选择，假定互补性的资源可以被提前预见和规划，忽略了不确定性条件下主体间构建互补关系的交互影响问题。

我们认为，源自核心企业的裂变创业能够为补足以上理论缺憾、解释商业生态系统重塑机理提供一个非常契合的视角。源自核心企业的裂变创业是指从商业生态系统内的核心企业涌现出的裂变创业活动，是既有核心企业衍生新创企业的过程。这一视角强调核心企业及其衍生企业之间的特殊嵌入关系和持续互动过程，包括身份传递和转换（Sahaym，2013）、权利交织（Sheep et al.，2017）、知识流动（Howard et al.，2019）等。这些洞见为理解商业生态系统内的新生主体来源以及核心企业与其他主体之间的互动关系提供了丰富的理论线索，使得裂变创业成为解释核心企业商业生态系统重塑的适宜逻辑。

从推动主体来看，核心企业的裂变创业主要包括母体企业为实现可持续发展而主动实施的、具有公司内部创业性质的裂变创业活动，以及员工自发离职开展的、意在抓住商业机会以实现个体创业价值的裂变创业活动（Bruneel et al.，2013）。既有研究就核心企业主导的裂变创业活动如何影响商业生态系统演变进行了探究（Rong et al.，2015；王凤彬等，2019），但对员工自发涌现开展的裂变创业活动如何作用于商业生态系统重塑却鲜有涉及。事实上，由于缺乏与母体企业（核心企业）的正式联系（Bruneel et al.，2013），员工自发离职创办的裂变新创企业更难有效统合于同一价值主张之下。因此，这种情境下的商业生态系统重塑过程更为复杂和有趣，也更需要构建理论进行诠释。

有鉴于此，本章通过对"蒙牛系"裂变创业活动如何影响了以蒙牛为核心企业的商业生态系统重塑的典型案例进行深入剖析，以嵌入式的案例设计深入探究了"核心企业员工自发离职开展的裂变创业活动如何影响商业生态系统重塑"这一问题，并在案例资料与既有理论反复比较的基础上提炼出价值失衡情境、识别瓶颈机会、催生离职动机、补缺价值结构、丰富价值结构、维系价值主张、内部合法性获取以及外部合法性获取八个理论维度，进而构建出"裂变创业视角下核心企业商业生态系统重塑机理"过程模型，从重塑的需求、启动、推进和稳固四个阶段刻画了核心企业商业生态系统重塑的内在逻辑。本章基于裂变创业视角，从核心企业与裂变新创企业互动的角度对核心企业商业生态系统的动态演化机理问题提供了新的见解，也对有意改变商业生态系统以促进可持续发展的核心企业和裂变新创企业提供重要的实践启发。

23.2 蒙牛系五家裂变企业案例选取

1. 样本选取

本章关注核心企业员工自发离职开展的裂变创业对于商业生态系统重塑的

影响机理。以蒙牛为核心企业的乳制品商业生态系统在 2008 年"三聚氰胺"事件后面临重塑的要求，源自这一商业生态系统内核心企业（蒙牛）的多位员工自发离职创办了一系列新创企业。这些新创企业替代了原有落后的生产方式，补足并优化了系统薄弱环节，最终实现了商业生态系统重塑。这些丰富的现象为本章提供了充足的研究素材。因此本章最终选择了以蒙牛为核心企业的乳制品商业生态系统为聚焦对象，以"蒙牛系"的裂变新创企业作为研究样本。

在 2008 年的"三聚氰胺"事件后，以蒙牛为核心企业的乳制品商业生态系统，从以往的"做大做强、强乳兴农"价值理念，转型为突出强调"为中国人提供高品质乳制品"的全新诉求。围绕"质量"这一新的价值主张，乳制品商业生态系统开始了持续重塑。而使这一价值主张真正得以商业化运作和有效践行的群体则主要包括三个部分——以蒙牛为代表的乳制品加工企业，以牧场为代表的奶牛养殖和原奶供应企业，以及以草场为代表的牧草种植和饲料供应企业。其中，蒙牛以其巨大的影响力成为整个商业生态系统的核心企业。

基于以上原因，本章选择蒙牛员工自发离职创办的牧场企业和草场企业作为研究样本。以此为标准，首先确定了四家企业作为研究样本，对其创业活动展开分析。这四家企业中两家为牧场企业，分别为赛科星与内蒙古田牧实业（集团）股份有限公司（以下简称"田牧实业"）。两家为草料供应企业，分别是内蒙古壹新实业有限公司（以下简称"壹新实业"）和内蒙古正时生态农业（集团）有限公司（以下简称"正时生态"）。在后续的分析中，发现有关田牧实业的案例结论无法在其他企业得到复制，而这一结论所涉及的现象被访谈对象频频谈及。基于访谈对象的提示，本章补充收集了内蒙古圣牧高科牧业有限公司（以下简称"圣牧高科"）的二手资料作为分析样本，最终复制了相关结论，表明这一理论抽样有助于达到理论饱和。案例企业的具体情况如表 23 - 1 所示。

表 23 - 1　　　　　　　　　案例企业简介

项目	牧场企业			草料供应企业	
企业名称	赛科星	田牧实业	圣牧高科	壹新实业	正时生态
创始人	杨某	刘某	姚某	姚某	马某
创始人先前职位	蒙牛总裁	蒙牛冰激凌事业部经理	蒙牛 CFO	蒙牛行政副总	蒙牛大区营销总监
创立时间	2012 年	2014 年	2009 年	2015 年	2014 年

续表

项目	牧场企业			草料供应企业	
企业名称	赛科星	田牧实业	圣牧高科	壹新实业	正时生态
主营业务	以牧场为起始，逐渐切入牧场、草场、奶牛冻精三位一体的乳制品上游业务	以牧场为起始，延伸至冰激凌和低温奶、鲜肉制品加工的全产业链业务	牧场、有机奶加工等全产业链业务	粗饲料的种植、加工、收购及青贮类饲料制作和相关贸易	牧草种植、贸易以及牧场托管等草牧结合业务

2. 资料收集与分析

我们采取多种资料收集方法以获取多源数据，包括：与企业创始人或创业团队核心成员的半结构化访谈、与乳制品行业专家和学者的半结构化访谈、与"蒙牛"高管进行的半结构化访谈、企业内部文档、企业官网信息以及媒体新闻资料和相关书籍等。数据来源的多元化在对案例形成丰富描述的同时能够有效实现数据间的"三角验证"。其中，访谈是本章最主要的信息来源。针对创业者的访谈问题主要集中于创业者原有的工作经历、创业的动机、创业的过程及创业的影响等。针对行业专家学者的访谈问题主要涉及乳制品行业的现状、发展趋势以及"三聚氰胺"事件的缘由及其产生的影响等。针对蒙牛高管的访谈涉及蒙牛对内部员工离职创业的态度、相关政策以及对于构建整体生态圈的考量等。所有访谈都经过被访者同意进行了录音。音频资料在 24 小时之内进行了文字转录，后续又通过电话和微信联系等方式补充收集了部分资料。本章还参考了《蒙牛系创业传奇》一书，该书由蒙牛前员工所著，详细记录了多家裂变新创企业的发展脉络，进一步实现了资料验证和补充。而媒体新闻特别是 2015 年蒙牛公司推动建设"奶源可持续发展生态圈"的相关报道对案例数据形成了很好的互补和佐证。课题组成员将所有收集到的数据整理形成数据库，构成本章案例分析的基础。数据资料来源如表 23-2 所示。

表 23-2   资料来源和内容

类型	来源	内容
一手资料	赛科星、田牧实业、正时生态、壹新实业四家企业的创业者或企业高管半结构化访谈（平均2小时/人次、总计6人次） 内蒙古大学学者（1小时） 蒙牛系乳制品专家（2小时） 蒙牛高管（2小时） 参与式体验观察（10次） 电话以及移动端网络交流（25次）	访谈录音文字稿（编号为：赛科星高管；田牧实业高管；正时生态创始人；壹新实业高管；内大学者；蒙牛系专家；蒙牛高管） 观察记录、内部文档 电话、短信、微信及邮件内容

续表

类型	来源	内容
二手资料	出版物（6份） 媒体报道（4份）	书籍著作、期刊论文 公司网站、媒体采访、新闻报道

我们采用归纳式的主题分析方法进行数据分析（Miles et al.，1994），遵循乔娅等（Gioia et al.，2013）提出的分析步骤。具体而言，本章由课题组成员一起参与原始数据编码工作，通过对原始数据进行抽象的理论归纳，逐步呈现理论解读（见图23-1）。对于不一致的看法，课题组成员会进行深入讨论，以求达成一致。而针对无法解释的问题，课题组会通过电话访谈的方式重新对资料进行补充，并征求被访者对于问题的意见，最终解决疑惑。

课题组成员首先对五家企业的创业过程和发展脉络进行了梳理，重点关注裂变创业过程中的关键事件和行动，以此划分独立子案例的发展过程。这一阶段主要涉及裂变新创企业的创业缘由、过程及其对整个商业生态系统的影响。之后，围绕裂变新创企业与核心企业的关联，对核心企业蒙牛在整个过程中的具体行为进行了分析，着重关注蒙牛对于裂变创业的态度，建立合作的方式，以及在整个重塑过程中的具体行为。

进而，在初步资料整理的基础上进行构念归纳。一阶构念的提炼特别关注裂变创业的发生情境、前提条件、行动方式以及对商业生态系统的影响。所有的一阶构念以被访者的立场进行命名。例如，"三聚氰胺事件以后我们有一个观念上的变化"这样的表述被贴上"价值观念变更"的标签。进一步地，将具备相同内涵的一阶构念进行理论聚合，逐步抽象成为更具概括性的二阶主题，例如，被访者"价值观念变更"的表述和"工作转向品质"的表述被概括为"新价值主张涌现"。

本章中除"新价值主张涌现""价值结构不匹配"这种情境性主题以及"取得外部认可""建立外部合作"这种核心企业相关行为主题外，所有二阶主题都至少在三个案例中得到复制。同时，本章力求主题呈现的证据多元，所有的证据均标注原始出处。最终，相关联的二阶主题再次被归纳形成理论维度，如"新价值主张涌现"和"价值结构不匹配"被归纳为"价值失衡情境"。这些理论维度可以在现有文献中得到相关解释。与此同时，本章还重点关注和诠释各理论维度之间的关联，经由理论维度、案例资料以及现有文献的持续互动，最终形成了本章的理论模型。整个过程经过了笔者与被访者以及学术同行的反复讨论，研究结论也在不断修正的基础上逐步完善。资料编码过程如图 23 - 1 所示。

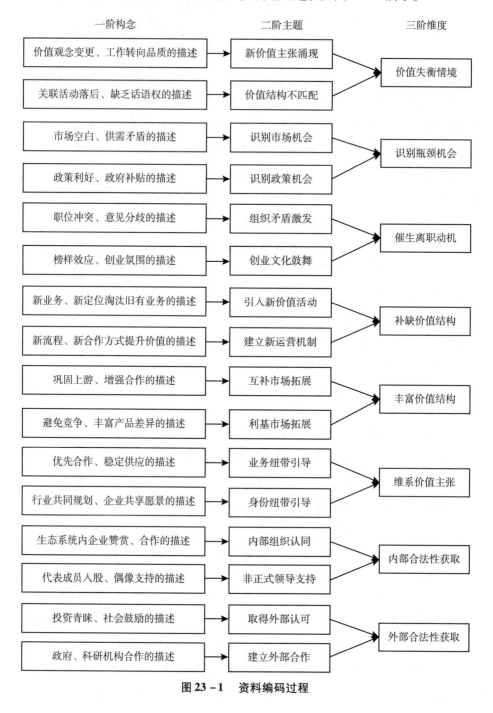

图 23 - 1　资料编码过程

23.3 蒙牛系五家裂变企业案例分析

基于案例资料分析，本章共归纳得出价值失衡情境、识别瓶颈机会、催生离职动机、补缺价值结构、丰富价值结构、维系价值主张、内部合法性获取和外部合法性获取八个理论维度，接下来分别对其提炼过程及理论内涵进行深入阐释。

1. 价值失衡情境

价值失衡情境是指整个商业生态系统的价值创造逻辑产生不连续，难以有效维持的情形。这是商业生态系统发生重塑前的具体情境，也是驱动后续一系列重塑过程的前提条件。现有研究指出，商业生态系统的核心在于价值主张，相关价值结构正是围绕这一核心展开。因此，当两者之间无法有效匹配时，商业生态系统便会陷入价值失衡状态。本章的案例证据呈现出两个具体的价值失衡情境因素，分别为新价值主张涌现和价值结构不匹配。相关证据主要如表 23-3 所示。

表 23-3 价值失衡情境数据例证

价值失衡情境	数据例证
新价值主张涌现	"三聚氰胺"事件之前，蒙牛都是"百年蒙牛""强乳兴农"这个理念强调的更多一些，就是说把企业做大做强。"三聚氰胺"事件以后我们有一个观念上的变化，就是"要给中国人提供最优质的乳制品"（蒙牛高管）
	"三聚氰胺"事件之后的工作重心是产品质量，质量方面因为是奶源出了问题，所以要加强奶源的管理。那么采取了一系列的措施（蒙牛高管）
价值结构不匹配	2008 年以前，中国奶牛养殖基本是以家庭为单位的分散饲养模式，饲养规模小，经营管理粗放；在饲养环境、安全卫生等方面与国际水平相比差距很大；疫病防治、社会服务体系还不够健全；奶牛养殖基础设施比较落后，导致产奶量低，原奶质量不稳定（内大学者）
	当时无论是蒙牛、伊利，还是三鹿，基本都没有自己的牧场，都是社会这些人出资盘的牧场，这些人在干什么？怎么管质量、怎么控制牛奶的？我们生产厂家是没有多少话语权的，信息也不对称，所以才会产生"三聚氰胺"这样的事情（蒙牛高管）

新价值主张涌现是指商业生态系统出现新的价值主张。价值主张是整个商业生态系统的核心（Ander，2017），也是所有价值结构形成的基础。这一核心

并非传统意义上企业向顾客传递的价值诉求，而是生态系统向所有参与者作出的一种承诺（Ander，2017）。在这种承诺下，整个系统的价值活动便有了指引。2008 年，"三聚氰胺"事件爆发，国内乳制品产业遭到冲击，顾客对于国内乳制品产生了强烈的质疑。正是在这一背景下，以蒙牛为核心企业的乳制品商业生态系统开始放弃过分追求规模的旧有传统，涌现出"为中国人提供高品质乳制品"的新价值主张，蒙牛等核心企业将工作重心转到产品质量上来，狠抓奶源质量。

价值结构不匹配是"三聚氰胺"事件发生后的另一情境条件，是指当时商业生态系统中部分主体的活动、位置以及关系无法满足新价值主张的需要。实现"为中国人提供高品质乳制品"这一价值主张的商业化需要多个系统内主体进行协同合作，仅靠蒙牛等核心企业自身的努力远远不够。而当时生态系统内的其他主体并不能提供核心企业所期待的价值，同新价值主张切实相关的奶牛养殖行业在运营模式和质量水准上尚处于较低水平。因此，当时商业生态系统内的价值结构难以实现"为中国人提供高品质乳制品"这一新价值主张的需要。

2. 识别瓶颈机会

机会是尚未满足的"目的—手段"关系，是创业的起点和核心要义（Shane et al.，2000）。价值失衡情境下的内部结构不均衡体现为价值结构的"瓶颈"（Ander et al.，2010；Hannah et al.，2018），最为典型的便是上游供应商的质量问题。这种"瓶颈"同样以机会的形式呈现。长期浸润于核心企业的员工或管理者出于丰富的行业经验，更加容易识别到这类机会，这也为裂变创业奠定了基础。本章识别出两类具体的识别"瓶颈"机会的方式，分别是识别市场机会和识别政策机会，案例证据主要如表 23 – 4 所示。

表 23 – 4 识别瓶颈机会数据例证

识别瓶颈机会	数据例证
识别市场机会	那个时候蒙牛的特仑苏高端牛奶做得很好，特别是对优质奶源的需求比较大。所以，就建了几个规模比较大的牧场，专门进品种比较好的、牛奶质量比较好的奶牛（赛科星高管）
	整个蒙牛和伊利的市场需求量还是巨大的，不管是国际奶价也好，冲击也好（田牧实业高管）

续表

识别瓶颈机会	数据例证
识别市场机会	中国只能产 100 万～200 万吨草，每年从美国、加拿大、阿根廷和西班牙这四个国家进口也就 150 吨左右，基本满足了 60%，剩下的 40% 从哪里来？还是有巨大的缺口（正时生态创始人）
识别政策机会	一个是这几年国家对农牧业的支持也好，引导也好，现在国家正逐步回归生态恢复和保护，所以这是一个契机和导向，所以我们看中的农牧领域也是响应国家号召（田牧实业高管）
	又赶上国家当时政策给得也好，支持牧草企业大力发展，种植每亩地给补贴 600 元钱，又给补贴农机、灌溉设施，这非常好（正时生态创始人）
	（正时生态）近两年国家政策在粮食和经济作物之外，还提出了四元结构：草业和饲料也加入了（书籍《蒙牛系创业传奇》）

市场机会即未满足的市场需求。在新的价值主张下，以蒙牛为代表的乳制品加工企业对稳定的高品质原奶产生了巨大需求。浸润于行业多年的蒙牛员工识别到了上游供应链的创业机会，赛科星、田牧实业等新创企业纷纷从牧场切入，开启创业之路。牧场大量增加使草料市场产生了重大缺口，而国内牧草供应仍以散户种植和经销商收购贩卖为主要方式，牧草质量和经销商供货能力均是巨大问题，难以保证牧场的需求，于是正时生态和壹新实业等新创企业选择以牧草为着手点展开裂变创业活动。

政策机会指国家或地区对于某些产业给予的有利政策支持。"三聚氰胺"事件之后，各级政府开始严抓乳制品质量问题，特别对乳制品上游的农牧产业高度重视。除了一般意义上的农业发展政策支持，国家还对牧草实施补贴，希望通过牧草品质的改善来提升牛奶品质。国家或地区会以政策激励的方式调控产业发展，以期促进整个产业生态系统的均衡发展，这些有利政策构成了识别瓶颈机会的另一维度。正时生态创始人正是关注到了牧草业务的利好政策和潜在商机，最终决定以牧草种植作为裂变创业的主要方向。

3. 催生离职动机

离职动机是裂变创业的重要前提，诱发裂变创业的因素主要包括追求新经济价值和与内部高管产生矛盾（Klepper et al.，2005）。本章遵循这一线索，发现矛盾成为诱发员工离职的重要因素。此外，本章的案例证据还表明，蒙牛独具特色的创业文化是鼓舞员工裂变创业的另一个重要因素。相关案例证据主要如表 23 - 5 所示。

表 23 - 5　　　　　　　　　催生离职动机数据例证

催生离职动机	数据例证
组织矛盾激发	中粮集团来了以后，这里面就存在一个人事变动。这也是很正常的事，中粮肯定要派出自己的人，来加强对蒙牛的管理（赛科星高管）
	当时就是中粮集团把蒙牛收购了，他们整个的管理层都在变化，都在调整（田牧实业高管）
	我面对的是两个重要的上级意见不一致的情况……企业里头就怕核心人物的意见不一致，这个力量肯定会分散（正时生态创始人）
创业文化鼓舞	每个企业有每个企业的文化，蒙牛有这种环境（创业环境），牛总就带领下属，牛总又喜欢这种创业啊、奋斗啊，不会打压创业的热情……（田牧实业高管）
	蒙牛文化就是创业文化，蒙牛本身也是裂变创建并快速发展的，这与伊利明显不同，因此形成了一种敢干、会干、能干的氛围（壹新实业高管）
	蒙牛的文化里头就是让这个经营者自己的事情自己负责、自己承担，然后勇于拓展。蒙牛的文化就是一个创业文化（正时生态创始人）

组织矛盾激发是指因核心企业内部组织结构变动或人事安排调整造成员工间矛盾、冲突或分歧，由此激发了员工的离职动机。蒙牛在"三聚氰胺"事件后经历了重大的股权和组织调整，中粮集团于 2009 年入股蒙牛，并成为蒙牛第一大股东。随之而来的便是高层管理者的更替。正是出于对组织变动的认知和职业发展的考量，以及由此带来的思想和观念上的分歧，很多蒙牛员工选择通过裂变创业方式独立发展。

除了矛盾的激发作用，母体公司创业文化的鼓舞是驱动员工离职进行裂变创业的另一重要因素。创业文化是母体企业内形成的，能够鼓励和引导员工保持创业导向，积极开展创业活动的文化氛围。如果说矛盾激发提供了裂变创业的推动力，那么创业文化则提供了拉动力，牵引创业者主动投身于创业活动。本章的案例中，多位创始人均表示蒙牛内部的创业文化对自己选择创业产生了极大的影响。蒙牛鼓励创新、敢闯敢试的文化氛围及其产生的波及带动和引领示范效应，给创业者们注入了巨大的精神力量。

4. 补缺价值结构

价值失衡情境下，由于"瓶颈"的存在，使得商业生态系统的整体价值受损（Ander et al.，2010；Hannah et al.，2018）。经过重塑的准备阶段，裂变新创企业开始作为商业生态系统内的新主体出现。他们通过一系列活动改善了既有商业生态系统的"瓶颈"，弥补了价值结构中的不足，本章将这些行动定义为补缺价值结构，主要包括引入新价值活动和建立新运营机制。相关证据呈现主要如表 23-6 所示。

表 23-6   补缺价值结构数据例证

补缺价值结构	数据例证
引入新价值活动	（田牧实业）目标是做"生态牧场的专业建设者"（书籍《蒙牛系创业传奇》）
	他们（壹新实业）其实就是把一些草贩子干掉……草贩子这种是不稳定的……他一个是不守信用，另一个是风险比较大……最后大家互相不信任。现在呢，（壹新实业）做的就是说我能保证高质量地、持续稳定地给你一个货源（蒙牛系专家）
	我们（正时生态）要把最好的草献给奶牛，奶牛才能把最好的奶献给人类（书籍《蒙牛系创业传奇》）
建立新运营机制	壹新公司自己没有租地、种草，而是采取轻资产运营，在掌握牧场客户后，开始与零散的饲草种植户签订协议，公司负责出种子、化肥等实物投入并进行大规模统一收割，种植户负责种植管理（壹新实业高管）
	牧场里头拉出来的牛粪，全拿走做了肥料，然后把肥料还田，这样种草的成本就降低了，因为肥是不花钱拿过来的。同时，对于牧场而言呢，解决了粪排量带来的环保压力问题（正时生态创始人）
	（正时生态）一方面把当地农民转化为产业工人，教给他们怎样使用现代化农业机械，以及电脑操作基本知识，按照实际需要进行培训……农民转化为产业工人，这是划时代的巨变（书籍《蒙牛系创业传奇》）

引入新价值活动指创业者为了给顾客创造新价值而引入新的活动内容，从而有效革新了以往的落后方式。就原奶生产而言，田牧实业、赛科星以及之后进入奶牛养殖领域的正时生态均建立了大型牧场，从而保证高品质的原奶供应。这些牧场的建立使得以家庭为单位的落后养殖户被淘汰，集中化的养殖成为原奶供应的主流。同样，正时生态与壹新实业立足于解决牧草的供应问题。正时生态在建立之初就提出"我们要把最好的草献给奶牛，奶牛才能把最好的奶献给人类"。壹新实业则提出以集中化运作取代原有牧草贩子的"投机倒把"行为，最终实现高品质牧草持续供应。

建立新运营机制指创业者为新活动建立全新的流程和网络关系。新的运营机制能够显著提升企业活动的整体价值（李志刚等，2019），而这些新的运营机制与新的活动之间需要保持契合才能最大化补缺既有商业生态系统的结构"瓶颈"。例如，为了更好地实现集中化的牧草供应，壹新实业采取了轻资产的运作方式。这种新模式具有资源外取、快速响应等显著特征，为种植户提供支持的同时降低了饲草的产品成本。正时生态则一方面依托生物科技，通过与科研院所的合作建立牧草和有机饲料的研发基地；另一方面与当地农民合作，教导农民利用现代化机械和信息技术，将农民升级为产业工人，有效推进了农牧业转型升级进程。

5. 丰富价值结构

除了补缺既有商业生态系统的"瓶颈"，裂变产生的新创企业会向不同市场拓展，在逐步成长的过程中完善产品和服务链条，并进一步丰富商业生态系统的价值结构。这类以市场扩展为基础的商业生态系统丰富过程并非"野蛮生长"，而是避开了与商业生态系统内核心企业的业务直接竞争（Zahra et al.，2012），最终实现了与核心企业共生发展。案例资料显示，丰富价值结构的方式有两类，分别是互补市场拓展和利基市场拓展。具体例证主要如表23-7所示。

表23-7 丰富价值结构数据例证

丰富价值结构	数据例证
互补市场拓展	赛科星种业、牧业、草业三个业务板块的产业互动模式已经形成具有强大稳定基础的各板块相互依存、相互促进、共同发展的乳业上游产业链（新闻《赛科星登陆新三板打造乳业上游产业"帝国"》）
	我是卖饲草料的，所能控制牲畜头数越多，草卖得越多，那我有良好的管理水平，就可以控制足够多的牲畜头数，在上游就会更稳固（正时生态创始人）
	壹新实业在粗饲料的种植、加工、收购、青贮类饲料制作和相关贸易等方面开展业务（壹新实业官网）
利基市场拓展	（田牧实业）如今，规模较大的企业都在操作巴氏奶，田牧实业作为一家中小型企业，直接面对目标城市的消费市场，绕开与大企业的竞争，推动产品的差异化运营（书籍《蒙牛系创业传奇》）
	（圣牧高科、田牧实业）他们基本上类型是一样的，就是以原奶供应起家，以后逐步发展到有自己的产品。像有的企业，就声明我要生产这种高端的，你比如说圣牧高科，它就说我要做有机牛奶，就是欧盟认证的有机牛奶。这种比较小众的，价格也比较高（蒙牛系专家）

互补市场拓展是指向核心企业的周边产业（如本章中的上游产业）扩张，以更好地实现与核心企业的互补关系（Zahra et al.，2012）。例如，赛科星在围绕牧场不断扩张的过程中，进一步明确了"种、牧、草三位一体"的发展模式。"种"是冻精技术，向牧场（主要是蒙牛牧场）提供优秀的奶牛冻精，"牧"是指牧场，而"草"是指牧草种植。至此，赛科星的乳制品上游全产业链布局完成，互补的市场逐渐确立。再如，正时生态农业在围绕牧草种植的基础上更进一步从事奶牛托管业务，逐步向牧草下游延伸，开展奶牛养殖，在牧草和牧场之间形成了闭环的生态农业模式，进一步实现了市场互补。这些市场拓展稳固了核心企业的周边产业，使得商业生态系统的价值结构更为丰富。

利基市场拓展是指进入核心企业较少涉及的市场，供应更为丰富的产品族群，从而提升商业生态系统输出的整体价值（Zahra et al.，2012）。田牧实业正是这一类型的代表。在牧场实现为蒙牛提供原奶之后，田牧实业开始向蒙牛较少投入的高端鲜奶冰激凌产业扩张。他们以自家牧场的纯鲜奶为原料，主打"新鲜"的产品特色，致力于在高端市场与国际品牌展开竞争。同时，以"新鲜"著称的巴氏低温奶也成为田牧实业发展的方向，使得田牧实业避开了在常温液态奶市场与蒙牛等核心企业的竞争。在本章补充的案例资料中，圣牧高科也是这一方式的早期实践者。该企业同样以牧场为起点，逐步向"蒙牛"较少关注的高端有机奶市场拓展，成为著名的全产业链有机乳制品生产加工企业。

6. 维系价值主张

除了裂变新创企业引发商业生态系统价值结构变化之外，核心企业也会对这些新创企业施加影响，从而以整体价值主张统合相关企业行为，引导重塑方向。本章将核心企业的这种影响定义为维系价值主张。不同于核心企业主导型裂变创业产生的组织间正式关联，本章所强调的这种影响通过裂变新创企业与母体企业之间特殊的纽带关系进行，包括了两类具体的维系价值主张机制，分别是业务纽带引导和身份纽带引导。具体例证主要如表 23 - 8 所示。

表 23 - 8　　　　　　　　　　维系价值主张数据例证

维系价值主张	数据例证
业务纽带引导	首先是应当具备的条件，你不符合肯定进不来蒙牛的采购体系。但是如果有 10 家都符合，只要 8 家，肯定会优先考虑自己的这种员工出来创的企业（蒙牛高管）

续表

维系价值主张	数据例证
业务纽带引导	针对蒙牛这种需求，建了几个也是规模比较大的牧场，就专门进那个品种比较好的、那种牛奶质量比较好的奶牛（赛科星高管）
	蒙牛要在这个期间建立多个牧业基地。我说没问题，我给你们（蒙牛）建。结果后来就签了，签完以后就有个条件，必须把我的牛奶100%全部收了（正时生态创始人）
身份纽带引导	（田牧实业）创业的管理层多数来自蒙牛创业时期的管理团队，共享一个理念，一个生态圈（书籍《蒙牛系创业传奇》）
	好牛奶是怎么样做出来的，只有好草才能使牛的产奶效率提升起来。"三聚氰胺"的教训对所有像我们这个圈里的人都太清楚了……（正时生态创始人）
	如果是跟蒙牛有关系的，那么蒙牛对他比较了解，从合作上肯定是最便利的，而且从信任的角度也是比较信任的，因为它的质量管理，他的这些个理念，质量的理念、管理的理念都会跟蒙牛高度一致（蒙牛高管）

业务纽带引导是指核心企业通过与裂变新创企业之间形成的交易联系引导裂变新创企业行为。由于"三聚氰胺"事件带来高品质奶源的迫切需求，蒙牛向裂变产生的新生牧场企业抛出了橄榄枝，在满足蒙牛奶源标准的基础上，可以优先采购拥有蒙牛背景企业的牛奶。正是基于这样的政策以及业务合作条件，田牧实业、赛科星及正时生态等新创企业都与蒙牛建立了稳定的交易联系。这种业务交易关系要求裂变新创企业必须积极响应核心企业价值主张，从而通过在核心企业供应链网络中占据有利地位确保自身利益和价值的实现。

身份纽带引导是指核心企业借助和裂变新创企业之间共同拥有的母体组织背景，通过组织身份的联系和传承引导裂变新创企业行为。对于"蒙牛系"的裂变创业活动而言，其共同拥有着"蒙牛"这样一个组织身份。裂变新创企业对这一身份呈现出高度的认同，纷纷以"蒙牛人"自居，或是秉承蒙牛的文化、惯例。同时，蒙牛对于组织之间的身份连接表示认可。这种身份纽带最终维持了"蒙牛系"创业能够紧紧围绕整体的价值主张进行，所有新主体始终以"为中国人提供高品质乳制品"这一核心价值主张为统合开展活动。

7. 内部合法性获取

新的商业生态系统需要获得合法性才能进一步得到稳固。组织的合法性，是指在一个由社会构建的规范、价值、信念和定义的体系中，组织行为被承认、认可和接受的程度（Scott，1995；Suchman，1995）。根据对组织进行评价的受众来源不同，组织合法性包含了内部合法性和外部合法性（Singh et al.，1986；Drori et al.，2013；田志龙等，2014）。其中内部合法性是指组织被内部参与者所接受的程度（Drori et al.，2013）。就商业生态系统而言，对内需要获得内部参与者的广泛认可（Ander，2017）。这里的内部参与者主要指商业生态系统内的各类企业，在本章情境下主要是核心企业以及裂变新创企业。本章的案例证据发现，获取内部合法性包括内部组织认同和非正式领导支持两个维度。相关证据主要如表 23 - 9 所示。

表 23 - 9　　　　　　　　　　　内部合法性获取数据例证

内部合法性 获取	数据例证
内部组织 认同	更大的像现代牧业、赛科星，还有圣牧高科，北京的中地牧业，这几家企业我全合作了，全是我的合作伙伴（正时生态创始人）
	像现代牧业、圣牧高科、赛克星，还有富源牧业这些企业。这不都是大型养牛企业吗？我们都形成了合作（壹新实业创始人）
	前瞻性方面他们还是有的，这种人一般还是单位比较看中的人……就像邓某、姚某，他们自立门户去做这个事情……因为质量方面可能更好一些，（蒙牛）给这些牧场的价格可能会更优惠一些（蒙牛高管）
非正式领导 支持	我们邀请姚总加入，姚总利用自己的人脉网络，与以上各家牧场签订了牧草收购协议，从而稳定了购销关系，其基础是大家都是蒙牛系的（壹新实业高管）
	（赛科星）"以杨文俊为首的乳业大佬靠着多年来在乳业圈的人脉关系，很快就形成了自己的独特优势。"一位不愿具名的业内人士对记者表示，"资本市场对掌舵赛科星的这些老面孔极具信任。"（新闻《赛科星登陆新三板打造乳业上游产业帝国》）
	牛总非常支持、特别鼓励创新创业，有时候蒙牛出来创业的手下也会拉牛总过去，看看能否以个人名义投点资、入点股，这些人关系非常好……（田牧实业高管）

内部组织是指包括核心企业、裂变新创企业在内的商业生态系统内的正式参与者。这些正式参与者是构成整体系统的重要基础。只有在这些正式组织之间建立起广泛的认同才标志新商业生态系统获得内部合法性。案例资料显示，正式组织认同一方面来自裂变新创企业之间建立起的战略合作，例如，壹新实业以饲料加工贸易为基础，逐步与赛科星、田牧实业以及圣牧高科等企业建立

起合作伙伴关系；再如，正时生态也受到了这些裂变新创企业的认同，与包括圣牧高科在内的多家企业形成伙伴关系。另一方面，正式组织认同更需要核心企业的承认。虽然蒙牛对于内部员工创业始终坚持"不支持不反对"的中立策略，但蒙牛对这些新生的裂变新创企业依旧有着较高的评价，并且对双方的合作关系保持一种认可。

非正式领导是指行业内具备显著影响力的人员（如牛根生等）构成的非正式团体。与协会或者天使投资不同，这类团队没有明确的结构和盈利方式，而是以个人在行业内的威望和信誉为纽带进行连接。以蒙牛为例，其内部有鲜明的"牛一代"和"牛二代"的称呼。"牛一代"指为追随牛根生创业的核心初创人员。"牛一代"和部分"牛二代"（蒙牛创立后再次离职的创业者）在行业内拥有很高的威望和影响力，构成了行业内的非正式领导团体，而获得该团体的认可乃至支持几乎等同于行业的肯定。例如，赛科星负责人就是著名的"牛一代"成员，在他辞职入主赛科星公司后，赛科星很快在订单方面得到了其他企业的支持。

8. 外部合法性获取

除了内部合法性，商业生态系统也需要对外获得多种支持、认可并被接受，即获取外部合法性。作为开放式的系统结构（Ander，2017），商业生态系统仅仅依靠内部核心企业的裂变，并不能维持长久的生机，需要外部主体广泛而持续的参与才能更好地实现价值共创与共享。在本章中，商业生态系统由蒙牛及其裂变新创企业构成，因而，外部主体就包括政府、媒体和科研机构等各类外部合作组织。本章的案例资料显示，外部合法性更多依靠核心企业进行获取，包括了取得外部认可和建立外部合作两个维度，相关证据主要如表23-10所示。

表23-10　　　　　　　　　　　外部合法性获取数据例证

外部合法性获取	数据例证
取得外部认可	国家奶牛产业技术体系首席科学家李胜利对蒙牛夯实奶源基础的做法给予了很高的评价（新闻《蒙牛夯实奶源基础，赢得投资者信心》）
	近期，高盛集团挑选中资股2017年十大首选股名单，在离岸中资股十大首选名单中，港股蒙牛乳业（02319，HK）赫然在列（新闻《蒙牛夯实奶源基础，赢得投资者信心》）

续表

外部合法性 获取	数据例证
取得外部认可	农业部奶业管理办公室主任表示，蒙牛从专业技术人才培养、高端学习平台打造等方面进行了创新，这不仅是落实国家振兴奶业发展战略，也是推动奶业可持续发展的重要支撑，值得肯定和支持（新闻《蒙牛启动2020奶源可持续发展生态圈战略》）
建立外部合作	在对提高农民收入和奶农收入这一块，生态圈肯定是受欢迎的，政府应该也比较重视这一块，所以就达成了合作（蒙牛高管）
	科研机构跟蒙牛这些合作都很多的，关于什么有益菌的筛选，还有牛奶、兽医这些方面，我们都在合作（蒙牛高管）
	启动仪式上，蒙牛与中国农业大学合作开办"牧场主大学"，合力搭建"企业作为创新主体，大学提供科技支撑"的校企联合人才培养机制（新闻《蒙牛启动2020奶源可持续发展生态圈战略》）

取得外部认可是指新商业生态系统获得政府、媒体、风投机构等外部利益相关者的赞同与支持。自2015年伊始，蒙牛推进"蒙牛2020奶源可持续发展生态圈"项目，进一步呼吁外部利益相关者积极参与，希望实现乳制品行业在各个环节上的长久健康和可持续发展。以此为标志，外部各界纷纷对以蒙牛为核心企业的新商业生态系统表示赞同和支持。一方面，金融市场表现出对当时蒙牛股票的强烈信心，公司随即获得多项殊荣；另一方面，政府相关部门对蒙牛所推进的生态圈表示充分的赞赏，并对生态圈项目的推进给予有力支持。

建立外部合作指新商业生态系统在价值结构之外进一步建立与科研机构、政府等外部利益相关者的合作。这些外部利益相关者并非一定秉持相同的价值主张，但相关合作进一步推动了新商业生态的价值创造，也预示外部主体开始加入新商业生态系统。这方面最典型的案例便是蒙牛与中国农业大学合作开办"牧场主大学"。通过校企联合的人才培养方式，将管理技能和技术方法直接送到牧场，在实现外部合作的同时也促进了更多能力一般的农场主能够加入以蒙牛为核心企业的商业生态系统。除了与科研机构的合作，与政府达成合作同样是外部合法性获取的主要标志，例如，蒙牛与农业农村部农业机械试验鉴定总站签约合作，以求针对牧场挤奶系统进行检测评估，提升原奶供应网络质量。

23.4　蒙牛的商业生态系统重塑机理

经过反复检视核心维度之间的关系，结合已有理论和案例资料，最终本章得出如图23-2所示的商业生态系统重塑机理模型。在裂变创业视角下，核心企业商业生态系统的重塑表现为核心企业与裂变产生的新创企业之间经过持续互动，从而实现以新价值主张为统合的价值结构的演变，最终确立新价值主张与新价值结构之间的有效匹配。

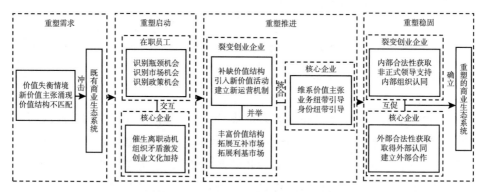

图 23 - 2　商业生态系统重塑机理模型

第一，价值失衡情境对既有商业生态系统产生冲击，从而引发了商业生态系统重塑的需求。以价值主张为统合的多种要素的结构性组合是实现价值创造活动的基础（Ander，2017）。当价值主张与价值结构难以匹配时，整个商业生态系统就会陷入失衡。本章的研究结果显示，商业生态系统重塑正是发生于价值活动失衡的情境下。一方面，新的价值主张涌现，成为引导整个商业生态系统价值活动的新基础；另一方面，既有价值结构难以满足新价值主张的要求，价值失衡问题日益凸显。自此，既有商业生态系统亟须动态演化以重新实现价值结构与价值主张之间的相互匹配。

第二，识别瓶颈机会和催生离职动机意味着商业生态系统重塑正式开启，在两者的影响下，一批核心企业员工自发离职创办新创企业，成为生态系统中新的主体。一般认为，对于机会的追寻和与企业内部的矛盾是员工自发离职开展裂变创业的两大重要动因（Klepper，2007）。本章的结果印证了这一论断。商业生态系统中的市场机会和政策机会，为裂变创业的涌现创造了空间和可能。同时，核心企业进一步催生和强化了潜在创业者的离职意愿。一方面，与既有研究一致，发现核心企业内部的矛盾成为驱动离职动机的重要推手；另一方面，核心企业的独特创业文化成为促进员工自发离职创业的另一因素。在职员工识别机会"拉动"以及核心企业催生离职动机"推动"通过交互作用，共同促成了裂变新创企业的产生。

第三，补缺价值结构、丰富价值结构以及维系价值主张共同推进了商业生态系统重塑的进程。经过前一阶段的准备，这一阶段的裂变新创企业以商业生态系统内新主体的形式存在。一方面，围绕既有商业生态系统价值结构中的"瓶颈"，裂变新创企业引入新的价值活动，以此替代旧有的落后活动。同时，这些企业通过建立新的生产方式进一步优化了相关价值活动的开展方式，从而更为充分地修复了既有"瓶颈"。另一方面，这些裂变新创企业逐步向互补市场和利基市场拓展，不断丰富商业生态系统价值结构。至此，这两类行动带来了既有商业生态系统的显著变化，而作为实施这两种行动的主体，裂变新创企业成为促进商业生态系统价值结构变动的主要动力源。在此过程中，核心企业重点发挥维系价值主张的作用，以此统合裂变新创企业行为，引领商业生态系统重塑的方向。值得注意的是，由于缺少与裂变新创企业的正式联系，母体企业以业务纽带和身份纽带来代替正式的行政命令，这是核心企业员工自发开展的裂变创业活动与既有研究中核心企业主导进行的裂变创业活动的最大区别。本章认为，这种方式发挥了母体企业与裂变新创企业之间存在"脐带关系"优势，体现了裂变新创企业之间"血脉相连"的协同效应，因此，本章认为核心企业、裂变新创企业之间的特殊关联是影响既有商业生态系统重塑的重要基础。

第四，新产生的商业生态系统通过内外部两类合法性获取得以确立并实现持续的重塑稳固。一般认为，获取合法性是新组织获取资源与认同的关键（Zimmerman et al.，2002；杜运周等，2009）。就商业生态系统而言，除了获得各类主体的认同，还需要外部主体在认同的基础上广泛参与，以实现商业生态系统价值的共创和共享。其中，内部合法性获取表现为新主体与其构建出的新价值结构获得内部各方主体的广泛认可，显著标志在于内部组织的认可与非正式领导支持。而外部合法性获取需要商业生态系统整体获得外部受众的广泛认可，这就需要核心企业以领导者的身份广泛呼吁、积极引导并建立利益机制，在获得各类外部主体认可的同时建立起外部合作。内部合法性的获取稳固了商业生态系统的内部结构，外部合法性的获取则使得改变价值结构后的商业生态系统成为各界共建的开放系统。两类合法性相互促进，共同确立了新生商业生态系统并使其持续稳固。

23.5 本章小结

1. 研究结论

本章通过对"蒙牛系"裂变创业活动的嵌入式案例研究，深入解读了商业生态系统内核心企业员工自发离职开展的裂变创业活动如何影响了商业生态系统的重塑。本章提炼出了包括价值失衡情境、识别瓶颈机会、催生离职动机、补缺价值结构、丰富价值结构、维系价值主张、内部合法性获取以及外部合法性获取八个核心维度。以此为基础，本章进一步构建了商业生态系统重塑的机理模型，以裂变创业的视角，从需求、启动、推进和稳固四个阶段勾勒出核心企业商业生态系统的重塑逻辑。

在当今竞争激烈的商业环境下，核心企业应着眼于未来，不断创新思维，广泛寻求新的道路，以引导商业生态系统的动态演化。商业生态系统竞争已成为企业关注的焦点，因此，核心企业需要积极打造生态优势。除了通过开创平台、共享价值和兼并收购等方式来构建商业生态系统的优势，核心企业还应特别关注其员工离职后创办的新创企业。这些裂变新创企业是商业生态系统的重要组成部分，他们可以借助与核心企业的信任基础和业务关联等优势，降低合作成本。核心企业应该积极引导这些新创企业的创建和发展，帮助它们在商业生态系统中立足并壮大。通过与这些新创企业的合作，核心企业能够实现价值主张的更新、统合和维系，从而不断优化完善商业生态系统，为各方创造更好的多赢局面。

裂变新创企业在商业生态系统中也需有所侧重。它们应当注重挖掘商业生态系统中的瓶颈机会，并着眼于与系统中关键主体建立纽带连接。这些新创企业往往面临客户获取的困境，因为缺乏有价值的商业机会和市场影响力的支持，而陷入困境。同时，资源匮乏和难以快速构建有效商业模式也是它们常常面临的问题。然而，在商业生态系统中，裂变新创企业拥有独特的优势。他们可以敏锐地洞察机会，并与核心企业及其他关键主体建立紧密的连接。这种积极性和主动性使得他们能够克服各种障碍，快速适应生态系统的需求，并发挥更大的影响力。通过在商业生态系统中紧密合作和协作，裂变新创企业与核心企业以及其他参与者之间可以形成互惠互利的关系。核心企业为这些新创企业提供支持和资源，帮助它们壮大成长，而裂变新创企业则为核心企业带来创新和活力。双方在协同中不断发掘机会，激发潜力，共同实现商业生态系统的繁荣发展。

总的来说，商业生态系统是当今企业竞争的关键领域，核心企业应该不断创新，拓展思维，积极引导系统的演化。同时，裂变新创企业作为生态系统的重要组成部分，也应该发挥其优势，与核心企业紧密合作，共同推动商业生态系统的蓬勃发展。只有通过各方的共同努力，商业生态系统才能持续繁荣，带来更广阔的多赢局面，为整个行业的可持续发展注入源源不断的活力。

2. 未来展望

首先，商业生态系统的重塑将受到多种情境的影响，食品安全事件只是众多可能引发价值失衡的情境之一，未来的研究应该扩展到其他领域和行业，例如，环境问题、社会责任等。多情境验证有助于更全面地理解商业生态系统重塑的机制，以形成更全面的理论框架，并为不同情境下的实践提供指导和启示。

其次，商业生态系统的重塑是一个长期演化的过程，随着时间的推移，商业生态系统的演化路径将变得愈加复杂多样。在商业生态系统中，各要素相互交织、相互影响，呈现出错综复杂的关联关系，这使得未来的重塑过程变得更加难以预测和把握。了解生态系统中各要素之间的相互影响和演进规律，不仅可以更好地揭示商业生态系统的运行机制，还可以帮助我们洞察潜在的趋势变化。因此，未来的研究必须更加注重长期视角，持续跟踪、观察、记录和整理商业生态系统中的关键事件和演进路径，进而捕捉到商业生态系统重塑的规律，为未来的发展趋势提供更准确的预测和评估。

最后，为了进一步推广和深化本章的结论，可以从研究方法层面进行丰富和拓展。我们需要开展多案例对比分析，通过对不同核心企业、不同行业的案例进行对比研究，我们可以更好地把握商业生态系统重塑的普遍规律和共性特点。多案例对比能够帮助验证结论的适用性，从而增强研究结果的可信度和广泛适用性。此外，还需要进行定量研究设计，以更为科学和客观的方法验证和完善本章结论。定量研究可以提供更加精确的数据和统计结果，有助于深入分析商业生态系统中各要素之间的关系和影响程度。通过定量数据的支持，我们能够更准确地认识重塑机制的效果和成效，为未来的决策提供更可靠的依据。

第七篇

研究展望：裂变式发展的未来话题探讨

本篇紧跟时代发展步伐，探讨未来新时代背景下裂变式发展研究的新话题，着眼不同视角，带领读者对裂变式发展的未来话题进行深度挖掘与思考。

从性别视角，聚焦于女性创业，讨论在新时代女性力量逐渐觉醒的情境下，其创业动机的驱使与创业身份的转化。

从资产模式上，在大众创业、万众创新的时代背景下，结合轻资产型模式逐渐引发关注的创业实践，揭示创业者如何以轻资产方式实现裂变创业的过程。

从裂变延展至聚变话题，分久必合，合久必分，讨论裂变而生的企业是否还有走向聚变的可能？裂变与聚变如何协同发展？

从跨区域创业角度，关注劳动力返乡创业与海外人才归国创业两种创业实践，对裂变式发展的研究带来哪些启发？

第 24 章
女性裂变创业力量崛起
—— 性别视角的挖掘探索

本章导读▶

随着时代的发展，越来越多的女性投身创业实践，在经济和社会生活中扮演着重要的角色。但是与男性相比，女性创业者仍然是"少数派"，传统社会文化观念与角色期待导致女性在创业活动中背负了更多的压力。而女性采取裂变创业的形式能够借助先前的工作经历，变相获得外部合法性，从而在一定程度上帮助女性创业者解决创业所需的资源、对抗潜在的性别歧视等问题。本章将对实践中"她力量"的崛起进行回应，结合裂变创业理论来探索女性裂变创业者的动机、身份构建过程等议题。本章将加深我们对女性裂变创业的认识，在裂变创业、女性创业和生存型创业等相关研究领域扩充既有理论的积累，同时对指导女性裂变创业的实践贡献一定的启发价值。

24.1 研究背景

近年来，国内产业结构不断调整与优化，带动创新创业活动也进入蓬勃发展阶段。同时，政府也相继出台与调整了一系列的政策，比如生育政策、创业优惠政策等鼓励开展创新创业活动。因此，社会上女性发起的裂变创业活动层出不穷，女性创业者在社会总体创业群体中所占的比重也在逐年上升，已经成为创业经济中的一支重要力量。由于女性个体的生理构造、社会性发展历程等都不同于男性，她们的创业动机、创业行为都有其独特之处。首先，女性的创业活动不符合社会和家庭的性别期待（Jennings and Brush, 2013），女性创业者不仅要解决新创企业的生存问题，还要应对外界固有偏见带来的挑战。此外，妊娠是女性独有的生理性过程，女性成为母亲后会被外界赋予更多的育儿期望，育儿过程将会争夺女性在创业活动中的时间分配，导致女性被认为是不太合格的创业者（Ionio et al.，2021）。不过女性裂变创业者凭借先前在母体企业的工作经历，提升创业技能并获得创业资源（李纪珍等，2019），能够变相满足外界对创业者原型的设定。

不过在社会结构和性别角色差异等因素仍然存在的情况下，我们更应关注女性在这样的背景下如何完成裂变创业并解决各类生存问题。尤其是在发展中国家，女性创业更容易因为生理结构和社会化过程的影响，受到"推动"因素的驱使，呈现出生存驱动创业的特征。目前理论界对于女性创业的现有研究大多仅停留在驱动因素的分析和性别差异的强调，未能深入探讨不同因素对创业活动成长路径的影响。特别是在面临产业结构升级和生育政策更新等情境下，对女性裂变创业现象的理论阐释显得匮乏。并且生存型创业活动大都处于较低的层次，其企业存活率相对较低。目前，身份视角下裂变创业研究大多数偏重裂变新创企业的组织身份继承和重构，却忽视了裂变创业者个体身份的相关研究。

女性裂变创业者的身份转变和重新定位与她们的创业行为密切相关，从这个角度展开研究将有助于理解女性裂变创业者及其创业行为和模式之间的不同差异，更好地促进女性裂变创业者的发展，并推动创业领域的性别平等。因此，本章聚焦于对女性裂变创业者的创业动机和身份构建过程等议题，关注女性群体区别于男性群体的特殊问题以及女性群体内部的差异，力图为女性创业高质量发展提供有益指引。

24.2　女性创业与身份视角相关研究

1. 女性创业相关研究

大量女性创业者的涌现引起了学术界的高度关注，关于女性创业动机视角的研究，主要可以从性别差异视角的对比研究和女性群体视角的专门研究两个层面来阐释。

一方面，从性别差异视角出发，许多研究都基于"推拉理论"来比较两性创业的差异。早期研究结果表明，女性创业者更受到外在因素的"推"动，这些因素主要涉及失业、离婚、工作歧视、家庭需求等。相比之下，男性创业者主要受到"拉"的因素影响，如更好的市场机会、获得更大的权力等（李嘉等，2009）。国外学术界普遍将两性创业差异归因于不同的生理结构和社会化过程（赵飞红等，2017）。但是，后续越来越多的研究表明，两性创业者的创业动机相似程度比差异程度要高（Norziani et al.，2013）。虽然存在一些差异，但两性创业者在追求的目标上存在相似之处。两性都希望能够灵活支配时间，获得独立性。不同之处在于，男性创业者更倾向于以经济目标为驱动，追求社会地位和名望，而女性则更侧重于满足家庭需求（Gatewood et al.，1995）。

另一方面，从女性群体视角出发，研究女性创业的结果因调查样本的不同而呈现出多样化的特征。在发达国家，女性创业主要是受到兴趣的驱动，她们希望抓住创业机会并获得一定程度的自主性（Sirec et al.，2012）。这种创业倾向多半呈现机会型创业的特征（许艳丽等，2017）。而在发展中国家的贫困地区，女性创业者主要以生存型创业为主（Strier，2010）。她们创业的普遍原因包括家庭贫困、失业、母体工作受挫、工作与家庭冲突等因素。研究显示，我国的创业女性中，生存型创业所占比例高于全球平均水平（Kelley et al.，2013）。而且，女性生存型创业活动更容易获得家庭经济的支持、社会的同情和鼓励，而非排斥和歧视（刘鹏程等，2013）。然而，女性在承担家庭责任的程度会对新创企业的运营效率产生影响（刘小元等，2015）。因此，以平衡工作—家庭冲突为主要目的的女性创业活动更容易失败，而以抓住机遇为首要目标的更容易成功（Andrea et al.，2015）。

另外，在女性创业的情境下，生存因素俨然成为诱发裂变创业的一种动因。已有文献辨析了推动女性进行裂变创业的生存因素，但对于母体企业工作经历如何影响女性创业活动的开展缺少研究（李志刚等，2020）。此外，裂变创业者作为新创企业最重要的决策者，对于裂变新创企业的业务选择、战略配置、方向调整等产生重大影响（Ibarra et al.，2010）。随着创业活动的进行，员工需要从职业身份转变为创业者身份，这是一种重大的身份调整，往往比连续创业者更难尽快实现身份变迁以及适应新身份（Hoang and Gimeno，2010），这无疑给女性创业带来新的挑战。国外已有研究关注到"Mompreneurship"现象（Lewis et al.，2016；Hudson and Leung，2020）。"Mompreneurship"由"mothers"和"entrepreneurship"复合而成，用以概括女性在成为母亲后选择创业的活动（Ekinsmyth，2014；Dhaliwal，2022）。为了研究方便，暂且翻译为"母亲创业"。女性在完成生育后为了成为一名合格的母亲选择创业，但女性所要同时承担过多的育儿责任使得她们被认为是不称职的创业者（Guzman and Kacperczyk，2019）。母亲创业者面临重重挑战，除了要面对创业高风险、高压力带来的不确定性，还需要应对传统社会对于女性的刻板印象以及花费更多精力来解决育儿和创业的冲突（Wijaya and Layman，2018）。已有文献对于这部分群体如何克服多种困难开展创业活动缺少关注。母亲群体的创业活动与先前的职业经历息息相关，裂变创业强调母体企业先前工作经历对员工创业资质的提升，能够帮助女性克服创业经验不足等障碍，因此与裂变创业情境结合有助于解释母亲创业现象。

综上所述，在发展中国家，女性创业更容易受到"推动"因素的驱使，呈现出生存驱动创业的特征。然而，目前的研究大多集中在概念层面，主要总结了女性创业受到的推动因素和基本特征，但忽略了创业的触发因素、动机、行为和结果之间的相互作用机制，以及身份认知转化的研究（李朋波等，2017）。因此，有必要深入研究女性创业的动机、行为和结果之间的相互作用，从而能够更好地理解背后的驱动因素，以及解析女性在创业过程中所面临的挑战和机遇（刘容志等，2016）。同时，对女性身份角色转化的关注也能揭示创业对女性个体身份认知的影响，进一步扩展对女性创业差异性的认知。综合上述研究角度，我们能够更全面地理解女性创业现象，并为制定更有效的支持政策和措施提供科学依据。

2. 生存型创业相关研究

2001 年，全球创业观察（Global Entrepreneurship Monitor，GEM）发布的报告使用推拉理论将创业分为两种类型，即机会型和生存型。生存型创业指的是由于缺乏更好的就业选择而被动性地从事创业活动，主要受到对当前工作薪资、时间等不满意以及就业困难等"推动"因素的影响。这种创业类型在日常生活中普遍存在，其主要特征包括行业进入壁垒低、社会资源依赖性低、经营风险低、顾客需求多样化以及规模经济不突出等（郭必裕，2010）。生存型创业既能帮助创业者解决生存困境、实现自我雇佣，同时还能提高创业者的社会参与度。因此生存型创业在创造就业岗位和推动经济增长等方面发挥着不容忽视的作用。

由于 GEM 对创业类型的"二分法"理论未详细阐释两者之间的分化机理（李爱国等，2017），近年来有学者对机会型和生存型创业之间的本质区别进行了探究，主要分为三种差异：结构、认知和自我效能感（李爱国等，2014）。研究发现，具有生存需求特征的要素对生存型创业的贡献度较高，而发展性要素的贡献度较低；自主性和创业能力认知水平较低但风险认知水平较高的个体，更倾向于从事生存型创业；同时，生存型创业者对于创业成功的信念不够充分，从而其自我效能感水平也较低。

总体而言，已有研究从推拉理论出发定义了生存型创业，并对其主要特征和结构要素进行了相关解释，这对明确生存型创业的先前驱动因素以及后续过程研究具有重要的启示价值。

3. 身份视角的创业行为研究

身份理论是一组试图通过人们的身份来解释人类的"自我"和行为的理论总称，它探讨了行为主体（个体或组织）决策、行为及其发展趋势的差异化根源（Gruber et al., 2012）。在该理论中，身份指的是一个人与社会交互时形成和维持并理解自我的框架（Gioia，1998）。身份理论认为，不同经历中的危机和冲突会对行为主体的身份塑造产生影响。在解决问题的过程中，行为主体会评判和选择适合自己的目标和价值观，从而形成自我认知的身份（Erikson，1950）。此外，行为主体的角色身份定位将会决定其采取哪种具体行动。行为主体会努力开展与身份内在含义一致的行为和行动，以满足自我诉求并实现心理预期（Stets et al.，2000）。

身份理论为建立创业者身份与其创业行为和模式之间的理论联系提供了可能性（Gruber et al.，2017）。创业行为是推动新企业创建、发展和转型的价值创造活动；而创业者身份是在与社会交互中，个体相对于自我和其他个体，成为某种特定类型的创业者所包含的意义。创业者身份不仅是个体成为创业者的心理愿望，也是动机的认知显现，不同创业者的自我认知和内在动机存在差异，从而导致创业结果差异（Murnieks et al.，2014）。在创业过程中，创业者的身份定位会通过创业行为体现，并且身份定位也会指导创业者的发展途径、驱动其达成目标。面对技术、竞争和市场等不断变化和不确定性，创业者的身份定位会促使他们展现出可以预测的资源整合和战略决策等创业行动（Brewer et al.，1996）。

女性创业者同时拥有多重身份，不同的身份期待之间存在矛盾，女性必须主动构建并管理已有的身份。潘燕萍等（2021）发现女性创业群体面临的家庭期待会让其陷入家庭—工作的角色冲突之中，引发各种矛盾。而陈文婷和曲艺（2022）从性别和家族的双重身份出发认为家族企业中具有亲缘关系的女性高管改善家族企业的财务绩效。杜波利（Duberley）和卡里根（Carrigan，

2013）研究了母亲创业者如何通过身份叙述对其身份进行积极管理并争取获得外部对其身份的认可。马科斯卡（Markowska，2018）认为母亲身份能帮助女性获得更加丰富的资源和技能，成为创业的关键。朗志（Ladge，2012）等从跨领域身份构建的视角研究女性如何处理职业身份和母亲身份，但是并没有说明先前的职业身份对于女性开展创业活动的影响。母亲群体的裂变创业中既有从职业身份到创业者身份的转变，又有母亲身份和创业者身份的跨领域的身份构建。既有的研究侧重于对身份构建的前因和结果的考察，未能揭示在性别期待差异和裂变创业的双重情境下女性创业者面临的挑战和解决的逻辑（韦慧民等，2014）。因而研究女性裂变创业者身份构建过程帮助我们展示出女性自我认知和外界环境的互动过程，有助于解释女性创业的复杂性和多样性的原因。

4. 现有研究评述

针对以上梳理可以发现，学术界在相关研究领域颇有洞见，这为本章研究奠立了坚实的理论根基。但是，既有研究对于解释现实生活中女性裂变创业现象仍旧存在以下不足：一是不同的因素触发女性裂变创业并呈现不同的创业行为模式，但对女性裂变创业者不同的创业行为决策并没有形成类型化、模式化解释。二是对于女性创业的研究陷入同质化或异质化假设的争论，忽视了创业实际上是个体认知和外部环境交互的过程，对于女性群体内部面临的特殊问题以及随着创业活动进行，在性别期待差异以及裂变创业的双重情境下，女性如何实现身份转化与重构等问题缺少回答。因此，需要以现有理论为基础，对女性裂变创业的动机和其身份构建过程等问题进行回应，厘清女性自身与家庭、社会期待之间的矛盾，帮助女性合理认识社会中的传统文化观念，充分发挥先前工作经历带来的优势，突破身份期待，积极构建创业者身份，并寻求家庭、社会等层面的身份自洽，推进女性创业高质量发展。

"她力量"的崛起不容小觑，女性创业的兴起使得创业活动更加包容和多样。我们在被巾帼力量鼓舞的同时也应该正视女性群体面临的众多压力和困难。首要面临的问题便是：女性创业者如何克服身份所带来的性别不平等、社会偏见和其他挑战？我们将通过对女性裂变创业者驱动因素、身份构建等问题的探讨来尝试回答上述问题。

24.3　生存驱动型女性裂变创业模式

通过理论回顾和生活体察，我们发现个体、企业和家庭均是生存驱动型女性裂变创业的重要触发因素。这些要素推动着女性创业者进行裂变创业的过程，同时也是她们从员工身份向创业者身份转变的过程。不同创业者对自我的身份定位不同，导致了不同的裂变创业模式：追求经济改善的致富生存型模式；追求生活稳定的安定生存型模式；追求工作—家庭兼顾的平衡生存型模式。生存驱动型女性裂变创业的典型模式如图 24 - 1 所示。

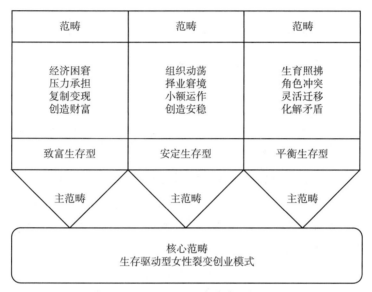

图 24 - 1　生存驱动型女性裂变创业模式

在致富生存型女性裂变创业模式中，个体的经济因素驱动经济利益导向的生存型创业动机。这使得女性创业者从薪资有限的员工身份转变为以创造财富为主的创业者身份，从而在裂变创业活动中采取能够较好、较快实现财富积累的战略决策，改善经济现状，确保更好的生存条件，并促进构建利益导向型创业者身份。致富生存型女性裂变创业模式的演化起点在于女性裂变创业者在母体企业就职期间，由于入不敷出的生存因素触发对于女性员工角色的身份质疑，从而产生裂变创业意愿进行身份变革。在裂变创业活动中，致富生存型女性裂变创业模式的演化核心在于女性利益导向型创业者身份定位，通过从业务选择和运作模式决策方面进行以经济改善为诉求的身份构建，从而创造较高的经济价值以达到更佳生存状态的目的。在该模式中，女性裂变创业者倾向于选择与母体企业相同的业务类型和运作模式进行价值创造，原因在于挽转经济困境的财富要求性和及时要求性。女性对母体企业业务运作流程的熟知，使得复制其业务模式可以帮助获得裂变创业的启动优势，并加快获取财富的速度。同时，由于社会结构障碍，女性裂变创业者为了推进创业活动顺利开展并尽快盈利，需要获得外界利益相关者对于自己创业者身份的认可，从而会将自身的性格和行为方式等向男性规范靠拢，努力嵌入与业务相关的社会网络体系，但从某种程度上这同时会弱化自己女性性别角色的身份特质。

在安定生存型女性裂变创业模式中，企业的稳定因素驱动着安全利益导向的生存型创业动机。女性创业者的自我认知身份从存在失业风险的员工身份转变为以自我主导稳定生存的创业者身份。这种身份定位促使她们在裂变创业活动中采取风险可控、保证安稳生活的战略决策，以实现职业生涯不失业且安定生存的目的。这也将有助于构建安全导向型创业者身份。安定生存型女性裂变创业模式的演化起点在于女性裂变创业者先前就职的母体企业。由于该企业的组织环境适应性较差，导致组织动荡，潜在或已然的失业威胁引发了女性员工对自身角色身份的质疑，进而产生裂变创业的意愿以实现身份变革。在裂变创业活动中，安定生存型女性裂变创业模式的演化核心在于女性安全导向型创业者身份定位。她们以进出入壁垒、经营风险和运作模式的简易度为选择标准，进行以生活稳定为诉求的身份构建，以实现安定生存的目的。在该模式中，女性裂变创业者会审慎评估母体企业的业务运作模式和战略决策等，并意识到现行创业模式的不足。她们会及时摒弃该业务及其模式的选择，同时由于自身技能有限，转而选择小额运作的创业方式。这类创业门槛较低，风险较小，运作模式简单易操作。同时，创业呈现的"小而美"的特点也反映出了女性对于构建安全导向型创业者身份的行为预期，这也表现出大部分女性追求安稳而非取得巨大成就的性格品质。

在平衡生存型女性裂变创业模式中，工作—家庭冲突因素驱动着均衡利益导向的生存型创业动机。女性创业者的自我认知身份从工作非弹性的员工转变为灵活可支配的创业者身份。这种身份定位使她们在裂变创业活动中采取可自行决定时间等资源分配的战略决策，以尽量减小工作—家庭冲突程度，平衡两边的要求。这也将促进构建均衡导向型创业者身份。平衡生存型女性裂变创业模式的演化起点在于女性裂变创业者在母体企业工作期间，由于生育照拂幼儿的角色期待与实际角色满足不匹配，导致对女性员工角色的身份质疑，从而产生裂变创业的意愿进行身份变革。在裂变创业活动中，平衡生存型女性裂变创业模式的演化核心在于女性均衡导向型创业者身份定位。她们通过以业务的时间可支配性要求和母体企业默会知识可应用性要求为选择标准，进行以工作—

家庭兼顾为诉求的身份构建，从而在创造一定的经济价值基础上弱化工作—家庭冲突以实现平衡生存的目标。案例显示，女性裂变创业者重视在母体企业中工作获得的显性或默会知识的学习和迁移，这构成了业务的可选择性基础和经济价值创造的保障，同时有助于推动新创企业的建立和发展。然而，除了具备母体企业知识应用基础的业务要求，业务的灵活性必须能够满足工作—家庭之间的动态匹配。较好地平衡工作—家庭之间的角色冲突，会赢得家人进一步的信任和支持，这种积极的反馈会推进女性均衡导向型创业者身份的构建。

24.4　母亲群体裂变创业者身份构建

越来越多的女性完成生育后选择进入创业领域，并取得了不俗的成绩。裂变创业在"三孩生育政策"的背景下正在成为一种更广泛的女性重新建立事业的方式。但是在这一过程中，女性需要同时处理多种身份期待，这些身份期待引发女性裂变创业者对自我定义的思考并需要据此调整创业行为，因此有必要深入研究女性裂变创业者的身份构建问题来理解女性创业的复杂性和独特性。我们认为女性在完成生育后伴随着创业活动的开展，必须要实现从职业身份到创业者身份的调整、适应创业者身份，并取得创业者身份、家庭身份、社会身份认同，这一身份构建过程可以大致分为：身份模糊、身份调整、身份适应、身份维系，如图 24-2 所示。

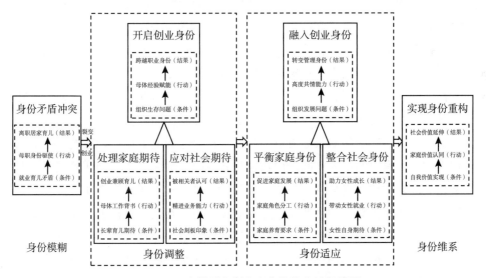

图 24-2　女性裂变创业者身份构建过程模型

（1）身份模糊。女性的妊娠过程赋予女性新的身份——母亲。生儿育女后所必需的精力分配对女性职业发展带来影响（宁博等，2020）。完成生育后，母亲身份的加入使得女性将更多的注意力转移在养育孩子上，打乱了原有的职业状态。职场中的职业身份要求女性要遵从组织内部的规则秩序，定点按时坐班；而母亲身份带来的育儿任务则要求女性随时随地围绕孩子进行工作，职业身份与母亲身份在时间上发生冲突导致部分女性选择离开职场，成为全职妈妈。但伴随着孩子的日渐长大，母亲开始思考自身的价值归属，重回职场时间依旧受限，但是她们仍然保有对事业发展的渴望。母亲身份的育儿本能与自我身份的价值追求发生碰撞，使得妈妈陷入对于身份的模糊状态，产生"我是谁？我将要去哪里？"的疑问。创业时间灵活能够解决育儿所需的时间问题，已有研究发现许多女性创业者的创业动机源自平衡家庭和工作的冲突（田莉等，2018），由此诱发了女性对于创业者身份的思考。

（2）身份调整。女性开始裂变创业后，自我维度上的身份发展为创业者身份，如何进行身份调整来进入新的身份，并且满足新创企业、家庭、社会对女性的期待成为身份构建的难点。创业者的身份构建受到原有身份以及原有身份嵌入程度的影响（韦慧民等，2014）。由于女性生育前在母体企业已经深耕多年，个人能力得到锻炼、物质财富也有所积累，人脉资源也已经掌握，有助于女性解决新创企业面临的生存挑战。通过选择与母体企业相近的业务开展创业活动，或者和原有的同事一起合伙创业，甚至以前所建立的客户关系也伴随着新创企业的成立一起发生转移。机会识别行为能够帮助女性创业者提高收集信息和获取资源的效率，有助于克服新创企业劣势（解学梅等，2020），进而促进创业者身份构建。但是女性先前的职业身份也会阻碍女性对于下属的管理。女性的创业行为是嵌入在家庭中的（潘燕萍等，2019）。在家庭领域，虽然女性的创业选择不符合家庭对女性的身份期待，但是女性在母体企业的工作经历甚至是高管经历使得女性获得一定的创业资质，而且女性创业的出发点是为了兼顾育儿，逐渐得到家庭成员的认可，在家庭情境下获得合法性。创业活动使得女性由家庭的私人空间走向社会公共空间，男性主导的创业领域以及社会文化规范影响着女性创业者的社会认知（Malmström et al.，2017），社会刻板印象的存在使得女性的创业能力遭受质疑，但是女性自身在生育前所接受的无差别的教育和工作经历使得女性对自己拥有信心，并且女性继续通过参加创业沙龙、考取 MBA 等方式进一步提升自身创业者资质，用专业实力来获得利益相关者的认可，使新创企业具有合法性。

（3）身份适应。随着创业活动的进行，创业的不可控性越来越高，新创企业日益发展壮大不可避免占据了女性对于家庭时间的分配（田莉等，2013），如何采取合适的策略来解决创业—家庭冲突成为女性身份构建需要解决的问题。在新创企业内，母亲身份对于创业者身份塑造的影响开始显现，成为母亲后女性变得更加细心，拥有较高的共情能力，不仅能够最大可能满足客户需求，更能够关怀下属，不单单追求经济效益，重在给予员工更大的发挥空间，这样一来使得女性从繁重的琐碎性事务中解脱出来，逐渐转变为管理者身份。在家庭内部，创业的经济回报使得女性获得更多话语权，与丈夫共担家庭压力使得男性被迫参与到育儿任务中，变相均衡了家庭的角色分工。在社会领域，创业者的社会身份认同感会影响其创业行为的选择（苏晓华等，2020）。女性创业者除了按照创业者身份的应有之义构建身份外，还受到女性性别身份本身带来的影响（张敬伟等，2022）。她们更关注同处境下女性的生存现状，为处在生育等特殊时期的女性提供灵活的就业岗位，支持女性获得更多成长空间。

（4）身份维系。裂变创业的成功使得女性的自我价值得到实现，获得极大的自我效能。创业带来的效能感与作为母亲身份带来的效能感相互促进，并进一步延伸到社会领域。母亲作为家庭领域赋予女性的重要身份，虽然与创业所面临的环境不同，但是需要应对的许多挑战都是相似的（Markowska，2018）。女性重新回到事业领域，拥有对自己人生的掌控权后，并没有改变自己创业的初衷，适时调整创业节奏，灵活进行身份调整，在创业领域继续构建创业者身份，并不断提升创业资质，由管理者身份提升为领导者身份。在家庭领域，短暂回归家庭生育二孩或者三孩，创业者身份的构建过程使得再次成为母亲的她们不再迷茫，积极应对全新挑战。创业成果的反馈使得家庭关系更加和睦，得到更多家庭成员的认可。女性创业者在拥有孩子后更有可能为公司设定高成长目标，并且在社会领域发挥出更大的作用（Breen and Leung，2020）。女性裂变创业者在创业成功后努力为全职妈妈提供更多就业岗位，使得女性在完成生育后仍然有可能在社会领域发挥更大作用，并且期望成为女性创业榜样，带动更多女性参与创业活动。

24.5　本章小结

我们讨论了裂变创业视角下性别差异带来的相关话题，不同于以往研究将创业者默认为男性群体，抑或将女性创业者与男性创业者秉持完全对立的态度，我们基于裂变创业带来的特殊情境围绕女性群体的创业活动进行探索，发现裂变创业领域的研究成果对于解释女性群体的创业活动提供了非常有价值的洞见。首先，我们发现了驱动女性裂变创业的生存因素以及导致其独特情境的原因。对于女性裂变创业者来说，驱动创业的生存因素包括母体企业不利发展、经济情况的窘迫以及工作—家庭冲突等。这些因素会使在工作中缺乏优势的女性处于非安全的工作环境中，或促使她们处于极度需要财富积累的情境，同时她们还需要面临兼顾工作与家庭双重角色的冲突。研究的这些发现展现了驱动女性裂变创业的生存因素及其裂变情境的独特性。更进一步，从不同生存因素的视角出发，我们探讨了女性裂变创业的异质化模式：生存驱动型女性裂变创业模式呈现出致富生存型、安定生存型和平衡生存型的模式差异。致富生存型女性裂变创业模式强调创业的盈利性和及时性，通常模仿母体企业以迅速实现财富积累；安定生存型女性裂变创业模式则注重创业的风险规避性和稳定性，通常选择与母体企业不同的业务以实现安稳；而平衡生存型女性裂变创业模式更加灵活，强调创业的时间和资源自主决策，以平衡工作与家庭的冲突。这些发现有助于揭示不同生存驱动型女性裂变创业的异质化过程，并呼应了学者布鲁内尔（Bruneel，2013）等的观点，证实不同类型裂变创业活动受创业条件和触发事件的不同影响，呈现出不同的发展路径。

在此基础上，我们通过对母亲群体的裂变创业活动进行跟踪探索，初步归纳得到了女性裂变创业者的身份构建过程模型。兼顾自我价值实现与承担育儿责任是女性进行裂变创业的主要动因，先前母体企业工作经验的赋能以及女性自身独特认知是实现身份调整和适应的关键，实现创业、家庭和社会层面上的认可是女性成功构建起创业者身份的标志。首先，通过模型构建系统展示了女性主体的自我认知与"男性化规范"和裂变创业的双重情境的互动过程，肯定了社会对于女性的性别期待差异影响了女性的主观感知，并且在创业行为上表现出差异的观点（Jennings and Brush，2013），有助于深入理解女性创业的复杂性和多样性。一方面本书发现女性在成为母亲后进行创业的出发点是为了更好地兼顾自身发展和育儿责任；另一方面女性更重视家庭责任的实现（Hughes et al.，2012）。随着创业活动的开展，女性在创业者身份与母亲身份之间进行动态调整，进而在新创企业的绩效上表现出差异，女性并非创业能力不如男性。其次，本书研究了母体企业工作经历对于新生创业者身份构建的作用机制，帮助我们理解个体从母体企业离职后如何进行身份转换和构建的过程；并且基于性别差异研究女性裂变创业者身份构建问题，弥补已有研究对个体身份关注不足的缺憾（Ferriani et al.，2012；Sahaym，2013；Uzunca，2018）。研究发现，一方面母体企业的工作经历成为女性开启创业活动的重要背书，引发了个体对创业者身份的期待；另一方面，先前母体企业的工作经验和知识学习对个体从职业身份转换为创业者身份具有能动作用，女性裂变创业者通过对先前母体企业拥有资源的调用来实现职业身份跨越并帮助新创企业获得合法性，降低了其身份重大调整的难度，并证实了创业者原有身份对创业者身份构建的影响（Ibarra et al.，2010）。最后，本书通过对女性裂变创业者身份构建过程的刻画，将女性创业和裂变创业的双重情境纳入身份构建领域，展示出随着创业活动的进行，女性在面对不同身份期待时采取的策略，回答女性如何通过对自身认知的调整和母体资源的利用来解决身份期待问题，弥补过往研究对创业者身份构建关注不足的缺憾，进一步揭示创业者身份对创业者行为和新创企业发展的影响（韦慧民等，2014），帮助我们更好地理解创业者身份的形成机制，帮助女性创业者实现她们的创业愿景。

当然，关于女性裂变创业的研究绝不仅仅局限于对以上问题的讨论。首先，对女性裂变创业模式的分类和探讨，主要是基于生存驱动，虽然研究结论是基于个体、企业和家庭微观主体触发生存因素下的情境研究，但是可能无法解释宏观环境因素对各种女性裂变创业模式具有何种作用，后续研究可以将宏观环境因素作为重要变量探讨对不同裂变创业模式的深刻影响，以得出效度更高的结论。其次，实施了 30 多年的独生子女政策使得当代新生的女性创业者大都是独生女，原生家庭的收入和生活质量变相提高，当既定的工作模式与女性的个人发展相冲突时，女性可能更多基于机会捕获而选择离职裂变创业，在我国产业结构升级和共同富裕的浪潮中绽放女性力量，发挥半边天作用。与生存驱动型的裂变创业相比，机会驱动型的女性裂变创业成长路径有何不同？在模式分类上又呈现出何种特色？有待进一步探究。另外，传统大家庭已经向核心家庭转变。对于家族企业而言，女儿一样可以继承父辈的事业，但是女儿继承家庭事业与传统文化中的长子继承制度发生冲突，女性在家族企业内部获得合法性更为艰难。而在实际生活中，家族企业的二代可能在外部公司进行锻炼后，才正式回归家族并带领传统企业进行"二次创业"，将外部企业的经验与家族内部的沉淀进行完美融合，未来可以将裂变创业与家族创业进行更多的交流与对话。最后，随着共同富裕的不断推进，乡村正在成为干事创业的"大舞台"。部分农村妇女和接受过高等教育的知识女性正在从城市回流到乡村，利用她们在城市的见闻积累挖掘田间地头蕴含的创业机会，不仅激活农村劳动力群体的就业，更是大大加快了乡村振兴的实现。未来课题组将对相关案例进行持续跟踪，并继续挖掘实践中不断涌现的鲜活案例，以长期性视角看待女性裂变创业的发展脉络和演进趋势。

第 **25** 章
轻资产型裂变创业模式
——轻重模式的战略选择

本章导读▶

除了性别差异，裂变式发展在资产形式上也存在不同。数字信息化的快速发展、产业分工的高度细分使得企业整合资源的能力显著提升，进一步推进了轻资产运营模式的运用。针对"创业者如何以轻资产方式完成裂变创业"这一研究问题，本章探讨 6 家轻资产型裂变新创企业的发展历程，运用扎根理论研究方法，通过理论抽样建构出轻资产型裂变新创企业生成模式的整合理论框架。结果表明，轻资产型裂变新创企业可以分为"知识扩散、活动互补和交互平台"3 种典型的生成模式，即创业者将在母体企业习得的轻资产类知识传递至新创企业形成知识扩散型生成模式，创业者通过嵌入关系网络与母体企业的重资产优势产生互动连接形成活动互补型生成模式，创业者通过搭建商业生态平台实现闲置的优势资产运营以形成交互平台型生成模式。

25.1 研 究 背 景

与重资产对应的轻资产，其主要创新点在于"轻"，即非固定资产，包括知识产权、品牌、营销网络、人际关系等。在当前投资回报率增速缓慢甚至负增长的背景下，如何追求更高效的盈利能力成为创业者必须面对的难题。大量实践案例显示，以"轻资产"的方式实施裂变创业的现象非常普遍。轻资产运营以外包合作或动态联盟代替产权控制或资源占有，通过资源整合与柔性供应链等战略举措快速响应市场变化并取得优良业绩（Wang et al.，2017）。实践显示，轻资产型裂变创业具有以下独特性：一是创业者脱离母体企业后，以轻资产方式创立并运营新创企业，这种资产属性的选择来自创业者在母体企业的学习过程以及由此形成的创业感知；二是轻资产运营不仅仅指新创企业选择进入资产投入较少的服务行业，还囊括"新创企业撬动母体企业资产链以实现与母体企业的资产互补""构建创新平台以盘活母体企业优势资产"等多样化生成模式，因此有必要就裂变模式、裂变情境下的知识转移等核心问题进行剖析。

为此，本章通过对6家轻资产型裂变新创企业理论抽样样本的扎根理论研究，建构出轻资产型裂变新创企业生成模式的理论模型，呼应了裂变创业研究中对知识传承与转移的研究，结合组织烙印理论、资源依赖理论和系统创新理论，尝试打开"知识传承—创业决策—裂变结果"的过程机理，意在揭示新创企业从母体企业获得的相关知识如何用于进行资产属性决策的机会感知、行动设计与结果预判。

25.2　轻资产运营相关理论梳理评述

1. 轻资产运营理论回顾

智力资本以知识及其管理为核心，构成了企业的轻资产。在知识经济与网络纵横时代，轻资产作为企业以价值为驱动的资本战略，包括管理流程、客户关系、品牌商誉（唐璎璋等，2007），以及技术研发、知识资产、渠道网络、人力资源等无形资产（孙黎等，2003）。相比能够短期内获取的重资产，轻资产需要较长时间的投入和积累，但却有利于推动业务多元化和丰富企业盈利模式（Liou et al.，2008）。

近年来，为了适应环境的变化，越来越多的传统行业选择转为轻资产运营（戴天婧等，2012），一部分高盈利的企业通过资源整合创造价值效应的现象引起学界共鸣。有研究者总结了轻资产企业与传统企业在资产结构、商业模式、企业战略等方面的差异，以回答传统企业如何改制轻资产运营等问题。轻资产运营模式的优势主要源于两方面：一是可以盘活内外部现金流，加速资金和存货周转，通过聚焦核心竞争力来获取可持续竞争优势（Wen et al.，2012）；二是能够有效降低企业市场风险和投资风险，为新创企业的产品商业化提供动力支撑（Sohn et al.，2013）。后续学者发现将价值链中大规模投入的环节进行外包或代工，能够有效减少生产成本，并将重心放在发挥和培育核心竞争力上（王智波等，2015）。

2. 现有研究的简要评述

基于文献整合可以发现，国内外学者对裂变创业、轻资产运营和新创企业成长等领域都进行了深入研究，这为本章奠定了坚实的理论基础。一般而言，裂变新创企业会利用与母体组织资源重叠和产业相关等特点，建立一种识别有价值知识、摒弃不相干知识的选择机制（Henderson et al.，1990）。知识转移与传承以及创业学习与积累，有利于裂变新创企业降低研发成本和失败风险，形成独特的技术创新优势（Helfat et al.，2002），进而为其选择轻资产运营模式、克服新进入缺陷创造了前置条件。潜在创业者可以基于经验积累和自我效能，通过与内外部机会进行交互，采用轻资产运营模式降低风险、获取优势进而实现新创企业价值最大化。

综上所述，目前有关轻资产的研究还重点聚焦于传统企业转型的战略问题，而针对实践中已经广泛出现的轻资产型裂变创业这一独特的创业现象，现有理论尚有如下问题未能解决：轻资产模式裂变创业的本质内涵和具体表现如何定义，在此过程中的路径选择和创业模式仍未达成一致。有鉴于此，为了更好阐释和系统指导轻资产模式的裂变创业，在加深对裂变创业主体底层逻辑的基础上，结合现有理论与案例资料，构建新的裂变创业理论，以丰富现有研究。

25.3　基于理论抽样共选取六家企业

1. 方法选取及理论抽样

本章采用具有探索性研究特质的扎根理论方法，以 6 家裂变新创企业为分析对象，对其生成模式进行系统分析，形成多理论样本的扎根研究框架。本章依据理论抽样，基于问题导向和过程驱动等原则，先后分析了 6 家裂变新创企业，使得扎根研究的理论达到饱和。尽管理论饱和是理想的研究状态，但在理论抽样过程中也应尽可能地提高理论饱和度。在这一原则指引下，本章首先选择了华商智业作为第一个分析样本，其理论依据在于：裂变创业的典型特征是创业者从母体企业以细胞裂变的方式脱离出来实施创业，在轻资产目标导向下，创业者时常会选择服务行业，而华商智业就是一家典型的服务类裂变新创企业。为避免偏重服务业裂变新创企业而形成研究偏见，在初步分析的基础上进一步选择以制造、研发、营销等为主要经营活动的裂变创业企业，即雷神公司、百灵科技等样本，以此打破常态环境中轻资产研究的情境，从而提升理论效度，最大化提高理论抽样的饱和度。理论抽样的过程及研究样本如图 25 – 1 和表 25 – 1 所示。

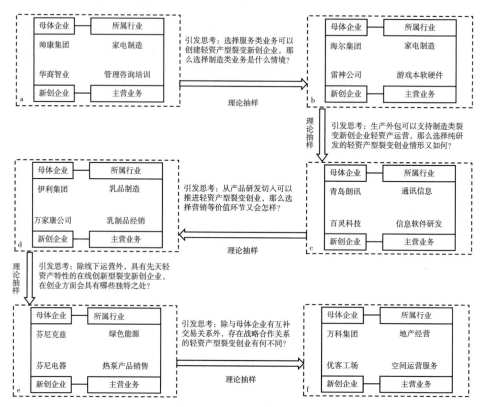

图 25 – 1　理论抽样过程

注：为表述方便，本章将青岛华商智业企业管理咨询有限公司简称为"华商智业"并标号为 a，将青岛雷神公司有限公司简称为"雷神公司"并标号为 b，将青岛百灵科技股份有限公司简称为"百灵科技"并标号为 c，将青岛万家康商贸有限公司简称为"万家康公司"并标号为 d，将广东芬尼电器有限公司简称为"芬尼电器"并标号为 e，将优客工场北京创业投资有限公司简称为"优客工场"并标号为 f。

表 25 – 1　　　　　　　　　　　研究样本情况

母体企业		新创企业/样本企业		裂变前后行业相关性	裂变后业务活动类型	资源结构
序号	企业名称	所属行业	企业名称	主营业务			
1	帅康集团	家电制造	华商智业	管理咨询	较低	服务	人力资源知识资源

续表

母体企业			新创企业/样本企业		裂变前后行业相关性	裂变后业务活动类型	资源结构
序号	企业名称	所属行业	企业名称	主营业务			
2	海尔集团	家电制造	雷神公司	软件硬件	较低	制造	人力资源创新资源
3	青岛朗讯	通信信息	百灵科技	信息软件	居中	研发	人力资源技术资源
4	伊利集团	乳品制造	万家康公司	乳品销售	较高	营销	品牌资源渠道资源
5	芬尼克兹	新型能源	芬尼电器	网络营销	较高	营销	网络资源产品资源
6	万科集团	地产经营	优客工场	空间运营	居中	平台	资金资源创意资源

2. 资料收集与分析技术

本章的资料收集与整理围绕"轻资产型裂变新创企业生成模式"这一主线展开，对样本企业的创业者及高管进行半结构化访谈是本章获取一手资料的主要手段，同时，借助互联网等渠道收集与样本企业相关的二手资料。其中，芬尼克兹和优客工场的资料收集主要依托互联网渠道，以媒体采访、书籍传记、个人演讲和案例论文等方面的资料整理为主。

本章资料收集工作的主要特点是动态性、持续性和问题导向性。扎根理论方法非常重视在研究中发现并探讨问题，倡导边收集边分析，根据发现的问题再次收集资料。因此，本章的资料收集工作并不是一次完成，而是由研究过程驱动，遵循理论抽样原则展开，当研究中遇到内涵不完备或逻辑关系不清晰的概念或范畴，或是在资料分析中提出新假设、新猜想或新问题时，都会根据理论抽样原则再次补充收集新资料。而且，为了确保资料真实可靠，课题组采取三角验证策略，对同一问题的描述，均需要有两个以上的证据来源，在交叉验证、相互佐证的基础上，不断提高数据资料的质量。本章的资料收集途径如表 25 - 2 所示。

表 25 – 2　　　　　　　　　　　　　　资料收集途径

序号	企业名称	资料来源	简要描述
1	华商智业	深度访谈	创业者，2 次，1.5 小时/次；电话、短信、微信交流 5 次以上
2	雷神公司		创业者，1 次，2 小时/次；母体企业高管，1 次，2 小时/次
3	百灵科技		创业者，2 次，2 小时/次；电话、短信、微信交流 6 次以上
4	万家康公司		创业者，2 次，2 小时/次；电话、短信、微信交流 5 次以上
5	芬尼电器	公开资料	创业者著作《裂变式创业》、创业者演讲视频、媒体采访、研究论文、公司网站
6	优客工场		媒体采访、研究论文、公司网站

本章运用扎根理论的资料分析技术，将资料获取的灵活性与资料分析的严谨性有机结合，借助开放性译码，将原始资料分解，提炼出概念和范畴；通过主轴译码，进一步挖掘资料背后的真实含义形成发展概念及范畴，识别它们的联结关系，重新组合资料并提炼主范畴；基于选择性译码，将主范畴聚焦，提炼核心范畴和故事线。在研究过程中，一方面，为提升资料分析的理论触觉以及概念的有效性和解释力度，成立译码小组，通过小组研讨的方式来提炼概念和范畴，不断探究其本质内涵，动态发掘其逻辑关系；另一方面，为充分利用质性研究的优势，本章采用边收集、边分析、边调整、边补充的方式，不断进行资料之间、资料与概念之间、概念之间的反复比对，基于源自资料的概念、问题和假设展开理论抽样和后续资料收集工作（Strauss et al.，1997）。

25.4　案例企业的扎根理论分析过程

1. 开放性译码

开放性译码的示例如表 25 – 3 所示。在整合分析全部样本资料的基础上，本章最终归纳出 105 个标签、48 个概念以及 24 个范畴，范畴的释义、性质和维度如表 25 – 4 所示。

表 25 - 3　　　　　　　　　　　开放性译码示例

资料记录	开放性译码		
	贴标签	概念化	范畴化
在海尔集团工作 13 年，在帅康集团工作了 3 年半。（a_1） 在海尔集团工作时的管理智囊团背景使我选择培训行业，做咨询的思路也是借鉴之前的管理工作经验。（a_8） 在海尔集团工作中岗位是有变化的，这些变化让我体验到了企业经营管理的各个方面和各种角色。（b_2） 岗位调动会让你面临一个又一个挑战，当你把这些挑战完成时，整个公司的运营你就很清楚了。（b_6） 行业经验的积累、行业规则的了解、行业产品的设计等都很重要，对行业的认识比对技术的认识重要。（c_7） ……	a_1 任职年限 a_8 经验属性 b_2 多元体验 b_6 熟悉全局 c_7 行业知识 ……	将 a_1，a_8…概念化为：x_1 知识积淀 将 b_2，b_6，c_7…概念化为： x_2 学习全面 ……	将 x_1，x_2…范畴化为： y_1 工作历练 ……

表 25 - 4　　　　　　　　　　　范畴释义

序号	范畴	释义	性质与维度
1	工作历练	管理经验和个体能力积累提升	经验积累：丰富/不足；能力储备：全面/局部
2	母体平台	母体对新创企业态度及其关系	母体态度：支持/反对；母体关系：竞争/互补
3	初始投入	创业资金来源、创业投资类型	投资方式：自筹/外取；生产投入：较大/有限
4	市场定位	明确价值主张目标市场和用户	目标市场：细分/竞争；目标用户：聚焦/辐射
5	裂变动机	裂变条件形成且裂变意愿萌发	裂变条件：完备/欠缺；裂变意愿：强烈/微弱
6	资本链接	发挥资本力量并打破企业边界	资本介入：风投/自创；资本运用：多元/单一
7	网络构建	拓展关系网络并构建信任体系	关系维护：积极/消极；网络链接：扩散/聚敛
8	品牌形象	形象、信誉、合法性与知名度	社会形象：知名/一般；业务能力：突出/普通
9	领导特质	创业者个性特点、思维和风格	个性特质：冒险/保守；决策特质：专注/多元
10	市场选择	新企业产品性质及与母体关联	产品特性：耐用/快消；市场方向：相同/不同
11	流量变现	整合渠道资金、加速资金周转	现金储备：丰裕/短缺；周转变现：快速/缓慢
12	市场竞争	竞争激烈程度、企业市场地位	市场现状：优势/劣势；竞争基础：高位/低位
13	用户交互	识别用户痛点并实现迭代创新	交互方式：线上/线下；用户服务：迅速/迟缓
14	企业新创	打破创业壁垒独立创建新企业	创业壁垒：坚固/薄弱；生成结果：存活/死亡
15	机会洞见	获取创业信息并识别内外机会	信息获取：抢先/滞后；机会属性：有利/不利

续表

序号	范畴	释义	性质与维度
16	价值驱动	选择高附加值环节并拓展业务	价值创造：研发/营销；产业生态：完善/欠缺
17	商业运作	进行股权协商并构建稳定模式	股权协商：合理/失衡；风险评估：规避/调控
18	优势打造	培育核心竞争力抢占细分市场	竞争策略：先行/追随；竞争能力：独特/泛化
19	风险审视	感知创业风险、权衡风险应对	风险感知：可控/未知；风险应对：有效/无效
20	业务设计	业务链条设计谋求轻业务形态	业务形态：轻型/重型；业务拓展：凝滞/灵活
21	资产效应	运用资本杠杆使资产结构优化	资产形态：轻型/重型；资本力量：杠杆/漏斗
22	资源集聚	撬动其他资源并积累独占资源	资源获取：容易/较难；资源整合：较强/较弱
23	盈利模式	强化内外控制、确保经营成果	模式运行：试错/稳定；盈利效果：出色/一般
24	快速成长	组织合法性增强、拓展新业务	经营过程：规范/随意；成长绩效：快速/稳健

需要说明的是，每一部分所提炼的概念和范畴只是阶段性的分析结果，各个部分的分析结果也不是相互独立、静态不变或毫无关联的。在与后续各部分涌现的概念和范畴不断校验、反复比较后，尽可能使所提炼的概念和范畴充分反映资料的真实性和内涵的丰富性。

2. 主轴译码

本章借鉴精简的扎根理论典范模型矩阵，从"因果条件→现象→行动策略→结果"四个方面识别范畴之间的逻辑关系，归纳出感知轻资产型创业机会、选择轻资产型业务定位、开启轻资产型市场运作、打造轻资产型互补网络、构建轻资产型运营模式、实现轻资产型快速发展6个主范畴。主轴译码过程如图25–2所示。

（1）感知轻资产型创业机会。

经过前期一线岗位历练和后期管理岗位培养，潜在创业者积累了丰富的行业经验、市场经验、职能经验和管理经验（因果条件）。创业者自身具有专注务实的工作素养以及敢于冒险、抗压力强的个性风格，工作历练与个性风格相互交融，逐渐形成创业者把控全局、果断决策的领导特质（现象）。在市场动荡和企业变革中，创业者依托工作岗位和人际网络，凭借独特眼光和洞察力识别内部和外部创业机会，判断其市场潜力和发展前景（行动策略）。创业者的基层经历培养了执行力、管理经历塑造了决策力，并凭借其关系网络及自身经验的积累，准确判断轻资产创业机会，这为识别并有效把控市场和资本等创业风险提供了有力保障（结果）。

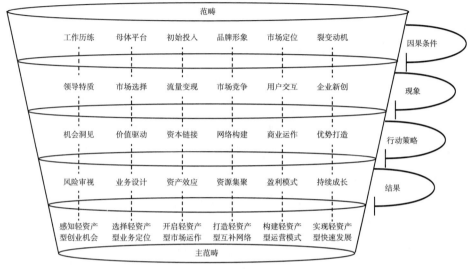

图 25 - 2　主轴译码过程

注：该图沿虚线的每纵向 4 个要素为一组因果关系链，如"工作历练、领导特质、机会洞见和风险审视"这 4 个相互关联的范畴，共同指向一个主范畴"感知轻资产型创业机会"。

（2）选择轻资产型业务定位。

母体企业可以采用孵化和投资等方式明确支持裂变创业，创业者也会依托同事关系和业务关联争取母体企业的平台支持（因果条件）。创业者倾向于借助无形产品或快速消费品等产品形态切入市场，并以提供与母体企业相似的产品或与母体企业具有产业链业务互补关系的产品来降低运营风险（现象）。新创企业尝试开发周期短、迭代速度快的产品以优化投入产出比，采用代工生产或业务外包等方式减少固定资产投入，随着业务范围扩大，逐步构建良性的商业生态体系（行动策略）。将厂房、设备等固定投入较大的环节外包，转向迭代快且灵活度高的研发、营销等轻资产价值创造环节（结果）。

（3）开启轻资产型市场运作。

创业启动一般源于自筹资金，为避免投入过大且自有资金有限，在业务选择时尽量减少固定资产投资，或采用战略合作方式将固定支出转移给合作伙伴（因果条件）。随着自有资金投入到价值链的高附加值环节，企业自有现金流增加，进而借助杠杆作用强化供应管控能力，以此解决库存和物流问题（现象）。创业者通过参股、入股、引入风险投资等方式，以资本运营为桥梁链接其他业务活动和产业链环节，以时间换体量，以速度换服务，降低新创企业整体负债水平（行动策略）。依托品牌商誉、业务流程等无形资产撬动内外资源，减轻资本压力和财务风险，建立良性循环的轻资产运营结构（结果）。

（4）打造轻资产型互补网络。

以软实力作为核心竞争力突破口，新创企业需要尽快扭转知名度低的被动局面，通过建立信誉和塑造形象提升品牌影响力（因果条件）。针对资源供给不足、议价能力较弱等难题，在市场竞争中处于低位态势，因此创业者会尽量避免与母体企业正面对抗，有意识地开拓新市场或选择互补业务（现象）。为克服新进入缺陷，创业者主动维系、利用并扩散依托母体企业建立起来的价值网络，借助网络效应有效连接产业链多个环节（行动策略）。通过以行业资源集聚和内外关系借势为跳板，创业者广泛布局社会网络着力点，塑造良好的商业信誉和社会形象，形成稳定可靠的社会资本资源（结果）。

（5）构建轻资产型运营模式。

新创企业要明确目标市场和目标群体，通过剖析市场份额和市场增长率确定产品特性和业务类型，进而设计新产品、开发新市场（因果条件）。秉承市场导向和用户思维，创业团队识别用户需求，挖掘用户痛点，通过与用户零距离、无边界的交互提供满足需求的产品和服务（现象）。创业团队设计有效的业务流程和柔性的组织架构，在创业初期采用员工出资或引入风投、在后期采用对赌协议或股利分红等方法实现激励相融（行动策略）。新创企业在试错、调整的过程中不断优化商业模式，通过判断成本结构、收益状况和经营成果来构建盈利模式并确保该模式的持续性和风险可控性（结果）。

（6）实现轻资产型快速发展。

明确的业务方向、灵活的资产运作、有效的资源网络等一系列创业要素日渐完备，增强了裂变创业者的创业意愿和创业信心（因果条件）。创业者组建能力互补的创业团队，协调运用通过母体企业及其他途径整合的创业资源，抓住商业机会，选择合适契机，离职创建新企业（现象）。新创企业结合业务特点采用先行策略抢占细分市场，或采用差异化策略创新产品功能，借助裂变创业优势逐步聚拢独占性资源并培育核心竞争力（行动策略）。经过母体企业孵化和创业团队学习，新创企业的管理流程更具组织性、经营过程更具合法性，以轻资产运营为核心基石的裂变新创企业得以快速成长（结果）。

3. 选择性译码

通过回顾文献资料并与访谈资料持续互动，深入挖掘主范畴的本质内涵，提炼出能够统筹整合"感知轻资产型创业机会、选择轻资产型业务定位、开启轻资产型市场运作、打造轻资产型互补网络、构建轻资产型运营模式、实现轻资产型快速发展"这六个主范畴的核心范畴：轻资产型裂变创业。选择性译码过程如图 25 - 3 所示。

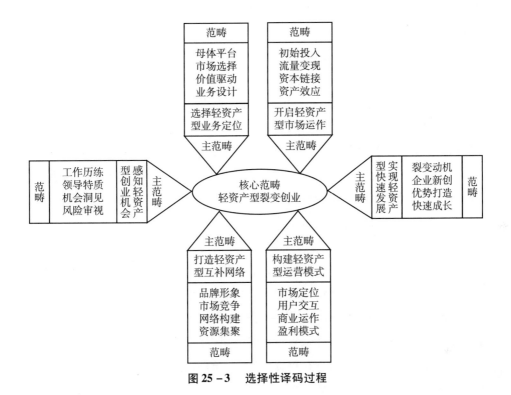

图 25 - 3　选择性译码过程

围绕轻资产型裂变创业这一核心范畴的故事线为：创业者基于先前工作经历形成独特的战略性、轻资产型异质资源，结合自身果断决策的领导特质，准确评判环境中的轻资产创业机遇，从母体企业裂变创业时选择能够充分发挥轻资产资源竞争优势的产业链价值创造环节，依托无形资产减轻资本压力和财务风险，构成轻资产运营结构，通过商业模式设计和供应链协同优化整合外部资源，构建投入少、风险低、灵活性强的轻资产型新创企业运营模式，使得新创企业得以快速成长。

25.5 轻资产型裂变创业的整合框架

1. 轻资产型裂变新创企业生成模式的过程要素

前面扎根理论分析得出的 6 个主范畴基本反映了轻资产型裂变创业的过程要素和主要特征，是继续提炼轻资产型裂变新创企业生成模式的重要前提。结合裂变创业过程划分为员工学习、触发事件和企业生成三阶段的经典理论（Buenstorf, 2009），以及"感知轻资产型创业机会、选择轻资产型业务定位、开启轻资产型市场运作、打造轻资产型互补网络、构建轻资产型运营模式、实现轻资产型快速发展"这 6 个主范畴，本章进一步将轻资产型裂变新创企业生成模式的过程阶段概括为在职学习与积累、机会识别与开发、资源拼凑与整合、企业创建与成长 4 个要素。其中，感知轻资产型创业机会既归属于在职学习与积累范畴，又与选择轻资产型业务定位和开启轻资产型市场运作一起归属于机会识别与开发范畴，打造轻资产型互补网络和构建轻资产型运营模式归属于资源拼凑与整合范畴，实现轻资产型快速发展归属于企业创建与成长范畴。接下来，对这 4 个阶段分别进行论述。

（1）在职学习与积累。

研究中，我们发现样本中的 6 家企业在实行裂变创业之前，都在其原有的母公司中进行了不同层面和程度的学习。华商智化和百灵科技从其母公司中吸取了具备轻资产特质的资源，如管理技巧和知识，以及技术娴熟与窍门。相反，万家康公司和芬尼电器并未直接从母公司中获取轻资产资源，而是在深度了解了重资产的益处以及自身在重资产积累上的不足之后，选择依赖母公司的重资产基础设立互补资产的裂变企业。例如，万家康公司就是与伊利的重资产优势（产品资源）建立了有效的关联，进而以乳品销售业务与伊利的乳品生产形成资产互补。另外，雷神公司和优客工场则是基于对母公司创新资源的承接，打破了传统母公司产业限制的认知，采用创新的方式进行轻资产的运作。

（2）机会识别与开发。

研究中，案例企业的创业感知形成过程可以概括为两个阶段：诱因事件和业务选择。诱因事件可能是机遇的出现，这推动了潜在创业者去捕捉机会；也可能是负面事件的发生，这使潜在创业者必须选择离职并开始他们的创业旅程。比如说，百灵科技的创业者抓住了母公司的外包业务机会进行创业，而华商智化的创业者因为家庭团聚等原因选择了离职创业。诱因事件强化了创业者的创业感知和意愿，加快了他们的业务选择和其他创业准备活动。对于业务选择，诱因事件也会影响到创业者的业务方向选择。正面的诱因可能引导创业者选择与母公司紧密相关的创业项目；而负面的诱因可能导致创业者选择与母公司联系较弱的创业领域。比如，万家康公司的创业者选择的新业务与母公司是互补的，而华商智化的创业者的创业活动则完全离开了母公司所在的产业。

（3）资源拼凑与整合。

研究中，案例公司围绕其各自的业务需求有针对性地进行资源调整：首先，他们会对在职期间获得和累积的知识进行审视和匹配；其次，当潜在的创业者发现资源匮乏时，他们会从母公司中获取补充资源。如果创业者发现某些资源无法直接获取，他们会依赖母公司的资产或资源配置，形成补充的支持关系，为裂变式创业提供外部资源。例如，雷神公司的创业者使用母公司提供的各项资源，如采购、物流、人力和财务等，成功建立了一套高效的商业运营体系。同时，芬尼电器的创业者利用母公司的制造能力，大力推动新公司的在线离线/线上到线下（O2O）商业模式。

（4）企业创建与成长。

研究中，案例企业利用自身积累和整合的优秀资源，成功展现了轻资产运营的优势。这种优势在资源管理能力、关系整合能力以及快速应变能力等方面尤为突出。轻资产型的新创企业所需投入较少，这大大减轻了初创阶段的投资压力和融资困扰。这类企业风险较低，能依赖强大的资源整合能力迅速应对市场的动态变化。其创业启动优势使其能快速占领市场，具有强大的业务灵活性，可借助供应链合作伙伴的资源形成优秀的协调和适应能力。并且，它们通过资本为纽带，准确链接产业链或商业生态圈，达到共创、共享和共赢的目标。

2. 轻资产型裂变新创企业生成模式的三种类型

根据前述扎根理论分析，本章发现沿着生成过程的总体轨迹，轻资产型裂变新创企业的生成模式可以归纳为三种主要类型：首先，以组织烙印为核心主线的轻资产型裂变创业过程，会演化形成知识扩散型新创企业生成模式；其次，以资源依赖为核心主线的轻资产型裂变创业过程，会演化形成活动互补型新创企业生成模式；最后，以创新驱动为核心主线的轻资产型裂变创业过程，会演化形成交互平台型新创企业生成模式。当然，诸如知识、资源、创新等元素，在三种轻资产裂变新创企业生成模式中都有价值体现，三种模式并不是非此即彼、界限清晰，而是蕴含着交叉和融合。这里进行的典型模式归类研究，表明了某一元素在某一过程中发挥着主导作用。轻资产型裂变新创企业生成模式的理论模型，如图25-4所示。

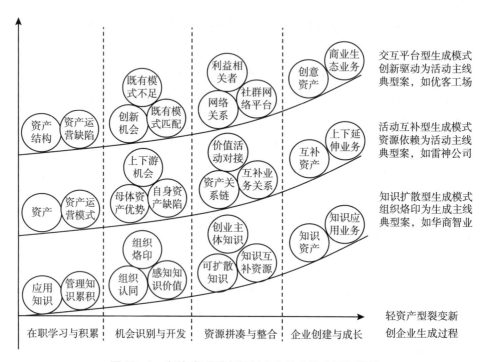

图 25-4　轻资产型裂变新创企业生成模式理论模型

为进一步阐明相关研究发现，接下来对知识扩散、活动互补和交互平台这三种不同类型的轻资产型裂变新创企业生成模式进行分别解析。

（1）知识扩散型生成模式。

所谓知识扩散，是裂变创业者将在母体企业中学习、积累的知识向外传递，拓展至母体企业以外的关联业务甚至非相关业务。这些知识之所以能够扩散有两方面原因：一是扩散业务与母体企业业务存在相关性，因此相关知识具有应用的土壤。如百灵科技的创业者及其团队拥有极为丰富的通信软件研发知识，这些知识顺利传承至新创企业并推动其持续提升和发展。二是扩散知识本身具有普适性、推广性，同时创业者进行了知识的应用型开发，能够将知识应用于不同领域。如华商智业的创业者在海尔工作时就曾作为管理智囊团从事管理培训与咨询工作，积累了丰富的管理咨询相关经验与知识，裂变创业后并未延续海尔集团、帅康集团的重资产制造模式，而是选择轻资产属性的管理咨询业务，从而将积累的管理咨询知识扩散至新业务。

在母体企业中进行员工学习是轻资产型裂变创业确立知识扩散模式的重要源泉。在员工学习中，潜在创业者学习、获取的知识都成为对其形成烙印作用的关键构成。然而，组织烙印的延续性作用发挥还有赖于知识承载的资产属性以及员工的组织认同。首先，知识具有轻资产特性，也正因为其轻资产的属性才使得知识扩散的裂变创业成为可能。其次，当员工更加认同组织中涌现的知识时，其更可能接受组织知识的"烙印"影响，从而成为组织知识的传播者与践行者，将其延伸至裂变创业的业务中。例如，华商的创业者对母体企业的知识非常推崇，并有很好的机会来接触、学习和掌握这些知识。员工认同驱动下的组织烙印，进一步强化了采用知识扩散模式的裂变创业者在创业感知阶段对可扩散知识价值的感知，增强了其通过将知识转移至新创企业甚至新行业，从而实施裂变创业的意愿。而进入资源整合阶段，裂变创业者围绕可扩散知识进行资源整合，一方面可直接转移至裂变创业主体的知识，另一方面整合支撑该知识的互补资源，以利于裂变创业，最终驱动新创企业的生成。

（2）活动互补型生成模式。

本章发现，在轻资产型裂变创业的活动互补模式中，裂变创业者出于资产需求与能力缺乏的悖论，形成对母体企业的非对称资产依赖，从而与母体企业建立起基于资产延伸的活动互补模式。

所谓活动互补，是指裂变创业者所从事的价值活动与母体企业的价值活动相互补充，形成优势互补。之所以能够形成互补，主要源自创业者在母体企业任职时所形成的创业感知，特别是对母体企业资产优势以及自身裂变创业后的资产劣势的认知。例如，万家康公司和百灵科技，正是感知到母体企业伊利集团和朗讯公司这种大型制造企业所具有的强大资产优势，在评估自身的创业初始条件后，作出从事乳品行业和通信行业互补业务的选择。从这个意义上说，活动互补的轻资产运营，不像知识扩散模式中具有轻资产属性的知识推动下的裂变创业，而是资产缺陷所引发的被动轻资产模式，但其通过与母体企业的活动互补，弥补了资产不足，呈现出轻资产状态。

从裂变创业过程来看，虽然对活动互补模式的选择起关键决定作用的是创业感知，但仍旧源自潜在创业者针对母体企业资产运营模式的学习。此类潜在创业者在母体企业中的员工学习侧重点在既有的资产特征与资产运营，而不是关注母体企业的默会知识，这与潜在创业者的机会发现以及创业警觉侧重点不同。与知识扩散模式创业者聚焦于可进行外部扩散、转移、复制到其他行业领域不同，活动互补模式创业者更倾向于立足具有先前经验的行业，警觉于先前工作经历中的机会。因此，这些创业者在学习母体企业资产运营模式的同时，从中发现可利用、可延伸的创业机会，进而围绕资产结构与属性进行资源整合，侧重与母体企业建立以资产为依托的业务关系，形成价值活动的互补，从而推动新创企业脱离母体企业并向上游或下游延伸。

（3）交互平台型生成模式。

交互平台模式的选择源于，潜在创业者在母体企业进行员工学习过程中，以审慎的观点批判性地认知母体企业现有的商业模式、资产结构、战略设计、资源配置等，从而引发突破现有模式的创新思考。与知识扩散模式中潜在创业者在组织认同驱动下受到既有知识的烙印影响不同，采用交互平台模式的创业者并不认同母体企业的上述战略布局，其员工学习的侧重点也在于发现现有战略布局的不足，从中寻找可能的创新机会。对于创新机会的不断识别与推动潜在创业者进入创业感知阶段，一方面创业者在匹配创新机会与母体企业既有模式的过程中，找寻创新机会与母体企业的契合点；另一方面，则在母体企业诸如创新激励等触发事件影响下形成创业意愿。

在创新驱动的创业意愿影响下，采用交互平台模式的潜在创业者开始在母体企业中进行资源整合，比起有形资源的获取，其更侧重于网络关系的构建。原因在于：交互平台模式的核心是接入更多的利益相关者，借助社群网络和社区平台连接多方主体，构建商业生态圈以实现产品的循环迭代和持续优化。例如，雷神公司就是基于用户思维和互联网思维，构建了一个将母体企业也转化成为新创企业资源节点的商业生态系统。这种平台是基于互联网与信息技术的虚拟平台，不仅摒弃了传统企业的资产结构，还采用无固定资产的结构运营多主体参与的生态系统，催生平台型新创企业。

25.6　本　章　小　结

1. 研究结论

轻资产型裂变创业是一种复杂而有趣的裂变创业活动，新创企业以较少的投入，借势、整合并协同外部优势资源，有效实现了灵活性和高成长性等多重创业目标。尽管这种独特的新创企业生成活动蓬勃发展、日益活跃,但相应的理论研究却极为缺乏。为此,本章借助扎根理论研究方法,对理论抽样的 6 家案例企业进行了深入挖掘和系统归纳,建构出轻资产型裂变新创企业生成模式的理论模型,以期弥补理论与实践的缺口,不断推进裂变创业研究尤其是新创企业生成研究的持续发展。本章的研究发现主要体现在以下两个方面:

一方面,轻资产型裂变新创企业生成模式的过程阶段主要涵盖在职学习与积累、机会识别与开发、资源拼凑与整合、企业创建与成长四个要素。在职学习与积累阶段:裂变创业者要么从母体企业获取或承接了具有轻资产属性的资源,要么建立或形成了与母体企业重资产优势的连接纽带。机会识别与开发阶段:裂变创业者经由员工学习所形成的关于轻资产运营的认知,驱动其选择适宜采用轻资产运营的业务类型。资源拼凑与整合阶段:裂变创业者根据创业感知阶段形成的创业意向,进行有针对性的资源整合,聚焦轻资产运营模式的有效性,建立资源获取网络。企业创建与成长阶段:裂变创业者所积累的轻资产资源,所形成的创业认知与意向业务选择,在联结母体企业资源与自身资源的基础上,最终反应为裂变创业企业的生成。综上所述,轻资产运营在裂变创业的各个阶段发挥着不同的作用,从知识积累到创业意向,从资源整合再到企业生成,都赋予了裂变创业者以轻资产运营的创业内涵。

另一方面,轻资产型裂变新创企业的生成过程主要包括知识扩散、活动互补和交互平台三种典型模式。在建立在组织烙印理论基础上的知识扩散模式中,组织烙印驱动潜在创业者将在母体企业学习到的具有轻资产属性的知识传递至新创企业,形成知识扩散型轻资产裂变新创企业生成模式。在基于资源依赖理论的活动互补模式中,裂变创业者形成对母体企业重资产资源的非对称依赖,使得自身的轻资产运营与母体企业的重资产优势形成互动与连接,并催生了活动互补型轻资产裂变新创企业生成模式。在基于创新理论的交互平台模式,裂变创业者突破了已掌握的轻资产资源或母体企业重资产资源的约束,链接到平台系统中更多的企业主体,盘活了更多企业主体的闲置资产与优势资源,以创新方式形成交互平台型轻资产裂变新创企业生成模式。

本章的理论贡献在于:首先,本章引入资产属性这一重要因素,在轻资产运营情境下解读裂变创业的过程模式,建构轻资产型裂变新创企业生成模式的理论模型,从而回答裂变创业者如何利用轻资产手段实施裂变创业的问题。研究有助于形成对裂变创业的类型化解释,丰富裂变创业的理论内涵。类型化往往是沿着某个理论维度或变量,探讨研究现象在这一维度上的分类与差异。不同类型的裂变创业，其创业过程存在差异。本章关注资产属性这一维度下的裂变创业，探讨了轻资产型裂变创业的过程，能够形成对裂变创业过程一般模型的更为丰富的理论解释，提升裂变创业过程研究的理论充裕度。其次，相较以往将裂变创业视为同质化过程的研究局限，本章从轻资产裂变创业的异质化模式切入，研究发现轻资产裂变创业呈现出知识扩散、活动互补、交互平台的模式差异，基于此揭示不同的轻资产裂变创业的异质化过程。研究有助于从过程要素和路径模式层面，深入揭示轻资产裂变创业的生成机理。最后，本章援引组织烙印理论、资源依赖理论和创新理论作为三种类型裂变创业的主导解释逻辑，发展出了不同类型轻资产裂变新创企业的生成模式。当然，这三种理论并不是排他的，其分别是三种裂变创业的主导解释逻辑，意味着在特定情境下某种理论逻辑更为突出。研究有助于延展新创企业生成研究的视域范围，从轻资产裂变创业角度形成对此类独特的新企业生成与成长现象的理论解释。简而言之，本章一方面拓宽了裂变创业类型研究的现有视角，尝试从资产属性角度揭示裂变创业的独特性；另一方面深化了裂变新创企业生成过程研究的知识体系，发展了裂变新创企业生成路径的理论成果。

本章的实践价值在于：（1）为轻资产裂变创业者成功创业提供过程指导、模式参考和样本借鉴。轻资产裂变创业有助于新创企业发挥独特优势、克服资源缺乏等新进入缺陷，是规避创业风险和市场不确定性、增强组织合法性和生存可能性的理性选择。为了更好地开展轻资产裂变创业，创业者需要熟悉创业过程的各个阶段，了解创业模式的不同要求。（2）为新创企业与母体企业的持续互动和互利共享提供理论依据。与一般裂变创业活动相比，轻资产裂变创业与母体企业的资源共享和资产链接更广泛，也更深入，这意味着双方要以更包容、更开放的积极心态和创新思想实现优势互补，从而共创、共享、共融。

2. 未来展望

本章是针对全新现象的一个探索性归纳研究，得出的研究结论体现了扎根精神，但具有阶段性、局部性和暂时性。随着实践的快速发展，以及相关扎根研究的不断累积，人们对轻资产裂变创业的认识一定会越来越全面、越来越深刻。后续研究可以从细分母体企业的类别、细化单个变量的作用等方面进行更细致的挖掘，也可以围绕轻资产裂变创业的创业绩效和持续发展等问题进行深入研究，借此不断修订、丰富和完善轻资产裂变创业的既有理论，并通过实证方式加以检验和验证，从而有效推进裂变创业和新创企业的研究进展。

　　与此同时，随着经济社会发展过程中的矛盾凸显，资产运营模式与企业可持续发展之间可以产生互动效应、协调资本市场的稳定，因此选择适合的资产运营模式才能够有效促进企业的平稳发展，在此过程中，研究重资产的裂变关系可以帮助新创企业成长与壮大，例如选择重资产会对新企业的财务带来怎样的影响，这是裂变发展在严峻环境下生存亟须面对的现实问题，再例如，重资产裂变使得企业在前期投入大量资源，如若后期无法令盈利较差的业务及时退出市场，中间存在滞留期，这样的裂变企业在面对轻资产的竞争中又会如何表现？毕竟，无论是何种资产运营模式，财务风险始终贯穿企业的投资、管理等整个生产经营活动。针对以上的几点问题，后续研究重资产的裂变对于传统企业转型升级、改善经济发展有重要的借鉴意义。

第 26 章

产业集群内部的裂与聚
——裂变与聚变协同演化

本章导读▶

　　裂变与聚变是基于不同条件发生的。裂变创业活动不仅在知识溢出、企业互动等方面存在连锁反应，而且对产业集群发展也具有重要作用，这一点在诸如半导体、汽车等多个产业部门都有所体现。随着我国经济社会的不断发展，淄博陶瓷产业出现一系列的裂变创业活动，但其影响却截然不同。面对当前产业结构调整的新时代背景，本章从这一现象出发，以扎根理论为主导进行探索性研究，针对如何将裂变创业拓展至产业集群能级的关键问题，提出单一类型裂变创业不具备创新激励效应的研究结论，并且通过研究，发现互补性资产能够引导企业合理定位、提升企业间信任基础，进而能够提高产品创新合法性、为企业间合作搭建平台的积极作用。

26.1　研究背景

　　在全球化浪潮下，各国经济环境都存在不稳定的情况，裂变创业以员工离职创业为基本特征，在整合创业者先前经验与资源、提高新创企业成活率等方面表现出相对积极的影响。事实上，裂变创业推动产业发展的实践在国际范围早已有之，成为推动技术更新和知识进步的关键力量。美国硅谷和 128 公路等以裂变创业为基本特色的区域和产业，对经济发展和科技创新的推动作用已经得到理论证明与实践检验。

　　关于产业集群发展演进的研究，比较有代表性的是迈克尔·波特和保罗·克鲁格曼两位学者，而随着裂变创业的辐射作用逐渐显现，其价值功能和影响效应在许多产业部门出现并呈现增长趋势。淄博陶瓷产业集群地处山东省传统工业城市，是我国出现较早的区域性陶瓷研发和生产集群。然而，由于国情等情境因素不同，我国淄博陶瓷产业中裂变创业活动虽频繁发生，但产业结构的不充分导致的发展质量问题仍然存在，表现出裂变有余而聚力不足的特点，这与既有裂变研究结论明显存在差异。关于如何识别新时代中国特色社会主义市场经济下裂变创业的独特性，以及如何有效利用其溢出效应以促进产业集群发展的研究亟待完善。因此，本章运用探索性归纳研究方法对现象进行深度挖掘，识别出淄博市陶瓷产业裂变创业活动的内在规律，就其价值效应进行初步探索，以弥补本土研究的相对不足，进一步延伸现有裂变创业理论。

26.2　产业集群与集群创新能力研究

1. 产业集群的相关概念

马歇尔（1920）从经济外部性的角度探讨企业大量聚集的原因，并进一步分析了经济外部的三个特点。韦伯（1997）从微观企业的角度提出工业区位理论，认为企业为追求聚集经济而自发形成产业集聚，同时分析了包括技术、专业化等四个方面的作用因素。我国学者林金忠（2001）进一步研究了外部区域规模经济的两种类型，归纳了三种聚集经济现象。迈克尔·波特（1998）研究认为，产业集群（industrial cluster）是在某一特定领域内互相联系、在地理位置上集中存在的企业及相关机构的集合，并根据企业之间的分工连接关系，将其分为水平型和垂直型两种集群模式。近几年来，随着国内外学者对产业集群的发展在理论探讨与案例分析等方面进行了深入研究，取得了一系列有借鉴意义的丰硕成果。

2. 集群创新能力理论

美国的圣何塞—旧金山、中国的深港穗等区域创新集群的强势崛起，使得集群创新成为企业竞争分析的重要依据。而针对我国陶瓷产业，赵波（2011）对其特征与集群整体创新绩效之间的关系进行了实证分析。结果表明，陶瓷产业集群以相关资源为中心聚集成型，集群内部企业数目过多、分布过密会影响资源的合理配置，容易导致恶性竞争，削弱陶瓷集群的创新能力。陶瓷产业集群的集聚性、内部信息的流动共享性、集群内部政府等的支持性都会影响集群的创新绩效。集群企业应平衡管理与本地集群的关系，根据企业的不同成长阶段选择合适的集群网络，保持其自身的灵活性，更好地创新以促进集群发展。张惠琴等（2011）基于因子分析视角综合评价了陶瓷产业集群的创新能力。结果显示，与广东佛山、四川夹江、福建晋江三地陶瓷产业集群相比，淄博陶瓷产业集群在技术创新能力和市场创新能力两方面均处于劣势，而且在陶瓷产业集群中，在加大市场创新能力投入的同时应更加注重技术创新能力投入。

3. 现有研究评述

产业集群的发展过程包含了竞争能力提升，能级结构转变和创新能力打造等诸多方面。在目前产业科技革命加速、创新模式变革焕新的趋势下，尚需进一步突破传统思维的桎梏，然而，既有研究只是在产业集群发展的某一维度上进行了研究分析，并未将淄博陶瓷产业集群的裂变创业特征作为研究前提，而裂变创业在我国经济转型时期拓展创业模式以及开发新的经济增长途径等方面已经表现出了独特的作用，因此，本书以此为前提探讨影响淄博陶瓷产业集群发展的具体因素，开启裂变情境下产业集群研究的新视野。

26.3 淄博陶瓷产业集群的案例选取

1. 样本选取

淄博是我国知名的陶瓷产区，素有"中国陶瓷名城"和"北方瓷都"之称，2009年被中国陶瓷工业协会授予"淄博陶瓷，当代国窑"的美誉。本章选取淄博陶瓷产业为研究对象，理由是：第一，以资源流动为载体的裂变创业活动频繁发生，一方面引导大企业中的人员与技术进入中小企业中，另一方面离退休人员进行自主创业或提供经验技术，使得陶瓷集群的企业数量与实力不断提高，通过阐释这一现象可以有效提供理论指导。第二，基于企业自身成长和产业环境变化的背景，该产业在集群内部不断积聚，同质竞争激烈，取得不错的科技创新效果，并出现许多杰出的专家代表，为产业集群的提升提供了有力的支持。第三，该产业容量大，信息丰富，便于进行访谈和观察。在我国现阶段的经济背景下，管理实践的动态性与复杂性日益增强，关于企业成长以及产业集群发展的研究对于资料的丰裕度与准确性也提出了更高的要求。本研究通过描述现象发生的全过程及其影响效应，能够把复杂、动态的事件以具体、细微的方式呈现出来，并且在与研究对象的继续互动中，提高研究结论的理论意义与实践价值。

2. 资料收集与分析

通过上述分析，可以发现裂变创业对产业集群影响的研究还存有诸多疑问，因此本章围绕产业裂变创业聚合无力这一研究主题，遴选多元化访谈对象，包括政府、协会、学校、企业等，以面对面深度访谈为主，保证资料的真实性与可靠性。同时，遵循交互式策略，将数据资料返回访谈对象审阅，将多渠道获取的资料进行比对校正，总的来看，本研究将资料分为企业层资料与产业层资料，具体而言，企业层资料来源于有代表性的龙头企业，如陶瓷研发与生产企业，以及诸如陶瓷研究所、工艺美校等相关科研院所；产业层资料则是由陶瓷协会、政府部门等访谈记录组成，并辅以团队成员亲身经历等，以期达到三角验证的目的。

本章运用扎根理论方法进行资料编码分析，以资料归纳为主，以理论演绎为辅，逐步将资料转化为概念、范畴，有效降低文献演绎与既有理论等先入为主的影响，进而在范畴关系识别的基础上，不断提升对资料的理解和把握程度，最终提出相应的研究结论，以实现对现有理论的完善与发展。

26.4　陶瓷产业集群裂变创业的挖掘

扎根理论的核心阶段是对资料译码（Coding）的过程，这是解释案例数据与现象记录的关键环节，进而经过适当的抽象形成范畴以及相互关系，包括开放性译码、主轴译码和选择性译码三个阶段。

1. 开放性译码

开放性译码的初始译码将资料概念化，聚焦译码将资料范畴化。本书初始译码得到 70 个概念，聚焦译码得到 21 个范畴。具体范畴见表 26 - 1 中间三列的相关概念。

表 26 – 1 淄博陶瓷产业聚合的开放性译码

原始案例资料	译码结果
材料 1： 淄博陶瓷这些年来之所以能够星火不断，有几个方面的原因。一个就是原材料、燃料最早的时候就有，经过考古发现检测认定，在一万年前淄博就有生产陶的历史，出土了原始陶片，这是其他陶瓷产区不能相比的优势，我觉得优势有这么几个，一个是科研优势，现在尤其是淄博这个陶瓷产区能够站住脚的、独领风骚的一个方面，科研方面突出地体现在瓷种上，现在我们淄博的新材料、新瓷种，景德镇、唐山、广东都比不了。 材料 2： 下一步随着管理的规范，竞争也会越来越规范，你剽窃人家的技术成果，人家就会采取法律措施来制约，我觉得这不是一个制约集群发展的劣势，恰恰对集群是一种优势。比如说，就硅苑、华光和一般合作企业比，他们对一般企业的拉动效应不可低估，硅苑的一个普通杯子 600 块钱一个很正常，华光一瓶卖七八万很正常，而且卖得很好。小企业的老板都明白，要不是华光陶瓷的价位抬得那么高，他们的陶瓷卖不了这么贵，也挣不了太多钱。要不是硅苑、华光引领着，淄博陶瓷发展水平上不了这么高端的层面	传统优势行业 资源丰富 历史悠久 根基雄厚 科研实力强 唯一性 产品种类 创新成果多且业 内领先 规范化 恶性竞争 双刃剑效应 龙头企业带动 品牌价值 中小企业借力 协作发展冲劲足

资料来源：研究整理。

2. 主轴译码

本书借鉴主轴译码技术的典范模型分析思路，按照"条件/原因→行动/互动策略→结果"三个维度，在循环比对案例资料的基础上识别范畴间逻辑关系。比如，先前经验、人员流动、资本优化、创业榜样可以归结到一条逻辑主线上：拥有丰富的先前经验（条件），可以推动人员流动，实现资本吸附（行动策略），于是诞生了具有率先垂范作用的创业榜样（结果）。进而，以"裂变创业前置条件"这一主范畴命名该逻辑主线，构成这条主线的其他范畴成为支持范畴。以此类推，本书共识别出六个主范畴，如表 26 – 2 所示。

表 26 – 2 主轴译码分析及结果

逻辑主线	条件/原因	行动/互动策略	结果	主范畴
主轴译码过程	先前经验	人员流动、资本吸附	创业榜样	裂变创业前置条件
	分工错位	超强竞争	信任缺失	企业经营规范
	企业聚集	集群优势	区位禀赋	新企业生成价值
	产业特性、外界制约	营销绩效	创业行为	目标与手段不匹配
	品牌基础	产品组合、产业机会	产品乏力	新进入准则
	技术水平	产业层次	盈利水平	企业间竞争

（1）裂变创业前置条件。

淄博陶瓷产业大部分带有浓烈的裂变创业特点。创业者大部分均在行业的母体企业中从业多年，在此过程中累积了许多有关技术研发、生产流程、组织管理或渠道营销等信息和经验（原因）。为达到裂变创业成功的目的，裂变创业者还十分重视提升自身能力，积累产品配方与技术工艺，成为行业的创业榜样（结果）。与此同时，人员流动和资本吸附成为淄博陶瓷产业集群裂变创业活动的重要过程（行动），民间艺人、企业管理人员、掌握核心技术的员工等频繁地游移于母体企业与裂变新创企业之间，而随着交易网络的拓展，各种资本亦随之流向高收益、高市场份额的企业，支持着产业集群的生存与发展。

（2）企业经营规范。

淄博陶瓷产业的各类母子企业能够独立自主地进行市场竞争，这得益于整个行业的分工错位（原因）。以华光、硅苑等为代表的母体企业原本就具备较好的企业文化和较高的创新水平，能够推动产业整体技术水平进一步提升，并引领行业标准的制定，这也为裂变活动奠定扎实的创业基础。因此，新创企业在有标杆可循的基础上，能够依据自身特点和市场需求找到行业着力点，形成超强竞争（行动）。但追溯裂变创业缘由，裂变团队从母体企业继承或转移资源仍缺乏有效性与合法性，这不仅削弱企业创新与成长欲望，同时是对团队间人际关系网络失衡以及企业间良性竞争信任缺失的进一步放大（结果），因此创业持续性严重不足。

（3）新企业生成价值。

淄博陶瓷经过多年的沉淀与发展，产业集群的区位优势在有序显现（结果），进一步提升新创企业的生成价值。第一，裂变新创企业大多围绕母体企业集聚，地理位置的集聚性使得原料采购、产品销售、企业合作更加便利；第二，母体企业、裂变创业者、家庭作坊等涵盖宽领域、大规模、强特色的发展层次，为陶瓷行业的集群发展奠定基础；第三，产品种类的丰富与性价比的程度使得淄博陶瓷品牌效应突出，普遍获得国内外业界好评（原因）。此外，基于区域经济效应，企业无论是在进入还是退出市场时可以有效进行资源转移与资产结算（行动），因此，裂变创业者不断涌现，参与市场竞争，淄博陶瓷也成为山东省唯一获得地域品牌的文化名片。

（4）目标与手段不匹配。

一方面，陶瓷生产极大依赖于原材料的供给，近年来随着裂变活动的日益增加，本地优质原材料急剧缺失，许多中小企业迫于成本压力减少对技术创新和产品研发的投入；另一方面，陶瓷产业链效能无法发挥作用，大多裂变新创企业以短期盈利为目标，以技术开发、经营运作为代表的辅助活动缺乏实效性（原因），因此母体企业创新水平不高，新创企业市场份额不大，产业集群整体发展不足（结果）。虽然企业试图通过改善营销手段以开发产品市场，以原有的纯内销拓为内销为主、出口为辅的渠道网络（行动），但由于陶瓷产品种类繁多、客户难以分辨优劣真伪，裂变新创企业的市场定位较为模糊，市场份额相对较小，导致目标与手段的不匹配。

（5）新进入准则。

淄博陶瓷的高档品和低档品相较中等产品种类多、数量大，使得陶瓷行业呈现出"两头多、中间少"的特点（结果），中小企业要么照搬大企业产品，要么贴牌出售，致使同质化程度较高。由于目前尚未制定统一明确的产品质量标准，诸如硅苑、华光等大企业的产品质量一般符合甚至高于行业平均水平，客户以此作为监督与控制标准，而地方政府又缺乏必要的约束性与执行力，众多裂变新创企业难以保证相应的质量水准（原因）。为了弥补这一不足，部分新企业加强同科研院所、母体企业以及产业内其他企业间的合作关系（行动），以博纳等为代表的裂变企业开发出行业科技产品，保证为产业集群创新贡献新发展点。

（6）企业间竞争。

技术创新的整体滞后使得企业的盈利水平大幅减少（结果），也不利于产业的持续发展。一方面，陶瓷产品对材料供应、设备条件和生产工艺等方面有较高的要求，难以实现大规模生产，获得高额利润；另一方面，大部分裂变新创企业仅作代工或更新渠道，科技含量低、技术创新少、企业竞争强等不利因素严重制约着陶瓷产品的销售，降低淄博陶瓷的附加效应（原因）。从价值创造角度来看，这显然不利于提高产业集群的整体影响力，与此同时，产业监管强度不高、行业协会效力缺乏，使得企业发展过程中会出现优质材料浪费、成本压力加大、高新人才流失、企业发展不好等种种问题（行动）。针对以上问题，母体企业可以利用其实基础、高平台等优势，采取动态联盟、虚拟网络等形式提高产业链新增企业的素质与效益；裂变新创企业可以提升自身生产研发能力、管理运营水平，力求做精做细，助力产业集群持续发展。

3. 选择性译码

选择性译码意在提炼核心范畴，并剖析核心范畴的属性及其相互关系，参见图 26 - 1。

首先，"目标与手段不匹配"和"企业间竞争"这两个主范畴，阐释了新创企业受营销驱动、忽视创新所导致的过度竞争和研发窘境，从而得出第二个属性维度——投机型裂变。

其次，"企业经营规范"和"新进入规则"这两个主范畴，表明产业缺乏制度约束，秩序混乱，模仿盛行。新创企业虽然能够轻易切入但成长乏力，潜在阻力较大，这与创业研究中"合法性"概念类似，从而得出第三个属性维度——合法性不足。

最后，"裂变创业前置条件"和"新企业生成价值"这两个主范畴，既反映了裂变创业基础，也说明了结果价值，从而得出第一个属性维度——裂变具备基础。

同时，核心范畴三个维度之间存在逻辑关系：由于新创企业以投机型裂变为主，加之创新活动合法性不足，使得原有裂变基础由优势变为劣势，导致新创企业虽大量涌现但聚力不足。基于这一逻辑关系，本文将核心范畴提炼为"外部辐射负效应"。

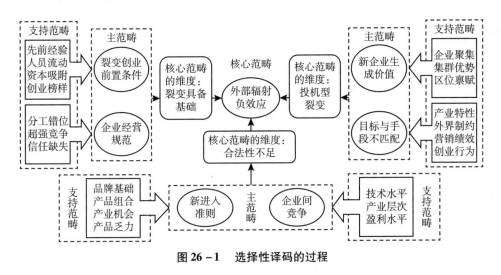

图 26 - 1　选择性译码的过程

26.5　本章小结

1. 讨论

（1）裂变创业的类型与创新动力。

无论是企业成长还是产业发展，关键核心在于"人"。国内外裂变创业表现出企业和人才集聚、科技创新活跃等积极作用（Patrucc，2005）。母体企业与裂变新创企业在产业中的定位明确、分工合理，从而为创新活动的持续展开创造了条件。历史的沉淀成就了淄博陶瓷产业众多类型的裂变创业者，如资金型、知识型、机会型、科研型、创新型等，正是这些创业者的不断涌现与不懈努力，才造就陶瓷产业集群的建立与发展。

然而，淄博陶瓷产业中的裂变创业同质竞争、资源配置不合理，也严重制约了新创企业创新动力与创新水平。本书认为投机型创业占主导、单一类型为主的裂变创业创新激励效应较弱是导致上述现象的根本原因。淄博陶瓷产业的许多裂变创业者，仅仅关注到创业机会，却忽视创新的价值效应与失败的承担能力，基于此种观念创建的新企业未能全面审视发展环境，最终只能"摸着石头过河"。

（2）合法性、互补性资产与协同创新。

裂变创业的合法性是指通过裂变出的新创企业是否能够成功生存，企业并不是孤立存在的，如果无法得到顾客和其他企业的认可，企业会出现合法性缺失的严重问题。淄博陶瓷裂变新创企业转移的大多是通用技术而非关键技术，知识与工艺虽有扩散但尚未形成共享数据库。由于相关政策、市场规制等尚不完善，那些致力于进行突破性创新的企业，难以充分获取新技术带来的商业价值，反而被众多模仿者以更低的产品价格瓜分市场份额，从而导致创新活动难以持续，无法获得既有组织和市场的认可，企业发展举步维艰。

无论是母体企业还是裂变新创企业，创新始终是企业发展的不竭动力，率先开展技术创新的企业要获得成功，重要前提是具备不可模仿的专业化互补性资产，即创新所依赖的资产（Mitchell，1989）。具体到案例集群，如果母体企业的互补性资产在探索式创新后仍具有价值，那么其和新进入企业之间就可以实现广泛合作。经济一体化进程的加快，使得母体企业和裂变企业必须摒弃企业自身的传统竞争观念，积极主动地融入所在的业务链、供应链和价值链当中，只有提升产业集群的整体竞争能力，个体企业才能实现持续发展的目标。因此，本书认为，互补性资产能够引导裂变新创企业合理定位，构建企业间信任基础，提升产品创新合法性，促进合作创新。

2. 结论

（1）投机型裂变导致创新动力不足。

投机型裂变新创企业与既有企业在多层面相互重叠，同质严重。与母体企业相比，裂变新创企业在研发、资金、规模和品牌等方面都存有差距，此类企业主要通过高产量和低价格进行竞争，无力承担技术创新的高成本与高风险。结果，良莠不齐的产品大量入市，以价格敏感性获取短期收益的现象非常普遍，大量新老企业进行同质化的复制模仿型竞争，产业整体利润率下滑，技术创新水平下降并陷入恶性循环。因此在创建初期，裂变创业者需对组织模式和业务类型等方面与母体企业形成差异化或互补化以求得生存，在经过一段时间的积累后，裂变新创企业可以充分利用"船小好调头"的优势，在社会网络交叉中不断进行集体学习与持续创新，营造"百花齐放、百家争鸣"的良好氛围，最终提升产业集群创新层次与水平。

（2）合法性不足制约区域创新网络。

企业行为规范缺乏合法性，产品创新受保护程度低。企业在追求技术创新的同时往往会忽略创新的制度化障碍，陷入"创造力竞争"的怪圈。无论是新创企业还是母体企业，产品创新和研发动力都明显不足，"搭便车"现象盛行。组织及人与人之间缺乏信任基础，这既是人员和资本高速流动的结果，也是动因。企业应该认识到，离开现有制度的纯粹创新并不足以赢得顾客的认可，需要将市场熟知的隐性知识赋予创新成果上，企业行为、产品创新及信任基础合法性不足，影响了关键资源的合理配置，企业间无法形成区域创新网络。为此，裂变创业者有必要采取稳健的创新设计，利用既有行业信息、企业文化、政府规则等逐步改变，走合法化创新之路，实现创新成果的市场化。

（3）裂变具备基础助推辐射负效应。

大量投机型裂变新创企业表现为横向上的同质冗余和纵向上的配套不足。生产社会化的蓬勃发展使得企业之间往往以共同体的形式发展，能否实现价值共创成为企业和产业集群面临的新课题。产品创新合法性缺失，使得市场对产品创新价值的认知较差；企业行为及信任基础合法性不足，导致产业链各环节的专业化分工不深入，产业整体资源配置效率低。裂变类型单一与合法性不足，在裂变创业者与新创企业庞大的数量基数下，进一步放大了外部辐射负效应。因此，无论是对于互补的母子企业还是对于对立的母子企业来说，建立稳定的合作关系不仅有利于帮助自身获取卓越绩效，而且能够避免企业内耗与恶性竞争，形成区域社会网络，实现互惠互利的目标。

3. 未来展望

本章对淄博陶瓷产业裂变创业聚合无力的原因进行了探索性研究，发现外部辐射负效应，进而提出以单一类型为主的裂变创业不具备创新激励效应，互补性资产能够提升创新合法性和合作创新水平等研究结论。

我们认为，后续研究可以优先考虑加强裂变创业本土化特征方面的研究，可深入挖掘中国情境下的裂变创业基本属性和独特规律，系统比较不同类型、不同地区裂变创业的异同，不断深化和丰富裂变创业的理论体系。另外，为了推动案例集群及其组织持续发展，充分发挥裂变创业对区域经济和社会进步的价值作用，后续可以结合制度理论进一步探讨相关政策和产业环境对淄博陶瓷产业的作用影响：一是新的行业政策是否可以降低众多同质裂变企业对人、财、物等资源的浪费、减少因企业破产而导致的负面影响；二是裂变创新成果激励政策能否提升产业集群的创新能力、引导各类企业融入产业升级进程，这些方面均需重点关注。

裂变式发展具有重要的实用价值，与之相对的是"聚变"式发展，过去几年里，各行各业都面临着前所未有的变革和挑战，众多中小企业举步维艰，行业调整压力进一步传导，为了有效应对复杂多变的经营环境，许多企业通过与上下游对接，依托互联网平台实现产业的区域融合，诸如白酒业的改制与转型，浮来春集团成立中国首家白酒并购基金，国内多家知名投资机构以及北京、四川和江苏的一些白酒企业共同参与，换言之，从产权、管理、生产、市场等多层面进行优化配置与资源共享。这一聚变效应，使得中小企业聚合更多、更优质的资源与市场，也提供其改革和发展的动力，足以在短期内加快提升产业的稳定性与有效度。区域企业在"聚变"反应的过程中，往往需要一个较长的博弈过程，是一个不容忽视的问题，针对此现象，需要后续跟进研究。

第27章

跨区域裂变创业新空间
——返乡创业与归国创业

本章导读▶

  随着社会经济环境的不断变化，裂变创业的实践现象呈现出日益丰富和多元的趋势。在政策支持和鼓励下，农民工、大学生、退役军人等返乡入乡创业，推动城市各类人才投身乡村产业发展；海外学子感知祖国召唤，选择归国创业，凭借自身所学技术与知识，投入到祖国经济发展与科技创新事业中。创业新主体，新模式如雨后春笋般不断涌现，为我们提供了无尽的探索和学习的机会。本章我们将讨论返乡创业与归国创业的热点议题，分析如何去理解和研究这些实践现象，阐述研究意义和期望的目标，并展示如何借助裂变创业的理论与发现帮助我们揭示这些现象背后的底层逻辑。我们期待读者通过阅读本章，能够获得新的启示和灵感，赋能自身创业活动和科学研究。

27.1 研 究 背 景

1. 返乡创业：农村发展新引擎

  近年来，随着乡村振兴等国家战略的实施，返乡创业成为学术界和实践界共同关注的热点话题。根据农业农村部统计，2021 年全国返乡入乡创业人员达到 1120 万，不仅创业主体更加多样化，而且创业项目涉及众多新业态，进一步推动乡村振兴战略的有效实施。国务院亦在同年发布的《关于印发"十四五"推进农业农村现代化规划的通知》中明确提出支持返乡创业。如今，中国劳动力返乡创业实践正迈入新时代，成为解决高质量发展阶段不平衡不充分、城乡区域发展与收入分配差距较大等亟待解决问题的有效抓手，也为乡村振兴、防止返贫、共同富裕等国家战略提供坚实基础。然而，在如火如荼的返乡创业实践背后，存在着创业者认知不足、创业效果评价体系缺失、创业生态系统及支持政策不完善等诸多问题，制约了返乡创业实践的发展。特别是在返乡创业群体逐步扩大的情况下，需要对新时代背景下返乡创业实践中的一系列重大问题进行专门和系统的研究。这些问题集中体现在学界对新时代返乡创业的科学规律缺乏深入挖掘，对其社会影响与经济效益难以有效度量，以至于无法为政策制定提供有效的理论支持。因此，针对蓬勃开展且日趋复杂和多样的新时代劳动力返乡创业实践，亟须对实践背后的底层逻辑与相关机理展开研究，探索并构建新时代劳动力返乡创业理论框架，从而在多层面为返乡创业实践提供理论指导，最终助力乡村振兴等国家战略有效落地和我国高质量发展目标实现。

正如我们所看到的，返乡创业在激活农村经济、推动地方发展上起到了关键的作用。这种模式将人才和资源聚集到了乡村，激发了新的经济活力。然而，这只是一个画面，同样的创业热情也照亮了另一条道路。那就是，海外人才归国创业，他们带回的不仅仅是海外的经验和技术，更重要的是创新的思维和全球化的视野。他们对中国经济的发展，尤其是在科技创新突破方面的贡献是不可忽视的。

2. 归国创业：创新突破排头兵

创业是保持我国经济增长的重要手段。其中，由归国人员兴办的创业企业因其创新性和独特的竞争优势更是成为中国创业的中坚力量（Bhawavatula et al.，2010）。随着全球化进程加快，国内营商环境持续优化以及互联网等新兴技术的应用普及掀起了新一轮的创业热潮（周冬梅等，2020），越来越多的有海外留学及工作经历的高层次人才选择归国开展创业活动。在我国日益显著的科技崛起和创新突破背后，作为海外技术知识向国内转移的重要载体，归国创业者扮演了重要的角色。如今，归国创业并非新涌现的实践现象，学界围绕归国人员的创新、技术知识溢出和他们所创办企业的绩效等方面进行了深入研究，并取得了丰硕的成果。有学者认为归国人员丰富的海外经历，使其具有良好的教育背景，国际化视野以及丰富的海外网络资源等优势（Wang et al.，2011；Kenney et al.，2013），将有效推动企业创新，提升创业生存率（黄伟丽等，2021）。但通过我们长期调研与观察，发现归国人员在创业中遇到创业环境的不适，对本国创业生态环境的了解不足，对本土市场运行机制理解不够等，诸多问题与挑战最终迟缓和阻碍其归国创业的进程，甚至导致其创业失败。对于因海外与国内在文化制度、社会结构、营商环境，政策法规等方面差异所带来的负面影响，我们普遍称为归国人员遇到了"水土不服"问题（赵文等，2017）。对于这一难题，实践与理论界尚未找到有效解决手段。因此，如何帮助归国人员实现"再本土化"，即提升对本土环境的适应程度进而助其有效创业问题亟待我们研究。

至此，我们已经略览了返乡创业和归国创业的基本概念，了解了其对经济发展的积极作用和我们研究的意义。接下来，为了更深层次地理解这两种创业模式，我们将回顾相关理论，帮助读者形成更全面的认识。

27.2　返乡创业与归国创业理论梳理

在接下来的部分，我们将深入到返乡创业的世界，从劳动力流动到乡土文化的角度，对相关文献进行详细的梳理。让我们一同探索返乡创业的多元面貌，并揭示其中蕴含的深厚内涵。

1. 返乡创业相关文献

（1）返乡创业相关研究。

返乡创业是指在外劳动力完成资金、技能、经验等资源积累后，返回家乡开展创业活动的过程。返乡创业研究始于学者针对 20 世纪 90 年代末进城务工的农民工出现"逆打工潮"现象展开，并发展成三个研究阶段：

第一阶段（1994～2007 年）。20 世纪末兴起的"民工潮"使最早外出就业的农民工获得原始资本积累，并出现回流"创业潮"的现象，理论界将其作为"民工潮"的派生现象展开研究（王西玉等，2003）。学者以农民工为主要研究对象，对其返乡创业现象进行定性描述，归纳相关影响因素以及相关创业挑战和应对策略，探讨返乡创业对农村城镇化发展的影响（张善余，1996；赵阳等，2001）。

第二阶段（2008～2014 年）。中央政府为缓解 2008 年金融危机引发的就业压力，鼓励有条件的群体返乡创业。学者开始将大学生、新生代农民工等纳入研究范畴（姚旋等，2012），运用创业动机理论、推拉理论、资源基础理论等剖析返乡创业影响因素、创业意愿、政策绩效等问题（张秀娥等，2010；朱红根，2012），重点关注返乡创业背后的多样化成因，开展了大量实证研究，并试图将返乡创业与新农村建设联系起来，为后者提供理论指导（阳立高等，2008）。

第三阶段（2015年至今）。随着"大众创业，万众创新"政策的出台、乡村振兴战略的全面实施以及数字技术的蓬勃发展，劳动力返乡创业迎来新"热潮"，返乡创业研究也随之百花齐放。首先，研究对象涵盖了更加多元的主体，除了农民工、大学生，以科技人员、企业主、归国人员为代表的拥有更丰富资源的人才加入返乡创业行列，挑战了原有的主体划分标准（李群峰等，2019）。其次，研究议题更加细化，创业环境、创业形式和创业结果等吸引了更多关注（方鸣等，2021），创业生态系统、绿色创业、互联网创业等成为热点话题（杨秀丽，2019）。再次，理论视角更加多元，创业学习、社会网络等更多理论得以广泛应用（汪昕宇等，2018）。最后，研究方法多样化，虽然量化实证研究仍占主流地位，但案例研究、扎根理论、定性比较分析等新方法也得到更多采用（韩旭东等，2022）。

由此可见，近年来返乡创业研究已经不再局限于简单的案例分析或现象描述，而是围绕返乡创业实践从更加理论化的角度深入剖析返乡创业者及其行为与环境要素对于创业结果的影响机理。但既有研究割裂返乡创业的前后情境，往往以个体为主要切入点，不仅忽视了多主体协同联动这一新兴实践趋势，还对返乡创业个体—组织—生态系统等多层面的行为、模式与效果的机理挖掘与效果评价等重要问题缺乏系统性研究。返乡创业研究尚缺乏从多主体、多层面开展研究的整合性理论框架，因而极大地限制了对返乡创业实践的理论支撑力度。

返乡创业是劳动力流动的一种体现形式，它反映了人力资源的地理分布和利用效率。随着经济的发展和社会的变革，劳动力流动的模式和趋势也在发生变化，这对返乡创业产生了深远影响。接下来，我们将回顾劳动力流动的相关研究，这会帮助我们全面地理解返乡创业的研究现状和未来发展。

（2）劳动力流动相关研究。

我国劳动力流动趋势与工业化进程、国民经济战略息息相关。20世纪80年代后期，随着经济发展与户籍约束放松，出现了大量农村劳动力流向城镇的现象，相关研究由此兴起并形成三个研究阶段。

第一阶段（1992～2007年）。1992年，我国社会主义市场经济体制目标的确立引发农村劳动力迁移的大幅增加，学者围绕劳动力流动的特点（关吉，1997）、存在的问题（谢桂华，2007）以及对经济发展的影响（陈翔和唐聪聪，2021）等展开大量研究，而农民工正是此阶段的主要研究对象（王西玉等，2000）。

第二阶段（2008～2014 年）。2008 年全球金融危机后，许多农民工因失业而不得不返回家乡，形成一股"返乡潮"。该阶段劳动力呈双向流动的特点，对此，学者重点分析了劳动力流动的推、拉力因素（邢春冰等，2013），发现外出务工积累的物质和经验是农民工返乡创业的关键驱动因素（辜胜阻和武兢，2009）。

第三阶段（2015 年至今）。2015 年国家出台"大众创业、万众创新"政策，随后党的十九大报告提出乡村振兴战略，越来越多的农民工、大学生返乡创业（黄祖辉等，2022），形成新一轮劳动力返乡潮。在此背景下，学者主要探讨了农村劳动力流动的微观动因、内在机理和相关影响（宁光杰等，2022；黄敦平和方建，2021），认为合理引导劳动力回流有助于实现乡村振兴等国家战略的实现（文丰安，2021；李芳华和姬晨阳，2022）。

综上，乡村振兴背景下劳动力流动呈现多主体返乡创业、由单向变为双向流动等新特点。劳动力流动由单一主体走向多元主体意味着亟须挖掘新时代返乡创业的主体特征及其行为规律；劳动力流动趋势总体上与国家政策演化相一致，有必要在研究劳动力流动驱动机制基础上进一步优化政策体系。

乡土文化，是中国人内心深处的情感纽带，它不仅是我们的文化根脉，也是我们的精神家园。对于许多选择返乡创业的人来说，乡土文化的影响不可忽视。对于我们理解和研究返乡创业亦十分重要，令我们能够更准确地溯源返乡创业者的创业动机，更有利于挖掘返乡创业的独特情境。

（3）乡土文化相关研究。

乡土文化是近代才普遍使用的概念，目前尚未有明确定义。费孝通（1998）认为文化是依赖象征体系和个体记忆而维护的社会共同经验，中国文化的本质是乡土文化，是一种立足于差序格局的礼治社会，以血缘和地缘为纽带的礼治秩序规范着社会成员的生老病死（费孝通，1998）。改革开放后，学者开始从宏观视角关注市场化引发的农村改革与文化变迁（胡潇，1993），从广义文化的角度探讨城市与乡村文化发展（甄峰等，1999）。随着党的十六届五中全会提出建设"社会主义新农村"，学者逐渐从中观视角分析乡土文化传统的经济功能（朱方长和李红琼，2005），针对新农村建设中乡土文化再生产（李佳，2012）、乡土文化对农村发展转型的影响（李迎成，2014）等展开研究，并开始对新生代乡土知识青年回流现象进行了考察（安超，2015）。随着党的十九大召开，我国社会进入新时代，乡土文化在时代境遇中实现变迁（孙喜英，2017），学者开始从微观视角关注基于乡土文化认同的农村劳动力返乡创业现象（王辉和朱健，2021）。一方面，出于对传统生活方式的追忆（姜法芹，2017），乡土文化认同感使得农村劳动力趋于选择返乡生活（罗兴奇，2016）；另一方面，"富而不忘桑梓"的乡土文化也推动着精英人才返乡创业（丁京，2022）。学者发现，乡土文化能够助力乡村产业发展（秦会朵和范建华，2022），但城市化进程中乡土文化的道德价值湮没所造成的现代工业文化与乡村文化的意识冲突也制约着返乡创业个体及其企业的发展（肖翔尹和郭星华，2022）。

综上，乡土文化研究呈现由宏观现象考察到中观问题探究再到微观情境聚焦的转变，近期研究进一步探讨了乡土文化对返乡创业的促进与制约效应，然而乡土文化在返乡创业个体、组织甚至生态层面的影响机理仍有待深入探讨。

（4）现有研究评价。

首先，现有返乡创业研究对创业前因、过程和结果开展了大量探究，积累了丰富的成果，但仍存在如下重要缺憾：其一，近年来劳动力返乡创业呈现明显的时代特征和实践趋势，表现为主体联动化、动力社会化、形式多样化、结果生态化以及政策系统化，但现有研究对这些时代特征和实践趋势缺乏足够的关注；其二，现有研究对返乡创业个体—组织—生态系统等多层面的行为、模式与效果的机理挖掘与比较评价等重要问题缺乏系统研究，有必要从多主体、多层面开发整合性理论框架，从而为返乡创业实践与政策实践提供学理基础。

其次，乡土文化研究为返乡创业的关键社会文化情境提供了深刻的理论洞见，但现有研究尚未深入挖掘这些情境因素对于返乡创业动机、行为与结果的深层次影响，亟须把返乡创业和乡土文化研究相结合，进一步挖掘乡土文化的情境效应。

最后，劳动力流动研究注重宏观趋势描述和动力机制挖掘，为返乡创业实践刻画了重要的背景画面，但缺乏与返乡创业实践相联系的微观洞察，特别是劳动力流动的多重动力机制能够为解读返乡创业前因、行为与结果提供了重要启发，有必要在未来研究中加以探究。

现在，让我们将目光转向归国创业，一同去挖掘归国创业在科技创新、人才回流等方面的研究文献。让我们一起揭开归国创业背后的深厚内涵和其在驱动中国经济发展中的关键角色。

2. 归国创业相关文献

（1）归国创业研究现状。

历经二十多年的发展，归国创业领域的研究层次从起初的定义概念，逐渐转向归国人员知识溢出对本地经济影响的研究（Filatotchev and Wright，2009）。当前的研究已经引入了网络视角和资源基础理论等，将新创企业的发展模式（Wang et al.，2011；Kenney et al.，2013；彭伟等，2017）和绩效表现问题（Li et al.，2012；严卫群等，2019；黄伟丽等，2021；李德辉等，2022）放在了焦点位置。文献回顾和整理揭示出归国创业研究的发展和深化可划分为三个阶段（李乾文等，2016）。

第一阶段（2001～2007 年），自我国加入世贸组织以来，经济进入黄金发展期。在这一时期，海外取得先进技术的人才在创业浪潮的推动和国家政策的鼓励下，开始返回母国创业。尽管初期的研究致力于发掘"归国派"的特性、属性，只有少数研究者开始探讨归国人员对当地经济建设的推动作用（Commander et al.，2004）。

第二阶段（2008～2011 年），2008 年的全球金融危机引发了我国第二次归国创业浪潮。学者们从关注"海归"概念转变为探索归国人员返回本土带来的知识、技能溢出以及对本土经济的影响。例如，有研究表明，归国创业企业在技术知识等方面优于本土创业企业（Dai et al.，2009），同时菲拉托切夫（Filatotchev）和莱特（Wright）等发现归国人员有助于企业的创新，从而提升企业整体绩效。

第三阶段（2012 年至今），经济全球化进程的加速也带动了归国创业研究的显著发展和丰富成果的产出。依托已有的研究发现和理论，众多学者深挖了更多研究问题，如李德辉等（2022）的研究表明，归国人员的海外商业机会、本土市场壁垒、团队文化冲突等因素可能削弱其优势，导致其创业企业并不占优。随着研究深入，有研究开始将归国创业研究与其他学科相结合，以更全面地理解创业现象。例如，葛宏翔和梁微（2020）的实证研究表明，从事创业活动的归国人员的社会资本通过科技研发能力的中介作用对初创企业的生存性和发展性绩效产生了正面影响。另外，一些学者还从企业层面研究了海归创业企业的国内创业网络（严卫群等，2019），双重网络嵌入均衡（彭伟等，2017）以及归国人才知识密集度（柳卸林等，2020）等对新创企业绩效的影响。

关注、剖析归国创业者的创业过程，能够助力我们识别这段经历中的关键事件、重要节点，包括机会识别、资源获取、组织建设和市场推广等。接下来我们将梳理创业过程相关研究，这会帮助我们揭示创业成功或失败的主要因素、行为特征，亦能发现创业实践中的问题，以及创业者的应对措施。

（2）创业过程相关研究。

围绕创业者创业过程，众多学者已经缔造了丰富的研究成果，其研究视角主要有两种：狭义和广义。在内容上，早期的研究多聚焦于对创业过程的定义以及过程模型的精炼。例如，高德纳（Gartner，1985）提出了一个涵盖个人、组织、环境和过程的四维度的理论模型。而蒂蒙斯（Timmons，1999）则强调了创业过程的动态性，提出了机会、资源、团队驱动的创业过程模型。进一步的研究提出创业过程不仅包括新企业的创建，还应考虑新企业的成长和发展过程以及其对创业者和宏微观环境的影响。这一理念体现在雷诺兹（Reynolds，2005）和巴伦（Baron）等的多阶段创业模型中。国内虽然开始研究创业过程较晚，但在国外经典模型的基础上，国内学者结合了大量中国本土的创业活动实践，提出了具有中国特色的创业科学研究。例如，林嵩等将西方三种主流创业模型进行了系统对比，并强调了创业过程研究对中国创业实践的重要意义。另外，针对归国创业的特点，学者们也构建了相关的创业过程模型，如彭伟和符正平提出的归国创业过程模型（彭伟等，2015）。创业过程研究在对特定创业类型和背景下新企业创建过程的独特性进行深入探索的同时，也在进一步发展和深化，例如宾施托夫等提出的裂变创业过程模型（Buenstorf et al.，2016），以及国内学者如王海花等提出的双路径创业产出模型（王海花等，2018）和李志刚等的连续创业过程模型（李志刚等，2022）。这些研究为我们理解创业过程的多样性和复杂性提供了重要的参考。

（3）现有研究评价。

总的来说，尽管目前归国创业、创业过程研究领域在国内外已取得了诸多突破，但仍存在待完善和进一步深化的空间。研究创业过程的初衷在于寻找创业成功的普适规律，以便为创业者的实际行动提供理论指导（叶明海等，2011）。虽然现有的围绕归国创业现象开展的研究已经对创业过程中的主要节点进行了解析，并尝试性地构建了归国创业模型。但随着全球经济复苏，创业环境不断变化，以及国内创业政策调整等因素的相互作用，孕育出归国创业新的实践现象。通过我们的追踪访谈和实地考察，发现归国创业的路径和模式也在悄然发生着变化，不同于早期的归国创业者返回故土后的径直创业行为，"新生代"归国人员更倾向于选择在国内先就业，再创业，即以裂变方式开展创业。对此既有研究尚未关注，且该现象日趋常态。涌现出新的关键事件与重要节点使得现有理论与研究发现无法完整揭示其创业现象，无力指导归国人员在本土进行创业活动，这有悖于创业过程研究的根本目的。有鉴于此，我们认为重新审视归国创业，探究创业主体在这一过程中诸多问题、各项决策、行为特征等将有助于我们弥合实践与理论间的鸿沟。

27.3　新时代返乡创业热点议题探讨

1. 返乡创业的热点议题

凭借返乡劳动力的丰富经验和科学管理以及地方政策和硬件支持，返乡创业企业通常具有高生存性和高成长性，且通过结合当地资源优势和参与区域产业链合理配置，新创企业与当地产业更易实现协同发展、良性互动与价值共创，进而促进地区商业生态系统的演化。新时代劳动力返乡创业能够充分利用农村闲置创业资源与城镇人才优势，促进地区产业集群的形成与发展并提升农村创业创新能力，进而解决农村就业、巩固脱贫攻坚成果、推动城乡统筹发展，并最终为中国经济高质量发展和社会和谐稳定贡献重要作用。通过对返乡创业实践现象的持续关注，我们识别出返乡创业相关的重要且有趣的议题，后续也将对其开展科学研究，并在下面逐一讨论。

（1）返乡创业主体有何特征、类型、行为及联动规律？

随着乡村振兴战略的实施、城乡融合发展的推进，使得乡镇、农村等劳动力流动放缓，越来越多的精英人士返回故乡创业，造就逆城市化的"返乡流动"。参与返乡创业的劳动力的主体更多元，返乡创业人员较之前数量更多、来源更广，各主体之间的互动联系亦更加紧密。返乡人员早已扩展到科技人员、工商业主以及高校和科研机构在内的社会各界。这些创业主体具备更丰富的工作经历和社会经验，拥有更宽阔的经济技术资源和社会网络，能够更加有效地形成创业意愿、识别创业机会，完成从"打工仔"向"创业者"身份转换。

但现有研究多关注于农民工、大学生此类传统返乡创业人员，缺乏对新兴主体（如科技人员、城市工商业主等）的研究讨论。对此，我们将关注返乡创业的创业主体，挖掘不同返乡创业主体的特征，提炼对比多主体间共性与差异；以创业执行者、机会提供者、资源支持者等以主体特征和主体行为作为划分依据替代现有以农民工、大学生、科技人员等以职业为依据划分新的返乡创业主体类型；分析如返乡创业园区、所在区域相关产业链、价值链等返乡创业生态系统内其他利益相关者与创业主体间互动关系的形成机理、演化效应、治理机制等维度，构建返乡创业的"IPO"生态系统多主体联动框架，以期更基础地了解是谁（who）在从事返乡创业。

（2）如何驱动返乡创业主体创业意愿转化为实际行动？

乡村振兴，人才是关键。新时代下，创业动因受到的影响因素更加复杂。一方面，不稳定的外部环境影响创业机会的识别，为返乡创业者的意愿形成催生了新的外部变量。另一方面，创业主体的自身经历导致创业行为的产生，为返乡创业者的落地实施贡献内部力量。现有关于新时代劳动力返乡创业的研究虽保有部分传统返乡创业者的个人特质因素、宏观环境影响等，但现有实践和调查表明，不同创业主体在身份转化过程中展现出不同的心理状态和行为表现。因此，我们的研究将聚焦于返乡创业主体的动力形成与行为转化。首先，基于对先前返乡创业问题研究的梳理，结合返乡创业特点与初步调研实践情形，对于不同行为主体的返乡创业动力及影响因素展开探讨。其次，深入分析创业返乡不同主体动力与行为的相关影响因素，从返乡创业主体要素、返乡创业资源禀赋、新时代情境要素三个维度进一步完善行为转化的影响因素。最后，基于创业主体身份转换的理论视角，明确理解"原始身份及行为—返乡创业意愿形成—行为落地成为返乡创业者"的整体过程，迎合国家扩展返乡创业人才队伍的实际需求，分析返乡创业动力形成和行为转化过程的特殊性及复杂性，立足实际，得出有效加强及培育新时代劳动力返乡创业人才的对策及建议，以期更明确创业主体为什么（why）要进行返乡创业。

（3）返乡创业模式选择与路径升级如何促进创业企业发展？

新时代劳动力返乡创业模式显现类型多样化和生态联动性。一方面，城乡数字化趋同激发商业模式多元化，乡村生活直播、农产品带货等新商业实践崭露头角，吸引众多企业关注乡村市场。另一方面，返乡创业重视与其他主体和产业协同联动，构建了创业资源共享的生态系统。地方政府也在助力形成有区域特色的创业产业集群。尽管乡村互联网创业、支书营销等新时代创业实践受到学界的关注，但商业模式影响因素、模式类型和发展趋势的系统研究有待深化。有鉴于此，我们将重点剖析新时代劳动力返乡创业过程。首先，结合新时代劳动力特征、创业环境要素等关键要素，探讨影响返乡创业模式的硬、软要素。其次，以"企业外部资源的利用成功度"和"企业家精神"为基础，构建二分法框架，划分返乡创业模式类型，总结其设计与创新规律。最后，依托国家战略指导，总结不同模式演化路径，关注返乡创业企业的需求拉力、竞争推力、内部动力等影响，以创业生态系统为情境，从共生视角下发掘乡村创业机会，揭示返乡创业生态系统的螺旋式上升机制，实现多产业融合发展，以期更准确解读创业主体如何（how）进行返乡创业。

（4）如何有效评价返乡创业效果以促进多层面价值提升？

返乡创业重视经济效益与社会效益，并视地区背景和资源禀赋产生差异化影响。高质量人才返乡创业孕育出新创企业，推动地区经济，创造高潜力就业机会，促进社会协同发展。借助数字化资源，他们实现技术空间拓宽和产业生态化发展，积极响应习近平主席的农业农村现代化号召。已有研究提出返乡创业的地区资源对创业效果的影响，而尚未就具体地区因素与各类绩效间影响形成系统的理论模型，且由于新时代经济、社会环境变化迅速，原有评价的有效性也受到挑战。因此，本部分将聚焦新时代劳动力返乡创业的创业结果。寻求返乡创业在不同情境下的"最优解"是重要目标。首先，结合微观评价指标，从生存绩效、成长绩效和创新绩效三个层度纳入产业、乡风、治理、富裕及生态五个层面的多元维度特征，研究不同维度指标间的作用机理和权重。其次，依据新的评价体系，对返乡创业的典型地区采取多阶段抽样，应用多种模型，辨识返乡创业的效果及差异，探索标准、测度、情境匹配机制、优化方式。最后，考察不同情境下返乡创业模式的适应性，研讨"劳动力返乡创业—区域政府支持"的双元匹配机制，得出提升返乡创业效果的方式，以期更直观地感受返乡创业效果如何（what）。

（5）如何提升与优化新返乡创业政策体系和保障措施？

近年来，我国政府为助力劳动力返乡创业，推出了一系列全面的政策措施，主要变化集中在实施要求、实施对象、实施方法三个方面。首先，实施要求更具时代意义，侧重高质量发展与乡村振兴并进，政府以补齐发展短板、优化环境、激发创新活力为主线，不断完善创业环境和降低成本。其次，实施对象更广泛，包括农民工、大学生以及留学归国人员、科研人员等，旨在加速乡村振兴和脱贫，稳定创业成果。最后，实施方法强调深化改革与优化支持性政策，并行推进，如重点建设创业园区，强化人才引进。新政策聚焦我国社会发展新特征、新要求，强调新时代社会主要矛盾变化。然而，当前发展不平衡问题突出，需要进一步研究政策实施与协同效果。因此，我们将重点研究返乡创业的制度情境。返乡创业政策对新主体、新模式、新效果的发展起到重要推动作用。首先，将对过往返乡创业政策进行梳理，归纳其特征、发展规律，识别优势与不足。其次，将从创业主体、模式、绩效等方面考察政策效果，挖掘优秀的政策组合。最后，我们将结合新时代、新主体、新模式、新效果，设计"返乡创业支持政策体系"，构建返乡创业高质量政策体系，以期更有效地保障我国（where）返乡创业更为科学地进行。

针对以上几个热点议题，我们将充分借鉴和依托裂变创业相关的理论和研究发现。原因在于，裂变创业是指从现有组织中诞生新企业的过程（Wallin，2012）。返乡创业主体从母体企业离职后返回家乡创业既是裂变创业的形态，也是返乡创业的重要形式，体现了裂变创业与返乡创业的衔接。近年来，裂变创业研究趋向从裂变企业与母体企业两类视角（Bruneel et al.，2013）探讨两者的互动，研究主题如大型企业主导推进裂变创业（李志刚等，2017）、母体企业与裂变创业的交互作用（李志刚等，2020）、裂变创业与产业演化的协同促进（Adams et al.，2017）等均与返乡创业研究议题有所关联，且这些研究均涉及多样化的创业动力机制、宏微观创业情境因素的影响、创业行为的多元性与创业结果呈现多层面效应等。因此，裂变创业研究亦能为返乡创业提供理论素养。

2. 返乡创业的研究意义

针对返乡创业的研究，旨在深化对返乡创业现象的理解，揭示其对地区经济、社区和文化的影响，并期望找到支持和优化返乡创业的有效途径，以实现乡村振兴和农村经济的可持续发展。接下来，我们将深入从三个方面阐述返乡创业研究的重要意义和预期目标。

（1）学术观点创新。

我们的研究将立足于国家乡村振兴战略的需求，从交叉学科、协同创新的视角研究返乡创业问题，旨在形成以下几个方面的学术见解：第一，理清返乡创业主体的内涵、分类与特征，探索各主体间高效协作助力创业的联动机制，重新诠释返乡创业主体特征。第二，识别返乡创业的关键驱动因素，描绘多元主体驱动要素与资源禀赋之间的动态平衡，梳理创业者与创业情境互动下的行为决策逻辑，提炼返乡创业动力机制理论模型。第三，挖掘返乡创业模式的影响因素和类型特征，设计不同创业模式的优化路径，实现返乡创业生态系统的跃进演化。第四，建立契合新时代内涵的返乡创业绩效评价体系，从横纵两个维度辨析返乡创业绩效水平及差异，甄别在不同情境下各创业模式实施绩效的差异，完成返乡创业模式的精准匹配机制设计。第五，梳理国内外返乡创业支持政策的发展历程，识别我国现有政策的优劣势，归纳提炼高质量返乡创业地区的政策体系特征，构建不同主体、不同项目、不同模式下满足精准性、协同性和匹配性的政策体系。

（2）指导新企业嵌入商业生态系统实现高质量发展。

我们的研究关注如何通过劳动力返乡创业来推动乡村发展，并针对性地指导创业实体有效地融入返乡创新创业生态系统，实现高品质发展。一方面，通过概括并总结返乡创业的动力形成和行为路径，我们能为提升创业企业的市场竞争力提供实践指导。企业可以根据不同地区和主体的驱动因素的差异选择适合自己的新模式，并根据新模式的能力要求采取新的实现路径，以突破企业成长中的关键难题。另一方面，创业主体、企业和环境共同构成的生态系统能确保返乡劳动力根据特定情境科学、合理地选择资源，发现并针对市场竞争中的弱点进行改进与提升。

（3）服务政府部门决策。

为政府相关部门制定新时代加强和优化劳动力返乡创业政策提供理论依据和实践指导。具体包括以下几方面：首先，通过分析返乡主体的类型和特性，政府部门可以为不同主体定制更贴近现实的法规制度。新的返乡创业模式和路径也能为政府政策制定提供直接建议。其次，建立新创企业创业效果评估系统和返乡创业情境匹配机制，有助于政府部门对返乡新创企业的潜力进行评估，及时了解其与创业环境的适配度。形成的中国返乡新创企业案例数据库能直接为政府决策提供数据分析和理论支持。最后，通过构建符合精确性、协调性和匹配性的政策体系，优化返乡创业政策和创业实践的协同发展，推动中国乡村优质营商环境的建设。

27.4　新时代归国创业热点议题探讨

在我国科技崛起和创新突破过程中，归国创业者充当了海外科技知识向国内转移的重要媒介。利用其在海外所掌握的先进技术、知识经验，结合中国发展切实需求开展创业。凭借自身接触到最新的科技发展动态、企业管理理念，以及新颖的商业模式等，在推动新创企业实现跳跃式发展的同时，也促进了相关产业链的创新和升级，进一步推动了中国经济的高质量发展。然而，我们在聆听归国人员的创业故事时，也了解到多年的海外生活使其在归国初期有强烈的不适应和陌生感，表现为无法准确理解国内市场环境，快速适应市场以把握市场机会，延迟其创业进程，甚至迫使其放弃创业。一直以来，如何克服"外来者劣势"和解决"水土不服"问题困扰着归国创业者，也是学界尝试解开的谜题。对此，我们察觉到裂变创业相关的研究发现和理论观点或许可以为解决谜题提供独特视角和工具，具体如下文所述：

1. 梳理创业行为，甄别创业决策影响要素

目前，归国人员在返回中国大陆开展创业活动时有两种路径选择，一是直接创业，二是选择一种更为稳健的方式：先就业，然后再创业。我们根据选择不同路径开展创业的归国人员自述中可以得知，前者在实施创业时面临更大风险，例如，在没有就业经历的情况下直接创业，可能对国内的商业环境和市场态势理解不足，以及在行业资源和人脉积累上也存在短板。更具体地，可能会出现市场定位不准、商业模式设计不合理、管理团队配合不足等状况，这些都将会影响到创业的成功率。相对地，以裂变方式实施创业的归国人员通过在既有的工作环境中收集各类资源，例如商业环境理解、行业信息、市场规则，以及社会网络，与他们在海外积累的专业知识和技能相结合，形成一种具有竞争优势的创业资源，并以此为基础实施创业可以有效降低创业风险，同时也提供了更多的机会去探索和调整创业方向。通过关注两种路径和模式选择截然不同的创业案例，我们分别归纳创业过程中的关键事件与节点。在此基础上，进一步探究在同一情境下，例如本土资源禀赋不足或本土网络缺失时两类创业者不同的应对策略，甄别影响创业主体决策时的核心要素，这将有助于我们进一步挖掘阻碍归国人员于本土创业的原因和作用机理，为后续理论研究和实践指导提供借鉴。

2. 解读身份转化，破解困局，助推创业

归国创业者踌躇满志，希望用他们从海外掌握的知识和经验在本土开展新的创业活动。然而，创业的成功与否需要本土团队的支持与配合。具体而言，虽然归国创业者在技术或商业知识上具备优势，但他们对本土的商业环境、市场需求和消费行为偏好了解不足。甚至创业者自身的观念认知，管理风格，处事方式等也随着海外生活发生了转变。调研中我们发现，很多本土团队成员将归国创业者视为"外来者"。他们对归国创业者的工作指导和管理风格有质疑，甚至产生抵触情绪。例如，有一位归国创业者表示，自己从事纳米材料研发多年，相关的工作流程和行为准则皆按照在海外实验室的要求严格执行，归国初期接触本土研发团队时，按照自己熟悉的行为准则引导团队成员工作却遭遇抵触。出现这种情况有两方面原因，其一，海外与国内在某些技术领域存在较大发展差距，而本土研发人员对新技术理解不透、认知不足，导致其对于研发工作中的流程、操作规范以及危险性认识不够。其二，归国创业者在文化适应、沟通方式、工作习惯等方面可能与本土团队存在显著的差异。这种差异有时会导致误解，甚至冲突，严重影响了创业活动的进展。对于归国创业者转变"外来者"身份，消除负面影响，母体企业（就业企业）起到了重要的作用。它为归国创业者提供了一个实践和学习的平台，使他们能够直接接触和理解本土的商业环境。同时，母体企业也可以通过内部培训和指导，帮助归国创业者理解和适应本土的商业文化，寻找到与本土创业团队成员沟通交流的有效途径与方式，构建和谐团队，提升协作效率，助推创业。

27.5　本章小结

我们围绕返乡创业和归国创业两类新时代背景下裂变创业实践展开讨论。首先，系统梳理和回顾了返乡创业，以及与之联系紧密的劳动力流动和乡土文化相关研究的现状，并基于我们的认识对其作出评述，指出目前相关理论研究的空缺。其次，以我们掌握的理论为基础，结合新时代背景下返乡创业对解决农村就业、巩固脱贫攻坚成果、推动城乡统筹发展，并最终为中国经济高质量发展和社会和谐稳定的推动作用，识别出当下返乡创业的热点话题，并系统阐释了针对这些话题的研究将对理论发展，实践指导以及政策制定有何种意义和影响。再次，我们围绕归国创业也提出对当前实践中普遍存在的"外来者劣势"和困扰学界许久的"水土不服"问题，将运用裂变创业研究相关理论、视角和工具尝试揭开归国创业研究谜题的思路，并予以论证。最后，我们在这里为读者辨析返乡创业和归国创业的共同特征，以期更加深刻地了解两类创业现象。

返乡创业和归国创业在创业主体特征、创业路径、模式选择方面有相似之处。首先，两者都涉及人才（劳动力）流动的问题。无论是返乡创业还是归国创业，都需要创业主体从一种环境中脱离，返回到另一种环境中，纵然我们这里讨论的是返回到曾经生活的地区从事创业与经营活动，但依旧涉及两地在文化风俗、生活方式、创业环境等多方面的巨大差异。其次，返乡创业和归国创业的创业主体通常都有着较为丰富的经验和资源。他们在离开家乡或者国家期间，通常会积累大量的知识、技能、人脉资源等，这为他们回归后的创业活动提供了重要的支持。再次，两者的创业主体在行为和决策方面都受到乡土文化（家国情怀）的深刻影响。乡土文化中包含的家庭亲情、乡土情结以及对土地的眷恋，构成了他们强烈的归属感。对于返乡创业者来说，这种归属感驱使他们回归故乡，利用自身的知识和技能为家乡的发展作出贡献，从而实现自我价值。而对于归国创业者而言，家国情怀使他们对祖国的忠诚与热爱转化为行动，决定返回祖国创业。这种情怀也体现在他们的创业理念和企业发展上，他们愿意将在海外学习或工作期间积累的经验和资源，投入到国内的创业项目中，以此推动国家的经济社会发展。最后，返乡创业和归国创业都面临着相似的挑战。这些挑战可能包括创业主体对新环境的适应、对新市场的熟悉、对新文化的理解等诸多方面。我们的研究也在继续，未来将可能采用交叉思考，相互借鉴方式共同推进研究进程。

参 考 文 献

[1] 宝贡敏，史江涛. 中国文化背景下的"关系"研究述评 [J]. 心理科学，2008，31（4）：1018 - 1020.

[2] 蔡莉，赵镝，朱秀梅. 女性创业特性研究 [J]. 科学学与科学技术管理，2005（9）：43 - 47.

[3] 蔡宁，刘志勇. 企业家成长环境理论及其启示 [J]. 外国经济与管理，2003（10）：2 - 7.

[4] 曾楚宏，朱仁宏，李孔岳. 新创企业成长的组织合法性获取机制 [J]. 财经科学，2009（8）：64 - 72.

[5] 陈冲，杨自伟，余彩婷. 资源拼凑视角下创业团队创造力的形成机制研究 [J]. 经济经纬，2023，40（3）：118 - 127.

[6] 陈刚. 管制与创业——来自中国的微观证据 [J]. 管理世界，2015（5）：89 - 99.

[7] 陈明，张姝骁. 女性创业者的创业动机对创业承诺的影响研究 [J]. 当代财经，2016（12）：77 - 84.

[8] 陈如. 当前青年农民回流现象探析 [J]. 农业经济问题，1996（10）：26 - 30.

[9] 陈文超，陈雯，江立华. 农民工返乡创业的影响因素分析 [J]. 中国人口科学，2014（2）：96 - 105，128.

[10] 陈文婷，曲艺. 创业导向下女性高管对家族企业财务绩效的影响——来自性别属性与家族属性的双重效应 [J]. 南方经济，2022（4）：90 - 107.

[11] 陈翔，唐聪聪. 中国劳动力流动的特征、成因与经济效果研究 [J]. 宏观经济研究，2021（11）：93 - 102.

[12] 陈钊，陆铭，佐藤宏. 谁进入了高收入行业？——关系、户籍与生产率的作用 [J]. 经济研究，2009，44（10）：121 - 132.

[13] 程丽,张骁.组织裂变研究进展探析与未来研究展望 [J].外国经济与管理,2019,41 (8):140 – 152.

[14] 池仁勇,何明明.区域品牌对企业绩效的影响机理——以"浙江制造"为例 [J].技术经济,2017,36 (8):40 – 47.

[15] 戴天婧,张茹,汤谷良.财务战略驱动企业盈利模式——美国苹果公司轻资产模式案例研究 [J].会计研究,2012 (11):23 – 32.

[16] 戴维奇."战略创业"与"公司创业"是同一个构念吗?——兼论中国背景下战略创业未来研究的三个方向 [J].科学学与科学技术管理,2015,36 (9):11 – 20.

[17] 戴维奇.组织冗余、公司创业与成长:解析不同冗余的异质影响 [J].科学学与科学技术管理,2012,33 (6):156 – 164.

[18] 丁玲,吴金希.核心企业与商业生态系统的案例研究:互利共生与捕食共生战略 [J].管理评论,2017,29 (7):244 – 257.

[19] 董保宝,葛宝山.经典创业模型回顾与比较 [J].外国经济与管理,2008 (3):19 – 28.

[20] 董保宝.公司创业模型回顾与比较 [J].外国经济与管理,2012,34 (2):1 – 9.

[21] 窦大海,罗瑾琏.创业动机的结构分析与理论模型构建 [J].管理世界,2011 (3):182 – 183.

[22] 窦军生,包佳.连续创业:文献评介、整合与新解读 [J].外国经济与管理,2016,38 (4):90 – 103,113.

[23] 杜运周,任兵,张玉利.新进入缺陷、合法化战略与新企业成长 [J].管理评论,2009,21 (8):57 – 65.

[24] 方创琳,刘海猛,罗奎,于晓华.中国人文地理综合区划 [J].地理学报,2017,72 (2):179 – 196.

[25] 方鸣,翟玉婧,谢敏,刘美玲.政策认知、创业环境与返乡创业培训绩效 [J].管理学刊,2021,34 (6):32 – 44.

[26] 冯银虎,薛阳.基于共生营销理论视角下中国乳品企业竞合战略研究 [J].北京工业大学学报(社会科学版),2013,13 (3):28 – 38.

[27] 龚丽敏,江诗松.平台型商业生态系统战略管理研究前沿:视角和对象 [J].外国经济与管理,2016,38 (6):38 – 50,62.

[28] 辜胜阻,武兢.扶持农民工以创业带动就业的对策研究 [J].中国人口

科学，2009（3）：2-12，111.

[29] 古继宝，陈兆锋，吴剑琳. 创业者社交主动性对新创企业机会识别的影响——有调节的中介效应模型 [J]. 科学学与科学技术管理，2017，38（5）：169-180.

[30] 郭必裕. 我国大学生机会型创业与生存型创业对比研究 [J]. 清华大学教育研究，2010，31（4）：70-73.

[31] 韩炜，邓渝. 商业生态系统研究述评与展望 [J]. 南开管理评论，2020，23（3）：14-27.

[32] 韩炜，杨俊，胡新华，张玉利，陈逢文. 商业模式创新如何塑造商业生态系统属性差异？——基于两家新创企业的跨案例纵向研究与理论模型构建 [J]. 管理世界，2021，37（1）：88-107，7.

[33] 郝喜玲，张玉利. 认知视角下创业失败研究述评和未来展望 [J]. 外国经济与管理，2016，38（8）：3-14，45.

[34] 侯飞，粟郁，张紫萱等. 创业团队异质性真能促进团队创造力提升吗——一个有中介的调节模型 [J]. 科技进步与对策，2022，39（4）：141-151.

[35] 胡建绩，陈海滨. 促进产业集群企业衍生的关键"软因素"分析 [J]. 中国工业经济，2005（3）：69.

[36] 黄江明，丁玲，崔争艳. 企业生态位构筑商业生态竞争优势：宇通和北汽案例比较 [J]. 管理评论，2016，28（5）：220-231.

[37] 黄伟丽，马广奇. 海归高管、区域差异与企业创新 [J]. 科研管理，2021，42（7）：200-208.

[38] 黄祖辉，宋文豪，叶春辉，胡伟斌. 政府支持农民工返乡创业的县域经济增长效应——基于返乡创业试点政策的考察 [J]. 中国农村经济，2022（1）：24-43.

[39] 加里·哈默著，陈劲译. 管理大未来 [M]. 北京：中信出版社，2008.

[40] 简兆权，刘晓彦，李雷. 基于海尔的服务型制造企业"平台+小微企业"型组织结构案例研究 [J]. 管理学报，2017，14（11）：1594-1602.

[41] 蒋春燕，孙秀丽. 公司创业研究综述 [J]. 中大管理研究，2013（1）：50-78.

[42] 解学梅，吴永慧，邬敏. 女性创业者社会认知特征对新创企业绩效影响

机理：基于 SCT 理论视角 [J]. 系统管理学报，2022，31（2）：270 - 289.

[43] 金家飞，徐姗，王艳霞. 角色压力、工作家庭冲突和心理抑郁的中美比较——社会支持的调节作用 [J]. 心理学报，2014，46（8）：1144 - 1160.

[44] 井润田，赵宇楠，滕颖. 平台组织、机制设计与小微创业过程——基于海尔集团组织平台化转型的案例研究 [J]. 管理学季刊，2016（4）：38 - 71.

[45] 凯瑟琳·M. 埃森哈特，梅丽莎·E. 格瑞布纳，张丽华等. 由案例构建理论的机会与挑战 [J]. 管理世界，2010（4）：125 - 130.

[46] 凯西·卡麦兹著，边国英译. 建构扎根理论：质性研究实践指南 [M]. 重庆：重庆大学出版社，2009.

[47] 李爱国，曾庆. 生存型创业向机会型创业转化的机制与路径 [J]. 重庆社会科学，2017（12）：93 - 99.

[48] 李爱国. 大学生机会型创业与生存型创业动机的同构性和差异性 [J]. 复旦教育论坛，2014，12（6）：41 - 49.

[49] 李德辉，潘丽君. 海归劣势、持续创新能力与新创科技企业生存：基于企业事件史的分析 [J]. 科研管理，2022，43（5）：76 - 85.

[50] 李芳华，姬晨阳. 乡村振兴视角下的农村劳动力回流弹性估计——基于空间断点回归的研究 [J]. 中国农村经济，2022（2）：36 - 55.

[51] 李高勇，毛基业. 案例选择与研究策略——中国企业管理案例与质性研究论坛（2014）综述 [J]. 管理世界，2015（2）：133 - 136，169.

[52] 李泓桥. 创业导向对企业突破性创新的影响研究：互补资产的调节作用 [J]. 科学学与科学技术管理，2013，34（3）：126 - 135.

[53] 李纪珍，周江华，谷海洁. 女性创业者合法性的构建与重塑过程研究 [J]. 管理世界，2019，35（6）：142 - 160，195.

[54] 李佳. 乡土社会变局与乡村文化再生产 [J]. 中国农村观察，2012（4）：70 - 75，91，95.

[55] 李嘉，张骁，杨忠. 性别差异对创业的影响研究文献综述 [J]. 科技进步与对策，2009，26（24）：190 - 194.

[56] 李健，陈淑娟. 如何提升非营利组织与企业合作绩效？——基于资源依赖与社会资本的双重视角 [J]. 公共管理学报，2017，14（2）：71 - 81.

[57] 李克敏, 商士杰. 家庭对创业意向的影响机制及途径探析——跨文化社会心理学的视角 [J]. 思想教育研究, 2012 (11): 75 - 78.

[58] 李朋波, 王云静, 谷慧敏. 女性创业的研究现状与展望——基于典型文献的系统梳理 [J]. 东岳论丛, 2017, 38 (4): 105 - 115.

[59] 李乾文, 蔡慧慧. 海归创业研究现状与未来研究方向探析 [J]. 南京审计大学学报, 2016, 13 (5): 30 - 36.

[60] 李小康, 胡蓓. 大企业衍生创业对创业集群形成的影响研究 [J]. 科研管理, 2013, 34 (9): 72 - 80.

[61] 李雪莲, 马双, 邓翔. 公务员家庭、创业与寻租动机 [J]. 经济研究, 2015 (5): 89 - 103.

[62] 李一蒙, 阎秀峰, 王洋. 植物次生代谢及其与环境的关系 [J]. 生态学报, 2007, 27 (6): 2554 - 2562.

[63] 李永刚. 小企业群落式裂变衍生的机理模型分析 [J]. 财经论丛 (浙江财经学院学报), 2002 (6): 12 - 18.

[64] 李志刚, 杜鑫, 张敬伟. 裂变创业视角下核心企业商业生态系统重塑机理——基于"蒙牛系"创业活动的嵌入式单案例研究 [J]. 管理世界, 2020, 36 (11): 80 - 96.

[65] 李志刚, 韩爱华, 王水莲, 等. 生存驱动型女性裂变创业的模式分类研究——基于扎根理论方法的探索 [J]. 研究与发展管理, 2020, 32 (5): 139 - 151.

[66] 李志刚, 韩炜, 何诗宁, 张敬伟. 轻资产型裂变新创企业生成模式研究——基于扎根理论方法的探索 [J]. 南开管理评论, 2019, 22 (5): 117 - 129.

[67] 李志刚, 黄灿, 徐文明, 吴凡. 裂变新创企业邻近选址类型划分及其与外部环境的匹配关系——基于扎根理论方法的探索 [J]. 管理评论, 2020, 32 (8): 91 - 105.

[68] 李志刚, 李兴旺. 蒙牛公司快速成长模式及其影响因素研究——扎根理论研究方法的运用 [J]. 管理科学, 2006 (3): 2 - 7.

[69] 李志刚, 刘银龙. "连次创业" 现象的扎根方法研究 [J]. 内蒙古大学学报 (人文社会科学版), 2006 (2): 79 - 83.

[70] 李志刚, 刘振, 于敏, 孙秀梅. 国外公司裂变型创业研究综述 [J]. 中国海洋大学学报, 2012 (1): 66 - 72.

[71] 李志刚，刘振，于敏. 国外裂变型新创企业绩效特点剖析与影响因素研究综述 [J]. 外国经济与管理，2012，34（9）：34-41，72.

[72] 李志刚，牛璐，陈志军，乐国林，刘振. 业务互补型裂变新创企业生成机理研究 [J]. 管理学报，2017，14（1）：69-76.

[73] 李志刚，王迎军. 继承式裂变创业的扎根理论方法研究 [J]. 中国海洋大学学报（社会科学版），2007（2）：68-72.

[74] 李志刚，许晨鹤，乐国林. 基于扎根理论方法的孵化型裂变创业探索性研究——以海尔集团孵化雷神公司为例 [J]. 管理学报，2016，13（7）：972-979.

[75] 李志刚，许晨鹤，刘振. 商业模式传承型裂变创业内在机理研究 [J]. 南开管理评论，2017，20（5）：69-80.

[76] 李志刚，张殿镇，徐健. 裂变型创业企业的企业家问题研究 [J]. 中国海洋大学学报（社会科学版），2007（6）：27-32.

[77] 李志刚. 蒙牛的跟随成长战略 [J]. 企业管理，2005（6）：78-81.

[78] 李志刚. 扎根理论方法在科学研究中的运用分析 [J]. 东方论坛，2007（4）：90-94.

[79] 林枫，邵莛苇，张雄林，等. 新创企业合法性获取机制：研究回顾与管理框架 [J]. 科技进步与对策，2017，34（2）：94-99.

[80] 林嵩，谢靖屿，封波. 创业制度环境的概念适用性及比较研究 [J]. 科技进步与对策，2014（20）：81-87.

[81] 林嵩. 创业失败综述：研究传统、前沿议题与未来机会 [J]. 科学学与科学技术管理，2016，37（8）：58-67.

[82] 刘海建. 基于中国情境的"关系"研究：一个整合分析 [J]. 南京师大学报（社会科学版），2014（3）：53-64.

[83] 刘鹏程，李磊，王小洁. 企业家精神的性别差异——基于创业动机视角的研究 [J]. 管理世界，2013（8）：126-135.

[84] 刘容志，郑超，赵君. 创业者的身份内涵：研究述评与展望 [J]. 经济管理，2016，38（6）：189-199.

[85] 刘小春，李婵，朱红根. 农民工返乡创业扶持政策评价及其完善——基于江西省1145个返乡农民工调查数据 [J]. 农村经济，2011（6）：101-104.

[86] 刘小元，林嵩. 社会情境、职业地位与社会个体的创业倾向 [J]. 管理

评论，2015，27（10）：138 – 149.

[87] 刘旭，柳卸林，韩燕妮. 海尔的组织创新：无边界企业行动 [J]. 科学学与科学技术管理，2015（6）：126 – 137.

[88] 刘元春. 论路径依赖分析框架 [J]. 教学与研究，1999（1）：42 – 47，80.

[89] 柳卸林，严卫群，常馨之. 海归人才知识密度对企业创新绩效的影响——基于中关村企业的实证分析 [J]. 科学学与科学技术管理，2020，41（10）：62 – 73.

[90] 马力，臧旭恒. 企业衍生研究述评 [J]. 管理学报，2012，9（12）：1869 – 1874.

[91] 马向阳，刘肖，焦杰. 区域品牌建设新策略——区域品牌伞下的企业品牌联合 [J]. 软科学，2014，28（1）：26 – 30.

[92] 毛基业. 运用结构化的数据分析方法做严谨的质性研究——中国企业管理案例与质性研究论坛（2019）综述 [J]. 管理世界，2020，36（3）：221 – 227.

[93] 宁博，潘越，蒋敏. 婚姻、家庭与公司金融研究进展 [J]. 经济学动态，2020，707（1）：114 – 127.

[94] 宁光杰，崔慧敏，付伟豪. 大城市的工作经验在中小城市有价值吗？——劳动力回流视角的分析 [J]. 经济评论，2022（5）：51 – 66.

[95] 牛磊. 乡村"空心化"背景下劳动力返乡创业的差异化路径选择——基于对123个村庄的定性比较分析 [J]. 农村经济，2020（9）：137 – 144.

[96] 潘燕萍，何孟臻，乔灵灵. 鱼和熊掌不可兼得？角色冲突——增益视角下女性创业者的机会识别过程研究 [J]. 南方经济，2019（10）：102 – 112.

[97] 潘燕萍，刘晓斯，邱天财. 边界管理视角下女性创业者的角色显著性对创业行为的影响机制——基于多案例的比较分析 [J]. 管理案例研究与评论，2021，14（5）：518 – 531.

[98] 彭伟，符正平. 基于扎根理论的海归创业行为过程研究——来自国家"千人计划"创业人才的考察 [J]. 科学学研究，2015，33（12）：1851 – 1860.

[99] 彭伟，唐康丹，符正平. 组织双元性视角下海归创业企业战略导向与双重网络嵌入关系研究 [J]. 管理学报，2017，14（11）：1662 – 1671.

[100] 彭学兵，王乐，刘玥伶等．效果推理决策逻辑下创业资源整合与新创企业绩效的关系研究 [J]．管理评论，2019，31（8）：123–131.

[101] 任荣伟，张武保．藉以内部创业战略提升企业竞争力：行为与绩效——中国华为公司内部创业行动案例研究 [J]．华南理工大学学报（社会科学版），2011，13（4）：24–32.

[102] 申光龙，李非，李承业．虚拟衍生企业的竞争力研究 [J]．南开管理评论，2001（3）：4–10.

[103] 申广军．地区比较优势与企业选址——新结构经济学的一个微观应用 [J]．经济与管理研究，2015，36（4）：104–109.

[104] 盛来运．农村劳动力流动的经济影响和效果 [J]．统计研究，2007（10）：15–19.

[105] 石智雷，杨云彦．家庭禀赋、农民工回流与创业参与——来自湖北恩施州的经验证据 [J]．经济管理，2012，34（3）：151–162.

[106] 斯晓夫，王颂，傅颖．创业机会从何而来：发现，构建还是发现＋构建？——创业机会的理论前沿研究 [J]．管理世界，2016（3）：115–127.

[107] 苏晓华，肖洁，陈嘉茵．创业者社会身份认知与新创企业创新 [J]．南方经济，2020（10）：108–124.

[108] 苏晓华，张书军．衔玉而生：衍生与裂变创业研究 [M]．暨南大学出版社，2013.

[109] 苏郁锋，吴能全，周翔．制度视角的创业过程模型——基于扎根理论的多案例研究 [J]．南开管理评论，2017，20（1）：181–192.

[110] 孙黎，朱武祥，唐俊．轻是美好的：一流企业的轻资产运营模式 [M]．中国社会科学出版社，2003.

[111] 谭劲松，何铮．集群研究文献综述及发展趋势 [J]．管理世界，2007（12）：140–147.

[112] 谭智佳，魏炜，朱武祥．商业生态系统的构建与价值创造——小米智能硬件生态链案例分析 [J]．管理评论，2019，31（7）：172–185.

[113] 唐璎璋，刘芬美，黄宝慧．轻资产战略与运营绩效关系研究——以台湾企业为例 [J]．管理学报，2007，24（1）：75–91.

[114] 陶雅，李燕萍．家庭嵌入视角下创业激情形成机理的跨域研究 [J]．管理学报，2018，15（12）：1810–1818.

[115] 田莉，秦剑．创业－家庭冲突与新生企业初期绩效关系研究［J］．管理学报，2013，10（6）：853－861．

[116] 田莉，张玉利．创业者的工作家庭冲突——基于角色转型的视角［J］．管理科学学报，2018，21（5）：90－110．

[117] 田志龙，程鹏瑶，杨文，柳娟．企业社区参与过程中的合法性形成与演化：百步亭与万科案例［J］．管理世界，2014（12）：134－151，188．

[118] 屠羽，彭本红，鲁倩．基于行动者网络理论的平台企业协同创新研究——以"饿了么"为例［J］．科学学与科学技术管理，2018，39（2）：74－84．

[119] 汪三贵，刘湘琳，史识洁，应雄巍．人力资本和社会资本对返乡农民工创业的影响［J］．农业技术经济，2010（12）：4－10．

[120] 王凤彬，王骁鹏，张驰．超模块平台组织结构与客制化创业支持——基于海尔向平台组织转型的嵌入式案例研究［J］．管理世界，2019，35（2）：121－150，199－200．

[121] 王国红，秦兰，邢蕊等．新企业创业导向转化为成长绩效的内在机理研究——以创业拼凑为中间变量的案例研究［J］．中国软科学，2018（5）：135－146．

[122] 王珺．衍生型集群：珠江三角洲西岸地区产业集群生成机制研究［J］．管理世界，2005（8）：80－86．

[123] 王圣慧，张玉臣，易明．企业内部创业路径研究：以精益创业走出"战争迷雾"［J］．科研管理，2017（3）：144－152．

[124] 王伟楠，吴欣桐，梅亮．创新生态系统：一个情境视角的系统性评述［J］．科研管理，2019，40（9）：25－36．

[125] 王西玉，崔传义，赵阳．打工与回乡：就业转变和农村发展——关于部分进城民工回乡创业的研究［J］．管理世界，2003（7）：99－109．

[126] 王秀峰，李华晶，张玉利．创业环境与新企业竞争优势：CPSED 的检验［J］．科学学研究，2013，31（10）：1548－1552，1547．

[127] 王雪莉，董念念．中国式众筹的信任如何构建和演化？——基于水木客众筹行为的案例研究［J］．管理评论，2018，30（1）：242－255．

[128] 王迎军，韩炜．新创企业成长过程中商业模式的构建研究［J］．科学学与科学技术管理，2011，32（9）：51－58．

[129] 王迎军，陆岚，崔连广．实践视角下的管理学学科属性［J］．管理学

报，2015，12（12）：1733－1740.

[130] 王智波，李长洪．轻资产运营对企业利润率的影响——基于中国工业企业数据的实证研究 [J]．中国工业经济，2015（6）：108－121.

[131] 韦慧民，潘清泉．创业者身份及其建构研究述评 [J]．外国经济与管理，2014，36（1）：20－28.

[132] 魏江，邬爱其，彭雪蓉．中国战略管理研究：情境问题与理论前沿 [J]．管理世界，2014（12）：167－171.

[133] 文丰安．乡村振兴战略背景下农村劳动力回流与治理 [J]．农村经济，2021（5）：1－10.

[134] 邬爱其，贾生华．产业演进与企业成长模式适应性调整 [J]．外国经济与管理，2003（4）：15－20.

[135] 吴建祖，李英博．感知的创业环境对中层管理者内部创业行为的影响研究 [J]．管理学报，2015，12（1）：111－117.

[136] 吴晓波，赵子溢．商业模式创新的前因问题：研究综述与展望 [J]．外国经济与管理，2017，39（1）：114－127.

[137] 夏清华，陈超．以海尔为案例的中国本土制造企业商业生态重构研究 [J]．管理学报，2016，13（2）：165－172.

[138] 夏清华，黄剑．衍生企业商业模式创新研究——基于嵌入与脱嵌的二元动态平衡视角 [J]．经济与管理研究，2019，40（4）：109－124.

[139] 夏清华，娄汇阳．商业模式刚性：组成结构及其演化机制 [J]．中国工业经济，2014，317（8）：148－160.

[140] 谢勇，杨倩．外出务工经历、创业行为与创业绩效 [J]．经济评论，2020（1）：146－160.

[141] 熊爱华，邢夏子．区域品牌发展对资源禀赋的敏感性研究 [J]．中国人口·资源与环境，2017，27（4）：167－176.

[142] 熊立，年鹏翔．创业者社会网络、团队双元即兴与市场响应绩效研究 [J]．管理学报，2022，19（11）：1637－1647.

[143] 许艳丽，王岚．创新驱动发展战略下女性创业的新趋势、新挑战与新路径 [J]．科学管理研究，2017，35（3）：91－93，113.

[144] 严若森，钱晶晶．网络治理模式创新研究——阿里"合伙人"与海尔"小微创客" [J]．科学学与科学技术管理，2017（1）：5－15.

[145] 严卫群，董彩婷，柳卸林．国内创业网络对海归创业企业绩效的影响

[J]. 科学学研究，2019（5）：878-8871.

[146] 杨勃，齐欣，张宁宁. 新兴市场跨国企业国际化的来源国劣势研究——基于组织身份视角 [J]. 经济与管理研究，2020，32（8）：91-105.

[147] 杨婵，贺小刚，李征宇. 家庭结构与农民创业——基于中国千村调查的数据分析 [J]. 中国工业经济，2017（12）：170-188.

[148] 杨杜. 企业成长论 [M]. 北京：中国人民大学出版社，1996.

[149] 杨俊，田莉，张玉利，王伟毅. 创新还是模仿：创业团队经验异质性与冲突特征的角色 [J]. 管理世界，2010（3）：84-96.

[150] 杨俊. 创业过程研究及其发展动态 [J]. 外国经济与管理，2004（9）：8-12.

[151] 杨俊. 创业决策研究进展探析与未来研究展望 [J]. 外国经济与管理，2014，36（1）：2-11.

[152] 杨俊. 新世纪创业研究进展与启示探析 [J]. 外国经济与管理，2013，35（1）：1-11，80.

[153] 于晓宇，李厚锐，杨隽萍. 创业失败归因、创业失败学习与随后创业意向 [J]. 管理学报，2013，10（8）：1179-1184.

[154] 于晓宇，李小玲，陶向明等. 失败归因、恢复导向与失败学习 [J]. 管理学报，2018，15（7）：988-997.

[155] 于晓宇，李雪灵，杨若瑶. 首次创业失败学习：来自创业新手、新创企业与行业特征的解释 [J]. 管理学报，2013，10（1）：77-83.

[156] 于晓宇，蒲馨莲. 中国式创业失败：归因、学习和后续决策 [J]. 管理科学，2018，31（4）：103-119.

[157] 云乐鑫，薛红志，杨俊. 创业企业商业模式调整研究述评与展望 [J]. 外国经济与管理，2013，35（11）：21-28.

[158] 张环宙，李秋成，黄祖辉. 资源系统、家族网依赖与农民创业旅游小企业成长关系研究 [J]. 杭州：浙江社会科学，2018（12）：52-59，156-157.

[159] 张敬伟，李琪琪，靳秀娟. 中国农村女性创业者的身份构建过程研究 [J]. 管理学报，2022，19（5）：656-665.

[160] 张敬伟，王迎军. 基于"价值三角形"逻辑的商业模式概念模型研究 [J]. 外国经济与管理，2010，32（6）：1-8.

[161] 张敬伟，王迎军. 新企业商业模式构建过程解析——基于多案例深度访谈的探索性研究 [J]. 管理评论，2014，26（7）：92-103.

[162] 张伶，张大伟. 工作—家庭冲突研究：国际进展与展望 [J]. 南开管理评论，2006（4）：55-63.

[163] 张默，任声策. 创业者如何从事件中塑造创业能力？——基于事件系统理论的连续创业案例研究 [J]. 管理世界，2018，34（11）：134-149，196.

[164] 张鹏，邓然，张立琨. 企业家社会资本与创业绩效关系研究 [J]. 科研管理，2015，36（8）：120-128.

[165] 张青. 资源型企业群落脆弱性形成机理及其治理模式研究 [J]. 管理世界，2011（1）：172-173.

[166] 张青. 资源型企业群落脆弱性形成机理及其治理模式研究 [J]. 管理世界，2011（1）：172-173.

[167] 张书军，李新春. 企业衍生、资源继承与竞争优势 [J]. 学术研究，2005（4）：31-36，148.

[168] 张永丽，郭世慧. 农户家庭禀赋、结构制约与劳动力资源配置 [J]. 华南农业大学学报（社会科学版），2019，18（3）：67-78.

[169] 张玉利，杜国臣. 创业的合法性悖论 [J]. 中国软科学，2007（10）：47-58.

[170] 张玉利，李乾文. 公司创业导向、双元能力与组织绩效 [J]. 管理科学学报，2009，12（1）：137-152.

[171] 张玉利，李新春. 创业管理 [M]. 北京：清华大学出版社，2006.

[172] 张玉利，杨俊. 组织生成过程研究：现状评价与未来趋势 [J]. 研究与发展管理，2008（3）：65-73.

[173] 张玉利，赵都敏. 新企业生成过程中的创业行为特殊性与内在规律性探讨 [J]. 外国经济与管理，2008（1）：8-16.

[174] 张玉利. 中国情境下的创业研究现状探析与未来研究建议 [J]. 外国经济与管理，2012，34（1）：1-8.

[175] 赵飞红，王华锋. 员工离职创业研究回顾与框架整合 [J]. 未来与发展，2017，41（12）：80-83.

[176] 赵文红，李垣. 企业家成长理论综述 [J]. 经济学动态，2002（11）：24.

[177] 赵文红，孙卫. 创业者认知偏差与连续创业的关系研究 [J]. 科学学研

究, 2012, 30 (7): 1063 - 1070.

[178] 赵文红, 王垚, 孙万清. 连续创业研究现状评介与未来展望 [J]. 管理学报, 2014, 11 (2): 293 - 301.

[179] 赵锡斌. 企业环境研究的几个基本理论问题 [J]. 武汉大学学报 (哲学社会科学版), 2004, 57 (1): 12 - 17.

[180] 赵颖. 员工下岗、家庭资源与子女教育 [J]. 经济研究, 2016 (5): 101 - 129.

[181] 郑馨, 周先波, 陈宏辉等. 东山再起: 怎样的国家制度设计能够促进失败再创业? ——基于 56 个国家 7 年混合数据的证据 [J]. 管理世界, 2019, 35 (7): 136 - 151, 181.

[182] 钟帅, 章启宇. 基于关系互动的品牌资产概念、维度与量表开发 [J]. 管理科学, 2015, 28 (2): 69 - 79.

[183] 周春柳, 胡芬, 刘晓冰. 管理案例资料及其收集方法研究 [J]. 管理案例研究与评论, 2017, 10 (3): 327 - 338.

[184] 周冬梅, 陈雪琳, 杨俊, 鲁若愚. 创业研究回顾与展望 [J]. 管理世界, 2020 (1): 206 - 226.

[185] 周广肃, 谢绚丽, 李力行. 信任对家庭创业决策的探讨 [J]. 管理世界, 2015 (12): 121 - 171.

[186] 周浩, 郑越. 环境规制对产业转移的影响——来自新建制造业企业选址的证据 [J]. 南方经济, 2015 (4): 12 - 26.

[187] 周翔, 罗顺均, 吴能全, 李芬香. 核心能力快速丧失企业的公司创业——基于海印商业运营的公司创业纵向案例研究 [J]. 管理世界, 2018, 34 (6): 157 - 172, 181.

[188] 朱晨, 杨晔. "啃老" 还是 "反哺"? ——老年抚养对子女创业决策的双重影响 [J]. 经济科学, 2018 (5): 94 - 105.

[189] 庄晋财, 沙开庆, 程李梅, 孙华平. 创业成长中双重网络嵌入的演化规律研究——以正泰集团和温氏集团为例 [J]. 中国产业经济, 2012, 293 (8): 122 - 134.

[190] Adams, P., Fontana, R., Malerba, F. Bridging Knowledge Resources: The Location Choices of Spinouts [J]. Strategic Entrepreneurship Journal, 2017, 11 (2): 93 - 121.

[191] Adams, P., Fontana, R., Malerba, F. User-industry spinouts: Down-

stream Industry Knowledge as a Source of New Firm Entry and Survival [J]. Organization Science, 2016, 27 (1): 18 – 35.

[192] Adner, R., Kapoor, R. Value Creation in Innovation Ecosystems: How the Structure of Technological Interdependence Affects Firm Perform in New Technology Generations [J]. Strategic Management Journal, 2010, 31 (3): 306 – 333.

[193] Adner, R. Ecosystem as Structure: An Actionable Construct for Strategy [J]. Journal of Management, 2017, 43 (1): 39 – 58.

[194] Agarwal, R., Audretsch, D., Sarkar, M. B. The Process of Creative Construction: Knowledge Spillovers, Entrepreneurship, and Economic Growth [J]. Strategic Entrepreneurship Journal, 2007, 1 (3 – 4): 263 – 286.

[195] Agarwal, R., Campbell, B. A., Franco, A. M., et al. What Do I Take with Me? The Mediating Effect of Spin-out Team Size and Tenure on the Founder-firm Performance Relationship [J]. Academy of Management Journal, 2016, 59 (3): 1060 – 1087.

[196] Agarwal, R., Echambadi, R., Franco, A. M., et al. Knowledge Transfer through Inheritance: Spin-out Generation, Development, and Survival [J]. Academy of Management Journal, 2004, 47 (4): 501 – 522.

[197] Albert, S., Whetten, D. A. Organizational Identity [J]. Research in Organizational Behavior, 1985, 7 (2): 263 – 295.

[198] Aldrich, H. E., Cliff, J. E. The Pervasive Effects of Family on Entrepreneurship: Toward a Family Embeddedness Perspective [J]. Journal of Business Venturing, 2003, 18 (5): 573 – 596.

[199] Aldrich, H. E., Fiol, C. M. Fools rush in? The Institutional Context of Industry Creation [J]. Academy of Management Review, 1994, 19 (4): 105 – 127.

[200] Andrea, F., Roberto, G. Spin-off Performance in the Start-up Phase – A Conceptual Framework [J]. Journal of Small Business and Enterprise Development, 2014, 21 (3): 528 – 544.

[201] Au, K., Kwan, H. K. Start-up Capital and Chinese Entrepreneurs: The Role of Family [J]. Entrepreneurship: Theory and Practice, 2009, 33 (4): 889 – 908.

[202] Bandura, A.. Social Cognitive Theory of Self-regulation [J]. Organizational Behavior and Human Decision Processes, 1991, 50 (2): 248 – 287.

[203] Barney, J. Firm Resources and Sustained Competitive Advantage [J]. Journal of Management, 1991, 17 (1): 99 – 120.

[204] Baron, R. A. , Ensley, M. D. Opportunity Recognition as the Detection of Meaningful Patterns: Evidence from Caomarison of Novice and Experienced Entrepreneurs [J]. Management Science, 2006, 52 (9): 1331 – 1344.

[205] Baum, J. R. , Frese, M. , Baron, R. A. The Psychology of Entrepreneurship [M]. New Jersey: Lawrence Erlbaum Associates, 2006: 20.

[206] Benjamin, G. , Philip, L. A Behavioral Model of Entrepreneurial Supply [J]. Journal of Small Business Management, 1986: 45 – 53.

[207] Bennett, N. , Lemoine, J. What VUCA Really Means for You [J]. Harvard Business Review, 2014, 92 (1/2): 27.

[208] Benneworth, P. , Charles, D. University Spin-off Policies and Economic Development in Less Successful Regions: Learning from Two Decades of Policy Practice [J]. European Planning Studies, 2005, 13 (4): 537 – 557.

[209] Bhagavatula, S. , Elfring, T. How Social and Human Capital Influence Opportunity Recognition and Resource Mobilization in India's Handloom Industry [J]. Journal of Business Venturing, 2010, 25 (3): 245 – 260.

[210] Bitektine, A. , Haack, P. The "macro" and the "micro" of Legitimacy: Toward a Multilevel Theory of the Legitimacy Process [J]. Academy of Management Review, 2015, 40 (1): 49 – 75.

[211] Bitektine, A. Toward a Theory of Social Judgments of Organizations: the Case of Legitimacy, Reputation, and Status [J]. Academy of Management Review, 2011, 36 (1): 151 – 179.

[212] Boschma, R. A. , Wenting, R. The Spatial Evolution of the British Automobile Industry: Does Location Matter? [J]. Industrial and Corporate Change, 2007, 16 (2): 213 – 238.

[213] Boschma, R. , Martin, R. L. The Handbook of Evolutionary Economic Geography [M]. Cheltenham: Edward Elgar, 2010.

[214] Bradach, J. L. , Eccles, R. G. Price, Authority and Trust: From Ideal Type to Plural Forms [J]. Annual Review of Sociology, 1989 (15): 97 – 118.

［215］Bray, M. J. , Lee, J. N. University Revenues from Technology Transfer: Licensing Fees Vs Equity Positions ［J］. Journal of Business Venturing, 2000, 15 (5): 385 –392.

［216］Breen, R. H. , Leung, A. Choosing Mothering and Entrepreneurship: a Relational Career-life Process ［J］. International Journal of Gender and Entrepreneurship, 2020, 12 (3): 253 –271.

［217］Bruneel, J. , Van de Velde, E. , Clarysse, B. Impact of the Type of Corporate Spin – Off on Growth ［J］. Entrepreneurship Theory and Practice, 2013, 37 (4): 943 –959.

［218］Buenstorf, G. , Costa, C. Drivers of Spin-off Performance in Industry Clusters: Embodied Knowledge or Embedded Firms? ［J］. Research Policy, 2018, 47 (3): 663 –673.

［219］Buenstorf, G. , Fornahl D. B2C – bubble to Cluster: the Dot-com Boom, Spin-off Entrepreneurship, and Regional Agglomeration ［J］. Journal of Evolutionary Economics, 2009 (19): 349 –378.

［220］Buenstorf, G. Opportunity Spin-offs and Necessity Spin-offs ［J］. International Journal of Entrepreneurial Venturing, 2009, 1 (1): 22 –40.

［221］Burgelman, R. A. Corporate Entrepreneurship and Strategic Management Insight from a Process Study ［J］. Management Science, 1983, 29 (12): 1349 –1364.

［222］Chatterji, A. K. Spawned with a Silver Spoon? Entrepreneurial Performance and Innovation in the Medical Device Industry ［J］. Strategic Management Journal, 2009, 30 (2): 185 –206.

［223］Chen, M. J. , Miller, D. Competitive Attack, Retaliation and Performance: an Expectancy-valence Framework ［J］. Strategic Management Journal, 1994, 15 (2): 85 –102.

［224］Chen, M. J. Competitor Analysis and Interfirm Rivalry: toward a Theoretical Integration ［J］. Academy of Management Review, 1996, 21 (1): 100 – 134.

［225］Chen, X. , Peng, S. Guanxi Dynamics: Shifts in the Closeness of Ties Between Chinese Coworkers ［J］. Management and Organization Review, 2008, 4 (1), 63 –80.

[226] Chesbrough, H. Business Model Innovation: Opportunities and Barriers [J]. Long Range Planning, 2010, 43 (2-3): 354-363.

[227] Christian, B., Julien, P. A. Defining the Field of Research Inentrepreneurship [J]. Journal of Business Review, 2000, 16 (16): 165-180.

[228] Clark, S. M., Gioia, D. A., Ketchen, D. J., et al. Transitional Identity as a Facilitator of Organizational Identity Change During a Merger [J]. Administrative Science Quarterly, 2010, 55 (3): 397-438.

[229] Cooper, A. C. Spin-offs and Technical Entrepreneurship [J]. IEEE Transactions on Engineering Management, 1971, EM-18 (1): 2-6.

[230] Cooper, A. C. The Role of Incubator Organizations in the Founding of Growth-oriented Firms [J]. Journal of Business Venturing, 1985, 1 (1): 75-86.

[231] Corley, K. G. Defined by our Strategy or our Culture? Hierarchical Differences in Perceptions of Organizational Identity and Change [J]. Human Relations, 2004, 57 (9): 1145-1177.

[232] Corley, K., Gioia, D. Identity Ambiguity and Change in the Wake of a Corporate Spin-off [J]. Administrative Science Quarterly, 2004, 49 (2): 173-208.

[233] Coster, R. D., Butler, C. Assessment of Proposals for New Technology Venturesin the UK: Characteristics of University Spin-off Companies [J]. Technovation, 2005, 25 (3): 535-543.

[234] Dahl, M. S., Reichstein, T. Heritage and Survival of Spin-offs: Quality of Parents and Parent-tenure of Founders [J]. Academy of Management Conference, 2006 (8): 1-27.

[235] Dahlstrand, A. Growth and Inventiveness in Technology-based Spinoffs Firms [J]. Research Policy, 1997, 26 (3): 331-344.

[236] Dai, O., Liu, X. Returnee Entrepreneurs and Firm Performance in Chinese High-technology Industries [J]. International Business Review, 2009, 18 (4): 373-386.

[237] Das, T. K., Bing-Sheng, T. Instabilities of Strategic Alliances: An Internal Tensions Perspective [J]. Organization Science, 2000, 11 (1): 77-101.

[238] Dattée, B., Alexy, O., Autio, E. Maneuvering in Poor Visibility: How

Firms Play the Ecosystem Game When Uncertainty is High [J]. Academy of Management Journal, 2018, 61 (2): 466 – 498.

[239] Deniz, U., Westhead, P., Wright, M. The Extent and Nature of Opportunity Identification by Experienced Entrepreneurs [J]. Journal of Business Venturing, 2009, 24 (2): 99 – 115.

[240] Dhaliwal, A. The Mompreneurship Phenomenon. International Journal of Service Science [J]. Management, Engineering, and Technology, 2022, 13 (1): 1 – 17.

[241] Djokovic, D., Souitaris, V. Spin-outs From Academic Institutions: A Literature Review with Suggestions for Further Research [J]. Technology Transfer, 2008, 3 (3): 225 – 247.

[242] Drori, I., Honig, B. A Process Model of Internal and External Legitimacy [J]. Organization Studies, 2013, 34 (3): 345 – 376.

[243] Duberley, J., Carrigan, M. The Career Identities of 'Mumpreneurs': Women's Experiences of Combining Enterprise and Motherhood [J]. International Small Business Journal, 2013, 31 (6): 629 – 651.

[244] Eisenhardt, K. M., Graebner, M. E. Theory Building from Cases: Opportunities and Challenges [J]. Academy of Management Journal, 2007, 50 (1): 25 – 32.

[245] Eisenhardt, K. M., Schoonhoven, C. B. Organizational Growth: Linking Founding Team, Strategy, Environment, and Growth Among U. S. Semiconductor Ventures, 1978 – 1988 [J]. Administrative Science Quarterly, 1990, 35 (3): 504 – 529.

[246] Eisenhardt, K. M. Building Theories from Case Study Research [J]. Academy of Management Review, 1989, 34 (4): 532 – 550.

[247] Ekinsmyth, C. Mothers' Business, Work/Life and the Politics of 'Mumpreneurship' [J]. Gender, Place & Culture, 2014, 21 (10): 1230 – 1248.

[248] Etzkowitz, H., Webster, A., Gebhardt, C., et al. The Future of the University and the University of the Future: Evolution of Ivory Tower to Entrepreneurial Paradigm [J]. Research Policy, 2000, 29 (2): 313 – 330.

[249] Ferriani, S., Garnsey, E., Lorenzoni, G. Continuity and Change in a Spin-off Venture: the Process of Reimprinting [J]. Industrial and Corporate

Change, 2012, 21 (4): 1011 – 1048.

[250] Figueiredo, O., Guimaraes, P., Woodward, D. Home-field Advantage: Location Decisions of Portuguese Entrepreneurs [J]. Journal of Urban Economics, 2002, 52 (2): 341 – 361.

[251] Filatotchev, I., Liu, X., Buck, T., et al. The Export Orientation and Export Performance of High-technology SMEs in Emerging Markets: The Effects of Knowledge Transfer by Returnee Entrepreneurs [J]. Journal of International Business Studies, 2009, 40 (6): 1005 – 1021.

[252] Filippo, J. M. P., Wezel, C. Human Capital, Inter – Firm Mobility and Organizational Evolution. [M]. Cheltenham: Edward Elgar, 2007.

[253] Finkle, T. A. Corporate Entrepreneurship and Innovation in Silicon Valley: the Case of Google [J]. Entrepreneurship Theory and Practice, 2012, 36 (4): 863 – 884.

[254] Fisher, G., Kotha, S., Lahiri, A. Changing with the Times: an Integrated View of Identity, Legitimacy, and New Venture Life Cycles [J]. Academy of Management Review, 2016, 41 (3): 383 – 409.

[255] Fredrickson, B. L. The Role of Positive Emotions in Positive Psychology: The Broaden-and-build Theory of Positive Emotions [J]. American Psychologist, 2001, 56 (3): 218.

[256] Fuller, J., Jacobides, M. G., Reeves, M. The Myths and Realities of Business Ecosystems [J], MIT Sloan Management Review, 2019, 60 (3): 1 – 9.

[257] Gambardella, A., Ganco, M., Honoré, F. Using What You Know: Patented Knowledge in Incumbent Firms and Employee Entrepreneurship [J]. Organization Science, 2015, 26 (2): 456 – 474.

[258] Garavaglia, C. Clusters' Development: Spin-offs and External Economies [R]. KITeS Working Papers, 2008.

[259] Gartner, W. B. A Conceptual Framework for Describing the Phenomenon of New Venture Creation [J]. The Academy of Management Review, 1985, 10 (4): 696 – 706.

[260] Garvin, D. A. Spin-offs and the New Firm Formation Process [J]. California Management Review, 1983, 25 (2): 3 – 20.

［261］Gioia, D. A., Corley, K. G., Hamilton, A. L. Seeking Qualitative Rigor in Inductive Research: Notes on the Gioia Methodology ［J］. Organizational Research Methods, 2013, 16（1）: 15 – 31.

［262］Gioia, D. A., Patvardhan, S. D., Hamilton, A. L., et al. Organizational Identity Formation and Change ［J］. Academy of Management Annals, 2013, 7（1）: 123 – 193.

［263］Gioia, D. A., Price, K. N., Hamilton, A. L., et al. Forging an Identity: An Insider-outsider Study of Processes Involved in the Formation of Organizational Identity ［J］. Administrative Science Quarterly, 2010, 55（1）: 1 – 46.

［264］Glaser, B. G., Strauss, A. L. The Discovery of Grounded Theory: Strategies for Qualitative Research ［M］. Chicago: Aldine Transaction, 1967, 1 （4）.

［265］Glynn, M. A., Abzug, R. Institutionalizing Identity: Symbolic Isomorphism and Organizational Names ［J］. Academy of Management Journal, 2002, 45（1）: 267 – 280.

［266］Guzman, J., Kacperczyk, A. O. Gender Gap in Entrepreneurship ［J］. Research Policy, 2019, 48（7）: 1666 – 1680.

［267］Hall, P. Y. Habitual Owners of Small Businesses ［C］. National Small Firms Policy and Research Conference, Cranfield, 1993.

［268］Hannah, D. P., Eisenhardt, K. M. How Firms Navigate Cooperation and-Competition in Nascent Ecosystems ［J］. Strategic Management Journal, 2018, 39（12）: 3163 – 3192.

［269］Harry, J., et al. Knowledge Relatedness and Post-spin-off Growth ［J］. Journal of Business Venturing, 2004, 19（6）: 809 – 829.

［270］Hayward, M. L. A., Forster, W. R., Sarasvathy, S. D., et al. Beyond Hubris: How Highly Confident Entrepreneurs Rebound to Venture Again ［J］. Journal of Business Venturing, 2010, 25（6）: 569 – 578.

［271］Hayward, M. L. A., Shepherd, D. A., Griffin, D. A. Hubris Theory of Entrepreneurship ［J］. Management Science, 2010, 52（2）: 160 – 172.

［272］Helfat, C. E., Lieberman, M. B. The Birth of Capabilities: Market Entry and the Importance of Pre-history ［J］. Industrial and Corporate Change,

2002, 11 (4): 725 - 760.

[273] Henderson, R. M. , Clark, K. B. Architectural Innovation: the Reconfiguration of Existing Product Technologies and the Failure of Established Firms [J]. Administrative Science Quarterly, 1990, 35 (1): 9 - 30.

[274] Hoang, H. , Gimeno, J. Becoming a Founder: How Founder Role Identity Affects Entrepreneurial Transitions and Persistence in Founding [J]. Journal of Business Venturing, 2010, 25 (1): 41 - 53.

[275] Howard, M. D. , Boeker, W. , Andrus, J. L. The Spawning of Ecosystems: How Cohort Effects Benefit New Ventures [J]. Academy of Management Journal, 2019, 62 (4): 1163 - 1193.

[276] Hsu, D. H. Experienced Entrepreneurial Founders, Organizational Capital, and Venture Capital Funding [J]. Research Policy, 2007, 36 (5): 722 - 741.

[277] Hsu, G. , Hannan, M. T. Identities, Genres, and Organizational Forms [J]. Organization Science, 2005, 16 (5): 474 - 490.

[278] Hughes, K. D. , Jennings, J. E. , Brush, C. , Carter, S. , Welter, F. Extending Women Entrepreneurship Research in New Directions [J]. Entrepreneurship Theory and Practice, 2012, 36 (3): 429 - 442.

[279] Iansiti, M. , Levien, R. Strategy as Ecology, Harvard Business Review, 2004, 82 (3): 68 - 81.

[280] Ibarra, H. , Barbulescu, R. Identity as Narrative: Prevalence, Effectiveness, and Consequences of Narrative Identity Work in Macro Work Role Transitions [J]. Academy of Management Review, 2010, 35 (1): 135 - 154.

[281] Ionio, C. , Smorti, M. , Mascheroni, E. , et al. What is the Role Played by Pregnancy in the Construction of a Woman's Identity and Her Association with Her Child-to - be? [J]. Journal of Reproductive and Infant Psychology, 2021, 39 (3): 250 - 262.

[282] Jacobides, M. G. , Cennamo, C. , Gawer, A. Towards a Theory of Ecosystems [J]. Strategic Management Journal, 2018, 39 (8): 2255 - 2276.

[283] Jennings, J. E. , Brush, C. G. Research on Women Entrepreneurs: Challenges to (and from) the Broader Entrepreneurship Literature? [J]. Acad-

emy of Management Annals, 2013, 7 (1): 663 – 715.

[284] Johnson, S., McMillan, J., Woodruff, C. Courts and Relational Contracts [J]. Journal of Law, Economics, and Organization, 2002, 18 (1): 221 – 277.

[285] Kacperczyk, A., Marx, M. Revisiting the Small-firm Effect on Entrepreneurship: Evidence from Firm Dissolutions [J]. Organization Science, 2016, 27 (4): 893 – 910.

[286] Kapoor, R., Agarwal, S. Sustaining Uperior Performance in Business Ecosystems: Evidence from Application Software Developers in the iOS and Android Smartphone Ecosystems [J]. Organization Science, 2017, 28 (3): 531 – 551.

[287] Kenney, M., Breznitz, D., Murphree, M. Coming back Home after the Sun Rises: Returnee Entrepreneurs and Growth of High Tech Industries [J]. Research Policy, 2013, 42 (2): 391 – 407.

[288] Kim, J. Y., Steensma, H. K. Employee Mobility, Spin-outs, and Knowledge Spill-in: How Incumbent Firms Can Learn from New Ventures [J]. Strategic Management Journal, 2017, 38 (8): 1626 – 1645.

[289] Kipnis, A. B. Producing Guanxi [M]. Durham, NC: Duke University Press, 1997.

[290] Klepper, S., Sleeper, S. Entry by spinoffs [J]. Management science, 2005, 51 (8): 1291 – 1306.

[291] Klepper, S., Thompson, P. Disagreements and Intra-industry Spinoffs [J]. International Journal of Industrial Organization, 2010, 28 (5): 526 – 538.

[292] Klepper, S. Disagreements, Spinoffs, and the Evolution of Detroit as the Capital of the US Automobile Industry [J]. Management Science, 2007, 53 (4): 616 – 631.

[293] Klepper, S. Employee Startups in High-tech Industries [J]. Industrial & Corporate Change, 2001, 10 (3): 639 – 674.

[294] Klepper, S. Spinoffs: A Review and Synthesis [J]. European Management Review, 2009, 6 (3): 159 – 171.

[295] Kuratko, D. F., Hornsby, J. S., Hayton, J. Corporate Entrepreneurship: The Innovative Challenge for a New Global Economic Reality [J]. Small

Business Economics, 2015, 45 (2): 245 – 253.

[296] Ladge, J. J. , Clair, J. A. , Greenberg, D. Cross-domain Identity Transition During Liminal Periods: Constructing Multiple Selves as Professional and Mother during Pregnancy [J]. Academy of Management Journal, 2012, 55 (6): 1449 – 1471.

[297] Layder, D. Grounded Theory and Field Research, New Strategies in Social Research" [M]. Camaridge Polity Press, 1983: 50 – 58.

[298] Lee, P. , et al. Internal Capabilities, External Networks, and Performance: A study on Technology Based Ventures [J]. Strategic Management Journal, 2001, 22 (6 / 7): 615 – 640.

[299] Lee, T. W. , Mitchell, T. T. , Sablynski, C. J. The effects of Job Embeddedness on Organizational Citizenship, Job Performance, Volitional Absence and Voluntary Turnover [J]. Academy of Management Journal, 2004, 47 (5): 711 – 722.

[300] Lewis, K. , Ho, M. , Harris, C. , et al. Becoming an Entrepreneur: Opportunities and Identity Transitions [J]. International Journal of Gender and Entrepreneurship, 2016, 8 (2): 98 – 116.

[301] Li, H. , Zhang, Y. , Li Y. , et al. Returnees Versus Locals: Who Perform Better in China's Technology Entrepreneurship? [J]. Strategic Entrepreneurship Journal, 2012, 6 (3).

[302] Lindholm, A. The economics of Technology-related Ownership Changes – A Study of Innovativeness and Growth through Acquisitions and Spin-offs [D]. Chalmers University of Technology Sweden, 1994.

[303] Liou, F. M. , Tang, Y. C. , Huang, C. P. Asset – Light Business Model: A Theoretical Framework for Sustained Competitive Advantage [R]. Proceeding of Eighth International Business Research Conference, Dubai, 2008.

[304] Lussier, R. Startup Business Advice from Business Owners to Would – be Entrepreneurs [J]. SAM Advanced Management Journal, 1995 (60): 10 – 15.

[305] Malmstrom, M. , Johansson, J. , Wincent, J. Gender Stereotypes and Venture Support Decisions: How Governmental Venture Capitalists Socially

Construct Entrepreneurs' Potential [J]. Entrepreneurship Theory and Practice, 2017, 41 (5): 833 – 860.

[306] March, J. G. Exploration and Exploitation in Organizational Learning [J]. Organization Science, 1991, 2 (1): 71 – 87.

[307] Markowska, M. Motherhood as a Springboard for Women's Entrepreneurial Action, A Research Agenda for Women and Entrepreneurship [C]. Edward Elgar Publishing, 2018, 187 – 206.

[308] Mazzei, M. J., Ketchen, D. J., Shook, C. L. Understanding Strategic Entrepreneurship: "A Theoretical Toolbox Approach" [J]. International Entrepreneurship And Management Journal, 2017, 13 (2): 631 – 663.

[309] Mcevily, B., Zaheer, A. Bridging Ties: A Source of Firm Heterogeneity in Competitive Advantage [J]. Strategic Management Journal, 1999, 20 (12): 1133 – 1156.

[310] McKendrick, D. G., Wade, J. B., Jaffee, J. Good riddance? Spin-offs and the Technological Performance of Parent Firms [J]. Organization Science, 2009, 20 (6): 979 – 992.

[311] Mitchell, W. Whether and When Probability and Timing of Incumbents' Entry into Emerging Industrial Subfields [J]. Administration Science Quarterly, 1989 (34): 208 – 230.

[312] Moore, J. F. Predators and Prey: A New Ecology of Competition [J]. Harvard Business Review, 1993, 71 (3): 75 – 86.

[313] Ndofor, H. A. Immigrant Entrepreneurs, the Ethnic Enclave Strategy, and Venture Performance [J]. Journal of Management, 2011, 37 (3): 790 – 818.

[314] Nicolaou, N., Birley, S. Academic Networks in a Trichotomous Categorisation of University Spinouts [J]. Journal of Business Venturing, 2003, 18 (3): 333 – 359.

[315] Omerzel, D. G., Antoncic, B. Critical Entrepreneur Knowledge Dimensions for the SME Performance [J]. Industrial Management &Data Systems, 2008, 108 (9): 1182 – 1199.

[316] Oxley, J. Appropriability Hazards and Governance in Strategic Alliances: A Transaction Cost Approach [J]. Journal of Law, Economics, and Organiza-

tion. 1997, 13 (2): 387 – 409.

[317] Parker, S. C. Do Serial Entrepreneurs Run Successively Better-performing Businesses? [J]. Journal of Business Venturing, 2013, 28 (5): 652 – 666.

[318] Parkhe, A. . 'Messy' Research, Methodological Predispositions, and Theory [J]. Academy of Management Review, 1993, 18 (2): 227 – 268.

[319] Patrucco, P. P. The Emergence of Technology Systems: Knowledge Production and Distribution in the Case of Emilian Plastics District [J]. Cambridge Journal of Economics, 2005, 29 (1): 37 – 56.

[320] Peng, M. W. , Sun, S. L. , Pinkham, B. , Chen, H. The Institution-based View as a Third Leg for a Strategy Tripod [J]. Academy of Management Perspective, 2009, 23 (4): 63 – 81.

[321] Pennings, J. M. , Wezel, F. C. Human Capital, Inter-firm Mobility and Organizational Evolution [M]. Cheltenham: Edward Elgar, 2007.

[322] Pinch, S. , Sunley, P. Understanding the Role of Venture Capitalists in Knowledge Dissemination in High-technology Agglomerations: A Case Study of the University of Southampton spin-off cluster [J]. Venture Capital, 2009, 11 (4): 311 – 333.

[323] Pirnay, F. , Surlemont, B. , Nlemvo, F. Toward a Typology of University Spin-offs [J]. Small Business Economics 2003, 21 (4): 355 – 369.

[324] Porter, M. E. The Competitive Advantage of Nations [M]. Palgrave Macmillan London, 1998.

[325] Ravasi, D. , Schultz, M. Responding to Organizational Identity Threats: Exploring the Role of Organizational Culture [J]. Academy of Management Journal, 2006, 49 (3): 433 – 458.

[326] Remneland, W. B. , Styhre, A. Managerial Challenges of Outbound Open Innovation: A Study of A Spinout Initiative in AstraZeneca [J]. R&D Management, 2019, 49 (4): 652 – 667.

[327] Reynolds, P. D. Who Starts New Firms? Preliminary Explorations of Firms-in – Gestitation [J]. Small Business Economics, 1997, 9 (5): 449 – 462.

[328] Reynolds, P. , Bosma, N. , Autio, E. , et al. Global Entrepreneurship Monitor: Data Collection Design and Implementation 1998 – 2003 [J].

Small Business Economics, 2005, 24 (3): 205 – 231.

[329] Roberts, E., Malone, D. E. Policies and Structures for Spinning Off New Companies from Research and Development Organizations [J]. R&D Management, 1996, 26 (1): 17 – 48.

[330] Rocha, V., Carneiro, A., Amorim Varum C. Serial Entrepreneurship, Learning by Doing and Self-selection [J]. International Journal of Industrial Organization, 2015, 40: 91 – 106.

[331] Rong, K., Wu, J., Shi, Y., et al. Nurturing Business Ecosystems for Growth in A Foreign Market: Incubating, Identifying and Integrating Stakeholders [J]. Journal of International Management, 2015, 21 (4): 293 – 308.

[332] Rory, P., O'Shea, Chugh H., Thomas J. Determinants and Consequences of University Spinoff Activity: A Conceptual Framework [J]. Technology Transfer, 2008, 33 (6): 653 – 666.

[333] Rubera, G., Tellis, G. J. Spinoffs Versus Buyouts: Profitability of Alternate Routes for Commercializing Innovations [J]. Strategic Management Journal, 2013, 35 (13): 2043 – 2052.

[334] Sahaym, A. Born with A Silver Spoon of Legitimacy But Struggling for Identity? The Paradox of Emerging Spin-offs in A New Sector [J]. Journal of Business Research, 2013, 66 (11): 2210 – 2217.

[335] Sapienza, H. J., Parhankangas, A., Autio, E. Knowledge Relatedness And Post – Spin – Off Growth [J]. Journal of Business Venturing, 2004, 19 (6): 809 – 829.

[336] Schumpeter, J. A. The Theory of Economic Development [M]. Harvard University Press, Cambridge, MA, 1934.

[337] Scott, W. R. Institutions and Organizations [M]. Thousand Oaks, Calif: Sage Publications. 1995.

[338] Sderling, R. A. Entrepreneurial Spin-offs: Do we Understand Them? [J]. Paper Prepared for the 44th ICSB World Conference in Naples, Italy, June 1999.

[339] Shane, S., Venkataraman, S. The Promise of Entrepreneurship as a Filed of Research [J]. Academy of Management Review, 2000, 25 (1): 217 – 226.

[340] Sheep, M. L., Fairhurst, G. T., Khazanchi, S. Knots in the Discourse of Innovation: Investigating Multiple Tensions in a Reacquired Spin-off: [J]. Organization studies, 2017, 38 (3): 463 – 488.

[341] Shepherd, D. A. Educating Entrepreneurship Students about Emotion and Learning from Failure [J]. Academy of Management Learning&Education, 2003, 3 (3): 274 – 287.

[342] Shepherd, D. A. Learning from Business Failure: Propositions of Grief Recovery for The Self-employed [J]. Academy of Management Review, 2003, 28 (2): 318 – 328.

[343] Singh, J. V., Tucker, D. J., House, R. J. Organizational Legitimacy and the Liability of Newness [J]. Administrative Science Quarterly, 1986, 31 (2): 171 – 193.

[344] Sirmon, D. G., Hitt, M. A., Ireland, R. D., et al. Resource Orchestration to Create Competitive Advantage: Breadth, Depth, and Life Cycle Effects [J]. Journal of Management, 2011, 37 (5): 1390 – 1412.

[345] Sirmon, D. G., Hitt, M. A., Ireland, R. D. Managing Firm Resources in Dynamic Environments to Create Value: Looking Inside the Black Box [J]. Academy of Management Review, 2007, 32 (1): 273 – 292.

[346] So, S. Case Study Research: Design and Methods by Yin, Robert K. [J]. Modern Language Journal, 2011, 95 (3): 474 – 475.

[347] Sohn, J. Y., Tang, C. H., Jang, S. C. Does the Asset-light and Fee-oriented Strategy Create Value? [J]. International Journal of Hospitality Management, 2013, 32: 270 – 277.

[348] Sorenson, O. Social Networks and Industrial Geography [J]. Journal of Evolutionary Economics, 2003 (12): 513 – 527.

[349] Strauss, A., Corbin, J. M. Basics of Qualitative Research: Grounded Theory Procedures and Techniques [J]. Modern Language Journal, 1990, 77 (2): 129.

[350] Strauss, A., Corbin, J. M. Grounded Theory Methodology. An Overview Handbook of Qualitative Research [J]. 1994: 22 – 23.

[351] Suchman, M. C. Managing Legitimacy: Strategic and Institutional Approaches [J]. Academy of Management Review, 1995, 20 (3): 571 – 610.

[352] Sufumi, S. O. Case Study Research: Design and Methods by Yin, Robert K [J]. The Modern Language Journal, 2011, 95 (3): 474 – 475.

[353] Tallman, S. , Jenkins, M. , Henry, N. , et al. Knowledge, Cluster, and Competitive Advantage [J]. Academy of Management Review, 2004, 29 (2): 258 – 271.

[354] Teece, D. J. Profiting from Innovation in the Digital Economy: Enabling Technologies, Standards, and Licensing Models in the Wireless World [J]. Research Policy, 2018, 47 (8): 1367 – 1387.

[355] Timmons, J. A. New Venture Creation: Entrepreneurship for the 21st Century [M]. 5ed. Singapore: McGraw Hill, 1999.

[356] Tripsas, M. Technology, Identity, and Inertia Through the Lens of "The Digital Photography Company" [J]. Organization Science, 2009, 20 (2): 441 – 460.

[357] Ucbasaran, D. , Sheroherd, D. A. , Lockett, A. , et al. Life after Business Failure: The Process and Consequences of Business Failure For Entrepreneurs [J]. Journal of Management, 2013, 39 (1): 163 – 202.

[358] Ucbasaran, D. , Westhead, P. , Wright, M. , et al. The Nature of Entrepreneurial Experience, Business Failure and Comparative Optimism [J]. Journal of Business Venturing, 2010, 25 (6): 541 – 555.

[359] Ucbasaran, D. , Wright, M. , Westhead, P. A Longitudinal Study of Habitual Entrepreneurs: Starters and Acquirers [J]. Entrepreneurship & Regional Development, 2003, 15 (3): 207 – 228.

[360] Uzunca, B. Biological Children Versus Stepchildren: Interorganizational Learning Processes of Spinoff and Nonspinoff Suppliers [J]. Journal of Management, 2018, 44 (8): 3258 – 3287.

[361] Vanaelst, I. , Clarysse, B. , Wright, M. , et al. Entrepreneurial Team Development in Academic Spinouts: An Examination of Team Heterogeneity [J]. Entrepreneurship Theory and Practice, 2006, 30 (2): 249 – 271.

[362] Varadarajan, P. Symbiotic Marketing Revisited [J]. Journal of Marketing, 1986, 50 (2): 7 – 17.

[363] Wallin, M. W. , Dahlstrand, A. L. Sponsored Spin-offs, Industrial Growth and Change [J]. Technovation, 2006, 26 (5 – 6): 611 – 620.

［364］ Wallin, M. W. The Bibliometric Structure of Spin-off Literature ［J］. Innovation: Management, Policy & Practice, 2012, 14 (2): 162 – 177.

［365］ Walter, A., Auer, M., Ritter, T. The Impact of Network Capabilities and Entrepreneurial Orientation on University Spin-off Performance ［J］. Journal of Business Venturing, 2006, 21 (4): 541 – 567.

［366］ Wang, C. L., Chugh, H. Entrepreneurial Learning: Past Research and Future Challenges ［J］, International Journal of Management Reviews, 2014, 16 (1): 24 – 61.

［367］ Wang, W. K., Lin, F., Ting, I. W. K., et al. Does Asset-light Strategy Contribute to the Dynamic Efficiency of Global Airlines? ［J］. Journal of Air Transport Management, 2017 (62): 99 – 108.

［368］ Wen, H. C., Huang, J. H., Cheng, Y. L. What Japanese Semiconductor Enterprises Can Learn From the Asset-light Business Model for Sustainable Competitive Advantage ［J］. Asian Business & Management, 2012, 11 (5): 615 – 649.

［369］ Wenting, R. Spin-off Dynamics and the Spatial Formation of the Fashion Design Industry ［J］. Journal of Economic Geography, 2008, 8 (5): 593 – 614.

［370］ Westhead, P., Ucbasaran, D., Wright, M., et al. Novice, Serial and Portfolio Entrepreneur Behaviour and Contributions ［J］. Small Business Economics, 2005 (25): 109 – 132.

［371］ Westhead, P., Ucbasaran, D., Wright, M. Experience and Cognition: Do Novice, Serial and Portfolio Entrepreneurs Differ? ［J］. International Small Business Management, 2005, 43 (4): 393 – 417.

［372］ Westhead, P., Wright, M. Novice, Portfolio, and Serial Founders: Are they Different? ［J］. Journal of Business Venturing, 1998, 13 (3): 173 – 204.

［373］ Westlund, H., Bolton, R. Local Social Capital and Entrepreneurship ［J］. Small Business Economics. 2003, 21 (2): 77 – 113.

［374］ Wijaya, L., Layman, C. V. How do Mompreneurs Achieve Work-life Balance? (Evidence from Small Business in Tangerang, Indonesia) ［J］. Journal of Business and Entrepreneurship, 2018, 6 (2): 1 – 12.

［375］ Williamson, P. J. , Meyer, A. D. Ecosystem Advantage: How to Successfully Harness the Power of Partners ［J］. California Management Review, 2012, 55（1）: 24 –26.

［376］ Witt, P. , Schroeter, A. , Merz, C. Entrepreneurial Resource Acquisition via Personal Networks: an Empirical Study of German Start-ups ［J］. Service Industries Journal, 2008, 28（7）: 953 –971.

［377］ Yin, R. K. Case Study Research: Design and Methods ［C］. Beverly Hills, CA: Sage. , 1994.

［378］ Yin, R. K. Case Study Research: Design and Methods ［C］. Thousand Oaks, CA: Sage. , 2009.

［379］ Yu, J. , Zhou, J. , Wang, Y. , et al. Rural Entrepreneurship in an Emerging Economy: Reading Institutional Perspectives from Entrepreneur Stories ［J］. Social Science Electronic Publishing, 2013, 51（2）: 183 –195.

［380］ Zahra, S. A. , Filatotchev, I. , Wright, M. How do Threshold Firms Sustain Corporate Entrepreneurship? The Role of Boards and Absorptive Capacity ［J］. Journal of Business Venturing, 2009, 24（3）: 248 –260.

［381］ Zahra, S. A. , Nambisan, S. Entrepreneurship and Strategic Thinking in Business Ecosystems ［J］. Business Horizons, 2012, 55（3）: 219 –229.

［382］ Zimmerman, M. A. , Zeitz, G. J. Beyond Survival: Achieving New Venture Growth by Building Legitimacy ［J］. Academy of Management Review, 2002, 27（3）: 414 –431.

［383］ Zott, C. , Amit, R. Business Model Design: An Activity System Perspective ［J］. Long Range Planning, 2009, 43（2 –3）: 216 –226.

后　记

　　2003年，我在南开大学攻读博士研究生，专业是企业管理，研究方向是企业战略管理。得益于导师王迎军教授的启发和指导，我的博士论文选题确定为裂变创业研究领域，这主要是因为我曾经先后在内蒙古伊利实业集团股份有限公司和内蒙古蒙牛乳业（集团）股份有限公司工作，蒙牛公司作为典型的裂变新创企业，创造了多个快速成长和创新发展的奇迹。我以蒙牛等企业作为案例，运用扎根理论研究方法，通过探索性归纳研究撰写完成博士论文，该项成果于2007年在经济管理出版社以《裂变型创业》为题顺利出版，并获得青岛市社科成果优秀奖。

　　自此，我一直聚焦裂变创业研究领域，秉持"知中国、服务中国"的研究理念，树立"研究中国问题、讲好中国故事"的学术理想，扎根实地，潜心钻研，带领研究团队深入企业调研，力求不断贡献原创理论。裂变创业现象由来已久，既复杂又有趣，是推动知识扩散、激发企业新建、助力公司复兴、促进产业演化的重要力量。随着数字经济赋能和企业平台化转型的发展，裂变创业在实践界蓬勃涌现，遍地开花，成为极具学术价值的研究议题。

　　近年来，实践界众多大企业通过裂变创业，成功培育了大量具有较强创新能力的中小企业，有力推动了企业间创新合作，为企业高质量发展开辟了新路径。裂变创业是母体企业催生孵化、赋能带动中小企业的有效方式，通过有机连接母体组织与新创组织，高效实现了人才互通、资源互补、价值共创与创新共享，引起了创业、创新以及战略管理学者的持续重视。随着研究的逐渐深入，我关注的重点也从新创企业独立发展，延伸到母体企业战略更新，以及裂变企业与母体企业的协同发展，并取得了系列研究成果，研究视角从个体到组织、从节点到过程、从模式到链条、从静态到生态。本书就是近20年研究积累的产物，是团队在裂变领域部分研究成果的汇总。

　　该书中部分章节是我和校内外合作团队共同研究的成果，按姓氏拼音为序，各位团队成员分别是陈志军、崔连广、崔扬、杜鑫、宫舒文、韩爱华、韩炜、何诗宁、洪孟、黄灿、贾建锋、孔海璞、乐国林、李兴旺、刘金、刘文磊、刘银龙、刘振、牛璐、乔宝刚、宋敏、孙秀梅、王丽萍、王娜、王水莲、王迎军、王泽宇、吴凡、徐健、徐文明、许晨鹤、闫芳超、杨琛、杨春白雪、杨德林、游晟、于富红、于敏、于秋实、张殿镇、张东亮、张敬伟、张泉、张玉利、张越、赵琳、周琳等。硕士生洪孟、孙艺琳、赵雪、田清文、邹学伟、纪雨欣、沈萌萍以及本科生李雨彤、朱思佳协助我对书稿进行编辑校对，最后由我审定定稿。需要特别说明的是，本书参考了很多专家学者观点，并做了相应标注。

感谢国家社会科学基金重点课题《中国企业裂变式发展重大问题研究》（项目编号：21AZD120）的支持和厚爱！感谢我的导师南开大学王迎军教授将我引入裂变研究领域，并不断地在研究方法、研究理念和研究创新等方面给予我启发和帮助！感谢丛书主编杨蕙馨教授为本书提出的宝贵意见，感谢推荐人陈晓红院士和周云杰先生为本书倾情作序！感谢经济科学出版社于海汛先生和何宁女士为本书出版作出的悉心努力！在承担和完成各类课题的研究过程中，得到了社会各界专家学者、创业精英和单位领导的关心和支持，在此，一并表示衷心感谢！

道阻且长，行则将至，对于裂变创业这片复杂领地的探索之旅初启征程，永无止境。我相信，耐心的读者一定会从阅读本书中获益。由于本书由我最终定稿，一切问题应由我负责承担，请热心的读者发现问题后能及时反馈给我，我尤为珍视大家的批评建议，一定会在后续研究中加以重视和改进。

李志刚

2023 年 9 月 25 日